U0956744

传媒研究新视野系列丛书

媒介化生存与大学生成长

● 覃川 戚天雷 著

中国传媒大学出版社
·北京·

目　录

CONTENTS

绪　言
多维、多变的青春故事和对话

这是一个大变革的时代。人类社会正在迅速地、全面地、深刻地媒介化着。这主要表现在以下几个方面：第一，不计其数的电话、光缆、卫星传输造就了信息在整个地球表面的高速流动；生活在“地球村”中的人能自由地在时间和空间的维度上与其他任何人建立并保持直接的联系，而所付出的代价是将自己的形象、身份、话语、思想在机器的作用下转换成通用的符号。第二，媒介传播的权力从少数人的垄断中重新回归到公众手中，使每个人都可以面向全世界发出声音。尽管在实际运行中仍然存在传播结构失衡和传播秩序失调的问题，以及大量的“信息沟”甚至还有所扩大，但这毕竟在技术上第一次赋予了个人能够“对抗”整个社会的可能性，而且是无差别的“绝对民主式”的赋权，其意义也许就在于揭开了马克思所预言的共产主义社会的帷幕一角。第三，媒介不仅是“人的延伸”，而且正在越来越网络化、智能化、生物化、精巧化，并具有某些“人性”。它不仅是作为“他者”的一种感官上的延伸和功能上的扩展，并且其本身就是人的一部分。人开始以数字化的形式生存在庞大的媒介世界中。第四，随着人与人之间的关系的构建和维系日渐媒介化，当代社会无疑更加依赖于媒介的基础性支撑。无论是经济生产、社会管理、科技研发、文化传播，还是无边界、可在线的教育、金融、医疗、旅游、会议，以及个人的生活、交往、学习、娱乐，都被媒介逐渐网络于其中。当人从生物人进化到社会人，再演变为媒介人，人的存在方式和存在意义也随之发生了颠覆性的改变；社会的建构原则和终极价值需要人们以全新的视角进行审视及重塑。

媒介的迅速发展给学校教育带来巨大的挑战和机遇，其根本原因在于媒介打破了传统意义上学校与社会相对隔绝的“象牙塔式”环境，以其信息和资源的丰富性、易得性和多元性为学生提供了另一个现实世界的观照和另一种社会化过程中学习仿效的对象及途径。特别是网络媒介所创造的复杂而变化多端的虚拟世界和所孕育的无中心的平等价值观、权力分散文化、创造精神，以及极大扩展的交往范围，塑造了更加自由、自主的“网络一代”。他们也是首次掌握了教育主动权的一代，在相当程度上动摇着“长幼相传”的传统教育方式和师道尊严，使“文化反哺”现象越来越突出。曾经的“代沟”如今已经更多地变为“世代超越”——青少年在技术进步轨道上超越成人并掌握了主导权，且在日常生活的许多领域都领先于成人。[①] 青年人在成为网络使用的主体人群的同时，也以自己的方式参加网络规则、网络道德的建构，帮助形成了特有的亚文化层面的网络道德规范。这些规范既有根植于社会主流道德的亲社会要素，也有源于网络社会、意在构建全新的网络道德的德性创新要素，还有与社会主流道德相悖的反社会要素。[②] 青年与社会主流道德的碰撞、摩擦、偏离与反叛，在网络时代更加凸显。

当代大学生已是伴随着网络成长的一代新人。他们在 Web1.0 中接收信息以认识世界；在 Web2.0 中与社会互动并发现自我；而当下正在自觉或不自觉地参与及推动着 Web3.0 的进程，将自己的生活、学习、实践、交往、娱乐等都与媒介紧密联系在一起，也通过媒介与全世界联系在一起。他们观察环境、看待社会、接触他人、评价自我的方式都与父辈大相径庭；他们的情感体验、心理思维、文化审美、价值实现也都浸润着媒介的“味道”。他们还是我们吗？他们会走向哪里？我们如何与他们对话？如何帮助他们或接受他们的帮助？

第一节 媒介中的青春

被誉为国际未来学家、“数字经济之父”的美国人唐·泰普斯科特，曾先后出版过具有世界性影响力的《数字化经济》《维基经济学》等书。几年前，他又推出《数字化成长 3.0》，真真正正地宣告：N 世代已经到来！所谓 N，既可看作是 Net 的首字母，也蕴含着 New 的意义。N 世代，就是指从小就开始使用互联网、习惯在互联网上处理一切的年轻人。随着 1994 年中国首次接入互联网，在城市中长大的“90 后”们，成为一代具有全新的行为方式和思维模式的“网络公民”。他们中最有代表性的大多数，当下正在大学校园里为自己未来的职业生涯做着准备，也在很多方面悄然改变着大学教育的理念、策略和方法。或许 10 年后，当中国的 N 世代在社会舞台上全面亮相之时，一个

① 曾莹：《新媒体视域下的社会角色转换》，《东南传播》2010 年第 12 期。

② 檀传宝：《网络环境与青少年德育》，福建教育出版社 2005 年版，第 64 页。

新的中国、一个新的世界将在对传统的改写过程中逐渐显露出其陌生而又迷人的面目。无论喧嚣的议论是否有一天会平息，也无论最后的结果有多好或是有多坏，这都是一种无法回避的未来。

大学生的媒介接触十分频繁，整体上已趋近饱和。本课题的调查统计显示，大学生每天平均接触媒介的时长已大致达到 3 小时。这一结果与以前的数据相比有明显的增长，而且在扣除维持生活和保障学业所必需的时间后，在当前主流的课堂式教学没有被根本性改变的前提下，可以说已基本接近大学生在时间分配上用于媒介的饱和状态。按照一些专家的看法，如果大学生长期使用媒介超过以上限度，至少就有了疑似网络沉迷的可能。事实上，在大学校园中，网络沉迷或成瘾的现象并不罕见，而自认为有媒介依赖倾向或过度使用媒介的大学生却更为普遍。有研究指出，59.5％的大学生表示“我的学习生活已经无法离开互联网”，48.5％的大学生认为“网络生活在一定程度上挤占了我参与学校各类活动的时间”，19.2％的大学生同意“断网时我会坐卧不安”的说法，还有 18.6％的大学生“为了上网有时候会逃课或熬夜”。① 大学生与媒介的接触是如此频繁，以至于无时无刻不在媒介的覆盖之中，也经常会通过媒介并行处理不同的事务，如查资料、做作业、听音乐、上传图片、分享信息、回复好友等。

大学生对自己的信息接收和处理能力有较高的评价，表现在获取信息的渠道、面对媒介选择所需信息时的主动性、信息查找能力等方面。这表明他们中的大多数已具备了丰富的媒介经验和较好的使用媒介的能力，通过媒介获取知识和开展自主性学习更是随时都在发生。不仅如此，大学生还是许多媒介新技术、新产品、新功能、新应用的积极尝试者和推广者；不少厂家也将他们视作“敢于吃螃蟹”的最有突破性的消费者，是创新扩散周期中主动接受新生事物的最初的创新者。在知识大爆炸、社会转型、技术更新加快的当今时代，大学生在很多时候已经成为新知识、新技能、新文化的“达人”，并开始向父辈和师长进行“反哺”。这改变了传统的文化传承规律和教育模式，提高了大学生在社会权力格局中的地位和在社会化过程中的主动性与自信心，也促使大学教育深刻反思如何才能在媒介化社会里更好地培养人才。

大学生善于使用媒介帮助自己更好地生活、交往和表达。除提供信息资讯和满足学习需要外，媒介还在大学生的生活中扮演着多种角色。比如，现代媒介能够跨越时空的界限，允许不同地点的人们进行直接的交流，这为有着强烈交流愿望的大学生带来了极大的便利，使他们可以以较低的成本与家人或朋友保持联系。腾讯的成功很大程度上就是以即时通信产品 QQ 的庞大用户群为基础的，而微信的迅猛发展最早也是源于能提供免费的语音短信和多人群聊，同样还有致力于与附近陌生人互相认识和交

① 史宗恺：《当代大学生思想特点与发展趋势调研报告》，清华大学出版社 2013 年版，第 255 页。

换信息的陌陌等。很多大学生都是类似产品的活跃用户。通过媒介拓展、维系自己的人际关系，已成为大学生积极发挥自主性、实现社会化的重要途径。如今在校园中，以微信朋友圈、QQ群、聊天室、话题吧及博客、论坛、游戏、会员等为载体，由“背景相似、兴趣相投、认识相近、情感相依”的大学生自发组成的各种网络自组织已形成相当的规模，并在完成课业、组织活动、求职创业、科研创新、心理疏导、身份认同等方面发挥着重要作用。大学生还经常利用媒介的交互功能，发表言论、表达意见、展示形象、参加实践，不但能从中增加与社会的互动、体验更广泛的经历，还能发现和把握机遇、增强自我发展的能力。此外，媒介也是大学生改进生活方式、提高生活质量的好帮手。对他们来说，网络购物、网络理财或通过电子商务进行旅游订票、休闲消费等都是再正常不过的事情了。

大学生与新媒介相互作用，参与和创造着许多独特的亚文化。当大学生的日常行为与各种新兴媒介越来越紧密地联系在一起时，在这个虚拟世界里就会形成各种各样与现实生活和主流文化不同的新文化因子，并且在大范围的共享和共振中产生出别具一格的亚文化。特别是在网络中，大学生能够任意地交流和组合，将具有共同偏好和言行的人聚集起来，短时间内就能在特定的语境下将某一现象放大、塑形和固化，以一套相对完备的语法规则将其与其他群体区别开来。如迷恋二次元世界唯美意象的御宅、令人沉溺在狂欢与蛊惑中的网游、以戏剧化方式演绎青春的Cosplay、以反叛与颠覆消解一切的恶搞、褒贬不一而又神秘莫测的黑客等，都是不少大学生在以“普泛化”和“即时性”的媒介工具自我书写的过程中，召唤同行者而共同创造的意义空间和心理皈依。这些亚文化依托媒介而生，并在不断的流变、分裂、演进、消亡过程中，既不再有抵抗主流文化的叛逆性，也不过度强调自身的重要性，而是演变成一种开放的、随意的、临时的、分散的存在，仿佛都是一个个自娱自乐的“快闪族”。这些亚文化是大学生等青年人群通过拼贴、戏仿、揶揄、反讽等方式对传统权威的解构，也是他们释放激情、缓解焦虑、宣泄不满、寻找自我的方式。或许会遭受消费主义的侵蚀，或许在价值取向上有着颇多争议，但大学生与他们所共生的亚文化一起组成形形色色的“新部落”，为未来世界开拓着更为广阔、更加自由的天地。

大学生作为后现代社会的媒介化公民表现出诸多“不凡”特征。媒介的多样化极大地增加了社会信息量的总体规模，但更重要的是使信息的传播摆脱了精英阶层的控制，成为全民参与的大众化传播，由此还导致了信息的来源增多、类型复杂、形式丰富、功能裂变。而早已擅长在信息海洋中乘风破浪的新生代大学生，借助媒介在虚拟空间里无限延伸、无穷变化的特征，表现出一系列超越既往和日常性的鲜明特征。比如，他们不再以追求自由为理想，而是认为现实就是自由的，自由地浏览、自由地表达、自由地购物、自由地在线上和线下间切换，所以也常常自由地更换课程或工作、自由地定义与他人的关系；他们有着强烈的个性化天性，从桌面、铃音、电脑到新闻、旅游、婚礼，都可以在浩瀚的媒介世界中充分地进行选择，都以自我需要为中心进行组合搭配，这也促成了社会的“生产一消费”模式从大规模标准化生产向大规模个性化定制的转型；他们要求广泛的平等和公正，使因信息不对称而滋生的市场壁垒和交易成本逐渐瓦解，所有一切都可能被感知、都不应是暗箱里的秘密；他们习惯于变化和快节奏，看到新事物不断涌现，要么即刻作出抉择或获得体验与满足，要么就重新搜寻下一个目标，而深入的思考和持久的感情变得尤为可贵；他们始终保持游戏的心态，因为在网络媒介所展示的互动性深入到学习、交往、公共事务等所有活动中时，因果性的逻辑决定论被充满不确定性的讨论和妥协所取代，在这种语境里，试探性的选择、彼此协作和快速迭代似乎成了创新的发动机。

大学生的媒介行为失范较普遍，媒介德育水平和法律意识有待提高。媒介开创新世界的步伐太快，以至于还来不及建立一套有序的规则，而当下的大学生已经在这片肥沃的荒原上开始生存。在虚拟世界里，他们突然拥有了强大的权力和力量，但因缺乏足够的约束，往往会因思想上的混乱和行动上的滥用造成各种恶果，给自己和其他社会成员带来不同程度的伤害。大学生在媒介行为上有以下几个最常见的问题：首先，过度依赖甚或成瘾，如信息收集成瘾、对媒介的强迫性使用或游戏成瘾、交往成瘾、色情成瘾等，除生理上的负面影响外，也常会导致心理疾病，如因社会活动减少而带来的孤独症、人际交往障碍，或因处理不好虚拟与现实的关系而出现自我迷失和同一性错位等。其次，各种社会越轨行为，小至在网上谩骂攻击、发布垃圾文本，或是无视知识产权的下载与分享，大至利用木马盗取信息、恶意传播病毒、故意造谣或欺诈，以及随意曝光他人隐私、充当“水军”搅乱正常秩序等。更严重的是，在网络上从事违法犯罪活动，如开办色情网站、发表极端或反动言论、鼓动和组织非法集会等。这些举动或危害自身健康，或影响社会和谐，或激化矛盾冲突，或触犯道德及法律“红线”，应引起大学生的高度重视，使自己在自省自律中与媒介友好相处。

第二节　媒介中的成长

大学生涯是人生中一个特殊的阶段，具有明显的过渡期和转折期的特点。所谓过渡期，是指这一时期的大学生一方面失去了孩童时代的保护、需要独立面对生活中的挑战，另一方面，还未能被社会认可、缺乏自立自为的物质条件和精神支撑，处于两难的境地。所谓转折期，是指这是大学生社会化的关键阶段，带有质变的意义，将直接影响他们能否成为真正的社会人，且这种影响有可能持续相当长的时间。换言之，在大学期间，青年学生面临着与此前全然不同的境况，需要从单纯的学习者和被动的接受者迅速成长为合格的社会劳动者、价值的创造者，并能适应所承担的社会角色。

在这场人生的“革命”中，大学生必须解决好三重矛盾：一是生理机能的成熟与心理机制相对滞后的矛盾；二是外部的知识和信息过多与内在的思想价值观尚未成形之间的矛盾；三是社会期待和自我期望过高与现实能力不足之间的矛盾。这些矛盾之所以在当前愈发突出，使得大学生在很多时候被看作是一系列社会问题的肇端，一方面是因为现代社会日益发达的生产力水平提高了对人才的要求，从而延长了青年人社会化的过程；另一方面则是在媒介技术的推波助澜下，信息的大爆炸增加了大学生理解环境、塑造自我、把握方向的难度。他们在日益拥挤和喧嚣的媒介丛林中成长，以媒介为器、与媒介为伴，在媒介“探照灯”的帮助下得以“看见”，通过媒介学会诉说和交流。

“超真实”的媒介建构大学生对世界的认知。在法国思想家鲍德里亚看来，人类社会已进入到一个具有超真实性的“类象”时代，建立在符号系统上的“仿真原则”制造着大量用来交换的“能指”，而这一切正是因为“媒体迷狂的世界要比日常生活更真实……所以超真实是真实的死亡”。[①] 在无处不在、无所不包的互联网笼罩下，媒介不仅是监测环境的一种工具，甚至也超越了作为“第二经验世界”的信息镜像，以内爆的方式导致真实和拟像之间界限的模糊，使人们只能在符号按自己的结构原则所进行的大量衍生中感知世界。也就是说，是媒介在告诉大学生什么是现实，而这种现实往往是电视剧中的理想爱情、拥有完美身材的模特，或者是不用花钱的“一次说走就走的旅行”。媒介的超大信息量、精心加工的符号、快捷便利的功能，使其在很大程度上挤压或取代了现实经验，从而成为大学生认知的主要渠道。但这种认知不能脱离充满泥土气息的街道和嬉笑怒骂的生活，要在超真实和真实的对比、整合中完成对世界图景的完整建构。

“互动性”的媒介促进大学生社会化的行动。单向传播的媒介是一种非对称性的权力，对媒介的控制力是重要的战略性资源。受众在大众媒介面前是被动的“乌合之众”，尽管在具体的接触中可以有某些自主性的选择，但长期来看仍然在相当程度上会被“涵化”。以平等为基础的互动性媒介改变了传统的传播秩序，它允许每一个人将声音公开地传播给其他人，从而保证了社会的运行是建立在足够雄厚的民主基础之上的。这种互动不仅是用户与媒介平台之间的互动，更是通过平台在所有人和所有人之间的互动。人们可以在媒介空间里自由地、动态地组建各式的关系圈，再进一步地构成更复杂、更多向的“圈族”；个体从属于不同的“圈子”，以不同的身份、不同的功用与其他人结构出这样或那样的关系，最终形成媒介化的社会。在这样生生不息的互动活动中，大学生能方便地参与到社会化实践中，进行积极的见习准备；将线上的虚拟关系

---

① 张肖萍：《消费·内爆·超真实——关于鲍德里亚理论之网络随想》，《文学界（理论版）》2011 年第 3 期。

与线下的实际交流结合起来，以低成本、高效率的方式创造新的社会组织形态，如校园中随时可发起的“微沙龙”开启了“O2O”学术讨论模式。

“多元化”的媒介争夺大学生对未来的选择。媒介的交互功能提供各种信息或是促成某项决策，实质上更是不同观点的交锋和交融。表面上充斥着能指形式的符号性文本的背后，总是蕴藏着某些有意图的所指。因为大学生代表着社会的未来，谁能赢得他们的青睐，谁就能引领发展的方向，所以，当网络媒介的开放性打破了成建制的传媒机构对话语权的垄断时，信息传播中的利益多元化、文化多元化和志趣多元化也迅速繁衍，形成洋洋大观、包罗万象的意义世界。无论是传统媒介还是网络新媒介都在努力引起大学生的关注，并试图影响他们的思想。多元化是一种社会进步的表现，使得小众化的、边缘性的诉求有公开传播的机会，推动大学生民主协商意识与和谐包容精神的养成；但若不强化核心价值观的引导，任其自由生长，则这方意识形态的重镇难免不被别有用心的政治力量或经济集团所操纵。面对媒介空间的混杂和多变，缺乏稳定的价值观和足够丰富的生活阅历的大学生容易在庞大的信息压力下丧失自觉的主体性，或衍生出无政府主义倾向、放纵自娱而不承担责任，或迷茫彷徨、不知所往，抑或偏激失措、陷入错误思潮的泥潭。大学生应当在信息超载时代学会如何去探寻和相信，在消费主义的“美丽谎言”下学会如何坚持主见、抵御魅惑，在与不同意见者的共存中学会如何把握原则与真理，懂得宽容和求同存异。

“碎片化”的媒介塑造大学生的人格和心理。“碎片化”是对当代社会传播语境的形象描述，直观上是指信息文本在形式上更加短小、阅读上更为快捷、内容上更分散、渠道上更趋多样。文本碎片化的背后，是传播主体和传播载体的碎片化，其根源在于现代化社会中的群体分层和媒介技术创新降低传播成本而广泛兴起的个人化传播，以及由此带来的利益和价值取向的多元化、作为消费者的进一步细分、生活节奏的加快和观念的振荡。碎片化还意味着传播呈现上的瞬变和形态上的裂变，即在各类媒介终端或平台上，大量庞杂凌乱、无中心、不完整的信息随时涌现，又即刻消失；大学生被无数不断变化、生灭的文本碎片包围，获得的只是感官刺激和模糊印象，而意义被消解、隐没，并产生多重分歧性的解读。“充斥在生活空间里的转瞬即逝的符号和各种影像之流”[①]，使世俗的日常性成为瞬时性的审美狂欢，而生活场景的碎片化也往往导致人的社会关系的碎片化。在媒介强力的驱动下，处于弱势的大学生只能默认碎片化的符号传播所构成的隐喻，按照微小的时空尺度和意义尺度进行生存、观察和思考，也因此塑造着与之相适应的人格特征和心理模式，如在社交媒介上的多种自我形象和面具以及在其中的快速转换，使其行为模式和情绪表达也愈发随意、浅化和急促。

---

① 〔英〕迈克・费瑟斯通：《消费文化与后现代主义》，刘精明译，译林出版社2000年版，第221页。

"娱乐化"的媒介填补大学生的情感需求。需要娱乐是人的天性，也是社会劳动的主要动力之一。在物质日益丰裕的今天，娱乐在个体生活及社会生产中的重要性日益突出，既是获得情感性满足的目的，也是必不可少的手段。大众媒介的娱乐化最早可追溯到19世纪末在美国出现的"黄色小报"，并随着电视的兴盛席卷全社会，以至于尼尔·波兹曼发出"娱乐至死"的激烈批评，并指出："随着媒体的兴盛、介入门槛极低的媒介的普及，所有的信息包括政治、宗教、哲学、艺术等等形而上的内容，都变成了娱乐的泛化。在此法则之下，'搞笑'成风，闹腾无罪，于是，为了先'乐'夺人，媒体争相在娱乐性上大做文章。"[①]娱乐能广泛地调动受众观看的积极性，因而被视作提高收视率的法宝。进入网络时代后，娱乐更成为没有界限的大联欢，异变的语言、卖萌的表演、无厘头的恶搞、奇观化的仪式，以及各种段子、自嘲、网恋、游戏等，无一不在彰显娱乐所特有的轻松感和一种"不正经"的魅力。但值得警惕的是，消费主义推波助澜下的泛娱乐化现象，以及享乐主义主导的娱乐至上、崇尚娱乐会导致自我放逐和精神的虚化。大学生有着丰富敏感的心理活动与强烈易变的感性冲动，也因此更渴望用娱乐的抚慰功能和宣泄机制来填补情感性的需求，如偶像激励、身份归属、矛盾化解等。但过度的娱乐却往往因其虚幻的"完美"阻碍大学生对于现实的正确认知和对待，使其长期沉迷于感官刺激，削弱他们的理性思维和自我人格的完整性。

"智能化"的媒介将大学生融合为在线的整体。正如保罗·莱文森所指出的那样，媒介进化是系统内的一种自我调节和自我组织，其机制是补救媒介，它体现了满足人类的渴望和幻想，以及弥补失去的东西的双重目的。[②] 如果将媒介视作生命有机体的话，会发现媒介一直在传播科技和社会需求的双重动力下不断进化，其进化的方向是越来越人性化。[③] 人性化是指媒介不但是"人的延伸"，而且越来越化为人本身。从技术层面看，就是在人机界面上具有情感化的细腻感知和交互，在内部则是高度的智能化，使其能模仿人的神经系统进行极其复杂的、多种变量和维度下的综合计算及逻辑判断。媒介的智能化不仅是具体功能的智能化，如屏幕终端的自适应、新闻的自动推送等；更是宏观层面的大数据、云计算、智能城市、智能网络的一体化，可将分散的个体随时随地地组织起来，收集和分析大量细微的行动、抉择、表情、反应等，再及时、准确、周到地为其提供个性化的支持和服务。在这种智能化系统中，媒介已"隐居"幕后让人难以察觉，但每个人可根据自己的地理维度、社会维度、心理维度等被准确定位，并和其他人以种种关系联结在一起。生活在智能化媒介世界里的大学生，时刻保持在线，也时刻可以搜索、下载、互动、协作和采取行动，并因此能够将个体知觉、情绪、思想进

---

① 〔美〕尼尔·波兹曼：《娱乐至死》，章艳译，广西师范大学出版社2004年版，第32页。

② 〔美〕保罗·莱文森：《数字麦克卢汉》，何道宽译，社会科学文献出版社2001年版，第7页。

③ 石长顺、柴巧霞：《人性化智能化：电视媒介的进化方向》，《视听界》2013年第3期。

行多样式的整合、放大与重组。这改变了大学生的生存状态，也赋予他们全新的、具有无限可能性和创造力的成长空间。

第三节　媒介中的对话

大学是一个相对独立的、自成系统的社会空间；大学时光是一段连续性和突变性同时存在的人生阶段。媒介将大学与社会无缝隙地联结在一起，也将大学生与他们生命的整体置于同一场域之中。在融合化的媒介所提供的浩瀚的符号化平台上，大学生的青春不再只属于自己，而是在多维度的交织和多样性的变化中，与这一群体、与社会成员全体、与文化的来龙去脉都保持着线上互动。

当传播已经是“沉浸”而“泛在”的时候，当“人一媒一社会”相互融合成为系统的整体的时候，无论是自觉还是不自觉、自愿还是不自愿，我们都注定要生活在媒介化的社会里，成为虚拟与现实交织的媒介公民。我们不禁发问：已经将地球牢牢网住的媒介，将会发展到什么程度？还可能给人类带来什么？在无比强大的媒介面前，存在于当下而指向未来的大学生应何去何从？

青年学生不仅经历着身心发育的质变和知识、能力的飞跃，而且其个性和思想逐渐走向成熟，世界观、人生观、价值观也已系统地建立起来。在这一阶段，强烈的发展需求与适宜的满足之间呈现出明显的矛盾：好奇心、认知能力和所能获取的信息量都急剧增长，但辨别力、自控力、行动力却显得滞后；后者的不足使个人的成长迷途重重，也常为社会埋下隐患。这种矛盾突出地体现在大学生与媒介的控制与反控制之中，特别是日益泛滥的不良信息和僭越行为，往往给大学生的生理、心理及思想认知造成困扰和伤害，也严重影响到人与人的关系，以及社会的和谐和文明。原本激荡的青春在媒介肆无忌惮的怂恿下更加狂野。如果没有瞭望员眺望目标的指航和高明的舵手对这庞然大物的细致操控，也许它将误入歧途，或是在没有规则的赛道上撞得遍体鳞伤。说到底，这是一个道德问题——只有成为有道德且充满理性的人，才能在媒介世界里更好地生存。

“有道德而理性的媒介公民”有着四重含义：第一，关键词“媒介”意指社会的媒介化和媒介的社会化，个人、社会与媒介的高度融合改变了人的存在方式，媒介化生存成为必然；第二，关键词“道德”是解决媒介化生存所引发的一系列根本问题的关键途径，媒介道德作为本研究提出的核心命题，不仅是指媒介本身要遵守的道德，更是指媒介化生存的人的道德；第三，关键词“理性”是媒介素养和媒介道德教育的目的，在于对自身存在及超出自身却与生俱来的社会使命负责，也是对媒介工业的娱乐化、浅薄化及其所鼓吹的消费主义、个人主义的反制；第四，关键词“公民”强调对社会规则的遵守和对公共道德的尊重，而大学生是被寄予高期望值的社会公民，对他们而言，这一词汇也有着面向未来的价值取向、凸显着应承担的责任和全面发展的要求。

在媒介的土壤上成长与蜕变，在媒介的看护下表达与突破——这是他们的故事，也是我们所希望展开的对话。为此，本次探寻之旅在以下风景中渐次穿行：首先，对当代大学生和传播媒介的基本境况及两者的相互关系作素描般的浏览；其次，力图站在高处，分别向大学生的社会化、学习、消费、交往、思想等诸多方向眺望，将实证与理论、思辨与对比等方法结合起来，进行力所能及的深入的观察和讨论；最后，围绕大学生媒介素养的提升和媒介道德的养成，提出一些有价值的思考和建议。

媒介正在改变世界，大学生即将改变世界。希望他们在今天脚踏实地，在明天走得更好！

第一章
当代大学生的媒介环境

“假如人能够在宇宙中的一棵树上眺望遍及世界的新闻和信息流动，就会发现它完全类似于人体的血液循环系统。换句话说，世界已经成了一个由川流不停的信息所连接起来的多重有机体。它的血管中充满了不可胜数的数据，联结大陆的海底电缆和相互接通的卫星网络构成了它的动脉。每天充满着血管的是以数百小时计的电视节目、数百万计的个人电话和数兆比特的信息。带有银翼的雪茄状飞行体越过辽阔的海洋和天空，将数不清的人运往世界各地；右上角附有彩色标志的小小的纸质物体穿越高山大海，畅通无阻地从发件人那里传送到收件人手中。”①这是美国传播学者弗里德利克对全球化时代大众传播的一段形象化描述。

“信息全球化引领世界进入了数字化传播新阶段。铺天盖地的报纸杂志，无处不在的广播电视节目，琳琅满目的书籍市场，精彩纷呈的电影银幕，令人神往的网络天地，快速便捷的手机短信，当代人生活在由数不尽的媒介织成的社会。媒介及其进行的新闻传播已经成为人类须臾难离的中介，成为当代人类交往的基本形态，成为社会的总体表达形式。数字化生存、媒介化社会，是信息社会最重要的特征。”②这是中国学者童兵关于媒介化社会的阐述。

近 10 年来，以互联网和移动终端为代表的新媒介更是日新月异，各种新技术、新设备、新功能、新应用、新模式层出不穷，这一现象正在将地球上的每一个人、每一个角落都以多种渠道、多种方式

① Frederick Howard H., *Global Communication and International Relations*, ibid., 61(5), p. 251.

② 童兵：《让每个社会成员分享媒介化社会成果》，《新闻与宣传》2006 年第 1 期。

联系在一起，并且打破传统时空的限制，创造出一个时刻紧密包裹着的、如同空气般渗透在四周的媒介环境。

大学生作为有知识的社会新生代群体，不仅是媒介用户大军中的先锋和主力，也是各类媒介发展的重要推动者。但同时，他们在社会化的过程中，也越来越受到媒介广泛和深刻的影响。对儿童和青少年来说，媒介是继家庭、学校之后的第三种社会化力量，并且随着他们年龄的增长和独立意识的加强，媒介正在超越前两者，成为他们进行世界认知、社会交往、学习实践、文化熏陶的最重要的载体。

在当下，媒介已与大学生朝夕相伴、如影随形。它不仅是一种信息传播的工具，而且是大学生与他人、与社会沟通的主要途径，是思想的发源地、情感的交互场、心灵的庇护所，是社会人存在的物质坐标和精神意义，甚至在某种程度上就是人本身。

第一节　快速发展的传媒业生态①

在前工业化社会中，落后的生产力不能提供充足的信息，而物资匮乏、不得不为衣食住行操劳的人们也缺乏较强烈的信息需求；但从工业化社会到信息化社会，信息开始变得不可或缺，信息传播逐渐从以前居于次要的或边缘地位的属于“柔性需求”的“奢侈品”而变得愈发“刚性”，成为社会大系统中基本的和居于中心地位的“必需品”。与此同时，以媒介消费为主要内容的媒介产业也在国民经济体系中占据了更大的比重，并由于积极引领和推动经济整体的发展而显现出令人瞩目的“亮色”。

从图 1-1 可知，中国传媒产业多年来一直以明显高于 GDP 增速的比例在加速增长。2014 年产业总体规模达 11361.8 亿元人民币，比 5 年前翻了一番，同比增长 15.2%，比同期 GDP 增速高出一倍有余。此前 2013 年值得关注的一个转折点，就是中国产业结构发展取得历史性的变化：第三产业（服务业）增加值占国内生产总值（GDP）的比重提高到 46.1%，首次超过第二产业的 43.9%。当前，我国人均 GDP 突破 7480 美元，居民文化消费支出在总消费支出中所占的比例逐步提升。作为文化产业的重要组成部分，传媒业对 GDP 的贡献率仅为 1.5%，还有较大上升空间。预计未来 5 年，中国传媒产业将持续两位数的增长，2018 年有望突破 2 万亿元人民币，GDP 占比将超过 5%，成为重要的国民经济支柱产业。

先来看以报刊、广播、电视为代表的传统大众媒介在中国的现状：截至 2013 年，全国共有报纸 1821 种、期刊 9867 种，各类广播电视播出机构 2523 座，有线电视用户 2.24 亿户，有线数字电视用户 1.69 亿户。广播节目综合人口覆盖率为 97.8%；电视

---

① 崔保国：《中国传媒产业发展报告(2015)》，社会科学文献出版社 2015 年版，第 4—7 页。

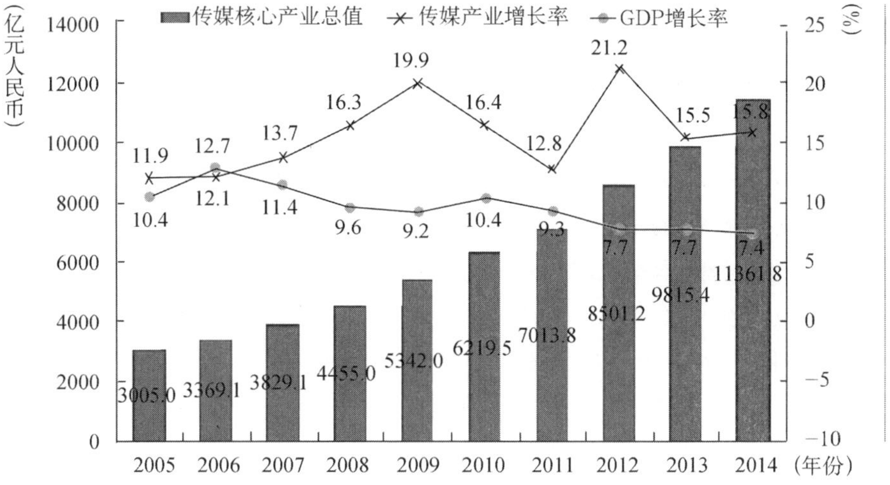

图 1-1　2005－2014 年中国传媒产业总产值及增长率

节目综合人口覆盖率为 98.4%。全年生产电视剧 441 部，共 15783 集，电视动画片 199132 分钟。全年生产故事影片 638 部，科教、纪录、动画和特种影片 186 部。出版各类报纸 478 亿份，各类期刊 34 亿册，图书 83 亿册（张）。在上述媒介中，电视广告市场的增长趋于平缓，连续两年增长率低于两位数；报纸广告收入则连续 4 年下降，2014 年的降幅达到 15%，其颓势难以逆转。相反，电影票房和植入广告却推动电影产业加速前进，2014 年全国拥有电影院 4918 家、银幕 23592 块，连续 5 年增长率超过两位数；票房收入达 296.39 亿元人民币，同比增长 36.15%。但总体来看，大多数传统媒体都呈现出发展滞缓和衰退的趋势。

更值得关注的一个现象是，新媒体对传统媒体的替代作用愈发明显，互联网及移动增值的增长幅度领跑各细分市场，份额一举超过传统媒体总和，达到 47.2%，领先达 10.3 个百分点。网络广告收入首次超过电视广告，达到 1540 亿元人民币，增幅为 40.0%。特别是移动互联网相关业态发展迅猛，中国网民使用手机上网的比例在 2014 年首度超过 PC 机，智能终端用户规模达 10.6 亿元人民币，较前一年增长约 231.7%。移动媒体正快速成长为传媒产业的支柱板块，并成为媒介融合的关键联结点，一个标志性事件就是 2014 年 12 月百度的移动广告收入第一次超过 PC 互联网的广告收入。移动媒体的广告市场规模达 300 亿元人民币，增长率连续 3 年超过 100%。

当前中国传媒业的发展具有以下显著特点：媒体对人们生活的渗入程度加深，传媒业与文化、广告、印刷、ICT、电子制造、传统零售、物流、金融、教育等行业的交叉融合也更加深入，产业触角不但向其他产业的上下游扩张，并且在新技术的引领下衍生出众多新的商业模式，进而推动传统产业商业模式和组织模式的变革；"纸媒将死"正在从预言走向现实，广告收入量价齐跌，报业集团努力寻求转型革新但前路不明；新媒体竞争已从纸媒延伸到电视，百度广告收入超越央视，而OTT互联网电视尽管受到广电部门的严厉规制，但其影响力和发展潜力不容小觑，加上"三网融合"的发力，未来视听媒体的形态将更加多样化；与此同时，互联网媒体纷纷展开移动入口的争夺，社交媒体从爆发期转入平稳期，开始重视深挖市场。

2014年是互联网国家战略地位确立的一年：首届世界互联网大会在浙江乌镇召开，中央全面深化改革领导小组审议通过《关于推动传统媒体和新兴媒体融合发展的指导意见》，网络安全上升至国家安全战略层面。可以预计，互联网正引发一场以技术融合创新为先导，带动市场融合和产业变革，最终引发管理体制变革的革命。未来的传媒产业内容将趋于"类型化"，传播渠道趋于"碎片化"。移动互联网会重构传媒产业结构，媒体终端将趋向多屏融合。"移动＋社交＋大数据"模式下的数据共享和挖掘，将使信息的服务功能更加到位，在个性化、智能化的驱动下有望实现巨大的商业价值。

目前全球传媒产业正处于平稳发展时期，年增长率保持在5％左右，占全球GDP的比重约为2.4％。以2013年为例，全球娱乐及传媒产业总收入为1.69万亿元人民币，占当年GDP总量的2.3％。类似的，纸质报纸、消费类杂志、书籍出版等传统的内容消费收益在互联网的冲击下逐步衰退，同时互联网的接入费用产生的收益在总体中的比重会上升，其中移动互联接入收益的增幅更为明显。① 在内容上，互联网将过去由专业机构（如电视台、制作公司和报社等）把持的内容生产和传播权利赋予普通公众，媒介用户有了更多的选择；在形态上，数字化技术在底层统一了各种媒介的符号系统，移动终端使媒介的即时使用更为普遍，网络接入的门槛更为低廉甚至免费，如何在其他环节提供增值服务成为媒介竞争的焦点；在使用习惯上，社交网络越来越被视作传媒及娱乐消费的入口，特别是移动社交的"好戏"才刚刚拉开帷幕；在商业模式上，大数据、微支付、技术平台是从业者们需要把握的核心竞争力，也是媒介用户享受个性化服务并愿意为之支付费用的关键。

第二节　拉平时空的新媒介

纵观人类传播演进的历史可以发现，从语言传播到文字传播再到电子传播，每一个阶段的跃升无不以信息技术的革命性进步为前提。每一次技术创新都带来传播方式的巨大变化，进而影响人类的政治、经济、文化等各个方面。

---

① 杭敏、胡雨濛：《2014年全球传媒及娱乐产业回顾及未来展望》，转引自崔保国：《传媒蓝皮书：中国传媒产业发展报告(2014)》，社会科学文献出版社2014年版，第357页。

1994 年 4 月 20 日，中国实现与国际互联网的第一条 TCP/IP 全功能链接，成为互联网大家庭中的一员。1995 年 8 月，网友通过一台 386 操作系统，架设定名为“水木清华站”的 BBS 系统，正式对外开放。从此，清华大学内部有了自己的 BBS 讨论区，且一度成为中国内地人气最旺的 BBS 之一。小小“社区”改变了中国网民使用网络的习惯，也改变了大学生认识世界、参与社会的方式。20 年来，随着基于互联网的各种新媒介技术轮番上演“后浪推前浪”的故事，新媒介改变世界的时代已经到来。

顾名思义，新媒介是指在新的技术支撑体系下出现的媒介形态，这个“新”主要是相对于旧的传统媒介而言的。因此，所谓新媒介其实是一个与时俱进的相对概念，人们对它的认识也处在不断的讨论和深化之中。现阶段大致可以认为具有互联性质的网络媒体是最有代表性的新媒介，主要包括 PC 互联网、移动互联网、“三网融合”下的新型互联网以及基于这些互联网所开发出的各种新的传播技术、功能、形态等。它们能够实现“所有人对所有人的传播”，并具有以下特征：

数字化：从技术上讲，数字化就是将各种模拟世界和表征信息的符号或信号转换成可以度量的数字或数据。它的意义在于将原本类型上复杂多样的信息在底层格式上进行统一，也就是把文字、图片、声音、影像等都最终“简化”成由 0 和 1 表示的二进制代码，以便于计算机处理。这为信息的大规模存储、计算、传输、转化奠定了基础，是新媒介技术最根本的特征，也是其他如多媒体、搜索、虚拟现实等技术的源泉。

互联化：是信息交互式传播和网络化传播的统称，意指地球上的任何人、任何物体都可以没有技术障碍地进行互联互通，一对一、一对多、多对多或同步传播、异步传播、封闭传播、半开放传播、开放传播等任何传播模式，以及这些传播模式的任意组合都能便捷地实现。时间和空间对于传播的限制不再存在，人与世界的距离在信息层面被无限缩短，人类社会成为技术上的统一体。

融合化：媒介融合最早指将原本属于不同类型的媒介结合在一起，后来又指各种媒介呈现出的多功能一体化的趋势。技术的发展使原本五花八门的信息能在同一平台上进行整合，媒介间的互换性与互联性不断得到加强，它们固有的界限也渐渐“消融”，业界热议的三网融合、三屏合一以及全媒体即是例证。从信息转换开始，技术的融合推动了内容融合、业务融合、组织融合、产业融合和形态融合。或许，未来的媒介在面向消费者的应用和终端上千变万化，但内部却只有一个高度融合的无限的“媒介”。

智能化：以搜索引擎为例，人工智能技术的引入可使其具有学习和自动识别的功能，这项技术能根据用户的需求，从所有的网络资源中检索出最有价值的信息。智能化与大数据是辩证统一的，后者既指爆炸式增长的数据越来越多以至于必须用超越常规的模式才能有效处理，也指对全部的数据作挖掘分析以得到最佳的结果。两者的结合赋予我们广泛的想象力，因为借助于全世界的资源和全人类的智慧，个人的力量可以得到自由而充分的发挥。

移动化：作为便携化的近义词，移动化是指媒介终端与人体的结合更为紧密，如设备轻巧、符合人体工程学原理等；另外，也包括基于位置的服务（LBS）。但更重要的是，它意味着将机器融入到日常生活之中，与人们保持一种亲近、自然的状态，如形形色色的可穿戴式设备。不仅如此，以后我们周围的一切事物都可能成为媒介——用以骑行的自行车、街边的墙、手中的水杯；三维全息技术甚至能让人在一处虚幻的空间进行信息的呈现和互动。

虚拟化：虚拟现实是近年来在生物仿真与信息技术相结合的基础上发展而来的一种高新技术，一般是指利用计算机模拟产生一个三维空间的虚拟世界，提供使用者关于视觉、听觉、触觉等感官的模拟，让使用者如同身临其境一般。在向媒介领域延伸后，虚拟化技术被注入更多社会学的意义。它所提供的不只是直观的三维，而是人与人、人与世界、人与社会的一种替代性的体验和生活，正如“第二人生”。

个性化：自媒体是指为个体提供信息生产、积累、共享、传播兼具私密性和公开性的信息传播方式。以此为出发点，所有的媒介最终都应该成为服务于独立个体的个性化媒介，因为“人”是社会中能动的完整的单元，也是媒介存在的目的。从提供更多的选择可能性开始，技术的发展将允许每个人成为传播的中心，围绕这一中心量身定制所需要的、最合宜的信息和服务。

社会化：社会性媒介是人们彼此之间用来分享意见、见解、经验和观点的工具和平台，它改变了人们已有的社会关系，形成了一个个自由组合的、出于某种爱好或共同关注点而聚集起来的圈子。媒介的社会化还在于与现实生活的结合，电子商务、在线教育、智能住宅、物联网等莫不如此。其结果就是媒介与社会高度地融合，为生存于其中的我们提供一个媒介化之后的社会环境。

中国互联网络信息中心于 2015 年 7 月发布的《中国互联网络发展状况统计报告》显示：截至 2015 年 6 月，中国网民规模已达 6.68 亿，互联网普及率为 48.8%，继续稳步提高。其中，手机网民规模达 5.94 亿，手机上网的网民比例为 88.9%，较半年前增长 3.1 个百分点，而通过台式电脑、笔记本电脑和平板电脑上网的网民比例则略有下降，还有 16%的网民则通过电视接入互联网。人均周上网时长为 25.6 小时，较上一轮统计减少了 0.5 小时。另外，中国所拥有的域名总数为 2231 万个，网站总数为 357 万个，均有较大增长。

在中国，互联网媒体发展的总体趋势为：整体网民规模增速继续放缓，但在手机上网的带动下，农民成为网民增长主力；手机作为主要上网终端设备的趋势进一步明显，网民手机电子商务类、休闲娱乐类、信息获取类、交流沟通类应用的使用率都在持续增长，使得移动互联网带动整体互联网发展；网民的消费行为逐渐向移动端迁移和渗透，移动商务类应用成为拉动网络经济增长的新引擎，特别是手机炒股和炒基金、手机支付、手机旅行预订、手机网购等发展迅速；互联网发展从“广”到“深”，整体上正在经历从量变到质变的过程，主要表现在信息的精准性及与经济发展的贴近性上，个性化服务普遍加强，用户体验得到明显改善。

在各类上网人群中，学生依然是中国网民中最大的群体，占比达 24.6%，互联网普及率在该群体中已经处于高位。从年龄结构看，20—29 岁年龄段网民占比最大，达 31.4%；10—19 岁年龄段网民占比次之，达 23.8%。而大学生正处于这两个年龄段之间，他们不仅上网比例高、时长长，而且是各种互联网应用最活跃的使用者。相应的，大学生在学习、生活、交友、娱乐等各方面也深受互联网的影响，互联网成为大学生最重要的传播图景和拟态环境。

第三节　融合中的媒介革命

2014 年被称为中国的“媒体融合年”，其标志就是 8 月中旬中央全面深化改革领导小组审议通过《关于推动传统媒体和新兴媒体融合发展的指导意见》，并强调：推动传统媒体和新兴媒体融合发展，要遵循新闻传播规律和新兴媒体发展规律，强化互联网思维，坚持传统媒体和新兴媒体优势互补、一体发展，坚持以先进技术为支撑、内容建设为根本，推动传统媒体和新兴媒体在内容、渠道、平台、经营、管理等方面的深度融合，着力打造一批形态多样、手段先进、具有竞争力的新型主流媒体，建成几家拥有强大实力和传播力、公信力、影响力的新型媒体集团，形成立体多样、融合发展的现代传播体系；要一手抓融合，一手抓管理，确保融合发展沿着正确方向推进。

1987 年，美国麻省理工学院媒体实验室创始人尼古拉斯·尼葛洛庞帝曾预言，计算、印刷、广播这三种技术边界的重叠区域，将成为成长最快、创新最多的领域。如今，媒介融合已是一种世界性的趋势。媒介融合得益于数字技术和互联网的兴起，并受到政治上解除管制、经济上全球化和对协同效应的追求，以及消费者的口味变化和多样性、技术标准化、新媒介形式涌现等多种力量的驱动。媒介融合是从技术革新发轫的，数字技术在底层将文、图、声、画等所有形式的信息都转化为统一格式的比特流，以互换性和互联性打破了不同类型信息间的壁垒，也推动作为信息载体的各种媒介开始了“你中有我、我中有你”的融合进程。网络技术和存储技术的发展使不同媒介之间、媒介业与其他产业之间的边际进一步消融，加快了媒介融合的进程。

媒介融合有多种模式和层次，例如，提供媒介内容数字化转换的技术融合、媒介产业水平整合的经济融合、以消费者为导向的多重战略任务模式下的社会或组织融合、支持跨媒介讲述方式和内容发展的文化融合、媒介内容全球性流动的全球融合。[①]《韦氏字典》将融合定义为联合的、趋向均匀一致的行动。而媒介融合包括技术融合、结构融合、竞争性/互补性融合、战略性/产业结构融合等。媒介融合的本质是形成信息社会，其长远目标是社会的媒介化。从这种意义上来讲，媒介融合可分为技术层面的革新与融合、内容层面的不同资讯及娱乐信息的融合、产业层面价值链纵向或横向的融合、宏观经济层面媒介产业与其他产业的融合，以及文化、政策和管理上的融合。从产业链范畴的内容融合、网络融合、终端融合，到媒介产业的集团化和集群化，不同媒介形态在同一生态圈中互生共存，可以看作是社会媒介化的第一阶段；媒介业与关联度高的通信业、信息业、文化业、娱乐业在交织互动中重新整合，形成“大传媒业”，是社会媒介化的第二阶段；在此基础上，信息化带动工业化、城镇化、农业现代化，信息媒介逐渐渗透和融合到其他各个产业和社会生活领域中，是在信息社会的发展中实现社会媒介化的第三阶段。[②]

在媒介融合的环境里，报社、电视台等传统媒介纷纷思考未来的生存之道。从报网融合、台网融合，到实施全媒体战略的主动转型，一场媒介产业的革命正在声势浩大地展开。与新媒介相比，传统媒介原来所拥有的具有垄断性的传播渠道资源被分化且优势不再，但内容生产往往是媒介融合中传统媒介在新型产业链上具有竞争优势的环节。因此，将内容生产做强是核心，同时在组织重组或协作中将融合化的渠道网络做实、做大，才是传统媒介的一种合理选择。在媒介融合的进程中，集拥有规模化内容版权的“内容集成商”与拥有丰富的市场渠道与多媒体终端的“内容供应商”于一身的大型媒介集团，无疑将成为市场的主角。在媒介组织内部，融合有多层含义[③]：一是在生产经营上进行统一管理，减少机构重叠、节约增效；二是媒介内容的生产实现统一流程、统一策划和设计、统一集成和发布，提高信息资源的利用效率；三是在不同客户终端和界面上实现统一的媒介产品消费、营销、包装及生产，最大限度地满足客户需求；四是创设统一、高效的工作体系，将诸多经营管理活动通过全功能的业务平台来进行；五是建立一支适应媒介融合要求、精通组织核心工作的人力资源队伍，保证目标的顺利执行和竞争力的提升。媒介组织的融合战略所要采取的具体举措包括生产体系和客户终端的一体化，技术、内容特性和市场服务的一体化，组织内部和环境互动的一体化。

媒介融合固然势不可挡，但我们还要透过现象看本质，深入地理解“合”与“分”的辩证关系。实际上，从多个角度来看，融合只是手段而不是目的。“合”是为了更好地

---

① 〔美〕阿兰·B.阿尔瓦兰：《传媒经济与管理学导论》，崔保国等译，清华大学出版社2010年版，第418页。

② 杨海军、王成文：《传媒经济学》，河南大学出版社2008年版，第329—331页。

③ 姜进章：《新媒体管理》，上海交通大学出版社2012年版，第121—122页。

“分”，通过融合达到更高层次的多样化，这才是媒介融合的终极目标。这一点主要表现在：业务形态的整合与生产流程的细分——内容的多媒体化是各种传统的单形态媒介的内容汇集到一个平台后的自然结果，但因其复杂程度很高将会导致更为细致的分工与合作，生产流程也更精细化和动态化；产品的汇聚与受众市场的进一步分化——数字化使各种媒介产品有了共同的平台基础，不同的内容产品汇流为一个大市场，也带来了产品组合的灵活性，这为满足更加多元化、个性化的用户需求提供了可能，用户可以在任何方便的时候用方便的终端获取自己所需要的内容与服务；传播渠道的集中与接收终端的分散——技术载体的融合只是信息传播的一个环节或途径，各种媒介产品首先汇流到网络平台或数据库中，而后又分散到各种不同的接收终端，最终媒介产品会呈现出多样化的形态和版本；媒介组织的大联合与再分工——传统的媒介组织与新兴的内容提供商、电信业、IT 业等各类信息相关产业的组织正在进行产业层面的大融合，其结果会在融合与重组后产生更多的专业化组织，而分工的再强化，不仅有利于每个环节价值的提升，也有利于市场的整合，并促使产业系统焕发新的生命力。

媒介融合不但是媒介组织之间和传媒业内部的系统整合，其效应会延伸并渗透到社会生活的方方面面，导致社会的全面媒介化，也将引起人与媒介之间关系的革命性转变。在媒介化社会里，人们的日常生活都无一例外地处在电子传媒覆盖之下；它所构筑的虚拟现实无时无刻不在影响着人的行为方式和思维方式；传播与社会生活的深层互动日益彰显，昔日大众传媒的受众正逐渐嬗变为传受合体的“电子媒介人”，并且正在试图通过与昔日强大无比的大众传播机器进行平等对话来成为新的传播主体。①

同样作为“电子媒介人”的大学生，在迎接社会媒介化的同时，也在适应并创造着自身的媒介化。

第四节 泛在的未来媒介

1969 年，美国国防部高级研究计划署 ARPA 资助建立了世界上第一个分组交换试验网 ARPANET。1980 年，连接不同网络的 TCP/IP 协议研制成功。20 世纪 90 年代，Web 技术和浏览器出现，互联网开始商业化，用户数量呈指数增长。1995 年，美国学者马克·波斯特提出“第二媒介时代”的概念：将信息制作者极少而信息消费者众多的单向播放型模式占主导的时代称为第一媒介时代；将以媒介的制作者、销售者和消费者为一体的双向型、去中心化的交流模式为主导的时代称为第二媒介时代。② 第

① 夏德元：《电子媒介人的崛起——社会的媒介化及人与媒介关系的嬗变》，复旦大学出版社 2011 年版，第 2 页。

② 〔美〕马克·波斯特：《第二媒介时代》，范静哗译，南京大学出版社 2000 年版，第 3、5、22 页。

一媒介时代又可划分为口语传播时代、印刷媒介时代和影像媒介时代;在技术层面上,第二媒介时代指互联网出现以后的时代。

进入21世纪后,互联网已从早期的Web1.0(以新闻门户网站为代表的大众传播模式+以BBS为代表的简单互动模式),发展到Web2.0(以博客/互动百科为代表的用户参与内容创造和分享传播模式+以微博为代表的碎片化传播模式+以社交网络为代表的开放式小众聚合传播模式),并正在向Web3.0大举进军。关于Web3.0的特征众说纷纭,但大致包括大数据、云计算、人工智能、语义网、虚拟现实、跨媒介、物联网、地理定位和映射等。可以看出,新技术如火山喷发般地迅猛发展,不仅使得麦克卢汉关于"地球村"的预言成为现实,同时也正在跨越他"媒介作为人的延伸"的论断。如果说,苹果手表、谷歌眼镜等穿戴式智能设备还只是从外部赋予人们在便携和移动中进行互联的可能性,那么"Google Now"所制定的终极目标则是要从内在改造人与媒介的关系:在人的大脑中植入芯片,以此知道用户的想法并直接提供所需要的信息,真正实现"随时、随地"地获得信息。不难想象,人脑芯片以及其他生物技术与媒介技术的交叉,有可能会在未来创造出类似于"阿凡达"一样的生物机器人,或者是"人—媒"融合的新物种——电子媒介人。面对这样科幻般的世界,无论乐观还是悲观,有所准备还是任其自然发展,大学生都正置身于其中,无法逃避。

未来的媒介会是怎样的存在?第三媒介时代会有哪些革命性的特征?有学者回答说,那应是"沉浸"的"泛众"传播时代。所谓沉浸传播,"它是以人为中心、以连接了所有媒介形态的人类大环境为媒介而实现的无时不在、无处不在、无所不能的传播"[①];所谓泛众传播,是"以泛在网络为基础的、面对所有人提供的个性化传播,是多对多和一对一同时发生的传播"[②]。这个时代的特征是泛在融合的无边界共享、以人性化为指向的物理和精神的自由穿越、高度的智能化和自动化。

尽管我们还不能看清这个新世界的全貌,但也能从诸多新生命的躁动中一窥端倪:数字化的传播技术正在逐步打破第一媒介时代各传统媒介之间的界限,"界面"也随之成为一套新兴的人/机关系的枢纽;媒介融合不仅是已有媒介的相互融合,更是新媒介的产生和新的媒介环境的产生、新的人与媒介关系的定位;虚拟现实技术和物联网从两个方向使得媒介的虚拟世界与现实世界的界限被打破、移动媒介和定位技术使得无限的时空被随身携带、人工智能和语义网络使得每个人都成为世界的意义中心……简而言之,在这个即将到来的时代里,人、媒介和环境完全地融为一体——人是媒介化的人,环境是媒介化的环境,人和环境/社会通过媒介不再有任何界限,但媒介却"安静"地隐居幕后——它是如此的智能化和人性化,以至于无时无地不在,却与人

---

① 李沁:《沉浸传播:第三媒介时代的传播范式》,清华大学出版社2013年版,第12—13页。
② 李沁:《沉浸传播:第三媒介时代的传播范式》,清华大学出版社2013年版,第12—13页。

自然融合而难以感知其存在。[①]

这是一个"人一媒一社会(环境)"一体化的世界,人的生存方式和人的本质也被改变,人的社会关系将呈现崭新的模式。大学生"沉浸"其中并随之成长为新的人类"物种",这一过程中可能发生的变化和对社会、对人类所造成的影响,都需要我们从现在开始关注。

第五节　传播的失衡失范与媒介秩序的重建

改革开放以来,中国媒介业取得了长足的进步,特别是新兴媒体的发展几乎与世界同步。但也必须看到,中国的媒介生态系统无论是放在全球传播格局中,还是其内部的结构关系和运行机制,都还存在不少亟待解决的问题:

国际话语权"失声"与全球化传播的挑战。现实中,综合实力强大的国家掌握着更多的话语权,唯一的超级大国美国更是在许多方面占据着"话语霸权"的地位。从新闻传播来看,这是一种单向的、有中心的、高度不平等的传播秩序,落后国家容易沦为"信息孤岛"。许多新闻事件,甚至包括那些发生在发展中国家的重大事件,其话语权都被控制在以美国为首的发达国家的媒体手里。据统计,目前西方发达国家流向非西方欠发达国家的信息量是反方向流动的100倍;世界上有2/3的信息源来自只占世界人口1/7的西方发达国家;世界上每天传播的国际新闻大约80%来自西方发达国家的几家主要通讯社。[②] 作为潜在的社会精英,中国大学生在了解世界重大事件时,在很大程度上被框定在以美国为中心的西方发达国家的传播模式中,被迫接受经过西方价值观过滤的、高度意识形态化的新闻信息,并经常不自觉地掉入被精心设计的全球舆论同化陷阱。多年来,"妖魔化中国"成为西方媒体的一种常态,在1999年中国驻南联盟大使馆被炸、2003年"非典"、2008年拉萨暴力活动及奥运圣火传递等一系列事件中,更是涌现出大量负面的、偏激的、歪曲的甚至任意取舍和颠倒黑白的报道。作为一个正在走向现代化复兴的文明古国和尊重国际规则的负责任的大国,中国必须学会在全球化传播中掌握话语权,主动、有序、开放地在国际新闻报道中扩大自己的声音,树立国家及中国媒体的良好形象,维护信息主权,提升软实力。大学生也需要从自身做起,树立正确的媒介观,学会辨别信息的真伪和背后的意识形态立场,同时要积极配合和帮助推动中国的媒介传播找准在全球化中的定位,改进传统的传播体制和话语体系,利用不断完善的国际传播网络发出"中国声音",讲述"中国故事"。

---

① 覃川、李海霞、戚天雷:《媒介素养与媒介德育创新——大中学生如何应对色情与暴力信息》,清华大学出版社2014年版,第4页。

② 郭可:《国际传播学导论》,复旦大学出版社2005年版,第158页。

传播手段和方式"失新"与跨媒体传播的挑战。以网络为代表的新媒体的迅猛发展,改变着人类社会的传播模式,也深刻影响着人们的生活工作方式和思想行为。"世界是平的",意味着全球化已从以民族国家和跨国公司为主导,开始向个人主体倾斜和转移。新媒体的崛起给传统的媒介传播带来诸多挑战:第一,新的传播媒介削弱了国家及传媒机构对信息和传播权力的控制,通过开创新的社会交往模式,使传播权力下放、分散到大众手中,各种信息和思想可以不受技术约束自由表达;第二,超媒体的融合全面延伸并模拟了人的各种感官及神经系统,信息在数字化中愈发规模庞杂、检索便利并能即时互动通讯,这加快了新闻的多媒体化和个性化,使大众化传播开始转向满足不同需求的小众化传播,甚至点对点传播;第三,巨大的技术进步带来传播"门槛"的降低,使受众在信息选择中的自由度增大,对新闻的真实性、公正性、时效性、可读性等品质的需求进一步提高,也刺激了不同媒体间的相互依存和渗透,使跨媒体传播成为商业和宣传的共同目标,媒介系统的结构优化、联动整合、演化发展日益受到管理者和传播者的重视。新媒体就是新的意识形态阵地,每一种新媒体都有其独特的生存空间和传播价值。大学生要善于使用新媒体,并在新的传播体系中打破传统观念和传统做法的束缚,要以更加开放的理念、更加宽广的视野、更加灵活的机制积极利用和引导各种新的媒介,要大胆探索新的传播手段和传播方式,努力提高新闻信息的亲民性和传播效果的有效性。

一元指导思想"失重"与多样化思想的挑战。随着对外开放的不断扩大和社会主义市场经济的深入发展,我国社会经济成分、组织形式、就业方式、利益关系和分配方式日益多样化,人们思想活动的独立性、选择性、多变性和差异性日益增强。当今中国社会正处于全面转型期,同质的单一性社会正在被异质的多样性社会所取代,各种思想意识的碰撞和冲突相当突出。现阶段,由发达国家在经济、科技上所占的优势而带来的压力长期存在,西方资产阶级的政治文化和价值理念以各种面目大量涌入,这些思潮与现实中一些因为社会利益和社会关系大调整而带来的不稳定、不和谐的因素相结合,使得国民心态和思想出现物欲化、粗俗化、冷漠化、躁动化、虚假化等倾向,信仰危机、认同危机也较为严重。与多样化思想伴随而来的道德评价失范、价值取向紊乱、社会控制弱化等现象,在新闻媒体中有着或直接或间接的反映。譬如,电视上的教育性节目强调服务他人、奉献社会的价值观、倡导勤俭节约等美德,但在娱乐性节目中却充满了豪华奢侈、超前消费、一夜成名和对个人主义、利己主义的崇尚。当前我国仍然施行较为严格的新闻管理体制,新闻领域敌我矛盾的意识形态斗争并不占主流,一元指导思想的"失重"问题集中表现为传媒公信力和党报影响力的下降。政治素养、新闻素养和职业道德的缺失,造成媒体的定位不清、方向不明、把关不严;新闻报道的权威性、新闻性、特色性、贴近性、服务性不够,最终丧失了受众的信任,使受众接受度下降;

在多种思想、多种利益诉求并存的社会环境中，放松甚至放弃了对根本原则的坚守和对社会舆论的甄别及引导。坚持马克思主义的世界观和方法论、加强社会主义核心价值体系建设，对于新闻媒体来说是底线、是责任，也是生存发展的指南和动力。“思想越是多样化，越是需要主心骨。”在面对社会中的多样化思想时，新闻更要自觉地维护和宣传中国特色社会主义主流意识形态，站在最广大人民群众的立场，用生动鲜活的事实和语言，积极引领各种社会思潮；既要尊重差异、包容多样，又要有力抵制各种错误思想和腐朽思想的影响。

新闻内容“失亲”、新闻价值“失衡”与商业化竞争的挑战。随着我国文化体制改革的不断深入，各类媒体逐渐走向市场。优胜劣汰的市场法则，极大地推动了新闻媒体加速自身改革和发展进程，迎来了我国传媒事业空前的活跃和繁荣——以商业媒体和都市媒体的兴起为代表，媒体种类和数量大大增加，信息内容来源丰富、形式多样，媒介经营的专业化、规模化程度提高，以受众为中心、分众化传播的理念赢得共识，大众传媒的多种功能得到积极释放。但是，媒体商业化所带来的诸多不良后果也需要引起我们的重视：受经济水平和消费能力的影响，我国的新闻媒体在不同的地域和阶层之间的分布和发展严重失衡，“信息鸿沟”加大了社会群体在分享信息和教育服务上的差距，不利于和谐社会的构建；媒体盲目追求利润最大化，奉行“娱乐至死”的重商主义，媚俗的“尖叫新闻”和违背职业道德的有偿新闻、虚假新闻司空见惯，广告商等商业势力介入到正常的采编播环节，影响了新闻内容的选择和价值导向；媒体作为社会公器必须具备的权威性、公信力和责任感被忽视，他律和自律均缺失，不少从业人员漠视职业道德和纪律，信口开河、伤害当事人、新闻寻租、滥用权力、恶性竞争等情况频繁发生，媒体所代表的公共资源被浪费、信息环境被污染。与严肃的新闻价值遭到扭曲相对应的，是新闻本身失去亲和力。一是高高在上、脱离实际，领导新闻、会议新闻充斥版面和画面，不肯“屈就”老百姓的切身利益和解决他们所关心的问题；二是反应缓慢、透明度低，满足不了大众的知情需求，也无法引导舆论走向；三是千篇一律、重复雷同，实质上就是不敢开拓创新、不肯努力付出、不愿贴近生活；四是语言乏味、文风呆板，使受众感情上难以亲近、思想上不能接受；五是说理生硬、空洞乏味，与鲜活的实践和多样化的思想相比，没有吸引力和说服力。

大学生是国家最重要的人才资源之一，也是国家竞争力的核心，在很大程度上是社会的推动者、引领者，因此与社会媒介的传播活动密不可分。大学生不但要积极学习和掌握正确的媒介观念、媒介行为，还要自觉承担起社会责任，妥善应对媒体、规范自身言行、积极表达观点、参与公共事务，成为传播领域的楷模和典范，致力于消除媒介传播中的失衡和失范现象，重建健康、和谐、进步、可持续的媒介新秩序。

第二章
大学生的媒介行为与情态

毫无疑问，与互联网连接的电脑和移动终端是大学生最经常接触也是对其影响最大、最深远的媒介。网络媒介在大学生中不断渗透，改变着他们的生活方式甚至思维意识。随着接触和使用时间的增加，网络对大学生的影响也越深。同时，大学生群体的网络使用行为对网络娱乐的发展、网络文化的走向、网络商务的定型以及智能手机的普及和升级等都具有重要的反作用力。但由于大学生具有较高的网络使用普及率和网络娱乐应用水平，他们也很可能受到网络不良信息的影响。

中国互联网络信息中心发布的《2014 年中国青少年上网行为研究报告》等资料显示：截至 2014 年 12 月，中国青少年网民规模达 2.77 亿，占青少年总体的 79.6%，较 2013 年增加了 7.8 个百分点，并超过全国互联网普及率 47.9%的平均水平 31.7 个百分点。2014 年的青少年新增网民为 2072 万，增长率为 8.1%，超过网民总体 5%的年增长率；青少年网民占整体网民比例为 42.7%，较 2013 年增长了 1.2 个百分点。从 2013 年的同系列报告来看，大学生占比呈上升的态势：从 2012 年的 12.4%增加到 2013 年的 14.4%。

大学生周上网时长从 2013 年的 25.1 小时提高到 2014 年的 29.3 小时，超过中学生的 23.7 小时，也高于青少年总体的 26.7 小时。但当中小学生在网吧上网的比例有所增长时，大学生在网吧上网的比例却从 2012 年的 33.2%降至 2013 年的 24%，这表明他们对上网条件有了更多的选择权。

比较大学生和其他青少年群体的各种网络应用行为可知，在表

2-1 所列的信息获取、交流沟通、网络娱乐、商务交易四大类共 17 小类的互联网应用中，除网络游戏的普及率在小学生中被排在首位外，其他应用的普及率都是大学生群体明显领先。可见，大学生具有非常活跃的互联网使用行为，是互联网媒介用户中最核心、最稳定和最具探索性的群体。

表 2-1　各互联网应用的普及率

类别	应用	小学生（%）	中学生（%）	大学生（%）	非学生（%）	青少年总体（%）	网民总体（%）	差距（%）
信息获取	搜索引擎	73.7	81.6	86.9	81.8	81.6	80.5	1.1
	网络新闻	43.0	70.6	84.0	80.2	73.8	80.0	－6.2
	博　客	9.1	17.9	24.5	17.3	17.6	16.8	0.8
交流沟通	即时通信	81.2	93.5	96.2	94.1	93.0	90.6	2.4
	微　博	20.0	45.9	60.6	44.2	44.4	38.4	6.0
	电子邮件	13.3	35.0	56.7	40.4	37.8	38.8	－1.0
	论坛/BBS	8.2	19.8	30.9	22.5	21.1	19.9	1.2
网络娱乐	网络音乐	65.7	78.6	81.6	77.9	77.5	73.7	3.8
	网络游戏	70.9	66.5	59.4	62.2	64.3	56.4	7.9
	网络视频	55.0	67.0	79.8	71.7	69.4	66.7	2.7
	网络文学	19.9	49.6	52.4	49.0	46.9	45.3	1.6
商务交易	网络购物	12.3	52.3	73.5	65.6	56.9	55.7	1.2
	团　购	5.1	20.1	44.3	32.7	26.9	26.6	0.3
	旅行预订	8.0	23.3	57.0	39.4	32.6	34.2	－1.6
	网上支付	9.5	41.8	65.5	58.3	48.8	46.9	1.9
	网上银行	8.7	33.3	60.7	54.9	43.7	43.5	0.2
	互联网理财	2.7	8.2	17.7	15.7	12.1	12.1	0.0

从上述互联网应用中我们还可以经过分析得知，大学生最常使用的互联网功能分别是即时通信（96.2%）、搜索引擎（86.9%）、网络新闻（84.0%）和网络音乐（81.6%）；稍次之的是网络视频（79.8%）和网络购物（73.5%）；再次之的是网上支付（65.5%）、微博（60.6%）、网上银行（60.7%）和网络游戏（59.4%）。而论坛/BBS、博客等曾广受大学生青睐的网络应用现在已趋于边缘化。

为了掌握大学生与互联网等媒介接触的第一手资料，笔者在实证研究中对北京、西安、重庆的6所大学开展问卷调查，共发放问卷650份，回收有效问卷594份。[①] 在受访者中，大一学生占34.4%，大二学生占25.9%，大三学生占25.0%，大四学生占7.0%，研究生占7.8%。从性别分布看，男生和女生分别为57.1%和42.9%；从政治面貌看，党员、团员和群众分别为20.9%、70.5%和8.6%；从专业分布看，工科占36.5%，理科占23.4%，人文艺术占14.3%，社会科学占22.6%，医学、农学、林学占2.2%，体育、军事及其他约占1.0%；从家庭所在地看，来自中小城市(41.6%)和大城市(29.5%)的最多，而家在农村(15.7%)和乡镇(12.1%)的较少；从家庭人均月收入来看，位于1000～5000元之间的中等收入家庭(包括1000～3000元的较低收入家庭和3000～5000元的较高收入家庭)占了大多数，分别为32.1%和32.8%，而5000元以上的高收入家庭(26.2%)远比1000元以下的低收入家庭(8.90%)多。为直观地反映"家庭收入"的平均水平，在数据处理时，我们将家庭收入从低到高分为4个层级，分别赋值以"1"到"4"进行量化处理，通过加权平均，可得到大学生平均家庭收入的量值为2.76，稍高于2.5的中位水平，这说明受访大学生的平均家庭收入为中等略偏上。在下文所涉及的其他表征等级的顺序变量中，我们也作了类似的处理。

按照人们惯用的代际标签，上述受访的大学生绝大多数都为"90后"(1989年12月31日之后出生)。近百年来全球化和现代性的急剧变迁，使得两代人之间的差异及其所导致的代际关系问题得到普遍关注。特别是中国在启动改革开放后30余年间的巨大变化和社会结构的转型，与信息技术的高速发展所推动的社会媒介化进程相叠加，更加快了代际差异的生成。近年来，在媒介产品和功能不断推陈出新的影响下，对于正处在人生转折期和作为社会活跃人群的大学生来说，3～5年的跨度已足以在媒介与社会环境、学习生活方式、价值观念等方面呈现出较为显著的差异。时至今日，"95后"正在逐年进入大学校园，并已成为低年级段大学生的主体。因此，我们也大量参考、借鉴其他研究者关于"90后"和"95后"大学生媒介行为或媒介素养方面的研究成果，力图为当前大学生接触、使用、认知媒介的情况作综合性的概括描述。

第一节　大学生的媒介接触与使用

美国学者唐·泰普斯科特将美国1977～1997年出生的人称为N世代——N既代表Net，也可代表New，以区分于战后的婴儿潮一代(电视一代)和中间的X世代。[②] N世代最显著的特征就是"数字化里成长"的第一代，也是全球化的第一代。对于他

① 覃川、李海霞、戚天雷:《媒介素养与媒介德育创新——大中学生如何应对色情与暴力信息》，清华大学出版社2014年版，第172—285页。

② 〔美〕唐·泰普斯科特:《数字化成长3.0》，云帆译，中国人民大学出版社2009年版，第13—17页。

们而言，科技就像是空气一样自然；能接入互联网的电脑和手机不仅是处理文档和查找信息的工具，更是与他人分享和沟通的场所，因此成为他们最亲密的伙伴，也改变着他们的生活方式和思维习惯。吸收比特信息的营养而成长起来的N世代有八个“特征”：自由、个性、监督、正直、协作、娱乐、速度、创新。

在中国，接入国际互联网的步伐首启于1994年。显然，“90后”就是伴随中国互联网事业成长起来的N世代。他们不仅具有熟练的网络使用技能，将媒介世界视作现实世界的一部分，而且积极寻求独立自主的平等地位，充满自信和创造力，善于在全球化语境中表达自我并与他人协作。当然，他们也习惯于碎片化的微传播、浅阅读和立即式的满足，喜欢个性化的消费和娱乐。与上一代网民坐在电脑前点击鼠标和敲打键盘不同，在技术的推动下，大学校园中的“90后”更多时候是在用自己的身体（通过触屏或穿戴式设备）直接触摸“人一机”界面，所以他们也常被称为“手指一代”或“移动中的一代”。

当代大学生的成长与新媒体的发展既在时间维度上保持高度的同步性，也在功能维度上表现出强烈的互动性和深度的参与性：一方面，媒介在微观上无时不在、无处不在地渗透到大学生的学习生活中，也在宏观上成为一种不可割裂的生存结构和生态环境；另一方面，大学生是媒介新技术和新应用的积极使用者和传播者，加速推动着媒介创新向其他人群、其他领域扩散和升级。大学生与媒介的这种高度依存关系，首先反映在与媒介高密度、高频率的接触和广泛而深入的使用过程中。

一、较充分的媒介近用权

媒介近用权的概念源自于西方的传播理论，涉及政府、媒介和民众三个权利义务主体的关系。它将受众视为权利的主体，认为大众传播具有公共性，应当向普通民众开放，也就是指“一般社会成员都应当有接近和使用媒体及发表意见和观点的权利，这种权利不仅限于大众传媒的言论自由”①。但在以有组织的大众媒介为传播主体的条件下，媒介权利受到严格的控制，大众缺乏充分的表达渠道和话语权。以互联网为代表的新媒体改变了这一传播格局，广泛的社会大众被赋予了近用权，如创办个人网站、在公共论坛中发表言论、生产公民新闻和媒介作品、组织网络社群等。

近用权的一个基础和标志在于是否拥有较多“获取信息的渠道”，这也是对大学生自身媒介接触状态和信息获取能力的重要评价标准。统计结果表明，一半的受访者对自己的信息获取渠道给出正面评价，认为“很多”或“比较多”的分别占12.5%和27.1%。为了更直观地衡量大学生获取信息渠道的多少，可对问卷中的选项从“很少”

---

① 郭庆光：《传播学教程》，中国人民大学出版社1999年版，第179页。

到"很多"分别赋值为"1"到"5",并进行加权平均计算。结果显示,受访者平均得分为3.49,较明显地超过中位水平3,这说明我国大学生已普遍具有较丰富的媒介接触机会和较多的信息获取渠道。

进一步利用T检验或ANOVA法分析影响受访者信息渠道的背景因素,可以得知:不同性别或政治面貌的大学生在对自己获取信息渠道多少的判断上没有显著差异;年级的不同对大学生获取信息渠道的多少未产生显著差异;但担任学生干部的受访者对自己信息渠道多少的评价高于非学生干部,这可能与学生干部本身具有较高的综合素质及较强的行为活跃度有关;不同专业的大学生在获取信息渠道的多少上有显著差异,总体来看,理科生要多于文科生;以生源地作为分组变量,可计算得出获取信息渠道多少与生源地存在显著的相关性,来自大城市的学生的信息获取渠道明显超过中小城市学生,更远远超过平均水平仅是"一般"的乡镇和农村生源的学生,这表明我国城乡之间在媒介发展水平上存在很大差距,而不同的媒介环境对人们获取信息渠道的影响也十分显著;从家庭收入看,生活在高收入家庭中的学生有更多的信息获取渠道,这一结果也佐证了经济因素可能造成不同学生间的信息鸿沟的判断;此外,经常发布信息者,其媒介行为比较活跃,通常也具有较多的信息获取渠道。

二、媒介使用成本:时间和资金

媒介技术的发展总体上大幅度地降低了信息传播——包括信息生产、传递、搜集、存储、处理等各环节的成本,也促进了社会各领域的流动性和协作性。对个人来说,通过媒介能获得更及时、更多样的学习、交往、娱乐等方面的满足,能依靠更丰富的信息消除决策的不确定性,从而提高工作和行动的效率。但媒介也因此越来越多地占据人们有限的时间资源,这成为一种隐性的、代价更加高昂的成本。

"每天接触媒介的时长"是衡量媒介行为特别是媒介在大学生日常生活中卷入程度的重要指标。它也可用来评价人们媒介素养的基本状况,不仅直接而客观地表现媒介行为的活跃度,而且也与其他诸多反映媒介行为和态度的变量密切相关。为了直观地进行分析,我们设计了两个参数:一个是按照问卷中的选项,根据备选的时长从短到长分为5个等级,分别以"1"到"5"进行赋值;另一个是取每一选项中的时长范围的中间值作为实际接触媒介时长的估值,其中超过5小时的选项暂定为"7小时"。然后分别对这两个参数进行加权平均计算,得到大学生媒介接触时长的量化值:等级量值为3.21,高于平均值3;时长估值则为每天2.95小时。具体数据显示,21.7%的受访者每天接触媒介0.5～1.5小时,时长在1.5～3小时或3～5小时的占比分别为38.6%和22.5%。此外,进一步分析说明,性别差异对接触媒介时长基本不构成影响;接触媒介时长越长的受访者掌握的信息渠道越多。

一份来自上海的调查表明，大学生每天电脑上网时间为178.65分钟，手机上网时间为71.46分钟。[①] 还有类似的研究指出，媒介接触占据了大学生大部分的课余生活时间，其中每天使用媒介1～3小时的大学生占到总数的33.62%，使用3～5小时的占32.58%，使用5小时以上的占到27.35%。[②] 从上网频率看，每天上网的大学生比例达到61.6%，每周3天或以上上网的比例为21.4%。[③]

为了进一步考察大学生的媒介行为和意愿，问卷中调查了他们每周在媒介上的花费，包括购买报刊、支付上网费和手机费用等。一般来说，花费越多，说明受访者的媒介接触愿望越强烈；当然也与其支付能力，即家庭收入状况有密切关系。我们对问卷结果进行分析，如果按照6个选项从低到高分别赋值为"1"到"6"，则可计算得出大学生的量值为3.21，低于中位值3.5；如果对6个选项分别取其花费范围的中间值进行估算，其中"几乎没有"选项取值为0元，"＞100元"选项暂定为150元，则可计算得出大学生媒介花费的估值为30.54元。受访者中，每周媒介花费少于10元的占33.2%，12～20元的占28.3%，20～50元的占21.5%，50元以上的占17.0%。作为对比，另一项调查显示，上海大学生每月上网花费约为50元。

如果将性别作为分组变量，可发现女生在媒介上的花费更多，这可能与她们的媒介使用习惯有关，因为更多的女生认为手机是自己最重要或最经常接触的媒介。而在我国，与PC互联网等媒介相比，手机的消费水平是偏高的。

分析可知，"每周的媒介花费"和"获取信息渠道的多少"之间存在显著的相关性，即每周在媒介上花费越多的受访者拥有越多的获取信息渠道。数据还显示，媒介接触时间越长，在媒介上的花费就越多；在媒介上的花费越多，每天与其接触的时间也就会越长。这一统计结论与生活常识相吻合。

三、对不同媒介的偏好：互联网及其他

调查的受访者在回答"最重要的信息来源或最经常接触的媒介是什么"时，互联网当仁不让地成为首选，比例高达87.9%，手机的重要性和使用频率排在第二（57.10%）。可预期的是，随着智能手机越来越物美价廉，它的占比将会持续增加。重要性排在第三的媒介是人际交流（35.40%），而曾经风光一时的电视则仅占约20%，这与大学生的校园媒介环境有关。

加拿大著名学者马歇尔·麦克卢汉在其经典著作《理解媒介——论人的延伸》中曾提出"热媒介"和"冷媒介"的概念。所谓热媒介，是指具有高清晰度的媒介，因此并

---

① 曹荣瑞、董少校：《大学生网络素养培育研究》，上海交通大学出版社2013年版，第83页。

② 范俊俊：《新媒体时代大学生媒介素养养成研究》，北京邮电大学硕士学位论文，2014年。

③ CMI校园营销研究院沈虹：《90后的数字生活》，机械工业出版社2012年版，第89页。

不会留下太多空白让接受者去填补或完成；而冷媒介，则只有低清晰度，要求接收者的参与程度高。[①] 如果我们按照不同的性别来分析大学生最经常接触的媒介，可以明确地看到男生较多接触“冷”媒介而女生偏好“热”媒介这一行为差异。在传统媒介中，更多的男生经常接触需要理性阅读和积极参与的平面媒体（报刊）及广播，而女生则更偏向于电视和电影这样更具感性色彩的视觉媒体；在新媒介中，男生比女生更喜欢信息量大、互动性强的互联网，而女生选择手机的比例比男生高出 10 个百分点，因为后者的私密性和情感性更强；此外，更多比例的女生选择人际交流作为自己最重要或最经常接触的媒介渠道。

在某课题组对“90 后”大学生所做的问卷调查中，也显示出类似的结果。在一线城市中[②]，每天接触网络的学生比例高达 61.7%，而接触电视、报纸、广播和杂志四大传统媒体的比例仅分别占 11.9%、6.8%、16.3%、6.1%；在二线城市中[③]，在被问及最常接触的媒介时，互联网占到 44.8%，电视和电影分别占 25.0%和 21.3%，杂志、报纸、广播等均不足 4.0%。同时，尽管差距相对减小，但大学生仍选择互联网作为自己最值得信任的媒体(28.5%)，电视(22.5%)、报纸(20.5%)、电影(11.3%)等次之。究其原因，一方面在于大学生对互联网接触时间长、参与程度深，有天然的心理亲近感；另一方面，也与互联网因信息多元化而能够提供更全面的事件描述有关，同时还在于来自网民的草根化言论往往更符合青年人的认知框架。

在媒介融合的环境下，互联网及移动互联网对传统媒体的替代作用日趋显著。这首先表现为时间性替代，也就是指大学生在与媒介接触时将更多的注意力投放到网络中，相应地就会减少与传统媒介的接触。除海量信息外，网络还提供多种多样的应用，能以良好的性价比满足大学生学习、娱乐、交往等方面的需求。可以说，一个不争的事实是，电视机、纸质报刊、收音机等传统的媒介终端对大学生的吸引力正在持续下降，而电脑/平板电脑、手机、智能穿戴设备等能接入互联网的媒介终端却在不断扩张自己的“疆域”。一个重要的原因在于，互联网媒介对传统媒介的功能性替代，即报纸、电视、电影、广播等媒介内容产品可越来越多、越来越便捷地从网络中获得。这也验证了麦克卢汉的断言，旧的媒介会成为新的媒介的内容。但要注意到，这种替代既包括原有内容数字化、网络化的直接转移，也有新兴媒体与传统媒体结合后在内容、形式上的创新发展。例如，在回答收看电视节目的渠道时，大学生受访者中 75.2%仍选择电视机，但通过计算机、手机、平板电脑收看的比例已分别达 68.1%、12.7%、7.3%，而后两者的增幅将持续保持在高位。这种替代在电影观看中更为明显，大学生中有

---

① 〔加〕马歇尔·麦克卢汉：《理解媒介——论人的延伸》，何道宽译，商务印书馆 2000 年版，第 51—52 页。
② CMI 校园营销研究院沈虹：《90 后的数字生活》，机械工业出版社 2012 年版，第 67—76 页。
③ 沈虹等：《移动中的 90 后》，机械工业出版社 2014 年版，第 31—32 页。

89.9%选择通过电脑看电影，却只有37.4%通常会选择去影院——交通和费用可能是阻碍他们前往专业放映场所的主要原因。相比之下，电子媒介对纸质报刊和广播的替代程度略低一些，如69.0%的大学生仍看纸报，而选择通过电脑、手机、电子阅读器、平板电脑看报的比例分别为47.7%、46.7%、18.6%、6.6%。但这些传统媒体总体上在大学生的媒介接触中已占比不高，当前能继续与它们保持接触的大学生中有较多应属于高忠诚度的读者或听众。[①]

四、对媒介信息的偏好

在当代社会，尽管媒介的功能已经得到极大丰富，特别是娱乐、社交、教育、商务等领域的应用不断推陈出新，并逐渐渗透到人们的日常生活中，但媒介最基本和最核心的功能还是传播信息，这也是媒介其他功能的基础。了解大学生对哪些信息最感兴趣，有助于准确判断他们的媒介行为和动机，从而找到良好的理解和沟通途径。

从受访者整体情况看，大学生最感兴趣的媒介资讯，排在前两位的分别是“文化、艺术、科技”(48.3%)和“时事、政治、军事”(45.1%)；其次是“娱乐休闲”(41.1%)和“社会万象”(35.7%)；再下一个梯队的选项主要包括“校园讯息”(20.2%)、“体育健康”(17.5%)、“生活资讯”(14.0%)及“考试教育”(11.3%)。从上述结果可以看到，媒介的娱乐功能不容忽视，这与社会媒介整体的娱乐化倾向有关，也与青少年的娱乐生活媒介化相关联。当然，各类时政、文艺、社会资讯整合起来，仍然占据着最重的分量。这些资讯为正在走向社会的大学生认识世界和塑造文化价值观提供参考；其内容是否真实、客观、健康，关系到下一代能否良好地实现社会化，意义重大、影响深远。此外，与大学生生活、健康、考试等有关的实用性信息也不容忽视，总体上看，这类信息庞杂而欠梳理，尚不能很好地满足大学生的需求。

如果按照性别进行考察，对不同信息的兴趣差别就更加明显。对于男生而言，“时事、政治、军事”(57.9%)方面的资讯无疑最受欢迎，比排在第二位的“文化、艺术、科技”(42.7%)高出15个百分点，而女生在这一选项上的占比仅为30.1%，几乎相差一半。女生最感兴趣的信息集中在“娱乐休闲”(63.0%)，同样比居于第二位的“文化、艺术、科技”也高出15个百分点，而男生在这一选项上的比例仅为34.2%。此外，女生对“文化、艺术、科技”“校园讯息”“生活资讯”“考试教育”等方面的信息兴趣较大，而男生则在“体育健康”上以26.0%超过女生近2倍。

在另一项对“90后”大学生网络使用情况的调查中，统计显示选择比例最高的信息类型是时政要闻，为54.5%；其次是影视剧相关信息和娱乐八卦信息，分别为

① 沈虹等:《移动中的90后》，机械工业出版社2014年版，第96—97页。

44.9%和40.3%;再次为专业资料和时尚类信息,分别为39.4%和32.5%;比例最低的是教育类信息和科技类信息,均不足20%。①

五、多样化的媒介动机

大学生接触或使用各类媒介的主要目的或动机是什么?这一问题涉及受访者与媒介间的需求互动和心理机制,是深入理解大学生如何看待媒介、认识媒介的重要参考。为此,本次问卷调查在诸多方面提供了重要数据。

从整体上看,"了解新闻资讯"(53.9%)和"学习或工作需要"(50.5%)成为首选目的。其次是"获取实用信息"(44.9%)和"保持与他人联系"(44.6%),以几乎相同的百分比分列在第三和第四位。选择上述四个选项的比例远远高于"寻求娱乐和刺激"(26.3%)、"习惯成自然"(18.7%)、"购物、商务或理财"(12.3%)和"发布信息或观点"(9.1%)等。这一结果表明,大学生使用媒介的目的基本上还是集中在一系列常用的实用性功能上,特别是最核心的三大目的:获取资讯信息、满足学习需要、维系人际交流。但应注意到两个极端的选项,一个是最被动的动机——"因媒介太多而导致被动接触"(5.1%),另一个是最能显示主动性的动机——"展示自我"(1.5%),双双成为获选率最低的选项。

男生和女生在媒介动机方面的差异更加明显。男生接触媒介最重要的目的分别是:"了解新闻资讯"(56.4%)、"获取实用信息"(50.6%)、"学习或工作需要"(49.1%),而排在第四位的"保持与他人联系"(39.2%)与前三项相比有较大差距。女生的情况几乎恰好相反,排在第一位的是"保持与他人联系"(55.4%),比男生高出16.2个百分点,第二位的是"学习或工作需要"(54.7%),也超过男生的占比,第三和第四位分别是"了解新闻资讯"(47.2%)、"获取实用信息"(42.0%)。由此可见,男生更多地把媒介作为获取信息资讯的工具,他们比较关注外部世界,充分发挥媒介监测环境的功能;而女生则更喜欢视媒介为"朋友",既用以维系关系,也用以解决学习需求,同时也更看重媒介的娱乐功能(29.1%),这些都显示出她们赋予媒介更强的私密性和情感因素。

同样是上一小节中引述的调查,结果显示在"90后"大学生上网时最经常做的事情中,聊天排在第一位(76.1%),其次是看电影(67.1%)、浏览新闻(66.4%)、下载资料(61.4%);选择比例最低的是写文学作品(2.9%)和写博客(10%),随后是看文学作品(17.3%)、上论坛(17.6%)等。

---

① CMI校园营销研究院沈虹:《90后的数字生活》,机械工业出版社2012年版,第67—76页。

六、网络世界的生活与意义[①]

“没有网络，我将无法生活”，对于这一绝对性命题，只有16.5%的大学生表示同意，但有86.2%的大学生认为“互联网是我获取信息的最重要途径”，且大多数也都认为网络有助于专业学习，是娱乐的重要途径，也是寻找答案的首要选择。由此可知，对于大学生来说，尽管网络并不是须臾无法离开的基本生活元素，但却占据着非常重要的地位。

网络世界的意义在于：第一，它是大学生获取信息的主要渠道，不但因为其能提供的信息内容丰富、多元，也在于其功能上的便利、快捷，全方位地拓展了大学生认识世界、监测环境的通道；第二，它提供了一个广阔无比、强大新颖的学习空间；第三，网络也是一种重要的休闲娱乐方式，如58.5%的大学生玩过网络游戏，更有84.9%的受访者看网络视频；第四，网络已经成为“90后”大学生经常使用的社交平台，他们中有91.7%使用即时通讯工具，64.3%使用微博，60%上SNS社区，并有报道称“95后”新新人类的一大特点就在于能熟练使用QQ、微信、微博、陌陌等各种社交平台，并能有意识地在不同平台进行不同的社交行为；[②]第五，网络还是大学生释放情感、宣泄情绪的自由空间，如发表言论、撰写日志或博客，也可通过上传照片、视频等表情达意；第六，随着电子商务的快速发展，大学生的网上消费行为也日益普遍，以网购为例，他们热衷于在网络上购买衣服(38%)、电子产品(32%)、充值卡(26.3%)、化妆品(25.5%)等产品，并且看重质量和价格的性价比，并不盲从于广告和品牌，如83.1%的受访者选择质量有保证、63.7%选择价格便宜、37.2%选择购买方便、34.7%选择服务好，只有29.7%选择品牌、11.4%选择包装好看。[③]

七、移动中的大学生

以手机为代表的移动媒介，已成为互联网接入的第一大终端。手机也因为与互联网的连接超越了传统上局限在通信领域的通话、短信/彩信等功能，成为便携式的个人智能设备，对于大多数人来说是不可或缺的贴身“伴侣”。

截至2014年，在中国网民中，学生群体的占比最高，达到了23.8%，学生用户群体对于移动互联网的重要性更加突出。比如，在腾讯应用宝总体用户中，学生占比高达50%。“90后”和“00后”已经是移动互联网的主流用户群体，高校学生更是移动互联网时代的先锋人群，他们的需求引领着移动互联网的发展方向。学生群体使用移动

---

① CMI校园营销研究院沈虹：《90后的数字生活》，机械工业出版社2012年版，第97—105页。

② 夏川山：《95后社交圈真相》，《意林》2014年第23期。

③ 沈虹等：《移动中的90后》，机械工业出版社2014年版，第194—196页。

互联网的时间已经超过PC互联网。①

相应的，大学生“手机依赖症”现象也引起普遍关注。2013年，一项涉及全国12所高校的调查研究显示，近70%的学生表示手机媒体已经成为自己获取信息的主要方式之一；80%以上的学生表示每天除通话时间外使用手机媒体的时间在1小时以上。在回答“总是把手机带在身边否则就会心烦意乱，感到孤单”这一问题时，分别有10.67%和32.78%的学生表示了非常同意和比较同意；对于“经常下意识地寻找手机，不时查看，怕错过事情”这一问题，分别有9.69%和34.93%的学生表示非常同意和比较同意。数据表明，大部分学生会在生活中时刻把手机带在身边，将其作为一个非常重要的生活必需品和精神寄托。②

作为“数字原生代”的“90后”大学生，已成为“手机族”名副其实的代言人。2014年，另一项针对辽宁3所大学的问卷调查显示，受访大学生人均至少拥有一部智能手机。他们通常使用手机来满足以下需求：即时通信(95.6%)、网络音乐(65.1%)、博客/个人空间(52.5%)、网络新闻(52.7%)、网络购物和网上支付(47.9%)等；近半数大学生喜欢观看网络视频，近25%的大学生热衷网络游戏。在课堂上，只有不足5%的大学生关机或不带手机，仅11.0%的学生收到信息不看，却有74.2%会在上课时玩手机，77.2%睡觉前使用手机。他们中间，7.7%的人自我评价存在智能手机方面的“成瘾行为”。③

“95后”也被称作“Z一代”。腾讯智酷2014年公布的一项分析调查显示，65.4%的“Z一代”使用手机上网并通过移动社交交朋友。④ 他们在用手机上网时把大部分时间花在社交网络上，移动社交占据了其生活的重要部分。“95后”选择了社交网络上“全平台生存”，但注意力的持续性却在不断下降，平均仅有8秒。⑤ 他们喜欢网络交友，大部分人(81%)的网络朋友比现实朋友多，而“90后”的这一比例为8%；他们更热衷于与陌生人社交，有63%的人喜欢与远距离(＞10km)的陌生人搭讪，而首要原因(占81%)则是颜值高(头像或相册照片好看)。⑥ 不过，“Z一代”更注重隐私保护。

手机在大学生人际交往中扮演着非常活跃的角色。调查显示，87.5%的大学生表示购买手机的最初目的是为了与家人、朋友保持联系，44.6%的人认为购买手机是为了满足社会工作的需要，如方便与社团、学生会的同学保持联系。手机的积极影响在

---

① 《学生群体占网民总数近三成　高校成移动互联网必争之地》，《互联网天地》2015年第5期。

② 邵明英、曾煜：《大学生手机媒体使用需求及应对——基于全国12所高校的调研》，《思想教育研究》2015年第6期。

③ 李丽、牛志民、梅松丽：《“数字原生代”大学生智能手机使用现状及对策》，《未来与发展》2015年第7期。

④ 腾讯：《2014年中国“95后”社交行为报告》，http://www.199it.com/archives/271193.html。

⑤ 石芳娟：《Z一代大学生移动社交初探》，《山西高等学校社会科学学报》2015年第8期。

⑥ 遇见：《95后陌生人社交报告——信息图》，http://www.199it.com/archives/331766.html。

于:能消除时空限制,有利于远距离情感维系;交往时效性强、效率高,利于消除近距离的交往困境;扩大交际范围,交往内容多样化;语言的延时性保障了传播的准确性。但不利影响也不容忽视,主要有:大范围伪亲密性增强,人情淡漠现象浮现;形成手机依赖,容易忽视现实中的人际交往;虚拟现实结合中主体性迷失,自我认同遭遇危机;迷恋虚拟空间,人际交往能力退化;主客观因素加剧人身安全隐患。[①]

八、微博与大学生

尽管微博的用户数、活跃度较之全盛时期都呈下降趋势,但截至 2015 年 6 月,仍保持有 2.04 亿的用户规模、30.6%的使用率;手机端微博用户数为 1.62 亿,使用率为 27.3%,用户数占总体的 79.4%,比 2014 年年底上升了 10.7%。微博在移动端为用户提供的新体验是其重要的推动力,尤其是对垂直领域的布局,拓宽了移动端的使用场景,增强了用户黏性。目前,用户逐渐向新浪微博迁移和集中,占比已达 69.4%。[②]

2013 年,一项针对福州 6 所大学的调查显示,受访的大学生中有 97.8%使用微博,主要动机是随时记录自己的想法和心情(84.3%)、关注名人明星动态(76.4%),其次则为与他人讨论热点话题(35.7%)、关注新闻热点(31.1%)、扩大交友圈(26.7%)、交流学习(19.8%)等。他们认为微博最具吸引力之处在于参与者的角色多样、交流范围大(89.3%),其次是篇幅短小、操作方便(84.2%),再者是界面简单、便捷(61.2%)和信息更新及时(52.1%)等。他们中的绝大多数都选择"一有空就上微博"(64.3%)或"经常上"(26.9%),每天花费时间在 1～2 小时(42.9%)或 0.5～1 小时(28.3%);对自己的微博每天更新一次以上的占比达 67%。他们的关注对象以生活中的朋友最多(91.2%),其次为名人明星(78.3%)和人气微博(68.7%),以及相同志趣爱好的网友(46.3%)。在大学生中,自己写微博的同时也关注他人、参与问题讨论的比例最大,占 48.9%;自己经常更新但只偶尔浏览别人微博的占 28%;自己基本不写、主要是浏览他人动态和观点的占 15.7%。在大学生的心目中,微博首先是表达发布平台(34.9%),其次是交流分享平台(26.4%)、资讯获取平台(20.3%)和休闲娱乐平台(18.4%)。他们普遍认为微博文化对大学生价值观的积极影响更多,主要表现在开阔眼界(67.8%)、增加社会责任感(52.1%),但也会影响对是非的辨别(26.2%)和写作水平的提高(24.1%)。[③]

2013 年 11 月,另一项针对四川省 10 所高校本科生的调查表明,有 70.46%的大学生表示会使用微博,有 23.07%表示不会使用微博,另有 6.47%表示以后会使用微

---

① 王亚芹:《手机对大学生人际交往的影响研究》,天津师范大学硕士学位论文,2014 年。

② 中国互联网络信息中心:《第 36 次中国互联网络发展状况统计报告》2015 年 7 月。

③ 甘小夏:《微博新媒体在大学生思想政治教育中的运用与管理》,福建农林大学硕士学位论文,2013 年。

博。其中，有近 80%的受访者每天都会使用微博，83%表示每次使用微博的时间在 20 分钟以内，有 68.2%的大学生会关注政务类微博。①

还有一些实证研究也从不同的范围或角度展示了当代大学生的微博使用状况。比如，54.5%的大学生认为微博对自身产生的积极影响大，而仅仅 3%的大学生认为微博对自身产生的消极影响大；60%的大学生使用微博作为信息来源，27%的大学生通过微博促进人际交往，72%的大学生会通过微博抒发情感。② 再如，大学生微博开通比例达到 91%，有 18%的学生每周在微博上花费 8 小时以上时间，也有 19.6%的学生每周浏览微博的时间在 2 小时以下；56%的大学生每天都发微博，44%的大学生每天会转发、评论他人的微博；他们更愿意关注与自身有关的话题，其次是轻松愉快的话题；他们喜欢用微博表现自我，但主要是一种情绪的宣泄，而非满足获得他人关注的需求；他们普遍认同微博有益于人际交往，拉近了与社会的距离，可以有机会接触到不同类型的人，结识到更多的朋友。③

九、微信与大学生

随着人类社会进入移动互联网时代，微信整合传统的即时通讯和社交网站功能，创造出一系列新的功能，迅速获得现代人的青睐。截至 2015 年 3 月底，微信每月活跃用户已达到 5.49 亿，覆盖 200 多个国家。46.3%的被调查者在使用手机 APP 时首选微信，62.7%的微信用户好友超过 50 个，57.3%的用户通过微信结交了新朋友或联系上了多年未见的老友，86.1%的用户称通过微信增加了与朋友的互动频率。此外，各品牌的微信公众账号总数超过 800 万个，移动应用对接数量超过 85000 个，微信支付用户则达到了 4 亿左右。年龄方面，微信用户平均年龄为 26 岁，86.2%的用户年龄在 18～36 岁之间；职业方面，学生群体排在第三位，占比 19.7%；关注比例方面，近 80%用户关注公众号，主要目的是获取资讯（41.1%）、方便生活（36.9%）和学习知识（13.7%），还有 29.1%的用户关注了自媒体、25.4%的用户关注了认证媒体、20.7%的用户没有关注任何公众号、18.9%的用户关注了企业商家、5.9%的用户关注了营销推广类账号。数据表明，25%的用户每天打开微信超过 30 次，55.2%的用户每天打开微信超过 10 次；微信成为近 30%的用户手机上网使用流量最多的应用；微信直接带动的生活消费规模已达到 110 亿元人民币，其中娱乐消费占 53.6%、公众平台占 20.0%、购物占 13.2%、出行占 11.3%。此外，大部分城市当地的社会公共服务已可

---

① 王菁、卓伟、姚媛：《大学生的微博政治参与行为现状实证研究》，《青年研究》2015 年第 4 期。

② 杨舒嘉、彭倩、袁仙婷：《微博对大学生的影响与对策探究——以重庆文理学院为例》，《青春岁月》2015 年第 15 期。

③ 黄炜、田犇：《微博行为与大学生学习生活关联研究》，《浙江纺织服装职业技术学院学报》2015 年第 2 期。

通过微信实现，包括公共交通、生活设施缴费、医疗、市政等服务。[①]

上海交通大学第四届“中国传媒领袖大讲堂”组委会于 2013 年 7 月发布的《2013 最受大学生喜爱的媒体及媒体人物调查报告》显示，由于具有信息传递即时性、交互性、社会性、娱乐性等特点，微信以 75% 的占比位居大学生“最喜爱的移动社交类应用”首位。若干调查研究表明，微信已经成为大学生最经常使用的手机应用，例如：在对宜昌高校大学生的调查中发现，有近一半的学生把微信作为常用软件，每天都会使用且每天使用时间大于 1 小时；[②]以华东师范大学学生为研究对象，76% 的大学生是微信用户，其中又有 68.5%的学生基本每天都会登录微信；[③]针对四川大学学生的调查显示，86.2%的学生使用微信，其中严重依赖者占 37%，普遍依赖者占 44%，有依赖倾向者占 17%；[④]一项近千人的调查显示，在校大学生中微信用户达 98.17%，其中有 25.61% 的人每天平均使用微信超过 3 小时，16.06% 的人甚至超过 4.5 小时，86.08%的大学生订阅公众号 4 个以上，81.30%的大学生加入了群聊，仅有 8.03%的大学生几乎没有通过微信与朋友互动；[⑤]一项针对西安某高校的调查显示，93.6%的大学生正在使用微信，34.7%的被访者好友数在 101～200 之间、30.2%的被访者好友数在 50～100 之间，每天使用微信 30～60 分钟的人占 37.3%、1 小时以上的人占 31.4%，29.7% 的大学生经常有忍不住查看微信的行为，大学生在微信上交流频率最高的是朋友和同学等同辈群体；[⑥]针对天津地区 5 所高校的调查表明，100%的大学生每天都使用微信，75%的人是每天登录 2 小时，57.3%的人喜欢在晚上 6～12 点之间使用微信，使用微信的目的主要是与好友聊天(93.2%)，其次是浏览朋友圈(45.2%)或时政要闻(36.8%)，微信也是继电话之后的第二大应用，对其他同类软件产生较大的冲击。[⑦]

---

① 《腾讯发布 2015 微信用户数据报告》，2015 年 6 月 1 日，http://news.zol.com.cn/523/5237369.html。

② 程子阳、肖金克、赵静：《宜昌高校大学生微信使用情况调查报告》，《三峡大学学报》(人文社会科学版)2014 年第 S1 期。

③ 李浩：《网络自媒体的使用与满足——基于高校大学生微信使用的实证研究》，《浙江学刊》2014 年第 5 期。

④ 朱亚希：《“媒介依赖”理论视阈下的大学生“社交”成瘾——以对四川大学学生微信使用情况的调查为例》，《今传媒》2015 年第 2 期。

⑤ 张晴、李佳骏、罗平川：《微信对大学生生活方式的影响》，《环球市场信息导报》2015 年第 19 期。

⑥ 张志坚、卢春天：《大学生微信使用情况调查》，《当代青年研究》2015 年第 3 期。

⑦ 唐海音：《大学生微信使用状况调查》，天津师范大学硕士学位论文，2015 年。

第二节　大学生的媒介认知与态度

一、对媒介社会功能的认知

1948 年，著名学者拉斯维尔发表《传播在社会中的结构与功能》一文，将大众媒介的社会功能概括为三个方面：监视环境、协调社会和传承社会遗产。其后，美国学者赖特又在《大众传播：功能的探讨》中继承并发展了拉斯维尔的“三功能说”，将大众媒介的社会功能概括为“四功能说”，即环境监测、解释与规定、社会化功能和提供娱乐。随着现代社会的发展，新技术、新媒介、新应用大量涌现，传统的大众传播媒介正在日益融入人际传播、群体传播等领域，媒介功能的内涵在不断丰富、外延在不断扩展。对大学生来说，媒介绝不仅仅只是提供认识世界的信息来源，更是他们娱乐消遣的工具、人际交流的平台、学习工作的助手、理解社会文化和思想观念的渠道。

从受访者的问卷结果来看，尽管“传播信息”(69.0%)仍然被大学生视作媒介的第一功能，但近年来其领先优势在逐步丧失，其原因在于以网络和移动终端为代表的新媒介突破了传统大众媒介的局限，社交和娱乐功能大大增强，正如排在第二的媒介功能“维系人际关系”(37.2%)。其次，相差不大的分别有：舆论监督(29.3%)、提供娱乐消遣(28.5%)、传承文化(25.4%)、倡导思想理念(24.7%)等。值得注意的是，“缓和社会矛盾”的选择率仅有 9.1%，表现出大学生对媒介这一功能的认可度很低。拉斯维尔提出的大众媒介“三功能”之“协调社会”功能，是指媒介能够通过传播信息和观点，把社会的各个部分、各个环节、各种因素在某种思想或价值体系下整合在一起，协调大家的认知和行动，以应对社会、环境变化带来的挑战。这与我国的新闻媒体长期以来秉持的宣传教育功能在本质上是一致的，都是强调大众媒介统一思想、凝聚认知、协调行动的功能，这也是媒介的一种社会责任。但大众媒介受到商业化利益的驱使，以“人咬狗”为新闻，大量刊发吸引眼球、轰动性的消息，如负面报道、灾难新闻、社会阶层对立事件等，许多个人也在网络上发布种种所谓的“惊人之语”，这些信息不但不能协调人们的思想，反而加剧了社会的分歧和担忧情绪。所以，大学生普遍认为媒介不能“缓和社会矛盾”，也在情理之中。

从不同性别来看，女生比男生更加认可媒介“传播信息”“维系人际关系”“提供娱乐消遣”“帮助学习和工作”的功能，这也与前文中女生接触媒介时在“寻求娱乐或刺激”“保持与他人联系”等方面比男生更积极，以及女生对娱乐信息、教育信息更感兴趣等结果相吻合。而男生比女生更支持的媒介功能主要有“倡导思想理念”“缓和社会矛盾”“推动社会进步”等。

二、对媒介信息的信任程度

媒介信息的海量涌现，导致当前人们面对的最大的信息挑战不再是传统意义上的信息匮乏，而是信息过量带来的一系列严重后果。信息过量又称TMI（英文“Too Much Information”的缩写），是指在网络化信息时代背景下，个体和系统接收到超过自身接受度和处理限度的过量信息，无法将其有效地整合、组织及内化为自己所需的信息，以致对人们的工作、生活及人际关系等产生负面的影响。在信息过量带来的诸多问题中，最根本的是信息的可信度。如果人们普遍认为媒介信息不可信，不但会给个人带来巨大的生存和心理压力，而且会动摇整个社会的信任体系。

为了客观地考察大学生对媒介信息的信任度，我们在问卷中将媒介分为两类：一是正式媒体，指拥有发行许可的报刊、电视、新闻网站等；二是非正式媒体，指个人或组织自主发布信息的平台，如博客、微博、论坛、个人空间、自办网站等。

从统计结果可以看出，大学生对正式媒体和非正式媒体的信息信任度有很大差异：约67%的受访者对正式媒体投信任票（“完全可信”比例为4.70%和“基本可信”比例为62.7%），而对非正式媒体表示信任的仅为12.8%，大多数人都认为对非正式媒体上的信息只能“半信半疑”（占比66.8%）。为了更直观地检验判断，可对媒介信息的信任度从“很不可信”到“完全可信”分为5级，分别赋值为“1”到“5”。由此计算出大学生对正式媒体的信任度量值为3.67，接近“基本可信”；而对非正式媒体的信任度仅为2.91，位于中位水平3之下，也就是还不到“半信半疑”的程度。这一结果表明，在我国目前的媒介生态环境中，传统的大众媒介以及得到官方认可的新闻网站等新媒介，在大学生中仍然享有较高的信任度。如何对各类媒介进行规范管理并加强其自律意识、提高其信息的可信度，是营造良好的媒介系统，为青少年提供客观、健康的信息环境的重要课题。

三、对媒介不良信息的认知

媒介的快速发展，在提供“知识型”信息和正确舆论引导的同时，也越来越频繁地带来大量不良信息。电视等传统媒介在被文化体制改革的大潮推向市场的过程中，为了追求商业利益的最大化，企图以最少的付出获取最大的经济报酬，在相当程度上开始迎合和取悦消费者，“庸俗、低俗、媚俗”节目成为普遍现象，有的甚至逐步丧失职业道德，触犯道德底线和法律禁区。而互联网等新媒介，由于其自由联通的设计初衷和平等共享的运作本质，再加上目前缺乏有效的监管，在经济利益和某些不健康心态的推动下，各种消解道德、触碰法律、破坏安全的不良信息更是肆无忌惮，而且手段多样、形式复杂、防不胜防，已经给社会带来了严重的危害。

在问卷中，我们以涉及暴力、色情、低俗、谣言等内容的媒介信息为对象，请大学生分别判断正式媒体和非正式媒体上的不良信息情况是否严重。

从统计结果可以看出，大学生对正式媒体和非正式媒体上不良信息多少的判断有很大差异：约56%的受访者认为正式媒体上的不良信息较少（“很少”的比例为11.5%和“比较少”的比例为44.4%），而认为非正式媒体上不良信息较少的仅为7.6%，表明大多数人都认为非正式媒体上的不良信息“很多”（13.0%）或“比较多”（42.1%）。我们仍将对媒介不良信息多少的判断从“很少”到“很多”分为5级，分别赋值为“1”到“5”。由此计算出大学生对正式媒体上不良信息多少的认知量值为2.48，接近“一般”和“比较少”的中间水平；而判断非正式媒体上的不良信息数量的量值为3.6，较大幅度地超过中位水平3，整体偏向于“比较多”的程度。这说明非正式媒体上的信息不但难以赢得信任，而且不良信息日益泛滥，已经给大学生正常的学习、生活，特别是对世界的真实认知和人格心理的发展带来了不容忽视的负面影响。

按性别分组进行检验可知，与女生相比，男生认为媒体上的不良信息更多。我们作进一步分析检验可知：大学生判断正式媒体上不良信息的多少，与他们获取信息渠道的多少、接触媒介的时长和花费有一定的相关性——信息渠道越多的受访者，认为媒介上的不良信息也越多。

四、对媒介思想道德功能的认知

现代社会中，媒介对人的影响越来越重要，特别是青少年群体，随着年龄的增长和自主性的增强，除了传统的家庭和学校外，他们更多的是通过媒介来学习和实践社会化的过程。媒介丰富的信息来源和灵活的传播方式，给予了大学生了解世界现状、把握社会规则、模仿行为榜样的诸多资源。近年来，由数字技术革命催生出的以网络和手机为代表的新媒介，以其特有的开放性、民主性、互动性、兼容性、隐匿性等特质汇聚成一个包罗万象的全新虚拟环境，给青少年的思想成长和道德建构教育以强有力的冲击。媒介不但影响着大学生对周围环境的了解和把握，更深刻地影响着他们的思想和态度，进一步地内化成人格和意志，影响他们的选择和行为，并以此改变着他们的未来。所以，无论有无这种自觉，媒介都在大学生思想道德的塑造和教育中发挥着不可替代的作用，作为一种潜移默化的“软力量”，也在相当程度上左右着社会风气和人们的价值观。为尽可能客观地评估当前媒介对我国青少年德育的影响导向和程度，受访者在问卷中分别针对正式媒体和非正式媒体回答了关于媒介“在促进思想道德建设、引导社会风气方面的作用”的问题。

大学生对正式媒体和非正式媒体在思想道德建设方面的作用也有着明显不同的认识：约54%的受访者认为正式媒体在思想道德建设和引导社会风气上有着正面、积极的作用("很好"的比例为11.1%和"比较好"的比例为42.7%),而认为非正式媒体在这一问题上发挥好作用的仅为14.3%,表明大多数人都认为非正式媒体的道德作用"一般"(59.5%),也有不少受访者选择"不太好"(22.3%),甚至"很不好"(4.0%)。我们对媒介在思想道德建设上的作用从"很不好"到"很好"分为5级,分别赋值为"1"到"5"。由此计算出大学生评价正式媒体的德育作用量值为3.58,偏向于"比较好";而非正式媒体的德育作用量值为2.88,低于中位水平3,连"一般"也达不到。这也与我国媒介生态现状相吻合:正式媒体是按照法规政策进行登记并接受管理的组织,政府机构对其在内容发布和传播上实施严格的监管,保证与主流意识形态相一致,并有深厚的传统,一直注重发挥媒介的思想舆论及社会风气的引导作用;而非正式媒体则基本处于"无法可依"或"有法难依"的困境,尤其是互联网的匿名性和开放性,使得不负责任的资讯和言论肆意泛滥,各种思潮此起彼伏,媒介的伦理道德责任被边缘化,健康向上的思想教育和风气引导功能几乎丧失。这提示我们必须高度重视媒介的德育作用,在继续保持正式媒体主导地位的同时,更要采取有效措施,将数量日增的非正式媒体逐步纳入规范化的管理体制中来,并加强包括个人和组织在内的媒介主体的责任意识和道德自律意识,共同营造一个良好的、具有较高思想道德水准的媒介环境。

五、对家庭媒介管教的态度

无论是要加强媒介素养教育,还是从德育的角度强调要有所作为和创新,首先都要了解当前大学生所面临的媒介环境以及现存的管理及教育状况。这种管理或教育体系,是由家庭、学校和社会共同构建的。问卷中请受访者回答"你的家庭(如父母等长辈)对你接触不良信息是否有严格的管教?",选项依次从"很宽松"到"很严格"分为5个等级,统计结果依次分别为6.2%、16.1%、32.4%、32.4%、13.0%。我们可以分别赋值为"1"到"5",并计算其平均量值。从结果得知,受访的大学生整体上认为家庭对自己接触不良信息的管教处于"一般"和"较严格"之间(量值为3.3),高于中位水平(量值为3)。同时,男生认为来自家庭的管教更为宽松,这也符合当前我国社会对男生和女生的不同教育观念在实践中的反映。

在家庭层面对不良信息的接触进行管理和教育是一种客观存在,也是一种应有的引导手段。那么,大学生在多大程度上支持这种行为呢?有关选项从"没必要"(即不支持)到"很支持"分为5级,统计结果依次为3.1%、13.3%、30.7%、37.4%、15.4%。我们可相应分别赋值为"1"到"5",计算得出受访者的平均量值为3.48,表明整体上偏向于"较支持"。其中,女生的支持程度更高。

六、对学校媒介管理的态度

与上题类似,受访者在回答"你的学校(如班主任、辅导员或规章制度)对你接触不良信息是否有严格的管教”时，所提供的选项依次从“很宽松”到“很严格”分为5个等级，受访者选择比例依次为7.0%、16.1%、40.5%、27.6%、8.7%。我们可以分别赋值为“1”到“5”，并计算其平均量值。结果显示，受访的大学生整体上认为学校对自己接触不良信息的管教处于“一般”和“较严格”之间(量值为3.15)，略高于中位水平(量值为3)。其中，相对于女生来说，男生认为来自学校的管教较为宽松。

进一步的分析表明，“学校对接触不良信息的管教是否严格”与“每天接触媒介的时长”有相关性，即接触媒介时长越短的受访者认为来自学校的管教越严格。同时年级越低的学生认为来自学校的管教越严格。

问卷中同样请受访者回答“你是否支持在学校中对学生接触不良信息进行较严格的管教”，对其支持的力度从“没必要”到“很支持”分为5级，比例依次为7.9%、21.4%、39.2%、25.7%、5.8%。我们分别赋值为“1”到“5”，可计算得出平均量值为3.0，恰好位于中位值上。女生的支持力度明显比男生高。

七、对社会媒介管理的态度

除家庭和学校外，社会作为大学生和媒介共同存在的宏观环境，对媒介中存在的不良信息的管理有着直接的责任。为分析和研究社会在媒介管理中的作用，首先就需要了解在大学生的眼中，当前我国社会对民众特别是对青少年接触不良信息是否有严格的管理。为此问卷也提供了从“很宽松”到“很严格”5个不同等级的选项，受访者选择比例依次为4.1%、24.3%、43.4%、22.9%、5.3%。我们可以分别赋值为“1”到“5”，并计算其平均量值。结果显示，受访的大学生整体上认为当前社会不良信息的管理仅为“一般”水平(量值为3.01)。

大学生是否支持政府以及全社会对发布和传播不良信息进行整治和严格管理的举措呢？问卷给出从“没必要”到“很支持”共5个层级，所选比例分别为2.9%、13.0%、34.6%、36.7%、12.7%。为有效地分析问卷结果，同样按不同的支持力度进行赋值，可计算得出平均量值为3.43，整体上偏向于“较支持”。同样，女生支持力度更大。

近年来，我国政府采取诸多举措，积极净化网络信息环境、整治电视中的低俗节目、加强管理包括色情与暴力在内的各种不良信息，但大学生对这些措施所产生的效果却并没给予太多肯定。问卷中将整治或管理效果从“无效果”到“很好”分为5级，所选比例依次为7.7%、23.5%、47.3%、17.5%、3.9%。我们可分别赋值为“1”到“5”，计算得出大学生对该问题的评价量值仅为2.43，低于位于中位的“一般”水平。这一结果告知我们，尽管大学生普遍支持对不良信息进行整治和管理，但他们认为在实际操作中效果并不明显。

八、我国媒介管理的主要问题

随着网络、手机等新媒介的不断发展，各种新技术、新功能、新应用都在快速地进步和变化，同时也带来很多新问题、新矛盾，对相对滞后的管理体系提出新的挑战。从大学生的认知出发，调查了解我国当前在媒介管理方面存在的主要问题，将有助于我们认清现状、找准焦点，从而采取更加具有针对性的措施。

从本次问卷的统计结果看，受访的大学生认为我国在对媒介不良信息进行管理时存在的主要问题首先就是“缺乏有效监督”(50.3%)和“法制政策不健全”(41.4%)，这主要反映了政府立法部门和管理部门的缺位；其次是受到“商业利益驱动”(39.1%)和“从业人员缺乏职业道德和素养”(35.2%)，这两个选项的对象都指向媒体机构，外在的市场定位和利益机制错位与内部的人员队伍管理失效其实是同一问题的两个侧面；再次是“缺乏行业和内部自律”(30.3%)与“缺乏技术防范手段”(27.8%)，这从具体的操作层面提出了两个现实的问题；其他有一定选择比例的选项还包括“社会道德滑坡”(22.2%)、“受到来自国外的冲击”(19.5%)和“没有形成‘家庭—学校—社会’的联动机制”(18.5%)，分别从道德文化层面、国际交流层面、社会教育层面等不同角度给出了重要的意见。

第三节 大学生与媒介素养

一、媒介使用能力

考察大学生媒介素养状况的一个基本指标，就是评价他们在信息查找中的态度和能力。为此，问卷设计了两个问题：一个是“会主动选择所需要的内容吗?”，另一个是“能在媒介上快速找到自己所需要的内容吗?”。前者是考察受访者在信息查找时的态度是否主动，后者是确认其是否具有良好的信息查找能力。

统计结果显示，在回答信息选择的主动性时，受访者选择“一般不会”“较少”“有时会”“经常会”4 个选项的比例分别是 3.4%、12.9%、38.0%、45.7%。如按照顺序等级依次赋值为“1”到“4”，可计算得出大学生在此项上的平均量值为 3.26，远高于中位值 2.5。

针对信息查找的有效性，“很难”“有一定困难”“有时可以”“经常可以”的选择比例分别是 1.4%、14.3%、52.2%、32.1%。如按照顺序等级依次赋值为“1”到“4”，计算得出大学生的平均量值为 3.15，也大幅度超过中位水平 2.5。由此可知，大学生具有较好的信息查找能力。而男生与女生在此项上的量值分别为 3.22 和 3.26，区别不大。

再通过卡方检验可得知，大学生“会否主动选择信息内容”与“能否快速找到所需内容”存在显著的相关性，即受访者越是主动在媒介上选择所需的信息内容，就越能快速找到这些内容；反之亦然。进一步分析“会否主动选择信息内容”与其他变量的关系，结果如下：“会否主动选择信息内容”在年级、专业、家庭收入上没有显著差异，但在性别、是否学生干部、生源地（城市或农村）、获取信息渠道的多少等变量的分组条件下有显著差异。

再看“能否快速找到所需内容”与其他变量的关系，结果为：“能否快速找到所需内容”在性别、年级、专业上没有显著差异，但在是否学生干部、生源地（城市或农村）、家庭收入、获取信息渠道的多少等变量的分组条件下有显著差异。

值得注意的是，性别的不同对受访者的信息查找能力没有影响，但在信息选择的主动性上有差异——女生比男生具有更加积极的媒介态度，原因可能与她们经常使用的媒介有关（如更常使用便于人际交流的手机），也可能与媒介接触的目的和动机有关。此外，家庭收入不影响媒介信息选择的主动性，但影响媒介内容的查找能力——低收入家庭的学生在这方面比较欠缺。

二、媒介素养评价

媒介素养是指一个人接触和了解媒介、正确认识和处理媒介信息，以及良好地使用媒介的综合素质和能力。当前我国大学生的媒介素养状况如何、所在学校的媒介素养教育活动开展得如何、他们是否赞成要加强媒介素养教育，这些都是本课题重点关注的内容。

在问卷中，我们将大学生对自己媒介素养水平的评价从“差”到“很好”分为5级，统计结果分别是1.4％、8.9％、33.2％、44.2％、12.3％。如依次赋值为“1”到“5”，计算得出平均量值为3.57，比较接近“较好”水平。其中女生的自我评价高于男生。

问卷还就当前我国大学中开展媒介素养教育的情况进行了调查，所涉及的问题为“你认为目前学校中的媒介素养课程或活动如何？”，选项按等级分为“几乎没有”“较少”“一般”“较好”“很好”等5项，统计结果分别是9.8％、14.0％、34.3％、20.3％、21.7％。如依次赋值为“1”到“5”，计算得出受访者对自己所在学校开展媒介素养教育的评价的平均量值为3.3，仅比中位水平（量值为3）略高，即整体上接近于“一般”。

三、媒介素养教育大有可为

问卷调查了受访者对“是否赞成加强媒介素养教育”的态度，按“反对”“无所谓”“可有一点”“比较赞成”“非常赞成”分为5级，统计结果分别是2.8％、9.1％、25.9％、

42.7%、19.4%。如依次赋值为“1”到“5”，计算得出大学生在这一问题上的平均量值为3.67，明显高于中位水平，接近于“比较赞成”，表明受访者整体上对加强媒介素养教育持积极肯定的态度。其中，女生的意愿水平超过男生。

从上述结果可见，在大学生支持加强媒介素养教育的意愿与我国当前学校中开展的媒介素养教育实践之间还存在一定的差距，已有的媒介素养教育尚不能完全满足大学生的需求。为加强这方面的工作，既需要引起各方重视、更新陈旧观念，又需要采取科学有效的措施，扩大媒介素养教育的覆盖面、提高针对性。

四、支持加强信息德育

为进一步了解大学生对在学校中加强媒介德育的意见，问卷请受访者在“完全没必要”到“很赞成”等5个选项中进行选择，统计结果依次为5.3%、17.4%、35.9%、31.9%、9,5%。如分别赋值为“1”到“5”，计算得出大学生对此问题的支持力度的平均量值为3.23，超过中位水平(量值为3)，整体上倾向于赞成加强有关德育工作。同样，女生的支持力度(量值为3.40)也比男生更强。

五、大学生网络素养[①]

由于网络媒介在大学生中的绝对优势，网络素养成为大学生媒介素养最重要的内容。从认知和能力的层面出发，我们在此引用2011年一项针对上海市18所高校大学生的调查研究，来简要勾勒“90后”大学生网络素养的基本状况。

该研究显示，在调查过程中，44.9%的大学生还不清楚什么是网络素养，但他们对自己网络使用技能的评价尚可，折算成百分制约为65分。其中“文本处理”能力得分最高，其次是“信息检索及下载”，而最低的则是“多媒体作品集成”和“动画信息处理”能力。大学生对新科技的接触和使用持开放和积极的态度，普遍认识到网络的重要性，也认可学习信息技术的重要性。但在回答有关网络在人际沟通中的作用的相关问题时，倾向于“相信网络交友中公开的个人信息”，也比较认同“网络沟通可以代替现实中的人际沟通”的说法，这说明他们在这方面存在一定的认识误区。值得关注的是网络沉迷现象，53.9%的大学生认为“很普遍，我身边就有”，其原因主要在于“网络内容太吸引人了”(30.4%)、“学生自身原因”(30.1%)或“社会环境不好”(24.3%)。如何看待在网络上发表意见或评论对现实生活的影响这一问题，有44.0%的大学生认为“比较有用，但需要借助其他媒介的力量”，有33.3%认为“不怎么有用，关注的人多了或许会有帮助”，总体上比较理性。

---

① 曹荣瑞主编:《大学生网络素养培育研究》，上海交通大学出版社2013年版，第89—99页。

在信息选择方面，有 31.4%的大学生在上网时没有明确目的，30.0%的大学生虽有明确目的但常会受到干扰而去看别的东西，同时仅有 29.0%的人表示能对繁杂的信息进行有效的分类管理。他们在信息选择的准确性上有较强的能力，19.3%的大学生“每次都能”快速、准确地找到所需信息，77.5%的大学生表示“会找到，但要费点周折”。对于信息的理解，30.2%的大学生认为自己能力“很好”，62.5%认为“有无法理解或理解错误的现象”。在参与信息创造、信息生产方面，大学生较少在网上“主动发表自己的意见和见解”，64.7%的人只是偶尔在网上传信息。

在网络道德方面，近九成大学生对现状不满意，其中 23.7%的大学生认为当前的网络没有主流道德价值观，原因在于“网络社会是现实社会的一个缩影”(32.6%)、“现代人心理落差大，网络提供了一个发泄的渠道”(30.0%)，或是“网络特点决定网民缺乏道德约束”(26.5%)。调查发现，在过去的两年里，超半数的大学生不同程度地接触过网络色情内容，其中又有 59.4%的大学生是主动搜索相关内容的。对于人肉搜索，保持中立态度的人数最多(43.8%)，另有 31.3% 的大学生认为人肉搜索是“侵犯他人隐私，不支持”，而认为“如果是出于正义的目的，会支持”的大学生有 21.9%。尽管绝大多数大学生支持网络信息应该具有知识产权，但在撰写课程论文、个人总结、交流发言、思想汇报等作业或材料时，只有 22% 的受调查者表示从未抄袭网络上的同类作品。

在网络安全方面，大学生普遍认为我国的网络环境不够安全，两成多大学生曾因网络安全问题导致财物损失。高达 83.6%的大学生担心个人隐私泄露，但认为自己“没有掌握”网络隐私保护技巧的人却有 35.7%。

在网络素养教育方面，有 45.7%的大学生表示从未有过这方面的经验，其他人则参加过网络素养课的学习或相关的知识技能大赛、软件大赛、网络研究和发明等。

第三章
大学生成长成才与综合素质发展

大学阶段是一个人快速成长的重要阶段，也是在走向社会的过程中各项素质全面发展、做好职业定位及规划、即将成为合格的社会人的准备期。大学生的成长，不仅是知识的学习和心智的锻炼，还是思想品德、文化修养、专业技能、社会交往、人格心理、艺术审美、思维方法等多种素质和能力共同发展、相互影响的过程。

大学生社会性的成长，与个体在教育和环境的共同作用下发挥自觉的主体性是分不开的。因此，大学生的综合素质水平也反映其社会化程度的高低。为了更好地衡量这种水平，我们可将大学生的综合素质分为三个彼此依存又逐次提升的层面，即基础性素质、专业性素质和创新性素质。基础性素质是整体素质结构中处于基础的部分，既指适应社会生活所需要的基础，也指形成专业性素质和创新性素质所需要的基础。专业性素质是指能较好地胜任专业工作所需要的素质。创新性素质是指开展创造性活动所需要的素质。只有当这三部分素质协调发展到较好的阶段，才能说大学生具备了一定的综合素质。

第一节　大学生生理与心理特征

一、生理发育充分[①]

大学生的年龄阶段对于男生来讲属于青春期的中晚期，而大多

① 李章芳：《大学生生理心理特征分析及体育教学中对策》，《安徽职业技术学院学报》2004年第2期。

数女生已基本发育成熟。在此期间，尽管体格成长开始减慢，但各项器官和组织机能迅速发展，生理结构还在发生变化，身体的可塑性大，正是加强体育锻炼、提高身体素质的最佳时期。

体形发育。在经历了人生最后一个生长发育的高峰期之后，大部分学生的身高、胸围、肩宽、头围、骨盆等外部形态已逐渐转入缓慢发展阶段，骨骼完成骨化，支撑能力增强。在性激素、甲状腺等内分泌的作用下，肌纤维变粗、横径加大，肌肉重量和力量都明显增加，接近成人水平。生理发育逐渐成熟，能承受较大的负荷，为担负繁重的脑力和体力劳动、适应各种环境变化，也为心理素质的健康发展奠定了物质基础。

身体机能。大学生的心脏在形态结构和功能作用上均已达到成人水平。呼吸系统日趋完善，呼吸肌力量增强，呼吸频率减慢、深度加大。从生理学角度看，大学生这些器官达到健全程度，能进行旺盛的新陈代谢，以保证繁重的脑力劳动和剧烈的体育运动中能量的消耗与补充。

神经系统。大学时期正是大学生脑细胞建立联系的上升期，在专业学习和训练中，皮层细胞的活动量迅速增加，神经元联系扩大，脑回深化，第二信号系统最高调节能力大大增强，第一和第二信号系统的联系不断完善，为思维发展创造了良好的物质条件。主要特点可概括为智力水平增高、记忆功能增强、抽象思维获得重大发展、分析综合能力明显提高，但大脑皮层神经兴奋过程与抑制过程不均衡，容易导致注意力分散、好动。

生殖系统。大学生性发育逐渐成熟，性腺分泌量增多、第一性征充分发育且第二性征明显，男女之间的性吸引力增强。但有时性激素的分泌增多会提高大脑皮层的兴奋性水平，使青年人容易激动、失眠，或者扰乱生理平衡、引发心理问题等。

有关调查显示，在大学生所患的慢性病中，比例最高的是近视，其次是神经系统疾病，再次是消化系统疾病。[①] 近期也有研究表明，92.4%的在校大学生存在不同程度的慢性病致病潜在危险因素，主要包括膳食不规律、运动不足、饮酒行为、精神压力大(熬夜、失眠)、超重/肥胖、吸烟等。[②] 大学生群体中不少常见的疾病都与不健康的生活方式有关，而电脑、手机等电子媒介产品的过度使用就是主要原因之一。

大学阶段是个体从不成熟走向成熟的过渡时期。大学生在生理逐渐成熟的同时，其情感、意志、个性等也都有鲜明的特征。

二、情感逐渐稳定

大学期间学习生活环境的变化，学业、交往、择业等需求的多样化和动机的强化，

---

① 张素勤：《试论大学生的生理与心理特征》，《黑龙江商学院学报》(自然科学版)1987 年第 9 期。

② 张全成、冀兆鹏、崔广志、李明珠：《大学生慢性病潜在危险因素分析》，《中国学校卫生》2013 年第 9 期。

使得大学生的智力和情感体验得到快速发展，并在后期趋向成熟和稳定。但由于社会化未彻底完成，在面临走向社会的重大人生转折的压力下，他们又呈现出抗力弱、波动大等问题。特别是“90 后”大学生，在情感的多样性、价值性、矛盾性以及情绪的强烈性、外显性、内隐性等特点上更为明显。[①]

情绪化现象仍较普遍。大学生办事积极、富于热情，行动迅速，奔放、果断，但由于生理和自我意识上的急剧变化，有时情绪上容易激动，缺乏足够的控制和调节能力，不能很好地克制、转移不良情绪，也不能根据具体场景对情绪进行适当的表达。原因在于：一是朦胧的成人意识，即渴望独立自主、渴望被尊重的愿望与作为边缘人在经济上的依赖性、对社会认识不完整和相对不够完备的自理自控能力之间形成较大反差；二是强烈的逆反心理，即生理机能的增强、各方面能力和人格心理的快速发展使得他们的世界观、人生观、价值观正在逐步形成，渴求按照自己的意愿处理事务和进行选择，因此常与来自成人的管教和外在约束发生冲突。

情感内容日趋深刻。大学生的几种基本情绪（愤怒、恐惧、欢乐、悲伤和爱）的起因以及表现特点与儿童期或青春期早期都有所不同，已从对环境刺激的直接反馈发展到对某种规律性的体验，感受上愈发深沉、稳定。同时，由于社会需要和智力的不断增长，大学生慢慢地形成了许多具有明确道德意识的社会性情感，如集体荣誉感、社会责任感、义务感、正义感和民族自豪感等，其深刻性和持久性明显提高。

自我调节和自我控制的能力提高。这一方面表现在大学生情感持续的时间延长，情感不再像儿童时期那样容易转换，受外部情境的影响减少；另一方面表现为大学生的情感类型正从外倾型向内隐型过渡，他们能根据需要在一定程度上支配和控制自己的情感。随着他们的知识文化水平、个人经历、思想修养的提高，他们对社会角色有越来越充分的适应，如果再能有意识地提升情绪认知、情绪调控、自我激励、移情等能力，就可以在心理发展上有更好的进步。

三、意志坚定而自觉

大学生的人格意志发展迅速，对自我有较强的把握，对目标有执着的信念，能有意识地承受外界的压力并主动克服困难。其特征表现为：

自觉性和主动性增强。大学生在遇到问题时，往往倾向于独立思考，以自己的想法为主来解决问题，不再轻易求助他人，表现出良好的主动性。对于已明确的目标或他们认为合理的要求，大学生能够不依靠外力的督促和管理自觉地采取行动，并且能有所坚持。

---

① 王朝正：《90 后大学生的情感、情绪特点分析》，《科教导刊》（上旬刊）2014 年第 7 期。

行动的果断性增强。由于认识能力的发展和逐渐成熟，大学生在面对充满矛盾的问题时，能够按照一定的观点、原则、经验比较迅速地辨明是非，作出合理的决定并执行。与少年时期相比，大学生的决策判断不再轻率，但也不优柔寡断、久拖不决，各种动机间的纠缠和斗争过程逐渐内隐并促成结果的快速达成。

自制力增强。大学生控制和支配自己行为的能力逐渐增强，努力使行为服从于原定的目标和计划，能较好地调节自己的情绪变化，其行动的理智性比较强，当然有时也表现出某种冲动。

富于坚持精神。由于神经系统功能尤其是内抑制功能的发达，以及动机的深刻性和目的水平的提高，大学生在面对挫折和困难时能表现出较好的坚持性。他们勇于探索、内心坚强，凡事不肯服输，即便遭遇逆境也不肯放弃。

四、个性趋于成熟

作为有一定倾向性的心理特征的总和，人的个性从少年到青年时期一直在逐步地形成。少年时期是个性形成的重要时期，可塑性大，但稳定性低；进入大学后，青年学生的个性在内外因素的影响下仍在进一步地发展变化，但相对来说已趋于稳定。主要表现在：

自我意识开始成形。随着知识的积累、智力的发展以及独立安排生活道路这一客观要求的迫近，大学生的自我意识日渐成熟。他们倾心于认识自己的身心发展状况及其社会价值，独立地评价自己和别人，并逐渐克服片面性，力求全面分析。在这些基础上，大学生稳定的性格特征开始形成，也能有意识地进行自我教育。

世界观初步成形。世界观的形成是一个人个性意识趋于成熟的主要标志。世界观一般萌芽于少年时期，初步成形于大学低年级，在经历就业选择并适应社会化的种种要求后，进一步走向成熟。大学生世界观的成形表现在他们对自然、社会、人生和恋爱都有了比较稳定而系统的看法。这一过程与学校的各种素质教育和社会活动的锻炼密切相关。

兴趣和性格趋于稳定。兴趣是个性倾向性的一个重要方面。大学生的兴趣广泛而多样，在学习生活的陶冶中逐步稳定，且持久性提高。性格和能力是最能表现个性差异的心理特征。人的性格通常在大学阶段基本确定，此后的改变不大；而能力有各种类型，不同类型的能力发展速度不尽相同，其中观察力、记忆力、思维能力、注意力、判断力、协调力等能力会在大学阶段高强度的学习和实践锻炼中逐步成熟起来。

道德意识和道德行为水平提高。大学生开始进入自觉的道德水平阶段，形成明确的信念和价值标准，确知自己行动的原则，具体表现为道德意识在道德行为中的作用日益加强，所掌握的道德准则范围更广、质量更高。直觉式情感在道德情感中的分量逐渐降低，伦理道德式的情感体验开始占优势。此外，道德理想更为现实，知行脱节的现象大大减少。

许多大学生开始质疑以前对肉体存在和身体功能的信赖，在对自我进行重新评价的过程中，努力寻求“我是什么人?”和“我往何处去?”等问题的答案。他们超越对直接接触的小环境的依赖，在更大范围内感受他人对自己的看法和印象，力求更全面地发现并建立起对自己的认识，对自己与他人、与社会之间的关系的理解，以及对自己的人生目标和自我实现的路径的把握。特别是在现代媒介的帮助下，大学生可以实现与更多伙伴的交往、构建新的社会关系，扩大自我活动、自我探索的空间，提高认识世界、改造世界的可能性。

五、言行表现强但自控力弱

尽管可能会受到本我的调控和伪饰，但外在的言语和行为整体上仍是人的内心世界的折射和流露。因此，大学生在言行上的表现，也是他们心理活动和心理发展的一种结果。

成熟的语言表达能力。大学生对语言词汇有丰富的掌握及理解力，内容上日渐深刻，表意上也更为准确生动；口语表达中的独白言语更加系统化，对话言语灵活多样，书面言语日益规范成熟，内部语言已达到简约化的水平。

行为表现成年化，但行为控制力不足。正在进行社会化的大学生有摆脱成人干预、独立行事的强烈愿望，希望社会承认自己行为的社会价值，对两性间的交往和恋爱有较高的激情等。他们要求获得成人般的社会权利，平等地参与社会生活，但又往往不善于控制自己的行为，尤其是在情感受到触动的时候，容易冲动或做出过激行为。

六、性心理复杂化

处于青春期后期的大学生，随着性生理机能的成熟，其性意识也开始觉醒，性心理的发展随年龄的增长而变化，也伴随着一系列相应的行为表现，如希望了解更多的性知识，对自我形象的关注，对异性的爱慕、向往，对爱情的渴望，性幻想与欲望，性冲动与宣泄行为等。在很大程度上，这些性心理活动的表现是大学生走向成熟的必然反映。调查显示，大学生与异性交往的心理较以往更加开放、有过性幻想的比例却有所减少；[①]性知识的获取多渠道化和模糊化，同时对性的宽容度在矛盾中提高。[②] 应该看到，社会文化因素中的不良影响、家庭和学校性教育的相对缺乏、个人认知模式的偏差或早期性经验等原因，使得部分大学生不能以正确的态度和行为方式来应对自己性心

① 邵昌玉、胡珍：《中国大学生近十年性心理比较研究》，《唐山学院学报》2011 年第 6 期。

② 王芳、尹瑜新：《当代大学生恋爱观与性心理调查》，《学习月刊》2012 年第 2 期。

理的表现和变化，甚至产生心理障碍。其中，信息传播的发达给大学生提供了性知识和性观念的学习渠道，但也难免使其被片面、错误的信息所误导。

第二节 媒介对大学生身心健康的影响

日益丰富的信息资源、多样化的传播方式为大学生的学习、交往、娱乐等行为提供了极大的便利，也改变着他们的生活方式和思维方式。但当下的媒介产品和媒介所构建的信息与人际环境难免存在着种种技术和伦理上的副作用。当大学生在自觉或不自觉中陷入过度使用媒介的窘境或不能以正确的心态来对待这些副作用时，身心健康就可能会受到一系列的负面影响，这必须引起社会的高度重视。

一、生理性伤害

容易对人的身体产生伤害的媒介产品，通常是指基于大规模集成电路和配有电子/液晶显示屏的“人一机”交互终端，包括电视机、台式电脑、笔记本电脑、平板电脑、手机、电子阅读器等。在数字化信息时代到来之际，大学生的学习和生活愈发依赖于媒介平台来开展，操作电脑或使用手机的时间越来越长，这将在很多方面对身体机能造成负面的甚至不可修复的严重后果。

从生物学角度看，人体构造不适合久坐不动。特别是对有待发育的未成年人来说，久坐不动的生活方式和随之产生的肥胖结果，以及其引发的心血管疾病和糖尿病将可能使得21世纪的新生代成为第一代活不过他们父母的一代。长期使用技术产品，挤占了人体运动的时间，容易造成血块凝结，还会直接影响未成年人的发育，出现发育迟缓、肥胖、视觉和听觉系统损伤、睡眠不足、慢性应激、不可逆的脑损伤以及细胞死亡等问题。①

研究表明，长时间使用电脑，会不同程度地出现眼睛干涩、腰酸颈痛、手腕酸痛麻木、嗜睡、反应迟钝、思想不集中等不适反应。其中最常见的就是眼睛出现模糊干涩症状，主要是因为视线长时间集中在距离固定、范围狭小且发光的屏幕上，眼球的频繁运动、眨眼次数和泪液分泌的减少，造成用眼过度，容易引发视力疲劳，严重者会产生白内障、青光眼、视网膜炎等。在操作电脑的过程中，手指快速运动，且动作单一、重复、幅度变化小，又处于强迫体位，必然累及腰、颈、肩、肘、腕等部位，导致酸痛、僵硬、麻木、肿胀症状和肌腱发炎等。无节制地上网，还会使大学生的生理、心理负担过重，容易产生睡眠障碍、神经衰弱、机体免疫力下降等问题，也会诱发一些精神方面的疾患，

① 〔加〕克里斯·罗文：《“被”虚拟化的儿童》，李银玲译，华东师范大学出版社2013年版，第41—42页。

如紧张烦躁、焦虑不安，并伴随着情绪低落、思维迟缓、自我评价降低、不愿意参与社会活动等现象。另外，电子设备和荧光屏低能量的X射线和低频电磁辐射，也可能是引起神经系统失调的原因之一。①

研究人员发现，睡前两小时使用手机、平板电脑等电子产品会抑制褪黑激素分泌，引起失眠，长此以往会导致内分泌紊乱，女性容易罹患乳腺癌。② 手机等移动式媒介产品，因其方便好用而更易诱使大学生长时间接触，从而引起颈椎病、眼睛不适、睡眠质量低下等症状，某些金属成分长时间跟脸部距离太近还易导致皮肤过敏、长痘。有调查表明，74.31%的大学生承认因为睡前玩手机而出现眼部不适的症状，52.29%出现影响生物钟的症状，还有部分人出现手指麻木和颈部酸痛的症状。③

二、网络沉溺及成瘾

2013年5月，美国精神病协会首次将我国学者的研究成果《网络成瘾临床诊断标准》纳入《精神障碍诊断与统计手册(第5版)》第三部分。④ 其诊断标准共有9条，分别是：渴求症状、戒断症状、耐受性、难以停止上网、因游戏而减少了其他兴趣、即使知道后果仍过度游戏、向他人撒谎获得玩游戏的时间和费用、用游戏来回避现实或缓解负面情绪以及失去友谊、工作、教育或就业机会。

据调查，大学生中网络成瘾者约占6.7%，网络成瘾倾向者占54.4%。而网络成瘾与大学生亚健康有着显著关联，一方面，长时间上网的大学生，容易出现身心疲惫和睡眠障碍，从而使身体和心理进一步受到打击，形成恶性循环后导致亚健康，甚至产生各种疾病；另一方面，因部分大学生缺乏自制力，一旦迷恋网络游戏变得上瘾而无法自拔后，会产生很强的心理依赖性，影响到正常的学习、生活和交往等，再促使他们更加倾向于到网络世界中寻求心理上的满足和支持。⑤

一项针对心理状况的对比研究显示，网络的过度使用组在不适应、抑郁、焦虑等各项指标的得分中都高于正常使用网络组，且差异显著；而网络成瘾组在抑郁、焦虑、敏感、愤怒、紧张等各项得分中均高于非网络成瘾组，且差异明显。结果表明，过度使用网络和网络成瘾不仅对大学生身体健康造成不良影响，还对心理健康造成不良影响；过度使用网络和网络成瘾与大学生心理障碍的发生有密切的关系；过度使用网络和网

---

① 郁超、李治兵：《计算机对人体健康的影响及对策》，《江苏预防医学》2002年第2期。

② 孙维维：《睡前玩电子产品会抑制褪黑激素分泌影响睡眠》，新华网，2012年8月30日，http://news.xinhuanet.com/tech/2012－08/30/c_123649055.htm。

③ 李若水、张尚卿、吕皓、陈曦：《大学生睡前玩手机情况的调查与分析》，《科教文汇》(上旬刊)2015年第1期。

④ 《网瘾精神病获确定　中国九大定义成世界标准》，新浪网，2013年7月9日，http://games.sina.com.cn/g/n/2013－05－20/1001706883.shtml。

⑤ 黄力伟等：《大学生网络成瘾对亚健康的影响》，《牡丹江医学院学报》2013年第1期。

络成瘾的大学生比对照组有更多的心理健康问题，如孤独、抑郁、焦虑、敏感、紧张，甚至有过轻生念头。沉溺于网络的大学生，常以牺牲真实世界中的人际关系为代价来发展虚拟的、脆弱的网络人际关系，这必然会对他们的认知、情感、人际交往等方面产生不良的影响。①

概括来说，网络成瘾会给大学生带来一系列的危害后果，除生理上的伤害外，还包括心理上的伤害，会使思维发展受阻，出现信息焦虑综合征、物理时间和知觉错乱，发生自我封闭后的“零度情感”、角色倒错、混乱的“虚拟人格”，变得偏执和自恋，形成攻击性的内隐人格和反社会倾向；个人的社会功能受损，对学习、情感、习惯、道德培养、人际关系产生负面影响，孤独、压抑，难以与人沟通；在社会层面，容易引发信任危机、网络犯罪、道德沦丧、暴力犯罪等严重问题。②

三、手机依赖症

手机依赖是过度沉迷于以手机为媒介的各种活动，对手机使用产生强烈、持续的渴求感与依赖感，并导致个体出现明显的社会、心理功能损害。③ 在智能手机和移动互联网得到普及性发展之后，手机已成为中国网民第一大上网终端，大学生中的手机依赖现象日益凸显。

2013 年一项针对 12 所高校的调查结果显示，超过 80%的受访学生在忘带手机时会感觉到不习惯，同时对不能上网感到焦虑的比例也较高，有超过 60%的学生认为日常生活离不开手机，超过 57%的学生尝试过没事的时候不看手机但很难。④ 另一项研究发现，智能手机在大学生中的普及率在 98%以上，主要用于社交(83.5%)、通话(81.6%)、短信(70.4%)以及信息获取(38.1%)、游戏(23.3%)、阅读小说(10.3%)等。在使用时间上，仅 14.6%的大学生低于每天 2 小时，在 2～3 小时、3～4 小时、4～5 小时之间的分别为 23.3%、28.5%、12.3%，而每天使用手机超过 5 小时的高达 21.4%。依照戒断性、耐受性、强迫性、危害性、突显性 5 个维度统计判断，得到大学生智能手机依赖总体发生率为 12.5%，其中女生高于男生、独生子女高于非独生子女、文科生高于理科生。

与其他媒介相比，手机更加具有人性，它不仅是“人体的延伸”，在一定程度上也可

① 王辉：《过度使用网络和网络成瘾对大学生网络身心健康的影响现状分析及对策探讨》，苏州大学硕士学位论文，2009 年。

② 陶然等：《网络成瘾探究与干预》，上海人民出版社 2007 年版，第 104—122 页。

③ Yen C，Tang T，Yen J，“Symptoms of Problematic Cellular Phone Use，Functional Impairment and Its Association with Depression among Adolescents in Southern Taiwan”，*Journal of Adolescence*，2009，32(4)，pp. 863－873.

④ 吴猛、田丰：《“数字原生代”大学生的手机使用及手机依赖研究》，《青年研究》2014 年第 2 期。

视为人本身。在大学校园中，手机依赖通常表现为社交沟通、娱乐、学习等不同倾向，或依靠手机的即时沟通功能随时随地与同学、朋友保持联系；或为缓解压力、打发时间而通过手机读小说、看视频、听音乐、玩游戏等；或利用强大的手机软件功能为学习提供工具性帮助。大学生对手机的依赖根据程度不同也可分为认知依赖、情感依赖和行为依赖，分别指使用手机获取信息而扩充对自我和社会的认识范围、把手机当作自己情感依托的载体、借助手机媒体来实施购物或人际交往等行为。大学生对手机媒体的依赖还体现出沉溺、盲从、麻痹等特点，在将过量的时间和精力投入到手机媒体所营造的虚拟世界中的同时，也很容易将其作为现实社会的替代品，并可能因为重度依赖而丧失了敏感性、感觉不到媒介的存在。[①]

导致大学生手机依赖的原因是多重的。客观上，媒介产业和手机技术的发展，使得智能手机的功能日趋完备、性价比大幅提高，为手机媒体在大学生中的普及打下基础。手机空间中的信息传播更碎片化、更新频率更高，再加上部分刺激性的不良内容，会对持有强烈好奇心的大学生群体产生强烈的吸引力。同时，“90后”大学生从小已习惯于接触和使用各种新媒介，对手机也视为理所当然的媒介工具和信息载体。另一个重要原因来自于家庭、教师等各方面，他们对大学生社会支持的减少，促使大学生转向到手机世界中去寻求认同和支持。在主观上，手机的亲和力与私密性，更能满足大学生的心理需求和情感愿望，能帮助他们在比较轻松自由的状态下与他人交往，在一定程度上消解了不安全感和孤独、紧张等情绪，也易于实现快节奏的休闲娱乐。手机依赖还与大学生个体的社会身份、知识背景、人格结构等方面有关，研究发现，性格、学历两个因素对手机依赖类型有显著影响，内向性格的人倾向于借助手机的娱乐功能来避免人际交往的问题，而这一倾向反过来又加剧了内向型性格者对人群的疏离，加深了自己对手机的依赖。[②] 此外，大学生对手机媒体过度使用的危害性等认知上的局限，以及大学生媒介使用和判别能力的不足，也是造成手机依赖的原因之一。

“机不离身”反映出大学生对手机的过度依赖，而这种依赖会造成大学生视力和听力的下降，引起颈部、肩部与背部疼痛等躯体不适，并对健康意识、睡眠、运动锻炼行为等产生消极影响。相应的，手机依赖也对大学生心理健康、人际交往、学习等方面产生消极影响。比如，对手机高度依赖的个体可能会出现不同程度的心理健康问题。手机依赖行为与焦虑、抑郁、人际关系敏感显著相关，并表现出诸如敌对意识、强迫行为、偏执、恐怖、精神病性倾向等心理问题。[③] 对比之下，手机依赖严重的大学生倾向于产生

---

① 陈婷婷：《手机媒体环境下大学生的媒介依赖研究》，西南大学硕士学位论文，2014年。

② 韩彦超：《结构主义视角下大学生手机依赖状况研究》，《中国青年研究》2014年第4期。

③ 黄海等：《大学生手机依赖与心理健康的关系》，《中国学校卫生》2013年第9期。

对社会、人际、环境的疏离感，[①]并更易出现人际关系困扰，还可能加深对学业的拖延，从而降低主观幸福感。[②]

四、校园“宅人”

随着媒介技术和形态的不断创新，从“电视人”“容器人”，到“沙发土豆”“御宅族”，因迷恋媒介世界而出现的亚文化族群也在一代代地传承和变化着。中国的“宅人”起源于日本的“御宅族”，后者狭义上指那些沉溺、热衷及博精于动画、漫画以及电子游戏(ACG)的人。[③] 但目前“宅人”的主流已不再是单纯的动漫粉丝，而是一群迷恋电脑和网络、不喜欢出门的人。他们在网上娱乐、购物、订餐、交易甚至恋爱，企图通过网络平台或在网络空间中完成所有的生活。根据大学生的生活实际，可将校园“宅人”[④]定义为：在课余时间(除校方统一安排的诸如上课、实验、集会等必须参加的活动外，自己可自由支配的时间)长期、习惯性地待在房间内(可以是学校、家中、机房网吧等)，从事与本专业学习无关的、自我性(满足自身精神需要)的一些活动(如上网、休闲娱乐、沉迷于个人兴趣爱好、无所事事等)，能不出门就不出门的一类族群。

早前针对浙江大学的一项研究显示，多达84.8%的学生觉得自己多少有点“宅”。[⑤] 一项较小范围的调查也显示，大学生中觉得自己有点“宅”的占45.12%，非常“宅”的占37.8%。[⑥] 2015年在面向福建部分高校的调查中，有75.4%的大学生在课余时间经常“宅”在宿舍，而上网是“宅”居的首选。[⑦] 进一步的分析还表明，大学生“宅人”与非“宅人”的分布不存在年级、性别、城乡、是否独生子女方面的差异，这说明大学生“宅人”的存在具有广泛性与普遍性。

“宅人”现象的流行有一定的合理性。首先，媒介工具的普及、技术性能的提升、网络应用的便利，为大学生成为“宅人”提供了良好的温床。他们可以付出较低的成本并较少地依靠现实互动就能够满足自身的各种需求，如玩游戏、看影视、泡论坛、聊天等，或是看新闻、做作业、写博客等。其次，大学生在“宅”中能自由支配自己的课余时间，保持轻松的精神状态，消解紧张和压力。

---

① 姜永志、白晓丽：《大学生手机互联网依赖对疏离感的影响：社会支持系统的作用》，《心理发展与教育》2014年第5期。

② 冀嘉嘉等：《大学生手机依赖和学业拖延、主观幸福感的关系》，《杭州师范大学学报》(自然科学版)2014年第5期。

③ 王申：《御宅现象研究》，河南大学硕士学位论文，2009年。

④ 乐曲：《大学生“宅人”生活特点与心理特点调查研究——兼与非“宅人”比较》，华南理工大学硕士学位论文，2010年。

⑤ 沈燎等：《大学生“宅”现象调查研究》，《当代青年研究》2010年第7期。

⑥ 张华、陈晓卫：《“宅”型生活对大学生生理和心理影响分析》，《时代文学》(下半月)2014年第9期。

⑦ 陈燕红：《新媒体时代大学生“宅男宅女”现象及德育对策——以福建省部分高校为例》，《成都理工大学学报》(社会科学版)2015年第3期。

但不能忽视的是,“宅人”行为与网络沉溺有着明显的异曲同工之处,它同样会影响到大学生的身体健康和心理健康。研究显示,与非“宅人”相比,大学生“宅人”心理健康状况普遍较差,存在躯体化、强迫症状、人际关系敏感、抑郁、焦虑、敌对、恐怖、精神病性等心理问题。① 进一步分析可知,对网络、电脑等次文化产生心理依赖是“宅人”生活的首要消极影响,因此可能导致人际交往能力降低、性格变得内向。尤其是有的内向型大学生,或在学业、交往等方面遭受挫折的人,如果长期、习惯性地沉浸在“宅”的自我天地里而试图逃避现实压力,将会使他们的惰性更重、性格更偏执、生活圈更加狭小、情感寄托更为虚幻、对现实世界的适应能力更差。

第三节　媒介环境中大学生的智能与人格发展

媒介空间是当代大学生如影随形的生存环境,也是他们学习、生活、交往、娱乐的信息平台和功能平台。媒介的高度发达,改变了人们的学习方式、成长模式和生活图景,也在长期的潜在影响中构建起人们的知识框架、情感场域、观念体系。在大学生社会化成长的进程中,学习能力和认知能力是两种最基本的能力,也是受媒介环境影响最为显著的两种能力。对此,可以从三个层面来理解:第一,媒介通过提供庞大、多元的信息内容,极大地拓展了大学生认知和学习的范畴,使他们能够从前所未有的广度来把握世界;第二,媒介的技术特征和强大功能,能帮助大学生突破时空的限制并采取极为灵活的形式来开展认知和学习活动,赋予他们无限的可能性和个性化的发展权利;第三,互联网络的设计思想和运行机制,为虚拟的信息空间确立了平等、自由、共享、协作、创新等价值准则,同时也影响到大学生的人格发展,激发了他们的主体精神和内在的能动性。

一、认知能力

作为社会教育体系中的高等教育阶段,大学在学习内容、学习方法、学习效果等方面向学习者所提的要求都有质的提升,并且在现实空间及媒介空间的共同作用下,大学生的实践活动、信息活动、思维活动的领域都迅速扩大,使得个体的认知机会增多、认知训练复杂、认知能力获得新的发展。

高度发展的概括化观察力。概括化是观察力向成熟阶段发展的重要标志。由于儿童抽象思维能力差,所以其观察能力虽然是敏锐的,但缺乏概括性,对事物观察得不够深刻、不够全面。大学生则可以利用日益发达的抽象思维能力组织、调节并指导观

① 乐曲:《大学生“宅人”生活特点与心理特点调查研究——兼与非“宅人”比较》,华南理工大学硕士学位论文,2010年。

察活动，以提高观察的概括性。媒介所建构的拟人环境，基于广泛的信息传播为大学生提供了更具丰富性、多样性和多变性的可观察世界，并在频繁地理解符号意义的过程中培养其透过表象而深入内在的对规律性的总结、概括能力。

成熟高效的记忆力。与儿童时期相比，大学生的记忆力达到一个效率空前的顶点，进入智力发展的记忆最佳时期：意义识记代替机械识记成为识记的主要手段；识记的目的性增强，有意识记超过无意识记居于支配地位。媒介一方面为大学生提供学习所需的记忆对象，另一方面也以可视化等多媒体形态和技术化手段帮助其提高记忆的效率，增强其效果，并以此进行多种记忆模式的训练，强化他们的综合记忆能力。但不容忽视的是，媒介信息庞大的数量规模和高度的流变性，已远远超出作为个体能有效处理的限度，这常导致记忆的易逝性和浅薄化。对大学生来说，如何扬长避短、“记”有所成，无疑是一项新的挑战。

理论型的抽象思维能力。从思维类型上看，儿童时期和少年时期主要是经验型的，在很大程度上仍需具体形象的支持，理论思维发展不足。进入大学阶段后，在自身的思维能力发展和专业学习要求的双重结构性驱动下，其抽象逻辑思维由经验型水平急剧向理论型水平转化。后者逐渐成为一种成熟的思维形式，能使大学生在对具体事物和学习材料深入分析的基础上进行本质性的整合，将孤立的知识点或探究对象统一成有机的整体，从而建立起科学的概念和理论体系，并促进辩证思维和创造性思维的发展。这种思维提高了大学生剖析问题、认识世界、把握规律的能力。

纷繁复杂的媒介世界，提供了极其充裕的学习资源和认知对象，有助于在超越时空藩篱和文化疆域的新平台、新目标上，推动大学生的智力水平发展到新的层次。同时，为适应媒介化生存这一新常态，大学生需要高度重视发展以概括化观察力、逻辑化记忆力和理论型抽象思维能力为代表的综合认知能力，以透过光怪陆离的符号辨识信息的本真和意义、找到自我的定位和目标、发现世界的本质和社会的前进方向，从而更好地成长成才和全面发展。

二、学习能力

学习能力的强弱直接决定了大学生学习、成长、就业的路径和结果，学习能力主要包括：其一，怎样迅速、充分、有效地获取、存储和处理各种所需的信息；其二，怎样利用所获信息来分析、决策并解决问题；其三，怎样打破常规、重新组合，发现信息的内在价值，进行有意义的创造性活动。

以信息的生产、传播、增值为主要功能，媒介工具及媒介环境在大学生的学习活动中扮演着越来越重要的角色，也冲击着传统的学习形态。从必然性看，针对信息的学习和处理能力已成为媒介化社会的关键能力，以书本和课堂为主要载体的传统学习模式已远不能适应面向未来的教育需求;从充分性看,媒介技术和媒介资源的发展,已为大学生的自主学习、在线学习和面授相结合的混合学习提供了足够的条件。在媒介系统的全面支持下,规范性的知识传授不再是学习的重点,掌握如何运用信息和知识进行创新的能力成为当下教育的核心命题。相应的,大学生应该具备以下学习能力:

自主学习能力。自主学习突破以教育者为主体、以单向传授为基本形态的学习模式,不仅强调"授之以渔"的能力培养,更在于让学习者充分发挥自身的主体能动性,通过独立的分析、探索、实践、质疑、创造等方式来实现学习目标。这种"负责自身学习的能力"[①],表现在确定需求、设立目标、明确学习内容、选取合适的学习方法以及策略、合理控制进度、监督学习过程、评估学习效果等方面。[②] 大学教育的重点应该是帮助大学生培养起自主学习和自我监控的能力,使他们能根据自己的职业规划和人生追求建立起明确的学习目标,以及执行层面的学习计划、学习方法、学习资源,并在整个学习过程中积极有效地加以实施、监控、反馈、调整、总结、评价等。自主学习能力的重要性,不仅在于能够合理高效地完成大学期间的学业,更重要的是能使大学生在信息超载、瞬息万变、竞争激烈的媒介化社会中进行终身学习,长期保持竞争力。

合作学习能力。在具体形式上,合作学习是指使学生在小组中从事学习活动,并依据他们整个小组的成绩获取奖励或认可的课堂教学技术。[③] 在扁平化的信息社会中,人们认为大学生的学习是一个行为参与、情感参与和认知参与以及社会化参与的有机结合,是通过合作性的人性互动使学习者相互依赖、相互沟通、共同负责并促进其主体性发展和社会化的进程。[④] 良好的合作学习能力,不仅有利于激发大学生的学习志趣、形成能动性的主体意识和增强适应社会的能力,还有助于培养团队意识和协作能力,而这正是互联网世界中不可或缺的共享性思维、大规模协作、平台策略等理念所必然要求的能力。

精深学习能力。与基础教育阶段发展全面的基本素质的目标不同,大学教育在遵循全面发展原则的同时,还要求在专业学习上具有精专而深入的能力。大学生需要按照专业领域重点掌握一门或数门学科所需的系统知识和技能,为此要投入足量的学习时间和精力、消化吸收前人所传承下来的经典知识和成果,并根据社会化分工的职业素养和进一步实践或研究的发展目标,作更有针对性的学习训练。信息技术大大拓展了学习的广泛性和可能性,但越来越严重的碎片化传播、即时性传播也导致浅阅读和浅学习现象的普遍出现。面对此等现象,我们须深刻认识到,无论当代社会的后现代

---

① Holec H. ,*Autonomy and Foreign Language Learning*,Oxford: Pergamon Press, 1981, p. 137.

② 屈社明、郭明:《英语课促进自主学习需要注意的五个问题》,《宝鸡文理学院学报》(社会科学版)2006 年第 6 期。

③ Robert Slavin, *Cooperative Learning*,Frankfort: Laderival Corporation, 1980, p. 89.

④ 杨强:《大学生合作学习研究》,中国石油大学硕士学位论文,2008 年。

特征如何突出，在“T型”或“π型”人才的知识结构中，拥有某些具有独特性的核心竞争力和领先优势的专长知识与能力，始终是大学生成功走向社会的制胜法宝。

弹性学习能力。在将媒介化作为重要驱动力之一的变革型社会中，为适应动态化的经济要素和知识要素的重组、经济模式和生产方式的迭代改进，对人才知识和能力结构的要求也在发生变化。大学生在掌握深厚的专业化技能、获取稳定的社会分工地位的同时，还要积极做好准备，应对随时可能出现的新挑战和新条件。这就需要大学生不仅要成为全面型人才、通识型人才，更要具备弹性学习的能力，在专业支撑的基础上，开展跨学科、跨领域的学习，拓展视野与思路，努力提升复合性、发展性、创新性、竞争性等素质特征。在互联互通、无边界的媒介平台上，交织流动的海量化的知识性信息，既为弹性学习创造了多种多样的方式和场景，又反作用于大学，对高素质的弹性人才表现出巨大的需求。

创新学习能力。现代社会提倡创新，创新型人才是广大的企业、组织及社会各界竞相争夺的对象，也是一个国家在全球竞争中能否占据制高点的关键资源。为在学习型社会和创新型国家建设中赢得先机，大学生应该自觉地培养创新意识和创新能力，这不但因为大学学习比其他任何学习类型都更具有创新学习预期性与参与性相结合的基本特征，而且也是大学生更好地发展自己、适应社会的主动选择。创新学习就是“学习主体在创新思维支配下，运用已获得的知识和经验获取新知识、提出新观点、发现新问题，创造性解决问题，实现自身知、能、情、意、行全面发展，有效地提升生命质量的一种学习方式”[①]。在互动式的媒介环境中，创新学习正在成为一种普遍的可能，大量、高速传播的信息流促进了人们对事物变化的整体认识，也更好地支持着人们对未来的主动塑造和优化；大学生可以根据自己的目标获取信息和开展学习，可以更多地发挥主观能动性，并在充分的交流与广泛的合作中进行创造性实践。为此，大学生须具有质疑、联想、迁移、组合、变通、新颖、独创、操作等学习能力。[②] 在具体策略中，大学生应该遵循自主性学习原则，拥有自信心、好奇心、责任感、主动精神、热情、活力等学习品质，并加强学习活动中的规划、反思、竞争、评价等能力。

三、人格发展

人格包括气质、性格、自我调控等多方面，其中性格是核心。性格，一般是指个体内部身心系统的动力组织，决定人的行为和思想的独特性。[③] 作为人的心理行为模式

---

① 林忠仁：《新课程与创新学习》，山东大学出版社2005年版，第12—13页。

② 叶瑞祥等：《创新学习能力论：中小学校培养学生创新学习能力探索》，天津教育出版社2005年版，第6—13页。

③ 叶奕乾：《现代人格心理学》，上海教育出版社2005年版，第4页。

的集中体现，人格具有整体性、稳定性、独特性及社会性等基本特性。[①] 人格在实践活动中的形成和发展受到遗传和环境交互作用的影响，但也必须通过个人已有的知识背景、思想信念和心理活动才能发生作用，因此可受自己规定的目标和计划的调节和支配。作为一种日趋重要的环境，媒介影响着大学生的认知和生活感受，影响着其态度和行为，通过构建媒介现实和媒介化的图示与表述，对其人格的内化产生积极而非强制性的作用。对大学生来说，由于生理成熟、环境改变和心理上的诸种刺激、反应、调适，人格仍具有较大的可塑性和可变性。

当代大学生的人格特征。“90后”有独特的成长环境，如改革进程中持续的社会转型、全面开放中文化思想的多元化、全球化语境下的“后现代”趋势、“独生子女”家庭、教育大众化及市场经济下的就业生存压力、信息传播高度发达的媒介化社会等。在这样的时代背景下，当代大学生在人格发展方面的积极表现主要有：更具有独立思考的主体性人格心理、更具有时尚与个性的消费性人格心理、更注重专业知识实用价值的文化心理、更具有生态意识与公共服务的社会心理、更具有开拓意识的创新人格心理等。但在部分青年学生中，也存在孤独情感、自卑人格、褊狭人格、极端与冷漠心理等消极的心理人格特征。[②] 另一项实证研究表明，当代大学生的现代人格特征包括：遵守法律、讲求公德；强烈的上进心和自强不息的精神；互相信任、团结合作的精神；主动帮助他人的品质；参与社会事务的强烈兴趣和愿望。[③] 在“90后”大学生与“80后”大学生的对比中发现，前者在思想活跃、聪慧、追求个性与自由、进取、敏捷、创造性、自我意识和独立性等方面表现得更积极，同时体现出价值观多元化、目标明确务实、强调行动及效果、敢于承担责任等人格特点，但相对显得缺少自信、心理抗挫能力较弱、戒备心理较强等。[④]

大学生应有的健康人格。健康的人格是个体身心顺利发展的重要保证，是大学生适应社会、充分发挥自己能力的心理基础。西方学者曾将健康人格的特征概括为：经验的开放、协调自我、自我估价过程、无条件积极自我关注、与同事和睦相处等。从知、情、意、行角度出发，有研究者将适合当代中国大学生实际及符合社会发展需要的健康人格标准[⑤]归纳为：自我悦纳、接纳他人，稳定、乐观、开朗的情绪和良好的社会情感，坚忍不拔的意志，能够充分发挥自己的潜能。我们认为，从青年学生的全面发展和培养具备若干优良品质的教育目标来看，他们应该呈现出如下的健康人格：正确的自我意识，即对自己有积极而客观的评价，能经常性地自我反思、剖析和调控，扬长避短、不

---

① 黄希庭：《心理学十五讲》，北京大学出版社2005年版，第363页。

② 钟贤权：《“90后”大学生心理人格特征表现》，《绵阳师范学院学报》2013年第4期。

③ 陆唯、吕明霞：《当代大学生现代人格特征研究》，《行政事业资产与财务》2012年第20期。

④ 梅思佳：《90后大学生人格特征分析和“三位一体”思政工作体系构建》，《学理论》2012年第30期。

⑤ 张小明、王福、梁振杰：《大学生健康人格特征培养》，《职业圈》2007年第17期。

断进步；良好的性格特征，如诚实、善良、勤劳、认真、坚强、感恩等，一方面能与他人友好相处、获得社会的接纳和认可，另一方面也能确立合理的个人奋斗目标并为之不懈努力；稳定的心理状态，能保持乐观、平和、向上的生活态度，善于应对外界的压力并能调节负面情绪；和谐的社会关系和较强的社会适应力，以及在与他人和社会的互动中秉持合乎社会伦理的道德品质。在上述基础上，大学生还要在人格发展中进一步弘扬进取性、创造性、协调性、超越性等特质，培养远大的理想信念、宽广的胸怀情操、高度的责任心和意志力、高雅的审美情趣、敏捷批判的思维能力等。

矛盾的网络人格。尽管尼葛洛庞帝在《数字化生存》中最早提出“电脑逐渐有了自己的人格”这一说法，但我们讨论的网络人格是指人们在网络活动中，根据自己的理想创造出一个与现实“自我”存在某些差距的网络虚拟的“自我”，是虚拟“自我”中理想、道德、行为、智慧、情感、兴趣、意志等特征的总和。① 网络本身并不会主动塑造或者改变个人和群体的人格，而是由于这一特定群体长时间在网络环境中学习、生活或者工作以及进行相互间的沟通和交流，个体按照网络环境下的行为模式约束和规范其行为，进而使得其心理层面逐步模式化而形成网络人格。② 网络人格与现实人格有密切的联系，但也相对独立；它是现实人格在网络世界中的反映，但与后者可能存在巨大差异，甚至是尖锐的对立；它丰富并发展了现实人格，同时也反作用于现实人格；它具有强烈的虚拟性，但在信息化社会中，网络人格应与现实人格一起共同作为一个辩证的统一体来表征完整的人格。网络人格还具有平等性、个性化、开放性、动态性等特点，它可能帮助大学生获得更广泛的生活体验及发展现实人格中自主性、自觉性、能动性、协作性、创造性等积极的素质，也可能引发和强化虚伪性、封闭性、变异性等负面人格特征和冷漠、放纵、沉溺、失德、自我膨胀、我行我素等情感和行为倾向，以及因角色混乱而造成人格迷失。

第四节 成才规律与综合素质发展

人才，是指那些具有良好的素质，能够在一定条件下通过不断取得创造性的劳动成果，对人类社会的发展产生较大影响的人。③ 当今社会，科技、经济、文化等领域的发展日新月异，而这些认识世界、改造世界的创造性活动，都必须依靠高素质、高能力的人才来实现。作为接受高等教育的大学生，本身就在社会教育的“金字塔”体系中处于上层。无论是个人的人生发展目标，还是来自家庭和社会的期待，都希望其成长为

① 王凡：《青少年网络人格培育中的动力结构分析》，中南大学博士学位论文，2013 年。
② 文婷：《大学生健康网络人格培育研究》，湖南科技大学硕士学位论文，2013 年。
③ 罗洪铁：《大学生成才理论与实践》，人民出版社 2010 年版，第 7 页。

合格有用的人才。大学是成才的主要准备阶段，青年学生要充分发挥主动性和能动性，通过接受系统规范的知识技能教育与丰富的实践活动，在德智体美等多方面协调发展，提升自己的综合素质和专业能力，为进入社会后能有效地发挥才能、创造价值奠定坚实可靠的基础。

应该说，当今大学生普遍具有强烈的成才愿望，希望在大学期间抓住机遇、努力学习、奋发进取，不断吸收知识、提高能力、积累经验，并拓宽和加深对社会的认识、培育良好的品德修养、建立完善和谐的人际关系，为更好地服务社会、实现自我的人生价值打下基础。

一、成才条件与规律

无论是处于"早晨八九点钟的太阳"般朝气蓬勃的青年时期，还是校园提供的良好的学习环境和发展机遇，大学阶段都可谓是人生中最宝贵的时光。为充分把握绚丽多彩、激情充沛的青春时光，为使大学生在此期间能健康、协调地快速发展并不断进步，包括大学生在内的各方都需要共同努力，认真探究并遵循新的时代背景下的成才规律，为青年学生内涵式、跨越式的成长创造良好的主客观条件。

积极的阳光心态。乐观向上、健康稳定的心理状态是大学生顺利成长的动力和精神保障，有助于其正确地认识自我、他人和社会，有助于充分发挥他们的智慧和创造力，积极主动地选择成才目标，并通过持之以恒的学习、实践、交往和探索性行动逐步实现这些目标。阳光心态使青年学生较快地适应变化中的环境、找到合适的定位和方向，并专注于现实的努力以到达理想的彼岸；使青年学生对学习和生活充满热情，在知识积累、智力开发、能力发展上稳步而深入地前进；使青年学生沉着冷静、坚守信念，抛弃虚无缥缈的幻想，克服一时的冲动或急躁情绪，从小事做起、踏实进取，耐心地积跬步以至千里；使青年学生自信豁达、敢于迎接挑战，在面对挫折和困难时不怨天尤人、不消极沉闷，始终放眼长远、肩负责任，认真总结和反思、分析有利和不利因素，用辛勤的耕耘在应对难题和走出逆境的过程中换来成长的收获。

科学的方法与实践学习。成才是一种较高境界的人生发展目标，除积极的心态和执着的努力外，还必须掌握自主学习和研究性学习的能力，训练科学的思维方法，并在大量的实践锻炼中实现知行合一，为社会作出应有的贡献。大学生要在学习活动中更加主动和自觉，善于自主探索或参与到合作中来发现问题、解决问题；教育者则要转变观念，以学习者为中心，注重发挥学生的主体意识和能动性，加强实践和创新能力的培养，做好因材施教，提供个性化的指导及支持；重视对未知领域的探究思考和情景化、讨论式学习，强调批判性思维、创造性思维和团队协作等。大学生还要强化实践意识，提升实践能力，一方面可以通过参加课程实践、校园社团协会、志愿者服务、社会考察等巩固和应用所学知识，切实开眼界、得真知、长才干；另一方面，也可以在实践中加深对周围世界和现实社会的理解，并从中磨炼意志、砥砺品格、找出差距、改进不足，提高成长质量、夯实成才基础。

成才环境和条件。人的成长总会受到诸多因素的影响和制约，正是这些因素在特定环境和条件下的综合作用，决定了大学生的成长路径和成长方式，以及其所能达到的成才目标。从客观条件和外在因素来说，宏观的自然环境和社会环境分别起到基础性的保障支持作用和关键性的生存养育、经验学习及社会化实践的作用。后者不但与自然环境一起提供着必要的物质条件，还从精神层面以思潮舆论、文化风气、社会心理的方式为大学生的成长成才提供文化营养和精神动力，同时在制度层面建立起可预期的环境系统和约束性的发展导向，规范并激励大学生的成长行为。家庭和学校作为微观环境，对大学生的成长影响更为直接、具体，具有显著的可控性、选择性和示范引导作用。大学生成长的根本动力，则是主体需要与其现实的知识、能力和素质状况之间的矛盾，而这一矛盾的生成、运动与解决要依赖于人的主体性的发挥。[①] 这就涉及大学生成长成才的内在要素或称主观条件，包括以科学的世界观、人生观、价值观来指导和支持其成才目标，将强烈的求知欲望、个性化的兴趣、对自我实现的执着追求、创新精神转化为持续的成才动力，以高尚坚强的道德意志和品质来保证成才路径的正确方向和成才过程的稳步前进。

媒介时代的成才规律。一般来讲，大学生成才需要把握好三个基本规律：第一，从基础性的、结构性的视角出发，必须要具备良好的成才要素和适当的成才条件；第二，要在客观条件的支持下，充分发挥主观能动性，将各种要素加以合理而有效的组合及运用，使其产生系统合力，在螺旋式的成长发展中，逐步积累成才资源、增大成才几率；第三，积极地创造条件、把握关键机会，促成量变到质变的飞跃，不断提升成才质量。媒介时代的最大特征，就是信息成为人类社会的核心资源；善于进行信息的生产、传播、控制和处理成为人才的核心能力之一。媒介世界与现实世界一起，共同成为大学生成才的外部环境，并通过巨量的符号信息所传递的意义影响大学生的认知、情感、思想和社会关系。在这样的媒介化社会中，大学生要达到健康成长和最终成为有用之才的目标，须在技术、行为和心理层面积极适应媒介系统的特殊要求，广泛、自觉地接触媒介以扩充自身的知识范围、提高解决问题的能力，准确、全面并批判性地理解媒介信息，通过媒介建立良好的交往关系、开展丰富的实践活动、提高学习工作效率及生活质量。在上述基础上，学会以媒介为工具、资源和平台，与其他要素有机地结合起来，可持续、高效地为社会创造更多、更有意义的价值。

---

① 杨晓慧：《当代大学生成长规律研究》，人民出版社 2010 年版，第 33 页。

二、思想政治素质

在现代科学技术突飞猛进、生产发展越来越依靠人的知识和智力的今天，劳动者科学文化和思想品质等素质越来越对经济社会的进步起决定性的作用。为此，大学生需要从多个方面培养系统性的能力及素质。其中，思想政治素质是大学生综合素质的基石，它引领着大学生知识学习、人际交往、社会实践、道德意志等方面的发展，渗透于大学生的日常生活和种种情感行为之中。

科学坚定的政治素质。政治素质不仅表现在具有一定的政治理论修养和对国家宏观战略、大政方针的深刻把握上，还表现为对政治事件、政治现象的科学认知。但更重要的是大学生需要培养自己坚定的政治立场和正确的政治信念，培养对社会发展趋势和政治问题的敏锐洞察力、鉴别力。当然，具备良好的政治素质的前提，是要具有正确的世界观、人生观、价值观。

有情怀和责任感的思想素质。在社会化的生活中，大学生逐渐形成对社会和人生的基本态度，内化出一系列的行为准则、观点理念和价值标准。成才需要这些思想素质的指引和支持，为此，大学生应目标长远、胸怀大志，对他人和社会持有高度的同情心及责任感，同时热爱自己的学业和事业，积极进取、爱岗敬业，将乐于奉献、敢于担当的情怀和自我价值的实现融入到具体的奋斗行动中。思想素质的培养，离不开大学生对各种问题的独立思考和实践检验，在知与行的互动中思想观念才能不断明晰和坚定。

三、道德素质

道德素质是指人们在道德品质、道德人格、道德智慧等方面所达到的水平。良好的道德素质能帮助大学生对自己及他人的行为和形形色色的社会现象进行符合伦理原则的价值判断，从而引导他们将个人的成才过程融入到社会整体的发展进步之中。

遵守社会主义道德规范。作为当代中国社会共同的价值目标和判别标准，大学生应以社会主义核心价值观为准则，自觉遵守符合社会主义价值观的道德规范，遵守“爱国守法、明礼诚信、团结友善、勤俭自强、敬业奉献”的公民道德基本规范。换言之，就是要以培养大学生良好的公德意识和道德责任感为基础，以培养强烈的爱国主义精神、高尚的集体主义意识、坚定的社会主义道德信念为主导目标，并囊括崇尚真理、诚信友善、艰苦奋斗、务实自律等古今中外被普遍倡导的道德风尚。

发扬优秀传统文化中的道德精神。博大精深、源远流长的优秀传统文化是我国在世界文化激荡中能够站稳的根基，积淀着中华民族最深层的精神追求。大学生不仅是在传统文化涵养下成长的受益者，也应是传统文化的传承者和发扬者，永续维系并更新壮大民族的精神命脉。习近平总书记指出:“中华传统美德是中华文化精髓,蕴含着丰富的思想道德资源。”作为未来的社会精英,大学生更应自觉地秉承讲仁爱、重民本、守诚信、崇正义、尚和合、求大同等代代流传的道德精髓,并发扬光大其在现代的意义和价值。

较高水平的道德认知和道德实践。道德既是一种内化的情感和意志,也需要理性的认识和思考以及外在的行动实践。为提升自身的道德修养和道德智慧,进一步巩固已有的良知德性,大学生应不断拓宽和加深对道德原则、道德规律、道德哲学的认知,并在积极的实践中外化为具体而生动的道德表现和行为,同时通过反馈、调整、检验、反思的循环辨析真知、强化理念、升华境界。

四、心理素质

大学生成才是一个创造性的复杂过程而不是要完成机械性的、重复性的劳动。在这其中,心理系统能否给予有效的支持和疏导是至关重要的。在多元、多变的媒介社会中,心理素质对大学生成才的重要性越来越凸显。

明确恰当的自我意识。自我意识就是对自我的认知和评价以及如何对待、理解他人和社会对自己的评价,同时也是对自己和周围关系的全面认识。心理健康的大学生能够恰当地分析自己、评估自己,客观了解自己的气质、性格、兴趣和能力,既能恰如其分地接纳自己,有足够的自信心和安全感,也能正确地意识到自身的不足并努力改进,也能制定明确的、可实施的人生目标。

较强的自控力。良好的心理素质还要求有较强的自我控制能力,既善于调适自己的情绪,做到张弛有度、稳健有序,又能抗击压力和挫折,在自尊自强中不断进步。

进取向上的人生态度。大学生应以正确的人生观和理想信念为核心,把需要、愿望、目标和行为统一起来。面对任何环境和遭遇,都能冷静对待、充满乐观,始终做到胜不骄、败不馁,对未来充满憧憬和激情,在现实中奋发有为,朝气蓬勃、积极向上。

和谐的人际关系。成才是自我价值在社会中获得认可,也是大学生作为社会人走向成熟的标志。因此,和谐的人际关系无疑是心理健康的重要保证,也是能否成才的关键资源。大学生要学会和不同角色、不同性格、不同利益诉求的人打交道,处理好与父母、师长、同学、异性、网友等各类相关者的关系,并在这种关系网络中,认识自我、了解社会、寻求有益的身份认同和归属感。

五、智能和知识素质

智能素质是大学生成才的基础性条件,也是能否创造出高效价值的关键动因。科学技术的日新月异,经济社会形态的创新发展,对大学生智能素质提出越来越高的要求。智能素质可分为知识系统和能力系统两大部分，又包括科学素质、人文素质、专业素质、学习素质、劳动素质等内容。

广博精深的知识储备与合理的知识结构。现代社会的大分工、大协作和价值链重组、新生产方式应用等，都要求高层次劳动者的知识结构更系统化、更有活力。他们不仅要具备宽口径的通识修养和扎实的基础知识，还必须在专业知识和技能上更加精深，同时还能有计划地进行大容量的新知识储备，从而更好地适应变化中的岗位需求，迎接充满机遇的职业挑战。

科学精神和科学方法。为努力创造更多的社会价值，实现成才目标，大学生要恪守求真务实的科学精神并掌握科学方法，能够在学习和实践中运用科学知识和客观规律来正确、有效地参与决策、执行计划、应对意外，高效率地完成各种任务，处理各种问题。

终身学习和更新知识的能力。这是一个信息和知识大爆炸的时代，不但原有领域的知识和技能在不断充实、更新，而且还有许多新学科、新行业、新模式涌现出来。大学生要提高自主学习、终身学习的意识和能力，把握住各种机会"充电"，使自己始终立足前沿，可持续地成长成才。

六、身体素质

身体是生命的物质载体，是大学生各种素质的基础，也是成才的根本保障。身体素质指身体内在的体质、各器官系统的功能和活动能力、整体的身体状况和生理作用的发挥。

健康的体质体能。身体健康是一个人进行正常生活与工作的基本条件，而成才过程更需要付出长期高强度的脑力劳动和必要的体力劳动，这就离不开健康的体质和比较强健的体能。在此基础上，大学生还要具备可靠的感知和运动能力、动作记忆和协调能力、大脑和神经系统的快速反应及复杂思维能力以及充沛的精力、敏捷的反应力等。

坚持良好的运动和生活习惯。大学生正处于身体发育的巩固期，培养运动兴趣、坚持体育锻炼是保证身体素质的重要方式。积极的体育运动能促进大脑等器官、组织的进一步发育，能促进新陈代谢和各系统的协调发展，能平衡和提高身体机能，能宣泄情绪、舒缓心理等。同时，大学生要保持良好的生活习惯，特别是要保证充足的休息和睡眠，注意饮食和营养，了解一定的健康知识，重视和预防各种疾病，坚决防止烟酒危害，杜绝吸毒和危险行为等。

七、媒介化与素质发展

大学生的素质发展是在一定的现实条件中进行的。当今社会的一大趋势，就是媒介化正在全球一体化的格局下加快、加深着步伐，并渗透到社会生活的各个领域，使大学生全方位地“沉浸”在由媒介信息、媒介工具、媒介应用等组成的媒介环境之中。这必然会影响到大学生各项素质的发展，进而影响大学生的成长与成才。

社会媒介化对大学生素质发展具有双重影响。媒介化的直接效应，是社会信息量的剧增，其数量之大、变化之快已远远超出个人所能承受和处理的极限，即使借助最新的技术工具也常常力不能及。这种现象首先影响到大学生的智力系统，是否具备有效的素质和能力来应对已常态化的信息超载问题成为一大挑战；其次会影响心理系统，即时满足的渴望、人格虚拟化、情绪急躁、网络成瘾、手机依赖症等在大学生群体中都不罕见。思想素质或道德素质也与来自媒介信息的认知和基于媒介的交往密切相关。媒介所塑造的世界图景深刻地影响着大学生的价值观和道德观。种种媒介接触和使用行为，也会直接对大学生生理机能和身体素质造成影响。同时，媒介化会带来许多积极的影响，比如，为大学生的知识拓展、能力训练、创新实践带来更多的机会和便利条件；丰富的社会关系增加了大学生情感和心理的体验以及多元的人际支持；网络的开放性和较高的自由度强化了对道德自律和道德智慧的要求，同时也拓宽了大学生参与政治的途径、提高其政治社会化水平。

媒介社会对能力发展提出新要求。在媒介化的推动下，社会变革和创新的节奏日益加快，使得大学生的成才不仅是既有知识和技能的传承式学习，也需要培养其在实践中发现问题和解决问题的能力，还须依赖于其内在的心理调适和自我肯定，在人生发展中做到与他人、与社会的和谐相处和对长远目标的规划与坚持。由此可知，大学生成才是综合性能力和相关因素共同作用的结果，是在各项素质全面发展并形成系统合力的条件下实现的，其中至少要包括充分的口头表达能力和媒介表达能力、完善的社会交往能力，并学会处理各种关系与人脉，具备强烈的协作意识和团队组织能力、熟练的信息处理和决策判断能力、积极的应变能力和调适能力、沉着冷静的心态和自控能力、能坚持长期目标和坚守基本原则的意志力等。

媒介素养促进大学生素质发展。随着人和社会的媒介化程度逐渐加深，媒介素养也理所当然地成为大学生成长成才的必备素质。媒介素养不仅是一种功利性的素质，意在正确理解和使用媒介，还可能因为其所蕴含的认识论和方法论上的意义，而表现出更广泛和深远的影响。在媒介素养的体系结构中，位于基础性支撑地位的是媒介近用行为、媒介知识和媒介能力，也就是说，媒介素养有助于更好地帮助大学生获取信息和开展学习，也因此而有助于直接提升大学生的知识素质、专业素质、劳动素质等，并在他们大规模地处理缺乏规范性框架的多义信息的过程中帮助其发展自己的智能素质，提高处理复杂问题和突发问题的能力。媒介素养的核心目标之一是学会批判性地理解媒介文本，透过表面的符号象征来发现其背后所联系和承载的意识形态，这将保证大学生不被误导，具有正确的认知，并以此为基础建立起真正的世界观和价值观，确立自己的道德原则和政治立场。媒介素养也是具有文化气质的素质，媒介所折射出的"超真实"的社会共识和规范，与媒介世界里独特的游戏规则和运行机制相互交融，重新组合并创造出新的语言文化、行为文化、关系文化、情感文化、制度文化、价值文化等。媒介素养还是身心健康和人格完整的"防火墙"，避免大学生因过度沉迷而损伤生理机能、破坏心理机制，或因对虚拟世界的沉迷和崇拜而扭曲、分裂自己的人格。媒介素养是帮助大学生与媒介和谐相处的动力性支持系统，是有生命力的成才素质，可随信息"空气"渗入到其他素质之中，并在大学生与媒介共同成长的过程中对各类素质进行媒介化整合与提升。

第四章
媒介传播功能与效果

第一节 传播与人类社会发展

传播与人类社会的发展历史密不可分。早期的人类传播可一直追溯到远古时期高级哺乳动物之间的互相传递信息。从人类走出森林开始群居生活,一直到今天的现代文明,传播始终伴随着人类生活的延续、发展。传播既是人类与外界交流信息、表达情感和意向的需要,更起着传承历史和文化、推动社会不断进步的作用。可以说,传播活动是人类社会得以存在的重要条件之一。

如同人类社会的不同发展阶段一样,传播也伴随着科技的持续进步而不断“延伸”人类感知的能力。在早期,集体化的生活和生产的需要使语言应运而生,人类的传播也相应地告别了各种肢体语言,进入口口相传的语言传播阶段。后来人类发明了文字,传播打破了时间和空间限制,能够传递更加复杂和精细的信息。紧接着,印刷术的发明带来了人类传播手段的巨大进步,使得数代人创造的文化成果得以大范围传播和传承,使人类充分享受到文明社会带来的种种好处。约一个世纪前,电子媒介的相继出现促成人类传播的革命性变化,从电报、电话到电影、电视,每一项发明都带来人类生活翻天覆地的改变。互联网更是引领人类社会进入信息爆炸的时代,使信息发展的速度如“核爆”一般席卷全球。信息的急速增长不可避免地伴随着负面性。由于信息管理不善,人类不得不面对“混沌信息空间”和“信息垃圾”产生的巨大压力。海量数据催生了信息挖掘运用的相关技术和创新,也引领传播进入了大数据阶段。与之前主要关注获取信息的渠道和方式不同，现阶段的人们越来越重视曾一度被忽视的信息之“舍”，即对无关的干扰信息和负面信息的甄别和摒弃。正如信息学权威维克托·迈尔·舍恩伯格所呼吁的那样，要高度重视“打造良性的信息生态”，把有意义的信息留下来，把无意义的信息去掉。只有理解真正需要的是什么，以及如何判断这种需要，才能举一反三地明白到底为什么要去掉那些不需要的。[①]

传播发展的各个历史阶段依次叠加，使人类的社会信息系统不断完善和发展，形成了今天波澜壮阔的信息社会。由此，也可以看出人类传播与社会发展密不可分的关系，可以说人类社会的发展史，也是一部传播的发展史。具体到每个人的一生，也是传播的一生——学习、了解、掌握传播的理论和方法，是现代人必备的基本素质，也是推动社会发展的重要动力。

第二节　传播的功能和类型

1948年，美国政治学家、传播学的先驱哈罗德·拉斯韦尔从大处着眼归纳了传播的三项基本社会功能[②]：监视社会环境；协调社会关系；传衍社会遗产。后来，社会学家查尔斯·赖特于1959年在上述三个功能之外又补充了第四项功能，即“提供娱乐”。这些功能后被并称为“传播的四项基本社会功能”。后来，施拉姆又在此基础上提出了传播的经济功能，指出大众传播能够支持和创造经济行为。

从传播的类型来看，人们一般将其分为内向传播、人际传播、组织传播和大众传播四种。

内向传播也叫自我传播、自身传播，主要是指发生在个体范畴内的一种信息交流活动，包括感知、记忆、思维、想象、情绪、感情等行为。在此传播过程中，信息主体和信息客体是同一个人。

人际传播则是指在两者或两者以上人与人之间进行的、面对面或凭借简单的非大众传播媒介（如电话、书信等）做出的信息交流活动。广义的人际传播还包括演讲、上课等方式。这种传播直接传达传播者的情绪和个性，具有随意性大、反馈迅速等特点，但是传播规模小，传播过程中信息容易失真、变形。

组织传播是组织内部成员间、组织或群体间有组织、有领导的信息交流活动，是具有一定规模的信息传播，例如会谈、会议、文件传达、任务传递等。这种传播需要很强的组织性，对于管理水平有较高的要求。

---

① 〔英〕维克托·迈尔·舍恩伯格：《删除：大数据取舍之道》，袁杰译，浙江人民出版社2013年版，(推荐序)第3页。

② 〔加〕哈罗德·拉斯韦尔：《社会传播的结构与功能》，何道宽译，中国传媒大学出版社2013年版，第37页。

大众传播指的是借助现代传播媒介，把某种具体的思想、观点、信息传播给大众的传播行为，是宣传、教育、娱乐、商业推广等活动中首选的传播类型。它的传播速度很快，具有受众广泛、多质且无组织性的特性，难以获得准确的反馈。

第三节　大众媒介的多面影响

传播和人类社会的发展密不可分，而信息传播的载体和工具当然是媒介。对于媒介在传播中的作用，很多学者都作过经典的论述，例如 1964 年，施拉姆在《大众媒介与国家发展——信息对发展中国家的作用》一书中，认为大众媒介与社会其他部门是相互作用的；没有准确有效的传播，现代工业化社会所需要的技术、教育和经济基础就不可能建立起来。后来，加拿大传播学者麦克卢汉更是提出“媒介即讯息”的观点，这无疑把传播媒介技术在人类社会发展过程中的地位和作用放到了极高的位置上。按照麦克卢汉的理论，人类有了某种媒介才有可能从事与之相应的传播活动或其他社会活动。因此，真正有意义的讯息不是各个时代的传播内容，而是这个时代所使用的传播工具的性质，以及它所带来的可能性和造成的社会结果。在麦克卢汉看来，媒介是区分不同社会形态的标志，每一种新媒介的产生都创造了人类交往和社会生活的新方式。例如，原始社会的主要媒介是口语，由于听力的物理限制，人们只能生活在近距离的部落群体中；文字媒介的出现使得人类交往和传播不再以物理空间的接近性为前提，于是部落社会发生解体，人与人的关系变得疏远起来；现代电子媒介尤其是电视的普及和发展，将人与人的距离大大缩短，于是人类在更大范围内重新部落化，整个世界成了一个小小的“地球村”。

麦克卢汉把媒介看作是社会发展的决定性力量，但这种媒介决定理论受到不少学者的质疑，认为该理论过于极端化。传播媒介在人类社会发展演进过程中所起到的推动作用毫无疑问是巨大的。特别是近现代以来，报纸、广播、电影、电视、网络等大众媒介在人类社会中更是扮演了重要的角色，深刻影响着社会发展、流行文化、经济商业等人类生活的方方面面。可以说，在现代社会中，小到个人的衣食住行、工作、学习和娱乐，大到社会的政治、经济和文化，大众传播媒介就像空气一样弥漫在我们的社会生活中。

在政治领域，一方面大众传播媒介负责为民众传递国家意志与决策，准确、公正地将政策内容传达给受众，另一方面还发挥着舆论监督与制约的作用。在经济领域，强大的媒介提供了无处不在的广告宣传，成为推动经济发展的重要因素，而电子商务的蓬勃发展更是主要依靠网络等媒介。在文化领域，大众媒介不但承担着文化传承和发展的责任，还可以有效地促进文化的整合，推动文化的交流与发展。

当然,大众媒介传播的巨大威力更具体的体现还要从生活领域说起。其实只要想一想一个人一天的生活,就可以明白大众媒介对现代人生活的影响有多么巨大。在上下班路上,随处可见楼宇电视、公交电视、交通广播、街头售卖的报纸、手机报上的新闻,几乎每个人都在主动或被动地受到大众媒介的狂轰滥炸,根本不可能逃开,更不用说生活中大多数人还要从新闻媒介中直接获取与工作、生活相关的信息。如果想在生活中完全和媒介隔绝,除非你住在深山、大漠里远离一切电子工具,否则就是不可能的。所以,接触大众传播媒介已经是现代人重要的生活内容。施拉姆在《传播学概论》中曾经这样介绍美国人的生活与大众传播媒介的关系:美国人平均把醒着的几乎四分之一的时间用在这些媒介上,而且这个数字还在继续增长。中国人消费大众媒介的时间也同样惊人。教育部重大项目《中国发展传播学》研究团队 2002 年年底到 2003 年年初在全国范围内开展的受众调查结果显示,全国大众在共计 15 项"经常进行的闲暇活动"中,与大众媒介的接触活动多达 8 项,而且"看电视""读报刊"分别排列在第 1、2 位。[①] 十几年来,随着网络发展的突飞猛进,上网浏览信息更是成了很多人每日的必做之事。在工业化、城市化、信息化浪潮下,媒介行为甚至越来越多地代替了人际交往。大众媒介对生活方式的改变也有两面性:一方面,新的传播手段使民众的社会生活越来越丰富多彩;另一方面,人们淹没在表层信息和通俗娱乐的洪流之中,成为信息的被动接收者,很容易满足于"被动的知识积累"。

第四节　拟态环境:媒介对人的影响

在大众媒介并不发达的过去,人类生活的现实环境主要依靠经验性的感性接触,人们对环境的认识和把握建立在第一手信息的基础之上。自从大众媒介普及以后,信息社会的到来使人们对外部世界的感知能力急剧扩张。这时,大众媒介营造出的新环境极大地影响了人类的生活。早在 1855 年,马克思就描述过这一巨大的变化:"电报已经把整个欧洲变成了一个证券交易所;铁路和轮船已经把交通和交换扩大了一百倍。"[②]研究大众媒介给人类带来了哪些影响成为重要的学术课题,"拟态环境"就是其中具有代表性的一个理论。

20 世纪 20 年代,美国著名新闻评论家李普曼在研究大众传播给社会带来的巨大而独特的影响时就认为:我们尤其应当注意到一个共同的因素,那就是楔入在人与环

---

① 张国良、刘红、徐晖明:《当代中国大众媒介与社会发展》,《今传媒》2006 年第 10 期。

② 马克思、恩格斯:《马克思恩格斯全集》(第 10 卷),中共中央马克思恩格斯列宁斯大林著作编译局译,人民出版社 1962 年版,第 653 页。

境之间的“虚拟环境”。[①] 在李普曼看来，现代社会中的人们由于实际活动的范围、精力有限，很难对外部环境保持全面的经验性接触。这时，各种“新闻供给机构”就帮助人们认识和了解世界。人们生活在新闻机构创建的这种“虚拟环境”中，并作出反应，这和过去那种面对面感知客观环境和变化作出反应的方式并不一样，这是通过感知“与感性世界并存的拷贝世界和象征世界”方式来作出反应的，这个“拷贝世界和象征世界”就可以理解为大众媒介所构成的“拟态环境”。所以，“拟态环境”就是大众媒介在人与现实环境之间插入的信息环境，它并非客观现实环境百分之百的镜面反射式再现，而是经过传播媒介的选择、加工以后向人们提供的模拟环境。因此，它虽然是以现实环境为原始蓝本的，但并不是“真”的客观环境，它或多或少与现实环境有所差别。但是在现实生活中，由于传播媒介对于信息的选择、加工往往是一般人不太注意的，所以大多数人都会把这种拟态环境当成真实的客观现实环境加以接受，并据此作出行为反应。

20世纪60年代，麦克卢汉在《理解媒介——论人的延伸》一书中提出了著名的“媒介是人的延伸”“媒介即讯息”等观点。受此影响，美国传媒学者尼尔·波兹曼研究并提出“媒介即隐喻”“媒介即认识论”的观点。波兹曼认为，媒介指导着人们看待和了解事物的方式，但是这种介入往往不为人察觉。媒介的特定形式偏好某种特殊的内容，这种内容最终会主导文化的特征。这些论点可以看成是对“拟态环境”理论的进一步拓展。

后来，美国社会学教授曼纽尔·卡斯特在《信息时代三部曲》中进一步提出了“真实虚拟的文化”的概念。他认为，以电子整合为核心的新媒介系统，其作用不是诱发生成“虚拟真实”，而是为了建构起“真实虚拟”。他认为，伴随网络社会的来临，新的象征环境会让我们的现实成为虚拟。

如果说，一开始现实环境和“拟态环境”被认为是两条平行线的话，那么，发展到后来，高度发达的大众媒介所建构的拟态环境已经像空气一样弥漫在我们的生活中，成为日常生活的一部分。这时，现实环境和“拟态环境”的关系开始变成“你中有我、我中有你”的交叉融合关系。其中的关键在于，无论把“拟态环境”看成是模拟环境还是真实环境的一部分，受“拟态环境”影响的人们作出的反应却是真实的。

“拟态环境”对人们现实生活的影响是巨大的，正如学者郭庆光在《传播学教程》一书中所说：“我们生活在一个大众传播时代，报刊、广播、电视、书籍、网络等大众传播媒介渗透到社会的各个阶层和各个角落，大到社会的政治、经济和文化，小到个人的衣食住行、工作、学习和娱乐，无一不和大众传播媒介有着密切的关系。”所以，“拟态环境”

---

① 〔美〕李普曼：《公众舆论》，阎克文、江红译，上海人民出版社2002年版，第12页。

不仅潜移默化地影响着人们的认知方式和价值判断，还时时刻刻影响着人们的日常活动和行为方式。但这种“拟态环境”是经过传播媒介选择和加工后形成的，这就决定了它具有双面性。一方面，如果媒介能够提供正确有用的信息，并且能通过对事件的解释，帮助社会达成共识，那么就能实现社会协调作用，这是正面的“向导”作用；另一方面，如果“拟态环境”只反映局部现实，甚至是发布错误、低级及不良信息，就会给社会带来负面的“误导”。

“拟态环境”的正面“向导”作用在此暂不过多展开，这里重点讨论一下“拟态环境”的失真现象。造成“拟态环境”失真的原因主要有三个：其一，人们面对铺天盖地的媒介信息时，由于理解偏差可能造成错误的解读，即媒介提供的信息是正确的，但是受众的媒介素养不足以及社会浮躁风气带来的浅阅读等问题，都可能造成“拟态环境”失真。其二，由于经济利益的驱使，一些媒介出现了低俗化、娱乐化的倾向，提供很多色情、暴力、虚假信息，尤以网络媒介为甚。如今，“性闻”泛滥、暴力不断成为“拟态环境”的“刺眼”景观，这些色情与暴力信息虽然人人喊打，却屡禁不止，成为“拟态环境”中最让人头疼的一种失真。其三，政治、文化、社会风气、宗教等因素会导致不同程度的媒介失语、媒介歧视等问题，比如有意无意地对女性或社会弱势群体的歧视等，已是“拟态环境”中的常见问题。

当“拟态环境”出现失真时，受众如果把“拟态环境”当作客观环境，就会不可避免地产生认识上的谬误和行为上的失当。对鉴别能力不强的大学生来说尤其如此，在这种“拟态环境”之下他们更容易受到不良信息的影响，从而造成思维判断力下降，其价值观和人生观被误导。

第五节　媒体奇观

在讨论媒体奇观之前，有必要先谈谈媒介社会。媒介已经成为当代社会的重要组成部分并越来越居于枢纽地位——指导人们的日常行为、购物、交友，干预人们的七情六欲、喜怒哀乐，影响人们的是非判断、生活抉择……所有人都生活在媒介所构成的巨大的“信息场”里面。几乎所有重大的政治、经济、文化现象都会通过媒介展示出来。媒介所建构的交互的、海量的、逼真的声视图文信息，全方位地呈现着人类社会的景观。这就是我们每个人都无以遁逃的媒介社会。

每个人都被媒介社会中通过新闻、宣传、广告、娱乐等形式打造的景观所覆盖和包围。早在 1967 年，法国学者居伊·德波就判定，景观会成为现实社会中非现实的核心，成为主导性的生活模式。这个判断在此后几十年的发展中成为现实，而且随着传播技术的不断进步、媒介力量的日渐强大，那些被媒介精心打造并规模化了的“景观”

变得更为光鲜、精致，也更为主动和强势。美国学者凯尔纳用“媒体奇观”(media spectacle)来描述这种让人瞠目结舌的现象。他认为，媒体奇观就是那些“能体现当代社会基本价值观、引导个人适应现代生活方式，并将当代社会中的冲突和解决方式戏剧化的媒体文化现象，它包括媒体制造的各种豪华场面、体育比赛、政治事件”。[①]

信息社会和消费社会的来临，使媒体奇观构成了人类新的栖息地。被奇观化的生存境遇成了当代人们所面临的一个充满矛盾与悖论的新问题。无论是选择对媒体奇观视而不见或是大肆挞伐，媒体奇观作为媒介社会特有的现象一直都客观存在，而且在继续扩张并蔓延到生活的各个角落中。

当代媒介力量日益强大，媒介有足够的人力、物力、财力和技术支持制造出宏大、壮观、吸引人眼球的奇观场面。娱乐圈、体育界、政治等领域无不充斥着一个个媒体奇观，满足人们对媒体的消费需求。也正是在媒体奇观理念的影响下，很多信息被媒体过度包装形成了报道的奇观化，即媒体为了追求经济利益或轰动效应，将某个新闻人物或新闻事件用戏剧化的方式呈现出来，以吸引更多的受众、获得较高的关注度。在追求轰动效应的时代，传统意义上的新闻已经屈从于奇观逻辑，类似于“标题党”这样的现象在媒体上层出不穷。

在这样的环境下，人们的生活中充满了开发与待开发的“媒体奇观”。无论是宇宙探秘、大气污染还是战争爆发、自然灾害，无论是圣诞狂欢、足球联赛还是“超级女声”、真人秀场，无论是拜物主义横行的社会现实，还是网络游戏营造的虚拟空间，个体、群体与社会都被媒体奇观广泛地影响，使其彰显出威力。从一把牙刷、一辆汽车到一幢房子，人们的消费要依赖于媒介精心打造的广告奇观。绘画、音乐、雕塑、建筑、电影、电视、体育、书籍、宗教、名人以“创意”和“灵感”为名与产品、销售、市场发生着密切的关系，成为种种被“标新立异化”的“文化”和“理念”。娱乐奇观、消费奇观、政治奇观、经济奇观等，都在越来越广泛、深入地影响着世界。每个人都被卷入强大的媒体奇观的涡流之中。

媒体奇观确实给当代人带来了很多便利：人们可以获得海量的资讯、应有尽有的社会知识、随时可以查找的在线信息、无微不至的人性化关怀、轻松愉悦的欣赏体验等，这些便利使人舒服和产生依赖，被称为“媒体按摩”。但是，媒体奇观的副作用也是显而易见的：网络成瘾、过量信息洪流造成人与人之间的疏离和冷漠、物质至上的功利主义等。这些都对人类社会和文化产生了巨大的伤害，成为被诟病的“顽疾”。媒体奇观中的“失范”与“泛滥”现象，已经成为当代社会媒介生态病征和危机的引爆点，成为各国媒介生态建设必须应对的危机与挑战。

---

① 〔美〕道格拉斯·凯尔纳：《媒体奇观》，史安斌译，清华大学出版社2003年版，第3页。

第六节　大众媒介传播效果及经典理论

传播效果是指传播者发出的信息经媒介传至受众而引起受众思想观念、行为方式等方面的变化。传播效果研究是对传播行为的效果在质与量上的研究，也是就传播媒介对个人和社会的影响以及它们的具体作用所进行的系统分析。传播效果研究有两个基本方面：狭义上指具有宣传或说服目的的传播行为在传播对象身上所引起的心理、态度和行动的变化；广义上指报刊、广播、电视等大众传播媒介的活动对受众和社会产生的一切影响和结果的总和。简言之，狭义的传播效果是指对个人效果产生的微观过程分析，广义的传播效果是指对社会效果产生的宏观过程分析。

具体说来，传播效果对受众造成的影响包含三个层面：一是认知层面，作用于知觉和记忆系统，引起人们知识量的增加和知识结构的变化；二是心理和态度层面，作用于观念或价值体系，引起人们情绪或感情的变化；三是行为层面，从认知到态度再到行动，是一个效果的累积、深化和扩大的过程。传播效果研究中的许多理论，比如使用与满足理论、第三人效应、议程设置等都对媒介心理学产生了重要的影响。

随着媒介的发展，媒介的传播效果在不同的历史阶段显示出不同的特点，并且人们对传播效果的认识也在不断深入，得到一批公认的成果，主要有以下几种：

魔弹论，又称"皮下注射理论"，盛行于 20 世纪 20～40 年代。该理论认为媒介具有强大效果，软弱的受众就像射击场的靶子，无法抵挡子弹的射击。大众媒介有着不可抗拒的巨大力量，因此，受众只能消极被动地等待和接受媒介所灌输的各种思想、感情、知识或动机。代表性研究包括拉斯韦尔的宣传分析、李和李的"宣传的七种技巧"等。

有限效果论，也叫"最低效果法则"，它认为大众传播没有力量直接改变受众对事物的态度；传播活动是传受互动的过程。受众在作出某种决定之际，不仅受到大众媒介的影响，还受很多其他因素的影响，包括个人的政治、经济、文化、心理的既有倾向等。该理论代表性研究学者包括拉扎斯菲尔德、卡兹和克拉帕等。

适度效果论，盛行于 20 世纪 60～80 年代，它认为大众传播对于受众虽然不像魔弹论所认为的那样，会产生直接的、立竿见影的效果，但是也不像有限效果论说的那么不堪，它仍然是具有一定影响的，这种影响应该从受众的角度来衡量，并且需要考虑长期效果。代表性研究包括使用与满足理论、议程设置理论等。

强大效果论，是 20 世纪 90 年代后兴起的理论，重新强调大众传播有巨大的效果这一观点。但这种效果不是简单的、直接的，而是复杂的、间接的；不是短期的、即时的，而是长期的、潜移默化的；不是微观的、个体的，而是宏观的、社会的。代表性研究包括诺纽曼“沉默的螺旋”假说、传播生态系统等。

在总结传播效果发展历程和研究成果的基础上，学者们也得到一些有代表性的理论，这些理论能够在一定领域或一定程度上较好地解释传播效果现象。我们也可借用这些理论，来理解媒介对大学生产生的某些影响。主要包括以下几个理论：

使用与满足理论。该理论主要研究媒介和受众的关系，于1974年由E·卡茨在其著作《个人对大众传播的使用》中首先提出。使用与满足理论从受众的心理动机和心理需求角度出发，结合心理学和社会学的相关知识，解释了人们何以使用媒介并得到满足的行为，提出了受众接受媒介的社会原因和心理动机。该理论认为受众通过对媒介的积极使用，影响和制约着媒介传播的过程，并指出使用媒介是完全基于个人的需求和愿望的。该理论假设受众是媒介的主动使用者，而受众使用大众传播媒介的目的是满足自己的需求，但这种需求只是受众的众多需求的一部分。作为传播研究史上的一个重要转折点，使用与满足理论改变了过去传播研究大多站在传播者或传播媒介的角度，转而把研究焦点转到受众身上。从受众角度出发，该理论通过分析受众的媒介接触动机以及媒介所满足的受众的需求，来考察大众传播给人们带来的心理和行为上的效用。这个理论提醒我们应更加关注受众，关注受众使用媒介的行为是积极的，让我们认识到虽然目的各不相同，但他们自身在很大程度上掌握着媒介使用的控制权。

涵化理论。又称培养理论、涵化假设等，起源于20世纪60年代末期，以美国学者格伯纳为代表。涵化理论通过对电视媒介的负面作用的研究，得出结论：电视节目中暴力内容的充斥大大加重了人们对现实社会环境的危险程度的担心。涵化理论的基本观点认为，大众媒介对受众起着一个长期的、潜移默化的“教养”作用，特别是电视在对整个现代社会的“共识”形成方面产生了巨大影响。它通过特定的价值和意识倾向，在不被察觉的过程中培养起人们的现实观、社会观。虽然不能对所有的人都产生影响，但这种潜移默化会形成社会的主流意见。涵化理论让传统的效果研究从关心大众媒介的短期效果转向长期效果，使人们认为大众媒介提供了一个环境，并且对不同的人提供了一套对生活、世界、生命的解释。它的效果不在于使受众产生变化，而是要使受众不发生变化。

“第三人”效应理论。“第三人”效应是指信息传播过程中的一种现象，就是通过第三人佯作无意间转述他人的某种意见，或创造某种条件让对方间接地听到你对他的评价与关注，从而产生意想不到的传播效果。这一现象，最早是在20世纪80年代由美国哥伦比亚大学戴维森教授提出的。该理论促进了传播效果研究领域的拓展和深入。“第三人”效应往往是由感受误差造成的，实际上反映了很多人既想听好话，又想真实地从他人口中了解自己的矛盾心理。这种矛盾心理造成人们往往认为“第三人”在自己不在场时说出与自己有关的话，因缺少了“我”的参与，所以会比较真实。这种第三人效应和个人的教育程度、阅历、年龄以及信息接触程度都有关系。“第三人”效应往往被用来研究色情、暴力以及广告中的负面信息。

认知理论。认知理论是研究由经验引起的变化是如何发生的。它可以细分为两大学派，即格式塔学派和日内瓦学派。两者都看重主体的能动性，都认为主体对于来自外界的印象不是被动地接受，而是主动进行组织加工，但在具体的加工方式上，两派的认识有所不同：格式塔派偏向于物理主义，常将物理学中的动力原理引用到人和动物的知觉过程中；而日内瓦派则侧重生物学的观点，认为认知能力的发展提高是机体和周围环境相互作用的结果。该理论强调有机体自身的能动作用，认为学习是认知结构的改变过程，因此心理学的主要任务不是去观察、改变或塑造人的外部行为，而是去分析人的认知程序结构及规律。认知学派把人的心理功能看作是信息加工系统。认知心理学重视心理内部过程的研究，并以改变适应不良性认知为根本目标，认为认知歪曲是引起情绪不良和非适应行为的根本原因。如果认知歪曲得到改变或矫正，情感和行为障碍就会相应地得到好转。

第七节　受众接触媒介信息的心理

心理学和传播学是媒介心理学的两大理论母体。媒介心理学在理论发展过程中从很多具体理论里汲取了营养，包括大众传播学中的传播效果研究、框架理论、社会化理论、培养理论、社会学习理论、精神分析理论以及心理学中的认知理论等。

受众指的是信息传播的接收者，包括报刊的读者、广播的听众、电影电视的观众、新媒介信息的接收者（如网民）等。从宏观上看，受众是一个巨大的集合体，从微观上看又体现为具有丰富社会多样性的人。所以具体到不同的媒介、不同的个体特点，受众接触媒介信息的心理也就各不相同。但是从媒介心理学研究的角度来看，受众接触媒介信息的心理基本上可以包括以下几个方面：

求知心理。大多数受众接触媒介信息的原始动力都是为了增加信息量，不与时代脱轨。因为从根本上来说，人的社会性决定了个体有交流沟通的需要，而媒介信息有助于个体了解社会，并在交流中找到自我认同感和安全感。所以，人需要信息，也就需要通过媒介所传播的信息来了解世界，从而提高自己的思维能力和竞争能力。

选择心理。选择心理包含三个过程，即选择性注意、选择性理解和选择性记忆。一般来说，受众在接触媒介信息时，天然地愿意接近与自己固有的观点和立场相类似的信息，而尽量回避与之相冲突的信息。媒介信息即使通过了受众的第一道关口，被选择性注意之后，还会被受众进行不同的“符号解读”，这就是选择性理解。同样的媒介信息，在不同受众那里被还原成不同的意义。最后，受众还会选择性地记忆那些相对“正面”的信息，排斥“反面”信息。

从众心理。作为受众群体中的个体，在接收媒介信息时往往倾向于采取和大多数人相一致的行为对策。大众传播活动通常是在“一对多”的场合下进行的，在这种情况下，受众群体中多数人的意见会对成员中的个人意见或少数人的意见产生某种压力。个体往往会因为这种压力而选择少数服从多数，和群体达成一致，比如接受权威的、口碑好的媒介信息，或为跟上时尚选择最流行的媒介信息等。从众心理一方面能够使受众的行为模式趋向一致，另一方面又可能会导致受众个性的压抑，进而影响个人独创性的发挥。

移情心理。移情可以简单地理解成“感情转移”，在现实生活中受众的种种心理状态会影响到他们接触媒介信息的习惯。例如通过接触暴力信息来进行压力发泄，通过寻找色情信息来弥补空虚无聊等行为就是常见的例子。借助这些媒介信息，受众往往可以找到一定的精神寄托或进行情绪宣泄。

值得指出的是，随着以网络为代表的新媒介的日渐普及，大众媒介的互动性给了受众角色转换的自由。受众的角色和功能正在新的传播环境中发生着空前的解放和变革。“受众”不仅主动地获取信息，还进而发展成为信息的发布者，并且随时可以和媒体机构进行平等的对话，甚至“受众”这一特定术语也将失去其本来的意义，因为人们不再是单方面的接收信息，自然不宜再被称为“受”众。全新的传播特点必将为媒介心理学的研究带来全新的视角和理论。

第八节　新媒介的传播嬗变

人们按照传播媒介的不同，把新闻媒体的发展划分为不同的阶段：以纸为媒介的传统报纸和以电波为媒介的广播以及基于图像传播的电视，它们分别被称为第一媒体、第二媒体和第三媒体。1998 年 5 月，时任联合国秘书长安南在联合国新闻委员会上提出，在加强传统的文字和声像传播手段的同时，应利用最先进的第四媒体——互联网(Internet)。互联网作为与传统大众媒体并存的新媒体，包含了人类信息传播的两种基本方式，即人际传播和大众传播，并延伸出“一对一”“一对多”“多对多”等极为丰富的传播模式，在功能上也有了全面的延展和突破。继互联网之后，手机被称为第五媒体，它不仅仅是传统固定电话的移动化形态，更是以手机为视听终端、手机上网为平台的个性化信息传播载体，被称为自媒体。它具有定向传播、互动传播、智能传播等特点，发展迅猛，在大学生的媒介生活中扮演着愈来愈重要的角色。

新媒介的一大特点是信息海量化，这给人们认识世界带来了变化。在每时每刻都在产生和传播的信息中，受众或用户所感知到的是一个越来越复杂的“虚拟世界”。它可能更加全面和真实，但也可能充满虚假、扭曲和错误。一方面，新媒介能更逼真地反映客观事实，因为它结合了印刷媒介和电波声像媒介的特点，不仅集纳了多种传播符号，兼备文字、图像和声音等表现形式，还能模拟三维动态效果，具有很强的表现力和感染力。同时，由于信息源的扩大，传统媒介中“把关人”的功能相对弱化，为新媒介反映客观现实提供了较为宽松的环境，因此，信息的透明度和开放性大大增加。但另一方面，在新媒介语境下，信息的不确定性和信息量的过于庞杂，也在严重地消解着媒介的环境监测功能。一个主要原因就是，动态产生的大量信息数据不一定都经过专门机构的加工被传输到虚拟空间中。这些信息的规模之大、更新速度之快，已经远远超出了个体的信息需要，也超过了个体甚至一般组织的信息加工能力，造成信息过载。信息过载主要表现为①：受传者对信息反应的速度远远低于信息传播的速度；大众媒介中的信息量大大高于受众所能消费、承受或需要的信息量；大量无关的、没用的、冗余的数据信息严重干扰了受众对相关有用信息的准确选择。特别是不计其数的碎片化信息在新媒介空间中的散乱堆积，使人们难以客观、完整地把握世界的本质，常常被无关的、冗余的、有偏差的信息所淹没。新媒介本身开放互联的特质以及管理上的滞后，导致信息传播处于一种自由但无序的状态。信息发布的匿名性，在给网民自由传播提供保护伞的同时，消解了个人的主体性。个体的自觉性逐渐减弱，自我意识和自我控制被淹没在群体之中，进而将会丧失自我约束和自我规范。各种意见领袖的发声、谣言的恶意传播、情绪性信息的蔓延使新媒介信息传播充满了无序和混乱。尽管新媒介中的议题设置能更直接、广阔地反映客观现实，特别是一些公众共同关心的公共议题，但由于议题的发起者不再是少数机构，公众的信息民主权力在不断增强，也不可避免地带来信息查找和信息选择的困难与无奈。表面上的信息爆炸与实质上的有效信息匮乏并存，真相信息与谣言信息并存，这些现象使媒介是否能为公众提供真正的环境监测变得不可知。

新媒介的另一大特点是信息传播的交互化。这不仅丰富了传播的渠道和方式，改变了传播格局，使传播变得更加迅捷、简单、广泛和普遍，更重要的是人们的时空观念、人与人、人与社会、人与自然的关系也因此发生了改变。以前被动的受众跃变为积极的用户，人们可以根据自身的愿意，方便地加入到信息的传播和交流之中。当用户成为信息的个性选择者、无缝传受者、能动生产者和议程设置的分权者后，媒介在协调社会关系方面的功能也在悄然发生着改变。比如，在面对各种信息时，人们通常会更优先关注负面新闻信息，并且情绪唤醒度更高，从而产生强烈的角色代入感，并高估负面

① 参见百度百科之词条“信息过载”。

事件的发生频次，强化消极的情绪体验。[①] 当媒体出于自身利益的需要，开始迎合诸如"性""暴力"以及其他具有低俗化性质的信息时，人们由此而构建的社会关系将变得更加非理性化，甚至违背道德。

交互化在很大程度上促进了新媒介的人性化。从正面效应看，有别于传统媒介单向度的情感渗透，新媒介的交互平台为双向及多向情感互动提供了可能。情感学家诺尔曼·丹森认为："情感互动是一个互相作用的过程，它把两个或两个以上的人结合在一个共同和共享的情感体验领域之中。"共同的情感体验造就了情感驱动下群体的形成和群体行为。个体将自己认同于某一群体，就意味着个体认同了这一群体的信仰、价值和行为取向，并出于群体的压力，采取与群体相一致的语言和行为。受众通过新媒体与群体成员分享喜悦、愤怒、同情、爱慕等情感体验，同时也宣泄自己因现实困扰所带来的负面情绪，并从中寻找共鸣。但我们必须看到这一行为可能造成的负面效应，那就是引发无意识下的群体情绪的极化反应，过度放大某些偏激的、错误的、不健康的情绪，有时还会演变为形形色色的网络暴力，如谩骂、造谣，以及散播刺激阶层或种群分裂、仇恨的言论。

新媒介的社交化功能是其区别于传统媒介的根本特性之一。基于信息的传播，人们实际上是在互动中形成各种不同的关系。新媒介允许用户充分坚持并发挥自身的个性，也提供便利的、开放的平台将某种具有共同的个性偏好的人聚集在一起，实现个性与共性的有机结合。新媒介可以让参与传播活动的主体在地域上分散，在时间上却高度集中，以便协同完成某一任务，这为人们的社交化生活带来无限可能性。新媒介巨大的信息存储和加工能力，也使得人们的信息传递可以在时间上进行分割，从而更自由地交流、讨论和协商，甚至形成目标一致的项目小组。人类社会的社交活动将更加多姿多彩，人和人之间的社会关系也变得愈发多元化和多样化。

新媒介的高度娱乐化也值得关注。波兹曼在对电视媒介的批判中，曾振聋发聩地指出："在这里，一切公众话语都日渐以娱乐的方式出现，并成为一种文化精神。我们的政治、宗教、新闻、体育、教育和商业都心甘情愿地成为娱乐的附庸，毫无怨言，甚至无声无息，其结果是我们成了一个娱乐至死的物种。"[②]在新媒介的世界里，娱乐犹如脱缰的野马，更加无拘无束，甚或"无法无天"。国际数据机构的研究表明，大多数人上网除寻找需要的信息外，也为了休闲娱乐。人取悦自己的天性，以及现代生活的快节奏和大压力，使得人们更感到对娱乐的渴望。新媒介的娱乐功能，表现在由其构造的虚拟世界给人们的想象和行动带来的最大化的自由，因为在这里可尽情地发泄，却并不需要承担在现实社会和传统媒介体系中所要承担的责任。有的青少年依赖于网络

① 张琳、郭玉真：《新媒体时代大众传播功能的消解》，《东南传播》2014年第10期。
② 〔美〕尼尔·波兹曼：《娱乐至死·童年的消逝》，章艳、吴燕莛译，广西师范大学出版社2009年版，第5—6页。

世界、沉迷于游戏天地，让自己放纵并“自我麻痹”在其中，习惯于戴着“面具”而忽视客观生活中的真实存在。新媒介还创造了相当丰富的娱乐形式和内容，这对某些大学生来讲具有很大的诱惑力。适当的娱乐是有益的，娱乐也是普通大众生活追求的重要组成部分，但过度娱乐往往会变成“陷阱”。在新媒介看似无害的娱乐海洋里，大学生应该学会如何“游泳”，而不是随波逐流。

第五章
媒介对大学生社会化的影响

第一节 共性:人的社会化

人的社会化问题最早是由马克思提出来的。1845 年,马克思在《关于费尔巴哈的提纲》中指出:“旧唯物主义的立脚点是市民社会,新唯物主义的立脚点则是人类社会或社会的人类。”在关于人的本质的著名判断中,马克思强调:“人的本质不是单个人所固有的抽象物,在其现实性上,它是一切社会关系的总和。”[①]这一论述深刻而明确地指明了两点:一是人的本质的现实性;二是人的本质的社会性。1859 年,马克思在《〈政治经济学批判〉导言》中再次指出:“人是最名副其实的政治动物,不仅是一种合群的动物,而且是只有在社会中才能独立的动物。”[②]因此,社会化的人,即联合起来的生产者,也就是处在一种社会关系之中的人。概言之,人的社会本质是人的社会化的内在依据和必然要求,而人的社会化则是人的社会本质的外在表现和形式。人的政治思想的社会化、道德的社会化、社会适应能力的社会化等,都服从于人的本质的社会化,并表现人的本质的社会化。按照马克思和恩格斯的逻辑,劳动、生产的社会化是人的社会化的加速器,即人的社会化就是个体适应社会、发展自我的需要与社会延伸自身、有序运行的需要这二者在个体身上的

---

① 中共中央马克思恩格斯列宁斯大林著作编译局编译:《马克思恩格斯选集》(第 1 卷),人民出版社 1995 年版,第 56 页。

② 中共中央马克思恩格斯列宁斯大林著作编译局编译:《马克思恩格斯选集》(第 2 卷),人民出版社 1995 年版,第 2 页。

统一。“全部人类历史的第一个前提无疑是有生命的个人的存在”，因此人的社会化，首先是要实现人的个性发展的社会化，而理想目标是实现人的自由而全面的发展。但人能否实现其本质的社会化，不是由人的主观愿望单方面决定的，而是由生产的物质条件所决定的。物质条件既是对人的社会化的制约，也是对人的社会化的要求。①

1895 年，德国社会学家齐美尔在《社会学的问题》一文中明确用“社会化”来形容群体形成的问题。此后，对人的社会化问题的研究，不仅成为社会学本身的重要课题，而且也逐步变成与社会学相关联的很多交叉学科共同关注的课题。从社会化的主客体关系和价值意义上来讲，所谓人的社会化，是作为个体的生物人通过与社会的交互作用，学习社会文化、适应社会生活、再现社会经验，并积极作用于社会、创新社会生活和社会文化的过程。具体来说，人的社会化包含两方面的含义：一是个人通过社会教化和自我内化而习得社会知识、技能、规范、价值观念和发展个性、完善心理品质，以取得社会成员的资格，传承社会文化、适应社会生活；二是个人通过能动地释放、外化自己的社会属性、本质力量，来积极参与和影响社会生活，创新社会文化、促进社会发展。因而，人的社会化是个人学习、适应社会和参与、影响社会的统一。同时，社会化的主体不但可以指个人，也可以指一个有社会意义的群体和社会单元，如某一代人、大学生群体等。②

所谓个体的社会化是指个人在社会生活中不断调适，在接受社会文化的过程中，从自然人发展成社会人。刚刚出生的婴儿、生活在纯粹自然环境中的原始人及现代“狼孩”只是在生理上具有人类特征，而不能被称作社会学意义上的人。人是社会性的，只有那些属于并认同特定的社会文化，并在这种文化的支配下存在的生物个体才具备社会属性，才可能成为真正意义上的社会人。因此，从新生儿开始，每一个人都必须经过漫长而持续的社会化过程，逐渐习得各种生活技能、塑造个性和学习社会或群体的各种文化，接受社会的教化，最后得以成人。社会化涉及社会和个体两个方面：从社会视角看，社会化是社会将一个自然人转化为能够适应一定的社会文化、参与社会生活、履行一定角色行为且有着健康人格的社会人的过程；从个体视角看，社会化是一个自然人在一定的社会环境中通过与他人的接触与互动，逐渐认识自我，并成长为一个合格的社会成员的过程。简言之，社会化就是学习和传递一定的社会文化的过程。

人类社会的不断延续和发展，既来自于社会成员的代代繁衍，也来自于社会文化的教化和传承。在复杂多变的现代社会中，人的社会化从婴幼儿开始起步，但绝不会在进入成年期后就结束，而是贯穿人的一生，即终身社会化。按发展阶段划分，人的社会化过程可包括：发生在生命早期的初级社会化或儿童社会化，主要是通过灌输教育

---

① 陈平：《马克思恩格斯论人的社会化及其现代意义》，《岭南学刊》2011 年第 2 期。

② 阙贵频：《简论人的社会化及大学生社会化的内涵界定》，《经济与社会发展》2007 年第 9 期。

的方式，使动作、声态的沟通逐渐被语言代替，让婴幼儿在掌握语言的基础上，学习生活技能和社会规范；预期社会化或青年社会化，是儿童社会化的继续和发展，主要是指社会学习的过程，让人们学习今后将要扮演的角色；发展社会化或继续社会化，指在前期社会化的基础上，进一步学习适应环境的变化，以实现生活的需要，特别是在飞速发展的现代化社会面前，人们需要不间断地学习，并将学习贯穿于青年期至生命的终结；反向社会化，是一种代际间逆向的文化反哺，指年轻的一代把新的知识、技能、价值观、生活方式反向传授给父母或长辈的过程；再社会化，是一种强制性的教化过程，它使人有意忘掉之前已经获得的价值观念、行为模式和自我认同，并接受一种截然不同的、新的价值规范和行为模式，或者说是社会的急剧变化，对个体重新进行社会化的过程，通常是指个人原来的思想和生活方式以及行为模式与社会环境的要求不协调，甚至发生了冲突，必须断然改变，形成一种对本人来说是完全新的思想、生活方式以及行为模式。

社会化过程和人所生活的社会环境息息相关，个体在社会环境中，对社会规范不断地学习并掌握其中的规律，在积累社会经验的同时，其社会适应能力逐渐提高，最终形成既与社会一致又有自己特色的社会价值观、信念、行为模式等。刚出生的婴儿仅具有某些生物性的需要和本能行为，比如靠吸吮来维持生命，靠防御反射等避开危险。实现这些本能需要的环境是在父母或其他成人的照护下建立起来的。这些周围的人、物、发生的事件等共同构成的环境就可以看作是人的发展最初需要的社会环境，也正是人的社会化过程的开始。随着人的不断成长，各种新的需求出现，例如交流、游戏、学习、劳动、团队、友谊以及理想、信念等。这些需求使人们开始有意识地处理各种人际关系，遵守群体和社会约定俗成的行为规范，并且在这个过程中形成对待社会事物的合适态度、观点、技能和习惯。社会化的过程并不总是被动发生的，这使人学会总结经验与知识，并依据它们主动地去改造社会现实，在这个过程中不断改变自己。这种互动的社会化过程贯穿人的一生。

社会化的内容非常广泛，可以包括教导社会成员掌握生活与生产的基本知识和技能、遵守社会规范、树立生活目标、确定人生理想、培养社会角色等。社会化可分为不同类型，按内容分有语言、性别角色、民族、道德、政治、法律、职业社会化等；按年龄分有儿童、青少年、成年、老年社会化；按方向分有正向、双向和反向社会化；按媒介分有家庭、邻里、同伴群体、学校、大众媒介、组织单位等。

社会化就是由自然人到社会人的转变过程。每个人都必须经过这个过程才能顺利融入社会，进行正常的社会生活；而接受、学习、传承特定的社会文化更是人类社会对合格社会成员提出的基本要求。社会化的目的不仅是让人学习和接受社会文化，掌握基本生活、生产技能，懂得社会规范、明确生活目标，适应社会并成为社会的一分子，而且要让人能够继承和发展文化遗产、维持代际关系，在适应社会的基础上改造社会，推动社会的发展。因此，社会化的重要意义要从个人和社会两方面进行分析：对于个人，只有通过社会化才能顺利地进入社会、适应社会、参与社会生活，在社会环境中生存和发展，并且在社会变迁时通过适当的继续社会化和再社会化帮助个人重新适应社会、继续社会生活。社会化是人类社会运行及人类文化不断延续和发展的前提条件，因为社会的延续和发展必须要有经过合格社会化的成员，如果没有社会化，社会及其文化就不能保持其一致性，共同的社会目标也就无法实现，社会文化也就不能世代延续和发展下去。[①]

第二节　特性：大学生的社会化

要全面深刻地理解大学生的社会化，既需要看到大学阶段作为人的重要社会化环节的关键性，又要把握大学生作为具有较高知识文化素养和较大潜在社会影响力的特殊性，还要重视大学生在社会化过程中的发展性，以及社会化内容的丰富性。

人的社会化具有连续性和阶段性。大学生社会化是个人社会化进程中的一个重要阶段，是在中学阶段社会化基础上的继续，处在一种较为特殊的文化环境影响中。[②]在人的生命发展历程中，大学生的社会化与中小学、成年后及老年阶段的社会化不同。大学时期是决定一个人与社会形成何种关系的重要阶段，大学生的社会化也由被动的适应向主动自由规划的方式转变，由社会客体向社会主体地位转变，进而逐渐实现较为完全的社会化。[③] 这种关键性的转折和过渡，为大学生的职业规划和人生发展提供了更广阔的空间。

人的社会化和大学生的社会化是普遍和特殊、共性和个性的关系。所以，“人的社会化”内涵当然也就寓于“大学生的社会化”的内涵之中。这种“寓于”说明大学生也要承担作为一般意义上的“人”所要承担的社会化任务，从而为理解大学生的社会化内涵提供普遍性的框架。但大学生的社会化显然有其自身的特殊性，集中表现在大学生在社会化过程中处于特殊角色的地位：一是社会化的基础特殊，二是社会化的任务特殊，三是社会化的社会期望特殊。应该看到，大学生是从青年人群中分化出来的一个特殊群体，相对于同年龄段的其他青年群体，一个基本特征就是拥有作为前期社会化成果的更高的智能基础和知识基础。这不仅造成了他们拥有“大学生”这种有别于其他青年群体的角色身份，更主要的是他们获得了承担更高并带有专业化特征的社会化任务

---

① 陈莉娟：《大众媒体对人的社会化的影响》，新疆大学硕士学位论文，2009 年。
② 张艳辉：《论高校体育文化对大学生社会化的影响》，《湖北体育科技》2008 年第 2 期。
③ 王光光、赵鹏程：《关于大学生社会化问题研究述评》，《西昌学院学报》(社会科学版)2013 年第 3 期。

的社会赋予条件和自我胜任条件。正因为如此，一方面，在承担和完成这一更高社会化任务的同时，他们突出地表现了作为青年知识分子身份和精英群体的特征；另一方面，社会对他们成为社会成员的标准赋予了更高的要求，同时对他们将在社会中承担角色的责任、能力、意义寄予了更高的期望。正因为大学生这种角色的特殊性，他们与社会交互作用、相互影响，表现出如文化（特别是知识技能方面）教化、内化的专门性、专业性、高层次性和外化社会属性的高智能性等特殊之处。①

因此，大学生不仅要承担社会延续的自然继承者角色，更要完成作为社会发展开拓者的角色准备过程，是承担技术革新、观念更新和发展社会生产力的核心后备军。大学生群体的社会化明显地不同于其他青年群体和非青年群体的社会化，应赋予其特殊的含义，即大学生的社会化是以社会影响为主要背景、以高等教育传递为主要媒介，接受社会教化、学习社会文化并“通过大学文化这一特有形式影响和作用社会的过程”②；是大学生在社会角色期待的引导下、在逐步成为独立成熟的社会人和高级专门人才的过程中认识社会、适应社会、影响社会、改造社会的相统一的过程。个体社会化的过程是以社会文化为内容的教化、内化和外化相统一的过程，是社会化主客体交互作用和相互影响的过程；个体既是教化客体，又是内化主体、外化主体，而且当个体“外化”自身社会属性影响到他人的社会属性时，自己则变成了教化主体，这在人际交往特别是同辈群体交往中表现得相对突出。然而，一般来说，一个人在正式进入社会承担社会角色之前甚至于成为成熟的社会人之前，接受教化和内化社会文化都处于自身社会化中的主要地位，而外化自身社会属性还不是主要任务，对于大学生而言同样如此。但随着现代社会的发展及其提供的愈益有利的条件，以社团活动、社会实践、志愿服务、创业创新等为渠道的大学生内在“文化”的能动外化及其对现实社会的积极影响越来越突出。③

大学生是处于青年期的个体，生理和心理等方面都在发生较大的变化，在人格个性、价值观念、社会认知、交往关系等方面还存在很大的可塑性，但也因此带来较大的不确定性。各种社会化的因素彼此影响、相互作用，使个体处于一种复杂且动态的系统化运动中，尽管在总体上呈现出接受主流文化、承担社会角色的趋势，但也表现出一定的偶然性和反作用性，甚至由于其逐渐掌握社会资源和占据社会势能而产生某些破坏性。

现代社会节奏加快、变化加剧，流动性大大增强，导致大学生成为完全的社会人不仅是一个长期的过程，而且涉及多个方面，需要协同发展、和谐推进。有研究者认为，

---

① 阙贵频：《简论人的社会化及大学生社会化的内涵界定》，《经济与社会发展》2007 年第 9 期。
② 林木明：《当前大学生社会化与教育的思考》，《闽江学院学报》2004 年第 3 期。
③ 阙贵频：《简论人的社会化及大学生社会化的内涵界定》，《经济与社会发展》2007 年第 9 期。

凡是社会生活所需的知识、技能、能力、行为方式、生活习惯、道德规范、政治态度等都包括在社会化内容之中。[①] 比较主要的有：道德认知，指个体对社会关系和社会意识形态意义的主观反映，是理解、掌握道德规范的重要心理形式，是道德发展的重要标准，也是大学生社会化的基础；价值观念，指个体看待客观事物及评价自己的重要性或社会意义所依据的观念，是社会化的核心；行为倾向，指个体在所处的环境如社会结构、家庭背景、个体经历、同辈群体的合力作用下，所表现出来的诸如助人、分享、谦让、合作、自我牺牲等有益于他人和社会的亲社会行为倾向，或是有意伤害别人且不为社会规范所许可的侵犯性行为倾向；交往能力，是指个体与他人、社会群体在相互作用过程中形成的持久的秉性系统，是社会化得以成功的前提和重要标准。[②]

关注大学生社会化问题，应当重视他们所身处的环境，因为一个人想要成为正常的社会成员，并在社会中生存，除必须通过特有的教学活动和生活训练掌握生存技能外，还需要与校园及社会文化相互作用，从而实现对人的精神、心灵和性格的塑造。这样一种环境可以再具体区分为家庭、学校、同伴、社会等，而社会显然是更为宏观和庞杂的外层环境。在社会层面，政府和各类媒介组织是两类最重要的环境因素，它们的主要责任是树立榜样并引导全社会建设良好的人的社会化的外在环境。在当今社会，在大学生的社会化过程中，媒介的作用已愈来愈强，甚至超过了家庭和学校的作用。

大学生社会化的关键，在于塑造良好的个性与完善的人格。因为人的社会化实质上就是作为一个"社会学习者"和一个"社会参与者"的人的个性和社会性的全面发展的过程。个性的形成是人通过社会化获得的，并且人的社会化过程是塑造个性和完善人格的唯一途径。大学生形成的稳定个性和人格对于今后的人生成长和社会生活意义重大。大学生社会化的另一关键之处是价值观念的内化，也就是实现以价值体系和社会规范为主要内涵的社会文化的弘扬和传递。这对个体至关重要，也事关社会整体的稳定与发展。

目前，我国大学生在社会化过程中也产生了不少问题，比如：价值取向多元化，具有自我化、短期化、功利化的特点；先期教育内容缺失，唯升学率、唯分数论导致学生在思想道德和价值观念上的空白、扭曲或错位，并与社会生活脱节、缺少现实磨炼，心理发展不健全、社会适应能力下降；在一定程度上，对社会认知产生偏差，甚至出现极端化的情绪和行为。为帮助大学生更好地实现社会化，需要以校园文化为载体优化大学生规划、充分利用课堂教学渠道实现知识技能社会化、通过社会实践活动实现大学生自我社会化、加强媒体导向引导大学生的社会化方向、参加社团活动实现大学生社会化，在全方位的环境影响和渠道作用下，努力促进大学生人格的塑造与个性的发展、培

---

① 白晋荣：《青年身心发展与社会化进程》，河北教育出版社 2001 年版，第 61—67 页。

② 王丽君：《网络对青年社会化的影响》，华东师范大学硕士学位论文，2003 年。

养良好的心理、产生群体认同感和归属感、提高交际能力和社会角色意识的培养、规范其社会行为。①

第三节 大众传播的社会化功能

人的社会化是通过社会教化和个体内化相统一而实现的，两方面相辅相成、缺一不可。在此过程中，外界环境的影响是内化的前提和基础，也是在互动中实现社会化的宏观条件。其中，由数量和规模越来越庞大、内容和形式越来越丰富、渠道和接触点越来越多、渗透力越来越强的各种媒介所建构起的信息空间对于受众个体的社会化的影响是毋庸置疑的。对于人的社会化而言，媒介通过对现实世界的模拟再现，营造出一个无限广阔的社会舞台，从而使人们在其中体验社会生活、积累社会经验、编织社会关系，并逐步建立健全的人格。但媒介对受众个体人格的影响具有双重性——积极健康的影响与消极负面的影响并存，它既可以帮助一个在现实中不善于表现自我的人以媒介传播的方式展示自己的才能，从而获得认可，也可以用变化无穷的娱乐化内容吸引青少年过分沉迷于其中，或者在缺乏责任监督的规制下放大某些弊端，如谣言、攻击性言论、欺瞒诈骗等，有时还会使这些弊端发展成严重的社会问题。媒介促进社会化的另一个任务是将一致的社会文化价值观传达给个体，使个体接受并维持社会规范，以保证社会的运行。媒介不断生产和传播的信息，不仅描述和反映着客观世界，同时也蕴含着“把关人”的主观意图，特别是特定的伦理道德规范、价值观念与政治法律约束等，并在反复的灌输与引导中为浸泡在其中的个体建构起认识和理解世界的思想框架。

影响个人社会化的外部因素和力量有很多，包括家庭、社会、学校和大众传播媒介等。其中，媒介从诞生的那一天起，就成为人类社会化过程中的重要角色。美国学者C. R. 赖特在《大众传播：功能的探讨》中提出了大众传播的“四功能说”，即环境监视、解释与规定、社会化功能和提供娱乐。其中的社会化功能正是指大众传播在传播知识、价值以及行为规范等方面的重要作用。大众传播媒介在人的社会化方面的主要作用包括认识理解社会、导向和娱乐三个方面。认识理解社会是指媒介提供大量的信息，展现社会风貌，帮助个体认识自我，并了解自己在社会中的位置，学会如何和社会相处，加深对自己所处社会的理解。导向则是指媒介在传播信息的同时，直接或间接地影响人们的思维、行动，促使他们更加认同媒介宣扬的社会观念，从而起着引导的作用。此外，大众传播媒介的娱乐功能也不容忽视，在媒介环境中获得愉悦是大众的重

① 王光光、赵鹏程：《关于大学生社会化问题研究述评》，《西昌学院学报》（社会科学版）2013 年第 3 期。

要消遣方式。

人类的存在和发展离不开传播，现代社会的有效运行更是与大规模的媒介传播密不可分。对于个人来说，媒介是认识社会、参与社会的低成本工具和便捷化载体；对于社会来说，通过媒介所开展的跨越时空的传播，是个人聚集形成组织和社会的不可或缺的物质上的黏结剂和精神上的共同体。国内外的许多调查都显示，在日常生活中，除最基本的生理需求外，人们的首要选择就是报纸、电话、电视等媒介产品，其动机就是获取信息、维系社交和情感娱乐。现代人的生活与大众传播紧密相连，现代人的社会化也无不受到大众传播媒介的影响。美国社会学家伊恩·罗伯逊曾经这样描述大众传播工具对人的社会化的影响："从新闻、舆论到时髦风尚和时髦货，传播工具及时报道社会事件和社会变化。它们提供了人们可能绝对不能用别的方法看到的角色模式和生活方式掠影。通过传播，儿童知道了审判室中的律师、西部的牛仔和达思·瓦德尔这样的虚构人物（其实这些形象中有许多都不真实，但这未必能削弱它们的影响）。年轻人还从传播工具的广告中知道了他们将来作为消费者在市场上的角色以及社会对青春、成功、美丽和实利主义的高度重视。不断变化的社会规范和价值标准在传播工具中迅速得到反映，并且可以被那些不靠传播工具就无从了解这些规范和价值标准的人欣然采纳。"①

时至今日，没有一个人的社会化不受到大众传播媒介的影响。而大众媒介对个人社会化的作用，与家庭、学校、生活实践等其他影响因素相比有着不同的特点，②主要有：

开放性与无强制性。大众传播是面向所有人或大多数社会公众的公开的、发散式的传播，其对象被称为匿名的"乌合之众"，具有公众性和开放性。因此，接收者可以自由地选择来自不同传递渠道的信息，也可以自由地提取和消化不同的信息内容。在这种活动中，既没有家庭或学校中的强制性灌输，也没有职业团体中条条框框的限制，受众可以自主地处理自己的信息行为。在放松以及消遣的状态中，人们常被五花八门的文字、声音和影像所吸引，心理不设防线，在无意识间就接受了大量被制造出的符号文本，以及随之而来的各种人生观、道德观、价值观、审美观等。大学生在寻求社会认可及学习社会角色的过程中，也往往效仿被包装出的种种榜样或偶像的行为，小至穿衣言行，大至人生选择，都会自觉或不自觉地参考甚至顺从这些"样板"，当然也就认可和接受了他们的思想观念。这是大众传播媒介对人的社会化作用的最大特点。

介入性与非统一性。大众传播对于受众的信息接收行为虽然是非强制性的，但对于传播者来说，在内容上却是有控制的。大众传播的生产者、发送者、发送系统以及传

---

① 〔美〕伊恩·罗伯逊：《社会学》（上），黄育馥译，商务印书馆1990年版，第161—162页。

② 刘豪兴、朱少华：《人的社会化》，上海人民出版社1993年版，第247—259页。

播的信息，都有着严密的组织性。大众传播的过程，也是在一定的组织群体、组织机构的调控下完成的。除监视社会环境、集成社会文化、协调公众意愿、提供娱乐享受外，它还担负着向大学生等社会新成员传递社会规范、教化社会意识的责任。正是如此，在社会价值的传承、大众文化的形成、社会信息的共享和共同意识的建立中，大众媒介都具有重要的意义，也相对明显和广泛地介入到人的社会化过程中。但大众媒介的介入性，不同于学校等机构对个人社会化的介入。后者是有组织、有系统、有计划地运用统一的教材、统一的教学程式、统一的评价尺度，以塑造规范化的人格和具有共同价值基础的社会角色。但传播主体的多样性、传播信息的符号性，以及发送者与接收者之间的非固定关系，都决定了大众媒介对个人社会化的介入是非统一性的。况且，大众媒介还被卷入十分复杂的社会网络之中，且要与其他思想、知识和权力进行竞争，再加上接收者的主体素质千差万别，所以导致了大众媒介的信息传播对个人的介入总是呈现出不同的形态，产生不同的效果。

形象性与易感染性。越来越倾向于视觉化传播是大众媒介发展的一个重要趋势，这基于人类观察和认识世界的生理和心理上的基本机能，也得益于技术的发展为读图时代和影像时代的到来创造的可能。当下在大众媒介上呈现的信息，形象化的特点更加突出。与需要理性思考的文字不同，视觉符号更加直观、生动，无须专门学习，也不用刻意准备。相应的，它具有丰富的、艺术化的表现手法，超脱于单调的形式和枯燥的说教，也打通了年龄、知识、阶层等人口学或社会学意义上的壁垒，赋予了传播更广阔的影响力和更直接的感染力。以形象化的语言来表达人们的社会态度、生活方式以及思想情感，可以瞬间打动接收者的心，并通过现实的、典型的形象，引导人的行为。形象化的内容，往往会对接收者产生暗示作用，诱导其进行模仿。大学生由于缺乏社会经验，思想意识也欠成熟，经常会成为大众传播的“易感染”人群。

第四节　当代媒介环境对大学生社会化的影响

大学生促进自己社会化的方式通常包括：模仿成人或同辈人的态度及行为，根据社会的期望和规范展开自我行动；借助文化学习所获得的历史经验与社会知识，确定自己行为的社会准则；总结个人实践的经验教训，并内化为自身的道德原则、价值观和信念。这些行为都是在某种特定的社会环境中进行的。而由各种大众传播媒介构建起来的媒介环境，正是人的社会化过程中一个重要的社会情境。这种社会情境会伴随人的社会化的整个过程，个人在其中既是传播者也是接收者。媒介信息既反映政治、经济，又反映文化、风俗等多方面的状况，这些要素相互作用，共同构成一种所谓的“拟态环境”，既反映现实环境，又和现实有不同程度的差异。这种“拟态环境”是人在社会化过程中无法避开的外部存在，会对人的社会化过程产生巨大的影响。

需要指出的是，媒介环境对人的社会化的影响也是一个变化的过程。随着人类社会的不断发展，媒介环境在人的社会化过程中的地位越来越重要。最初以语言为媒介的口头传播方式满足了人类基本的沟通需要。后来，文字的诞生突破了人际传播的局限性，特别是随着书籍、报纸、广播、电视等印刷或电子媒介的应运而生，社会中每一个个体的生存与发展开始越来越多地受到媒介环境的影响。如今，在"信息爆炸"的大数据时代，互联网等新媒介在人的社会化过程中更是起着呼风唤雨的决定性作用。纵观媒介的发展，大众媒介在人的社会化过程中具有与家庭、学校同等重要的地位，成为除家庭、学校之外的第三教育系统。特别是近几十年，由于大众媒介的快速发展，媒介的地位日渐重要，甚至有研究认为大众媒介有渐渐超越学校、家庭对人的社会化影响的趋势。

媒介环境是和家庭、学校同等重要的影响大学生社会化的外界社会条件之一，随着其不断发展，对大学生社会化的影响也日益加深。主要表现在：

当代媒介环境使大学生的社会化过程更快、范围更广。当代媒介环境为大学生的社会化提供着更加便捷的信息获取渠道，而信息所涉及的范围也更为广泛。大学生无时无刻不在接收着形形色色的信息，并且在与信息的互动中调整着自己的认知和思维。这促使大学生的社会化过程得以加速，提前了解和掌握很多原本仅为成年人才能享有的信息。相对于传统社会中大学生约需二十年才能达到的社会化程度，处在当代媒介环境下的青少年也许不到十年就可以至少在"形似"上实现。在这种媒介变动增速、传播主体增多、信息质量参差不齐的趋势中，作为其社会互动及社会化的前提，大学生对媒介的信任关系也随之改变。与有着严格的组织形态和职业规范的传统的大众传播时代相比，当代大学生所面临的媒介环境愈发多元、复杂且瞬息万变，而他们也从小就在与各类媒介的密切接触中成长。这种局面一方面培养了大学生辨别媒介信息的能力和谨慎对待媒介的真实性、诱导性的态度，另一方面也为普遍出现的媒介依赖症创造了"温床"。简言之，大学生可能会对具体的媒介信息和媒介组织持有较为合理的、自觉的理性立场，但对媒介的长期影响和宏观效应却难以抵御，因而会产生一种无法摆脱的信任。因为，"透过大众媒介，受众并不会看到或信任所观察的社会或世界本身，而是看到或信任大众媒介的观察"[①]。换言之，大学生所看到或信任的不是大众媒介的观察本身，而是大众媒介"呈现"其所观察的这一中介功能。归根结底，媒介所营造的环境已经成为大学生作为社会人生活所必需的基本要素，没有媒介的现代社会是难以想象的，离开媒介的大学生社会化同样也是不可能实现的。

---

① 翁秀琪：《大众传播理论与实证》，三民书局 1992 年版，第 114 页。

媒介营造的"拟态环境"容易导致大学生有偏差的社会认知。媒介环境除对大学生的社会化过程具有积极的作用以外,往往也会带来一些不利影响。媒介营造的"拟态环境"虽然努力对现实环境进行复写,却并不能将媒介对现实环境的复写完全等同于现实,这两者的差异很容易导致心理发育不够成熟的大学生产生认知偏差或错误,这种模糊或错误的认知进而有可能导致其社会行为的偏差。例如,影视剧、广告甚至新闻报道等大众传播媒介的内容中对男女两性的定型化描述,容易使分辨力不强、世界观和价值观不稳定的大学生在性别角色社会化过程中形成并固化自己对两性的刻板印象;"容器人""屏奴"等现象也和媒介有直接关系,过于依赖电视、电脑等营造出的封闭、缺乏现实社会互动的环境,使很多大学生养成了孤独、内向的性格——他们在注重自我意识的同时却信奉媒介的权威,而淡漠的人际关系又会造成或轻或重的人际交流障碍的出现,甚至使其产生自闭、厌世等极端情绪。

媒介不良信息容易诱发大学生的反社会行为。反社会行为是一种违背社会公认的道德规范、行为准则,损害整个社会或公众的共同利益的行为,对社会有着消极作用。当代媒介环境中的色情或暴力内容往往成为反社会行为产生的诱因。大众传播媒介虽然不一定专门为大学生制作不良信息,但色情、暴力、虚假信息等仍然鱼龙混杂地出现在各类媒介中,特别是新媒介的便捷性,使大学生可以方便地获得这些信息。在大学生群体中风靡的电子游戏里的色情或暴力场景则更多。辨识能力不足、自控能力弱但模仿性较强的大学生,很容易会被这些色情与暴力行为所影响,做出反社会行为。

现代媒介正在动摇学校社会化教育的根基。① 教育是人类社会对其新生代从事教化培育的一种事业。现代学校教育是教育者根据一定社会或一定阶级的要求,对受教育者进行的一种有目的、有计划、有组织地传授知识技能、培养思想品德、发展智力和体力的活动,以便把受教育者培养成为一定社会或阶级服务的人。学校教育具有目的性、制度化、系统化、强制性等特点,而大众媒介的传播特征则表现在信息的多元性、内容的广泛性、传播的多样性、形式的灵活性等方面。大学生的主要社会角色是学生,同时也将成为社会劳动者的后备军,正在实现社会化的质变。但传统上与社会相对隔离的校园,在媒介日益强大的传播作用下,已经不能再固守于单纯的"象牙塔",因为在信息传播层面,大学生与社会人群已处于完全同步的状态。现代化传播的这种影响表现在:动摇了学校教育的信息传播的主体地位,使学校教育向学生传播的信息总量相对减少;教师和学校对学生的影响在削弱,教师的权威地位受到动摇;师生之间、学生之间、集体与个体之间的互动基础趋于复杂和多变。在大规模在线教育等基于现

① 岳敏:《试析大众传播媒介对学校社会化教育的挑战》,《中国农业大学学报》(社会科学版)1999 年第 4 期。

代传播的教育模式的冲击下，大学是否还需要坚持传统的教学方式和教育理念？与之相适应的大学生社会化体系该如何构建？这些问题都亟待认真思考和探究。

第五节　新媒介对大学生社会化的影响

在全球"部落化"的今天，互联网、手机等新兴媒介日益成为日常学习和生活的必需品。如果大众媒介还只是以外在的、非人格化的方式提供关于世界的宏大叙事，那么新媒介则与个体的关系愈发密切。人与媒介的相互卷入正在加深，碎片化、个性化、社交化的传播使前所未有的"电子媒介人"登上了人类社会的历史舞台。随着社会媒介化和人的媒介化程度的加深，大学生的社会化过程呈现出许多新的特点，或许也正在发生质的变革。

新媒介为大学生了解社会提供了立体化的途径。在传统的社会媒介体系中，信息传播在总体上是单向的、"一对多"的大众传播模式，由专业化的、有组织的媒介机构专门承担信息的生产和传播活动。因此，信息生产是规范的，传播环节是可控的，传播效果是可预期的。但新媒介大大降低了信息生产和传播的门槛，任何组织、个人都可以便捷地发布和传播信息，这就使得信息数量空前庞大、传播活动空前活跃、传播形态空前多样，并随之带来了信息冗余和信息质量下降等问题。大学生接收信息的途径也从课堂、组织、同伴及有限的报刊、电视等方面迅速扩大到几乎与全球同步的现代媒介平台。信息量之大、更新之快捷、来源之多元，使得大学生个体可能拥有与其他个人、组织、媒介机构甚至政府相等量的信息容量，并从中更加全面、立体地了解社会和认识世界。这导致家庭和学校在教育上的权威性丧失，大学生的社会化过程变得更加复杂和不可控，并容易引发再次或多次的社会化。

新媒介改变了大学生的社会存在、参与及实践的方式。社会化的各种途径实质上都是互动行为。传统社会的互动主要发生在现实中的人与人、人与群体、群体与群体之间，借助语言、文字等符号进行。在这种环境下，青少年的基本存在特征是被动的、顺从的，接触的环境和人际关系受制于现实时空的约束，范围狭小、信息有限；青少年在交往的过程中受到身份、社会地位等外在条件的制约。而新媒介的虚拟性、互动性和社交性，有助于大学生跨越地域和时间的限制参与到各种社会交往和实践活动中，并摈弃身份和地位的"标签"，在虚拟世界里平等地与他人进行交流和互动。这不仅提高了大学生的话语权和平等性，也有利于他们在比较安全和低成本的条件下更多地开展社会化的实践，从中积累社会经验、锻炼社会技能，进一步将其内化为自身社会化所需的文化规范和心理人格。作为一个崭新的社会空间，新媒介弥补了传统社会化途径的不足，使大学生在社会化过程中有了更充分的选择，能满足其对自主性、能动性、民主性的需求，也能提升其社会存在感和社会价值。但我们也必须看到，新媒介毕竟是符号化的产物，它所模拟和创造的世界与现实仍存在一定差异。如果大学生不能正确处理虚拟与现实的关系，过度依赖、信任和沉迷于媒介“乌托邦”，将会使自己的社会化进程出现偏差、失衡，从而影响真正的社会化。

新媒介拓展了大学生学习和文化传承的渠道。与传统社会规范、统一、有序的教育和文化传承模式相比，新媒介的传播者更加庞大、传播的内容更加混合、传播的方式更加多样。一方面，在当今社会，各类传播者在技术上都被允许自由地通过新媒介表达其对客观现实的描绘和解释，并将信息中所蕴涵的观点、理解和传播意图进行层层递进的扩散。另一方面，每个人也都能方便地接触到各种信息和意见，并在繁复而多变的语境下进行解读。这就使得传播者所要传播的意义和受众所接受的意义在很大程度上出现分歧，原因既在于符号文本自身的多义性和在传播过程中产生的失真，但更多的则来自于多元思想和文化的碰撞，导致人们选择不同的框架来认知和分析所接触的信息。对于大学生来说，这些具有价值判断功能的框架还未能完全内化为相对稳定的思想观念，因而常常是外在的、易变的，这会导致大学生受到多方面的媒介传播的影响，当然也可能在不断的信息接触和解读中改变对事物的某些固定看法。新媒介的意义构成功能正在于这种文化价值观和认知结构的重新塑造，并因此推动大学教育模式的转型，强调尊重学生的主体性，通过提供有理念的、专门设计的、有意义的社会化平台，引导他们实现高质量的社会化目标。

新媒介催生了大学生社会交往和建构关系的新领域。现实生活中的交往，会受到诸多客观条件的约束，如地理空间、时间间隔、传输成本等。新媒介将各类信息符号化和数字化后，创造出了多种时态和多种形态的自由表达，使时空维度被近乎无限地延展。这为人们的社会交往提供了极大的自由度：打破空间障碍，可完成不同地点的一对一、一对多、多对多传播；打破时间的线性瞬逝性，可将信息同步传播、回放或大规模存储；打破信息存在方式的单一性，在不同符号系统中自由转换和加工。传统媒介的指向是知识的“容器”、文化的“教科书”，而借助新媒介，大学生可以开展全球性的、无差别的交往。这不但意味着新媒介对物质性的突破，更实现了一种崭新的、超越身份和文化的交往。在这一意义上，新媒介已从工具性的事物提升为社会性的、文化性的存在，因为人际交往是大学生社会化的根本路径，健康、完备的社会关系也是社会化过程中主体间相互交往、共同建构的结果。与现实互动相比，新媒介的互动关系以个体为中心，更具人性化，也更能促进人的主体性，这对于大学生社会化的意义尤其重大。新媒介的虚拟化特性，还拉近了现实中影响社会交往的如性别、年龄、相貌、身份、地位、财富等方面的差距，为原本处于相对弱势但拥有强烈自尊和渴望被认可的大学生创造了平等交往的前提。而新媒介中“身体缺席”的交流，无疑使大学生可以发展更加丰富和灵活的社会关系。但同时，要注意避免这种交往所带来的弊端，如不利于面对面交流、影响亲密关系的维系、对交往持随意和任性的态度、性格上变得更加内向等。

新媒介赋予了大学生新的社会角色和社会地位。新媒介的交互性具有革命性的意义。作为社会人的个体不再只是信息的被动接收者，而是被允许进行信息的创造和传播者。这种交互式传播特征不仅使大学生在新的传播系统中能够占据新的位置、扮演新的角色，而且引起个体在整个社会生活中的地位变化和角色重塑。新媒介的传播空间具有虚拟性的一面，但当大多数人都习惯通过这一技术网络进行交往、学习、工作等活动后，它就具有了现实性——既是与实体化的物质世界的融合，也是基于符号传播的新的现实世界。大学生往往是新媒介使用的先行者和引领者，因此，在这种新的社会体系中，他们可能拥有比传统社会更高的社会地位和影响力，其社会角色也会变得更加丰富、更加主动。比如，大学生可以通过新媒介迅速了解和进入某个原本陌生或被边缘化的社会领域，可以更加主动地参与社会活动或公共事务，发挥更大的作用，也可以成为网络意见领袖、进行网上创业、参加协同式的项目、发起任务、组织活动等，甚至在技术和文化上反哺父辈或师长。但通过新媒介可能产生过度的社会化，这会导致大学生与现实接触的减少和其他社会化的不足，也可能会影响其健全人格的形成与全面社会化的实现。

第六章
媒介对大学生知识学习和能力发展的影响

第一节　大学教育和学习理念的变革

一、大学教育理念的变革

21世纪，随着社会信息化和知识经济的发展，人类社会对人才的观念已产生了根本性的变化，对现代教育也提出了强烈的变革要求。传统的教学模式已经不能适应当今社会对人才的需求，课程改革正在实践中不断深化，理念、体系、形式和内容等方面也都发生着巨大的转变。

教育理念日益现代化。教育在整体上开始走向大众化教育和终身教育。教育不仅是提高思维能力的有力手段，是理性思维的基本形式，是深刻而丰富的文化素养，更重要的是，教育内容、思想、方法乃至教学语言、符号已经广泛地渗透到人们的生活和科学的各个领域。教育开始走出学校这一相对隔离的系统，在空间上向全社会延伸，在时间上贯穿人的一生。

应用意识日渐加强。“学以致用”，使新教学理念在加强实践方面大幅度地得以改进，这不但可以强化学生分析与解决问题的意识，还体现了教育的应用价值。

教学模式逐步改进。教学模式是在一定教育思想或教育理论指导下建立起来的、较为稳定的教学活动结构和活动程序，是教育理论应用于教学实践的中介，具有应用性和操作性。重要的改进体现在打破了传统课堂教学中单向的知识传递，努力实现课堂教学素质化。其目标就是以创新教育理论为指导，总结成功的教学经验，借鉴国内外优秀的教研成果，从学校的实际出发，通过构建“问题导学、自主探究”的课堂教学模式，促进教学观念的转变，使素质教育的要求落实在课堂教学中；同时重视“以人的发展为目标，关注学生的可持续发展”。课堂教学不再是简单地“教授教材”，而是要学会“用教材教”，即合理地使用教材。

教师与学生的互动性加强。现代教育提倡以学生为主体，教师为主导，教材为主线。在新型的师生关系中，教师应对学生的发展负责，从尊重学生的个性出发，把学生看作一个能动的“人”、一个可合作的对象，给学生以自由、活动的空间；在平等的合作中，开发学生的潜力，实现他们的发展目标。因此，教师首先要转变角色，确认自己新的教学身份，并改善教学行为。教师作为文化传承执行者的基本角色并没有变，但不再是直接以权威的身份向学生传递经验，而是以各种方式调动并引导学生参与学习活动，与学生共同在自己精心设计的环境中进行探索。教师应是学生的同伴、活动的组织者、学生学习过程的支持者和帮助者。在教学活动中，教师需要营造合作、民主、开放的教学氛围，组织学生积极参与课堂教学，从而实现师生之间的多维互动。

信息技术与教学逐步整合。科学技术飞速发展，社会发生急剧变革，计算机及信息技术被广泛地应用到教学中来。自计算机辅助教学兴起以来，计算机的强大功能使得教学内容的呈现方式逐步丰富，学生的学习方式得到改进，教学方式和师生互动方式的变革得以促进，使“充分发挥信息技术的优势，为学生的学习和发展提供丰富多彩的教育环境和有利的学习工具”成为教学目标。教师作为教学活动的发起者和组织者，要充分利用计算机及信息技术的优势，努力呈现以往教学方式难以呈现的内容，将学生的注意力吸引到互动和深入的交流研讨中。

二、学习理念的转变

教育正在创新中迎来大的发展。新的理念，必然带来新的学习方式的变革。以培养创新精神和实践能力为目的，以弘扬人的主体性为宗旨，以促进人的可持续性发展为目标，现代教育致力于创造性地引导和帮助学生开展主动的、富有个性的学习活动。

变“要我学”为“我要学”。学生是学习的主体，要改变学生的学习状态，变被动学习为主动学习。在教学中比传授知识更重要的是关注学生的学习过程以及情感、态度、价值观等方面的发展，帮助学生在“学会”中享受教学活动的成功与喜悦，强化学习动机，从而使他们更喜欢学习。因此，教学设计应促使学生的情感和兴趣始终处于最佳状态，从而保证施教活动的有效性和预见性。教师的真正本领“主要不在于讲授知识，而在于激发学生的学习动机，唤起学生的求知欲望，让他们兴趣盎然地参与到教学全过程中来，经过自己的思维活动和动手操作获得知识”[①]。

指导学生自主学习，培养其自学能力。现代教学强调学习的过程，强调授之以“渔”。我们要转变观念，着眼于学生的发展，树立现代教学观，逐步培养学生的自学能力，使学生成为发现者、研究者、探索者，让课堂焕发出生命的活力，为学生的终身学习打下良好的基础。

培养研究性学习。学生在教师的指导下，从自身生活和社会生活中选择和确定研究专题，主动获取知识、应用知识、解决问题。这是一种有效的学习方式，改变了原有的单一、被动的学习方式；既加深了学生对知识的理解和应用，又通过动手实践、自主探究、合作交流等方式调动了学生的积极性，促进了学生在教师的指导下主动地、富有个性地学习。

第二节　媒介推动学习模式的变化

一、从工具到环境

媒介一直都在积极地参与各种学习活动，如广播、电影、电视、录音机、录像机、多媒体计算机等都陆续地进入课堂，成为重要的教学用具，极大地拓展了课堂教学活动的技术空间。通过对这些媒介工具的使用，教师手中可利用的教学工具空前充裕，使学生对学习方式和路径的选择度得以增加。

早在20世纪初电影诞生时，人们就对这种视觉媒体技术对教育的促进作用寄予厚望。著名的发明家爱迪生甚至预言：“电影必将革新我们的教育系统，在不远的将来，它即使不是完全取代课本的用途，也将基本取代课本的用途。”[②]同样，在上世纪70年代，美国社会学家伊里奇大胆宣称：未来将废除正规的学校教育，用图书馆、博物馆、书籍、电视及“思维型”电子计算机等来代替学校和教师。但直至今天，这些美好的“预言”也没有得以兑现。其原因在于人们对技术过于迷信，在将媒介引入学习过程中采用了以技术为中心的设计取向，亦即不是让技术去适应学习者的需要，而是迫使学习者去适应这些最新技术的要求。在他们看来，倡导多媒体教学技术的驱动力来自于各种技术的强大功能，而不是来自于促进人类认知的兴趣。他们关注的是给人们提供使用最新技术的方法，而不是通过各种技术支持帮助人们更有效地学习。因此，必须纠正过去以技术为中心的设计取向，而转到以学习者为中心的正确轨道上来。这种以“人为中心”的技术设计取向以理解大脑如何工作为出发点，考虑的中心议题是“我们

① 田彦君：《课堂教学中学生主体意识的激发与培养》，《徐州教育学院学报》1999年第4期。

② 〔美〕理查德·E. 迈耶：《多媒体学习》，牛勇、邱香译，商务印书馆2006年版，第11页。

如何利用多媒体技术来促进人类的学习”，其核心就是用多媒体技术提高人类认知能力并促进人的全面发展。[①]

将多媒体视为学习者认知的一种辅助性工具显然未能充分考虑到在网络时代各种传播媒介不只是信息承载的工具，它们还构成了人类生存的周围环境，即所谓的“媒介环境”。这意味着，人们在使用传播媒介与他人交流时，不是站在传播媒介之外，而是身处媒介符号的网络之中，并“参与”到媒介中以达到交流的目的。如果说线性和理性的思维方式是书面文化和印刷文化的界定性特征之一，那么如今它受到的挑战则是思维方式、审视世界和认识世界的方式的挑战，这是多媒介的、直觉上的挑战。在媒介环境学看来，学校本身就是一个复杂的多媒介的符号环境，自有一套词汇和规则。这一套东西规定师生做什么、如何做、如何互相联系，如何与这个环境之外的一切建立互动关系。[②] 因此，我们不能仅将多媒体视作学习者认知的一种辅助性工具，而应该将多媒体作为学习者感知、认知的环境来理解。

二、面对媒介应有的素养

不仅如此，在课堂和学校之外，媒介也成为大学生更为广泛地接受知识和开展学习活动的主要渠道。但媒介中的信息量过于庞大，已超出个人所能处理和理解的极限；同时，这些信息真假难辨、良莠不齐，也给大学生的学习带来诸多障碍和挑战。因此，在大学生中开展有效的媒介素养培养是非常必要的。

媒介素养是指受众在面对媒介提供的各种信息时进行分析、评价、选择和利用、评判的能力。此外，信息时代的媒介素养还包括有效地创造和传播信息的能力。媒介素养教育，就是指导青少年正确评估媒介信息、建设性地享用媒介信息的教育。通过这种教育，可以引导学生正确地面对媒介，并使学生充分利用媒介资源完善自我，参与社会发展。简言之，就是让学生在信息时代具备“听、说、读、写”媒介信息的能力。具体来说，媒介素养应该包括认识大众媒介、使用大众媒介、批判大众媒介三个方面的内涵。

在信息社会，认识大众媒介已经成为生存的必要条件之一。特别是大学生，他们是社会文化的继承者和发扬者，能否正确地认识大众媒介，能否完整、客观地评价媒介的性质、功能，是价值观及认识世界、改造世界方法论的重要组成部分。若想有效地利用大众媒介，就必须对大众媒介有一个健康合理的评估，只有这样，才能在媒介中找到合适的信息，真正认识社会。

参与、使用大众媒介的能力是大学生社会生存和发展的能力之一。传播学认为，

① 王书林、肖伟胜：《媒介环境学视野中的多媒体教学研究》，《重庆邮电大学学报》（社会科学版）2009 年第 1 期。
② 〔美〕林文刚：《媒介环境学》，何道宽译，北京大学出版社 2007 年版，第 29 页。

不同受众在媒介接触习惯和使用媒介的能力上存在明显差异。比如，文化程度高的受众往往偏好适宜深度阅读和互动的媒介，而青少年在手机、微博等新媒介的利用水平上则明显更胜一筹。文化水平越高的中青年受众，在接触媒介过程中越常呈现出更主动、更积极地利用媒介资源的状态。受众对于大众媒介的参与及使用，最大限度地保证了媒介在传播者与受众之间的均衡关系。

批判大众媒介的能力属于一种更高层面的媒介素养。青少年可以借助这种能力来克服群体压力和从众心理等，这其实也是人们社会交往能力的一部分，可以看作是一种宏观的素养。由于各种复杂的原因，大众媒介中经常存在负面信息，既包括色情、暴力等为主流社会所不容的“负能量”信息，也包括谬误、重复、冗余等造成受众困扰的信息。对这些负面信息的辨识和免疫能力正是衡量媒介素养的重要指标，而媒介素养教育可以为更多的大学生安上“慧眼”，让他们学会趋利避害，远离不良信息，并对之进行批判，把负面信息对自我的干扰降到最低。

三、媒介使用中的学习原则

媒介不仅是学习的工具和平台，还是大学生在学习和生活中互动的环境。媒介不仅存在于课堂或学校中，也存在于学校之外，为大学生提供着全面的认知信息。正因为要时刻接触媒介、使用媒介，所以大学生在媒介使用中要遵循以下更具开放性和长远性的原则：

要遵循与人生发展阶段相适应的原则。如今，学界普遍把媒介素养教育看成终身教育的组成部分，这就意味着媒介素养教育应该覆盖人生的每一个发展阶段。按照传播学受众的社会分类论，社会群体的特性差异直接影响受众的媒介信息接收行为。因此，媒介素养教育有必要按照受众在一定阶段或时期内的发展需求，提供适合受众特点的媒介素养教育的服务或学习内容，这样才能与人的发展阶段相适应，体现出媒介素养教育服务于生活的意义，保证媒介素养教育更好地促进人们成长与发展的目的。

遵循以学习者为中心的原则。媒介素养教育的构成要素包括政府、教育机构和学习者本身，在面向未来的媒介素养教育中，学习者的利益应是第一位的——“以学习者为中心”是媒介素养教育的重要理念。政府在制定方针政策时应把学习者的需求放在中心位置上；教育机构在教育计划安排上应该以方便和有利于学习者为原则；学习者个体则需要发挥自己的主观能动性，积极参与到媒介素养的学习中来。

遵循主动提供服务与适时引导相结合的原则。媒介素养教育要求教育机构及教育专门服务组织都必须率先进入角色，要预见到学习者在媒介素养学习中可能提出的要求，这样才能制订出相应的服务计划，从而引导学习者进行恰当的选择。学习者在很多时候并不知道自己真正需要什么，因此需要适时引导。这种引导还要有一定的超前意识，需要提供大量的支持性服务，保障学习者能够获得比较适宜的学习条件。

第三节　培养信息能力

一般认为，信息能力有广义和狭义之分。广义的信息能力又可以称为信息素质，具体包括三个方面的内容：信息搜集能力、信息行为能力和信息道德。信息搜集能力指个体对信息的敏感度和反应度，即个体在了解、获取和吸收信息的过程中所具备的能力。信息行为能力是指个体对信息进行分析和处理的能力，是一种动态的信息能力，是将信息由被动变为主动并转化为自己所需要的信息的能力。信息行为能力包括信息选择能力、信息分析能力和信息利用能力。信息道德，是指个体在信息活动中应遵守的社会规范，它要求个体在从事信息活动时注意规范和节制自己的行为，并努力使自己的行为有利于社会发展，促进社会进步。狭义的信息能力仅指广义信息能力的第二方面，即个体在信息活动中分析和处理信息的能力。据此，我们可将信息能力定义为个体在信息化社会中通过运用各种先进的信息接收设备和手段来搜集、获取各种相关的信息，并对信息进行加工处理、吸收、运用的过程中所具备的技能，以及在这个过程中所具备的素质，即确保个体的信息活动符合社会的基本规范，并努力使自己的信息活动有利于社会发展、促进经济进步。还可将大学生信息能力具体分为信息搜集能力、信息分析能力、信息选择能力、信息利用能力和信息道德。①

总体来看，当代大学生在新媒介环境下普遍具有较好的信息搜集能力，体现在信息搜集意识较强、会运用多种信息搜索工具等方面，不仅对各类信息有敏感性，同时也会独立地搜集对自己有用的各种信息。但同时，信息选择与分析能力还相对较弱。许多大学生对所搜集到的信息没有进行深入的剖析、分解和研究，也没有加以吸收和运用到自己的学习、生活中去。此外，还必须引起重视的是，大学生的信息道德有待提升，这要求大学生不能传播垃圾信息、虚假信息等不良信息污染网络环境，也不能侵犯知识产权或他人隐私、泄露国家机密等。大学要在大学生信息素质的培养过程中发挥积极的作用，为大学生信息能力的培养创造良好的环境，引导大学生建立良好的信息素养，树立正确的世界观、人生观和价值观。

信息能力是大学生媒介素养的重要组成部分，其教育活动的实践性很强，在博采众家之长、集纳“他山之石”的基础上，必须从国情和社会发展的实际需要出发，来开展具有中国特色的研究和教育活动。当前，我们应将大学生作为媒介素养教育的主要对象，建立以学校教育为主体、家庭教育和社会教育为辅助、鼓励学生积极开展自我教育

① 李新松、张焕：《新媒体环境下大学生信息能力的现状分析》，《现代情报》2013 年第 3 期。

的立体式教育体系,特别是在高校中要建立起规范的、自主的、多元的媒介素养教育体系。

随着中国经济的高速发展,综合国力的不断增强,调整和升级产业结构、建设创新型国家和全面建成小康社会、促进政治民主发展和文化的大发展、大繁荣,最终实现中华民族的伟大复兴,不但成为时代的主旋律,也是全体人民的意志和“中国梦”。培养有道德、高素质、具备创新思维和能力的人才,是当代中国大学必须承担的责任。这样的高层次人才富有创新精神和创新意识,不但具有强烈的好奇心、求知欲和探索精神,还崇尚真理,善于进行批判性的独立思考,具备坚忍不拔的意志和实事求是的作风,并自觉遵循为社会服务的价值取向,追求道德的升华与和谐。大学要承担起培养拔尖创新人才的使命,就需要从办学理念、体制机制、教育内容和方法、大学文化等多个领域坚持改革创新。

我们应该认识到,媒介既是社会“大教育”的平台和重要载体,又与学校教育中的技术、内容、应用、互动等环节紧密融合。因此,在大学中加强媒介素养教育势在必行、刻不容缓,这需要多方努力,在建立被纳入到文化素质教育体系中的系列专门课程和实践载体的基础上,将有关理念和内容渗透到其他课程或教育环节中,最终形成多元、互动、知行合一的媒介素养教育环境。

有关的调查问卷和课程选修情况也反映出当代大学生对于提高自身的媒介素养的积极意愿。对以育人为根本任务的大学来说,要充分认识到,在以人才为核心的激烈的国际竞争中,媒介素养是信息时代现代化人才综合素质的重要组成部分,是大学生终身学习、团队协作、理解社会、批判思考、完善道德的必备条件。加强媒介素养教育是培养拔尖创新人才的必要环节,需要进行跨越式发展,只有这样才能抢占人才竞争的制高点,加强国际话语权争夺、提高国家软实力、保存和弘扬民族文化。

从目前我国高校的具体校情出发,我们提出以下行动建议:成立团队,以新闻与传播学院、学校新闻中心等单位为依托,成立面向全校各院系学生开展媒介素养教育的教学团队,以及与其相辅相成的研究机构;按照精品课的目标,开设“媒介素养概论”核心课程,制订统一的教学大纲和计划,编写相关教材,扩充教学资源,开通专门网站,将该课程纳入文化素质课程体系中,逐步扩大授课规模,充分发挥并组织协调多学科的资源优势,形成相互关联的系列化课程体系;建设基地,以校报、电视台、新闻网、微信公众号等各类校园媒体为基础,加大硬件和软件的资源投入,组织完善学生记者团,与专业媒体机构合作,积极开展媒介实践活动;课题研究,以大学生为对象,进行一批有针对性的课题研究,为开展有中国特色的媒介素养教育发挥探索和引领作用;文化创新,从物质、制度、精神等不同层面,大力开展媒介文化的建设,丰富和创新大学文化,为培养自觉适应现代媒介化社会的全面发展的创新人才做好准备和贡献。

第四节　改变学习模式的“慕课”

20 世纪 60 年代末、70 年代初，随着媒体和通信技术的发展以及终身教育理念在世界各国的推行，国际高等教育领域开始出现以“开放”为基本特征的新型大学——开放大学。英国开放大学、韩国国立开放大学、加拿大阿萨巴斯卡大学、美国凤凰城大学、法国国家远程教育中心、日本放送大学等具有开放性质的大学如雨后春笋般建立起来，成为各国高等教育多样化和战略发展的重点。

应当说，开放大学与传统高校在设立目标上并无不同，但在目标实现的途径和方法方面，开放大学更明确地表明了其与广播电视等媒体技术密不可分的关系。英国开放大学可以被视为世界各国开放大学的先驱和典范，其在 1969 年成立时获得的皇家特许状中就明确提出“通过广播电视及适合高等教育的技术手段、函授教学、住读课程与讲习班以及其他相关方式向学生提供符合大学与专业标准的教育来实现大学目标”[①]。几十年来，新的技术不断涌现，各国的开放大学也通过不断调整具体的教学模式和技术应用策略，来满足不同年龄、不同学习水平和学习目的的人群的具体需求。据中国开放大学校长杨志坚在 2010 年中国国际远程教育大会开幕式发言中所述，[②]目前世界上直接以“开放大学”命名的学校有 50 多所，而具有开放大学性质的学校和机构则多达 1400 多个。中国在 1979 年成立了中央广播电视大学；2012 年，国家开放大学正式挂牌。在几十年的建设和发展中，世界各国的开放大学和机构一方面有力地补充了传统高等教育入学人数有限的不足，满足了大量有意愿、有能力的人接受灵活的、高质量的高等教育的愿望，为社会培养了大批人才；另一方面，为更好地实现“人的开放、地点的开放、方法的开放和理念的开放”这一使命，各国开放大学在跨时空教学的实施开展和质量保证等方面进行了不懈的努力和追求，从最初的函授教育、教育电视节目、多媒体课件到网上教学的引入，一直在不断尝试各种现代化、信息化的教学手段，并积极应用和推广。

兴起于 2008 年的“大规模在线课程”(Massive Open Online Courses，MOOC)将人们的视线重新聚焦于新技术条件下的高等教育改革。众多一流高校的加入使得 MOOC 得以快速发展。斯坦福大学、哈佛大学、麻省理工学院、加州大学伯克利分校纷纷与 Coursera、Udacity、EdX 等 MOOC 平台供应商开展合作，开始大规模提供本校的在线课程；同时，除了 Coursera、Udacity、EdX 这三大巨头外，谷歌和一些老牌课件平台提供商(如 Blackboard、Instructure 等)也开发和鼓励老师们使用相应的制作工

---

① 韦润芳：《英国开放大学再认识：理念篇》，《中国远程教育》2010 年第 4 期。

② 杨志坚：《大学的开放和开放的大学》，《中国远程教育》2010 年第 22 期。

具，以降低高校和教师制作 MOOC 的门槛；另外，MOOC 的快速发展也吸引了媒体界和众多风险投资公司的目光，连篇累牍的报道使 2012 年被称为“MOOC 元年”，几个著名 MOOC 提供商的融资都在数千万美元以上。[①] 而在中国，自 2013 年开始，清华大学、北京大学、复旦大学、上海交通大学等高校相继加入 EdX、Coursera；有 40 多所高校参与的“东西部高校课程共享联盟”成立，并开始探索 MOOC 形式的课程共享和学分互认；大量相关研究开始涌现……严格来说，给出“MOOC 将对高等教育带来革命性的影响”这种结论还为时尚早，但 MOOC 确实为传统高校变革传统教学方法、适应灵活的学习需求等提供了新的思路和挑战，并且也使得人们开始重新关注开放大学几十年来在实施多媒体教学、网络教学等方面的经验和教训。

综观各国开放大学和大规模在线教育的发展，可以发现以下几个明显的趋势：

第一，进一步的全球化和国际化。由于信息技术的快速发展，开放大学的规模不断扩大，并一直致力于面向全球扩展自己的生源。例如，作为世界超级开放大学之一的南非大学（University of South Africa），仅 2010 年就有 30 万远程在读学生，其中有 12000 多人来自南非以外的 41 个非洲国家，还有 2600 多名学生来自非洲以外的地区。[②] 英国开放大学在 2000 年就有来自 43 个国家的约 3 万名海外学生，[③]而在其 2012～2013 年年度报告中，已经有超过 130 个国家的海外学生。[④]

MOOC 的兴起加快了高等教育全球化的过程。2011 年秋，斯坦福大学的 Sebastian Thrun 和 Peter Norivig 联合开设了“人工智能”（Artificial Intelligence）课程，吸引了来自全球 160 个国家的 16 万学生注册学习，被认为是 MOOCs 第一课；[⑤]清华大学于歆杰老师的“电路原理”课程于 2013 年 10 月上线，不仅吸引了来自中国香港、台湾地区以及印度尼西亚、新加坡等华语国家的学子，更吸引了来自美国、加拿大、巴西、乌拉圭等世界各国的学子。截至 2014 年 8 月，Coursera 已经与世界 110 所知名大学合作开设了 723 门课程，注册人数达到 800 多万，[⑥]充分体现了全球化和国际化的特征。

应当说，面向更加广泛的人群、提供更多的教育机会从而应对社会环境发生的巨大变化一直是高等教育努力的重要方向。开放大学通过课程设置的国际化、学生互换或招收留学生、与当地学校合作等方式开展国际合作；大规模在线教育的免费注册策略更使得全世界的学习者参与名校的各种课程成为可能。这一趋势会随着越来越多

---

① 蔡文璇、汪琼：《2012：MOOC 元年》，《中国教育网络》2013 年第 4 期。

② 杨永博：《世界开放与远程教育发展趋势探析——世界开放与远程教育理事会（ICDE）2012 年度执委会学术会议综述》，《中国远程教育》2012 年第 6 期。

③ 黄日强、邓志军：《英国开放大学的特点及发展态势》，《职教论坛》2005 年第 34 期。

④ 2012/2013：a year of impact，http://www.open.ac.uk/about/main/mission/annual－reports，2014－08－06.

⑤ 马若龙、袁松鹤：《MOOCs：教育开放的模式创新与本土启示》，《中国高教研究》2013 年第 12 期。

⑥ 何春、王志军、吕啸：《我国大学生 MOOCs 学习体验调查研究》，《中国远程教育》2014 年第 11 期。

开放大学线上课程的提供和传统高校对 MOOC 的参与而变得更为明显。当然，也有人提出，由于许多跨境资源来自发达国家和以英语为主的国家，发展中国家要警惕文化殖民的倾向，并关注市场开放可能带来的隐患；[①]同时，MOOC 的免费和开放等特征也对开放大学的生存提出了挑战。

第二，技术应用的普遍重视。国际开放与远程教育理事会（International Council for Open and Distance Education，简称 ICDE）是联合国教科文组织下的全球性远程教育组织，对世界范围内远程高等教育的发展起引领作用。在其 2013 年 2 月发布的《ICDE 战略计划》中，ICDE 对高等教育、成人教育和远程学习的主要发展趋势进行了预测，并明确提出："学习技术的应用将不断发展，这些学习技术包括移动学习、电子书、电子学习的快速增长、个性化学习、社交与虚拟学习、学习分析学等。"[②]

开放大学自成立之初就一直在不断研究如何采用最合适的媒体形式和技术手段为学习者提供高质量的学习材料和支持服务。如英国开放大学（以下简称"英开"），在成立最初的 30 年左右的时间里，以广播电视节目为主要课程形式，由 BBC 的节目制作人员和开放大学的教师、教育技术人员共同组成课程组的工作模式成为"英开"课程建设的独特模式。20 世纪 90 年代，随着计算机技术的发展，"英开"开始注重设计一体化、交互性的电子教学课件，并利用邮件系统、计算机会议等方式促进师生交流。进入 21 世纪，网络技术飞速发展和互联网逐渐普及，"英开""以纸质教材和音像制品为主的多媒体教学包中增加了新的成员，如 DVD、CD－ROM、计算机软件、网页等，并且出现了相当数量的全在线课程"。[③] 同时，对课程活动的具体支持或多或少都会包含网上合作学习、网上辅导、小组互动、电子图书馆资源、视频会议等内容。随着近年移动学习、社交媒体、学习分析等技术的发展，"英开"也投入了大量人力、物力进行研究，以增加学习方式的灵活性、提高学生个性化的学习体验。大规模在线课程虽然吸引了大量学习者的参与，但其较低的保留率却是一直被各界关注和诟病的问题。麻省理工学院的 Nishikant Sonwalkar 提出的"自适应 MOOC"，可以根据不同学习策略呈现不同的内容，并能够进行实时智能反馈，对学生课业完成有正向作用。[④] 应该说，新技术的应用为学习者增加了更多的认知途径，使课程学习变得更加有趣、灵活，也为教师和学生之间的交流与互动提供了更多的机会，对学习质量的提高具有重要意义。

当然，技术从来都是双刃剑，开放大学和大规模开设在线课程的高校更应关注技

---

① 杨永博：《世界开放与远程教育发展趋势探析——世界开放与远程教育理事会（ICDE）2012 年度执委会学术会议综述》，《中国远程教育》2012 年第 6 期。

② 杨永博：《国际开放与远程教育理事会制定 2013－2016 发展战略规划》，《中国远程教育》2013 年第 8 期。

③ 韦润芳：《英国开放大学再认识：教学篇》，《中国远程教育》2009 年第 10 期。

④ Nishikant Sonwalkar, Adaptive MOOC: A New Frontier in Open Education, The United States Distance Learning Association (USDLA) 2013 National Conference, 2013.

术对教育教学的服务，而不应该是技术本身。另外，也应当注意到信息技术基础建设在世界范围内的不平衡。互联网应用统计网站(www.internetworldstats.com)的资料显示，2015年11月非洲各国互联网普及率只有28.6%，而世界平均普及率已达到37.7%。[①] 中国互联网络信息中心在2016年1月2日发布的最新《中国互联网络发展状况统计报告》显示，截至2015年12月，中国网民规模达6.88亿，互联网普及率达50.3%。[②] 尽管相比很多发展中国家中国已经进步迅速，但仍低于许多世界发达国家的水平。同时，网民在地理分布上也存在巨大差异：中国、印度等国网民数量很多，但分布率却很低；日本、韩国、澳大利亚等国分布率很高，但网民数量却比较少，另外，有些新技术应用方式未考虑对老年人等特殊群体的适用性问题。因此，技术选择的针对性和合理性应该是开放大学和大规模在线教育需要长期研究的课题。

第三，持续有效的质量保证。由于成功实施开放、在线的教育项目涉及的因素很多，因此，无论是开放大学还是MOOC，往往需要花更多的努力来证明自己的教育质量。

几十年来，各国开放大学一直在为开放教育质量的提升和可靠性进行着不懈的努力。一些国际组织和行业协会推出了一系列相应的指南或标准来规范开放远程教育：联合国教科文组织与经济合作和发展组织(OECD)一起开发了《2005年跨国高等教育质量指南》，作为教学质量标准的范本；[③]亚洲开放大学协会发布一系列有关最优实践的报告，以帮助各成员国改善内部质量保证体系；非洲远程教育理事会在2008年设立了一个质量保证与认证办公室。[④] 很多国家也专门建立了针对远程开放教育质量进行认证的机构或出台了相应标准，如印度1991年在英迪拉甘地开放大学内设立远程教育委员会，直接负责远程教育机构的评估和认证工作。该委员会颁布了《印度远程教育机构评估和认证手册》，明确了对各远程教育机构评估与认证的程序和标准。韩国高等教育委员会则专门针对网络大学颁布了《网络大学评估手册》以进行监管。斯里兰卡在2003年成立了质量保证与认证委员会，致力于高等教育机构持续的质量改进，并与英联邦学习组织合作，于2009年出台了《远程高等教育质量保证手册》。[⑤]

但是，应当看到，还有很多国家并未制定专门的质量保证制度和标准，从而造成某

---

① Internet World Stats: World Internet Users and 2015 Population Stats, http://www.internetworldstats.com/stats.htm.

② 中国互联网络信息中心：《第37次中国互联网络发展状况统计报告》，http://www.cnnic.net.cn/hlwfzyj/hlwxzbg/hlwtjbg/201407/201601/t20160122－53271.htm。

③ 窦梦茹、刘莉：《开放远程教育的新进展、新趋势、新使命——亚洲开放大学协会(AAOU)第22届年会述略》，《中国远程教育》2008年第11期。

④ 杨永博：《世界开放与远程教育发展趋势探析——世界开放与远程教育理事会(ICDE)2012年度执委会学术会议综述》，《中国远程教育》2012年第6期。

⑤ 陈丽：《亚洲国家现代远程教育质量保证体系比较研究》，《现代远程教育研究》2012年第2期。

些指标在实际操作中的适应性下调，这也是造成人们普遍认为开放远程教育的人才培养质量低于传统教育的一个重要原因，也是开放大学需要不断努力的方向。另外，跨境教育的活跃和发展，使得质量保证不应仅仅停留在一个国家层面，而应上升到地区或国际层面。目前缺少一个全世界范围内公认的认证组织或排名系统，来帮助远程教育机构为自己的教育质量作出评价。大规模在线教育虽然诞生时间不长，但是也存在着如何衡量学习材料和过程指导的水平、如何保证师资质量、如何提高学术诚信等一系列需要解决的问题。

第四，丰富的学习资源与学习模式。开放远程教育中，课程材料是主要的学习和信息资源。在开放大学成立之初，课程资源仍主要沿用文字印刷形式，但用于传统高校面授的文字教材由于知识密集并不适合学生的自学，因此，开放大学的课程资源需要经过专门设计并配以详细的课程指导和各种辅助材料，帮助学生在与教师时空分离的情况下完成学习过程。经研究与开发，开放大学的教学资源中往往包括电视和广播节目，它们在固定的时间和频道播出，但很快又由于其时间的局限性被录音带和录像带取代。计算机和网络的迅速发展，为学习者更加灵活、快捷地获取各种信息资源提供了方便。学生可以通过网络获取在线杂志和电子教材，并利用课程管理系统与老师和其他同学开展交流互动、传递作业、在线讨论、小组合作等各种学习活动。

起源于2001年的美国麻省理工学院的"开放课件"项目（Open Course Ware Project，OCW）揭开了"开放教育资源"（Open Education Resource，OER）运动的序幕。从最初的文字、图片到音频、视频、开放资源软件、开放许可依据，再到各种形式的社交媒体，开放教育资源使开放与远程教育的内容变得更加丰富。有人甚至将大规模在线课程总结为开放课程发展路径中继数字化课程教学材料、微教学视频资源之后的第三个阶段。①

毫无疑问，OER运动和大规模在线课程为更多的人提供了更加便利的学习条件，但在未来的发展中依然需要解决诸多深层次问题：如何来衡量这些教育资源的质量和对不同人群的适用性？这些免费的开放教育资源将会对发展中国家的高等教育产生什么样的影响？发展中国家或不那么知名的高校是否就只能被动地接受教学资源？哪种教学模式更适合哪些开放的教育资源？怎样才能更好地促进学习者的全面发展而不仅仅是成功传授学习材料？对于快速发展的开放大学和大规模远程教育来说，解决问题和应对挑战之路还需要慢慢求索。

---

① 余亮等：《开放课程发展路径研究》，《开放教育研究》2013年第6期。

第七章
媒介对大学生经济意识和消费行为的影响

媒介既是信息传播的工具和平台，也可以看作是专门从事传播的社会组织。媒介及其所生产和传播的内容产品，除具备基本的信息要素外，也带有政治和文化意义。同时，还应该从经济的角度进行审视：媒介本身是一种重要的经济组织，在国民经济中的地位日渐突出；媒介对经济的发展有着特殊的、多方面的推动作用；媒介对人们的经济意识和消费行为也有着显著的影响，大学生也不例外。

对媒介的经济作用可有三方面的理解：其一，媒介通过提供特有的媒介产品成为国民经济体系中的重要产业；其二，媒介通过提供经济信息促成消费，影响着个体对经济的认知和态度，它作为“润滑剂”减少了“交易成本”，作为“黏结剂”凝聚了社会共识；其三，量和质都得到快速发展的媒介，面向全社会提高了知识的传播效率，促进了人力资本的积累和创新的扩散，以及制度环境和文化环境的改善，这些外部影响最终内化为经济活动的资源和动力，使得媒介成为经济增长的“催化剂”，实现了加大经济产出和加快经济发展的乘数效应。

在媒介的积极作用下，大学生对媒介的消费、因媒介而发生的消费、通过媒介进行的消费都在增加。更重要的是，在大学生走向社会、独立自主的进程中，掌握经济资源、自觉进行消费是其是否实现社会化的基本标志，也是大学生社会生存能力的一种体现。在这一能力和相应的经济观念的培养中，媒介所扮演的角色值得关注。

第一节　媒介的经济性

媒介产品与通常的物质产品有显著的不同。无论是报刊上的版面和文章、广播或电视中的栏目和节目，还是互联网“虚拟世界”里多媒体化的各种文字、画面、音频、视频，最重要的都是其中所包含的信息的内容，而不是那些有形或无形（如电波）的传播渠道和表面符号。可以说，媒介产品是传递有意义的信息的特殊劳动成果。尽管与相应的物质承载和技术支撑之间存在相互依存的共生关系，但归根结底，它在本质上是精神产品、文化产品，并越来越向创意产品发展。

媒介产品具有多重属性，基本的有政治属性、社会文化属性、经济属性等，其中经济属性体现在其产品的价值和使用价值上。在市场经济条件下，媒介产品的价值和使用价值可在交换中体现，因此具有商品性。以新闻为例，它是基于媒介的劳动产品，从而具有价值；它以其特有的信息满足了人们对于外部环境认知的需要，从而具有使用价值；它是新闻工作者与大众相交换而生产的媒介产品，因而具有交换价值。因此，新闻无疑具有商品属性，可以作为一种商品进入市场，其他媒介产品亦然。

媒介产品又是具有意识形态性质的特殊商品。从生产方式来看，媒介产品的生产要素除传统西方经济学中所定义的劳动力、土地、资本、企业家之外，还须有大量客观的信息资源作为投入；与普通商品相比，它是一种以复杂的智力劳动为主所生产出来的商品，所以剩余价值更大、附加值更高。从流通方式来看，电子媒介和数字化的媒介产品可以直接从生产领域进入消费领域，明显能节约成本，因此增加了媒介消费者可支配收入的使用价值或效用价值。从产品形态来看，媒介产品的内容或效用与物质载体可相对分离，这使得交换和消费需要一定的中介物才能进行，这也导致媒介产品的可复制性。从消费效用来看，媒介产品的功能最重要的是满足人们的心理需求和精神需求，属于典型的体验型商品，并表现出“信任品”的特点。

媒介产品的特殊性还体现在其兼具公共品和私有品的属性。总体而言，书籍、报纸、杂志、唱片、音像制品可归为私有品，因为它们能够分割成单一产品出售；有线电视、付费频道和节目、在影院中播放的电影、互联网及手机媒体等，属于混合品中的自然垄断或俱乐部物品，因为消费它们需要付出一定的代价（如流量费、定制上网套餐等）；无线广播电视通常被认为是公共品，因为电波信号无法分割，也无法约束和限制受众的收听收看，而且受众之间不存在竞争和相互影响。如果从内容上看，新闻信息应该是公共品——对新闻的获知不存在竞争性，同一条消息可在人群中被自由分享；新闻也不应存在排他性，它存在的意义就是要广泛传播。相比较而言，娱乐信息往往会有更强的私有品属性，如彩铃或歌曲的下载、视频的点播等。但无论哪种媒介，当它提供广告发布时，对广告主来说，可利用的版面、时段、页面和位置等都是完全市场化的私有品。

媒介产品（包括文化产品）对于消费者的真正价值在于它们所包含的信息，以及信息所传达的意义，而不是信息的有形载体，因为作为内容的它们是不可消耗的。在经济学上，这意味着媒介产品的边际成本很低，甚至几乎为零。正是因为媒介产品往往具有高初始生产成本和低复制成本的特点，所以可通过大批量生产复制而大大降低平均成本，这属于典型的规模经济。媒介产业中还普遍存在范围经济的特点，意味着人们可对某一产品在形式上进行改变或在内容上进行新的组合加工，使得它们在不同渠道或不同市场上重新传播和销售，这也导致了媒介经营的集团化和融合化现象。

考察媒介产品的经济特性还需理解网络的外部性，或称网络效应。这是由于媒介产品经常存在着互联的内在需求，这种需求的满足程度与网络的规模密切相关。在电信网中，如果只有少数用户，他们不仅要承担高昂的运营成本，而且只能与数量有限的人进行通话交流，满足效应较差。而随着用户数量的增加，所有用户都可以从网络规模的扩大中获得更高的价值，网络的价值也呈几何级数增长。当然，我们也不能因此忽视网络负效应：一个网络的节点数越多，它被滥用的风险就越大，造成的损失也越大，如系统崩溃、计算机病毒等。对个人而言，社交网络的有效沟通人数存在“天花板”，且过度的使用可能带来一系列的负面作用。

从生态学的观点看，媒介是整个社会系统的一个子系统，媒介消费在很大程度上来自于人们在生产和生活中的交往行为。因此，尽管媒介本身是物质的、生产性的，但媒介消费和媒介经济却难以独立存在。它们所传递和消费的媒介产品，对现实世界和实体经济有很强的依附性，不但离不开宏观经济整体的支撑，而且要依赖于相关产业所“创造”出的信息需求和信息资源来维持其运转。可以说，媒介产业是一种现代经济高度专业化的分工与合作所培育出的“派生性”产业。一个国家的经济发展、社会发展、文化发展的整体水平，决定了媒介产业的发展水平。媒介产业也被公认为当今世界发展最快、回报较丰厚的朝阳产业之一，将在国民经济的整体格局中占据更大的比重，发挥更为积极的支撑性、渗透性、引导性作用。

媒介系统与经济系统的关系有两种视角：一种是“经济中的媒介”，也就是将媒介视作经济系统下的二级系统，强调它作为产业的经济属性，是受经济条件制约和经济规律影响的被动性产物；另一种是“媒介中的经济”，也就是将媒介系统视作主动的“因”，经济系统是受其影响的“果”，着重分析媒介对经济所产生的积极的、能动的作用。

媒介对经济的直接影响有三个层面：在微观层面，媒介提供可以在市场上买卖的内容产品和广告服务，以及通过渠道收入、用户收费（如付费频道、手机包月服务等）实现具体的媒介消费,产生经济效益。在中观层面,各类媒介的经济活动共同构成了媒介产业,并作为GDP的构成,提供就业市场,为国民经济发展作出贡献。在宏观层面,媒介产业作为一种活跃的成长性因素,推动着国民经济的产业结构优化和升级。这种影响体现在:一方面,媒介产业通过自身不断地发展壮大,扩充了文化产业和信息产业的规模和实力,从而改变了经济体系的构成;另一方面,媒介产业能发挥嵌入式作用,以信息流、知识流的导入,改善其他相关产业的生产流程、销售模式和管理效率,帮助它们又好又快地发展,最终促进产业进步和升级。

媒介对经济的间接影响可从四个方面进行分析:第一,媒介本身作为生产工具或其所提供的大量经济信息作为一种经济资源,投入到经济的生产、分配、交换、消费等各个环节,成为一种因减少信息不对称而降低交易摩擦、提高各个行业经济效益的"润滑剂",直接影响到个体(个人和组织)消费等经济行为。第二,媒介通过所呈现的经济图景,广泛影响作为经济主体的个人与组织的经济认知、经济态度和偏好,从而进一步影响他们的经济意志和行为。第三,媒介通过改善人力资本、推动创新扩散、整合社会资源等方式,影响相关的经济要素,而这些要素投入到经济活动中,可进一步促进经济效益和发展水平的提高。[①] 第四,媒介通过对个人的影响而影响到社会群体、社会组织甚或社会整体,创造一种集体性的意识和文化,从而影响由经济制度、政策、法规和消费文化等构成的经济环境,最后对经济的资源要素配置和运行机制产生潜移默化的、根本的、长远的影响。

第二节 媒介与消费主义

2014年11月12日零点,阿里巴巴西溪园区报告厅的巨型电子屏幕上,"双11"成交总额锁定在571.12亿元人民币,新的网上零售交易纪录诞生。其中,移动交易额达到243亿元人民币,物流订单合计达2.78亿笔,总共有217个国家和地区被点亮。这一天的交易额相比2013年的362亿元人民币增幅为57.7%。而当这一促销计划在2009年首次推出时,销售纪录仅为0.52亿元人民币。无疑,这是一场举国购物的狂欢,其影响力正在向全球扩散;这也是新媒介支持下的电子商务在显示其超乎想象的冲击力;这还是现代消费主义的一次彻底胜利,不但体现在行动实践上,更是在精神层面上征服了现代人。

消费主义是资本主义社会进入20世纪以后,在美国等西方发达资本主义国家兴起的并随后逐渐向全世界传播和扩散的一种为满足享乐、快感、纵欲、奢侈等并非基本

① 郑维东:《媒介化社会与经济增长:理论及实证研究》,中国传媒大学出版社2013年版,第30—31页。

需求而无节制地消费各种商品和服务，使人永远陷于一种“欲购情结”(buying mood)中的生活方式、价值观念和文化形态。它缘起于大规模的工业化生产对劳动生产率的提高，在促进资本积累的同时也增加了工人的收入，刺激了大众的消费。它也离不开大众媒介的发展，以广告、电影、电视剧、流行音乐等形式为代表的大众文化对消费主义的宣传、推动和示范是其不断蔓延的文化原因。

消费主义的主要内涵有：消费需求并非生存基本需要，而是通过广告、大众媒介等手段被创造出来的欲望；消费的主要目的是获得商品和服务的符号象征意义，即交换价值而非其使用价值，进而通过消费实现某种意义的自我表达和身份认同；消费在一定程度上建构了新型社会关系和社会权力。消费主义在日常生活中主要表现为：非理性消费，即不是出于真正需要而是出于一时冲动、盲目从众或与人攀比等心理进行消费；奢侈消费，一方面，指在相同或相似的商品或服务中追求奢华和档次，如高档家电、豪华装修、名牌服装等的消费，另一方面，指物品尚且具有使用价值，但因款式、型号、规格过时或落伍等原因就将其淘汰或丢弃不用，或以讲究生活质量为名大量使用一次性用品(如一次性餐具、纸巾、毛巾等)而造成资源浪费；夸示性消费，也称炫耀性消费，即以显示和炫耀身份、地位或经济实力为目的而进行的消费，如豪华婚宴、贵重礼品、奢华招待会等；超前消费，即超出当前实际消费水平和支付能力的消费，也就是通常所说的借贷消费，这种消费现在已经不仅仅局限于汽车、住房等大宗消费品，有些人在没有能力购买喜欢的首饰、时装、手机、电脑等物品时或没有能力支付美容、健身、旅游等服务费用时也开始使用信用卡透支消费，然后用收入分期偿还，用这种方式满足消费欲望。①

消费主义是随着西方发达资本主义国家生产力不断发展、产品日益丰富、从“生产社会”进入“消费社会”而不断兴起和发展的。它建立在这样一种假设基础上，即大众消费运动伴随着符号生产、日常经验和实践的总体性重新组织。消费文化还被认为是在西方现代性发展过程中形成的文化再生产主导模式，并普遍联系着界定西方现代性的那种核心价值、实践和制度，诸如选择、个人主义和市场关系。② 也有研究者认为，消费文化实际上就是一种后现代文化，一种无深度的文化，在这种文化中，一切价值都被重估，艺术战胜了现实。③

消费主义或消费文化在一定程度上刺激了经济的发展，同时使一种新的生活方式、价值观念和文化形态得以在社会中传播。它的存在具有一定的合理性，表现在其以一种媒介小叙事解构了媒介的宏大叙事，以一种平民话语权消解了主流意识形态和

---

① 高永亮：《网络传播消费主义现象批判》，中国传媒大学出版社 2014 年版，第 5—6 页。

② Don Slater, *Consumer Culture and Modernity*, Cambridge: Polity Press, 1997, p. 8.

③ Mike Featherstone, *Consumer Culture and Postmodernism*, London: Sage Publications, 1991, p. 85.

知识精英的话语霸权，完成了平民大众文化的再生产，提供了一种文化民主的可能。[①] 但消费主义对媒介文化及整个社会的精神文化都具有不容忽视的负面效应甚至破坏性，因为它“淡化了人们的政治意识，使人们丧失了对现有的社会制度和社会问题的批判力和辩证否定的思维能力”，“造成现代人的精神危机”，“形成了许多虚假性需求，使无限膨胀的人欲、物欲与资源的有限性之间的矛盾愈益尖锐，自然生态恶化”。[②]

改革开放以来，我国也逐渐开始出现一些消费主义或受消费主义影响、带有消费主义倾向的生活方式、价值观念和文化形态。进入21世纪后，随着国民收入的提高和市场经济的快速发展，消费主义思潮愈发泛滥。

大众传播媒介在消费主义文化的形成、传播和蔓延中发挥了重要作用。广播电视等大众传播媒体将商品的“符号价值”发挥到了极致，制造出“模拟世界”，消解了“公共领域”和“私人领域”之间的界限，创造出“离散社会”和“沉默的大多数”，使大众成为失去了与环境和他人交流能力的“单维人”，成为被资产阶级随意操纵的消费机器，资产阶级消费文化至此完全形成。[③] 同样，在消费主义在我国出现和扩散的过程中，大众传播媒介及其产品不仅是一支重要的推动力量，而且自身也越来越具有消费性。在新闻传媒中，消费主义倾向表现为传播内容的重点转移：一是出现了大量的包括广告在内的“生活方式报道”，对受众实施物质生活消费的诱导，二是用大量的娱乐新闻和娱乐节目，使受众沉溺于感官享受。[④] 媒介主体形象的转换，各种影视、歌舞、体育明星等逐渐取代“生产英雄”，占据越来越显著的地位；媒介形式的消费特征，如注重媒介自我形象的重塑与包装，通过捕捉、营造新闻卖点以及新闻炒作、新闻策划等各种手法、手段来强化媒介内容的“可售性”等。随之而来的是媒体社会责任意识的衰减，假新闻、有偿新闻、色情与暴力信息、过度娱乐、低俗化和游戏化现象等屡见不鲜，且有愈演愈烈之势。

由于具有即时性、交互性、匿名性、开放性、较强的自由选择性等特点，互联网在各种类型媒介中受消费主义的影响更大，其消费主义倾向也更明显。在网络传播中，不但网络语言可以被消费，论坛、即时通讯、社区、视频等网络工具和恶搞、人肉搜索等网络手段也在推动着欲望的生产和消费。除网络新闻的消费主义倾向外，大量的网络广告对消费文化起着推波助澜的作用。各种娱乐类、生活类、休闲类等倡导以享乐主义和奢侈消费为主要内容的消费主义生活方式和价值观念的信息占据了网络内容的大多数。因此，网络文化消费与现实商品运作合谋，产生了市场经济行为，使网络虚拟与

---

① 高永亮：《网络传播消费主义现象批判》，中国传媒大学出版社2014年版，第206页。

② 陈芬：《消费主义的伦理困境》，《伦理学研究》2004年第5期。

③ 杨伯溆、李凌凌：《资本主义消费文化的演变、媒体的作用和全球化》，《新闻与传播研究》2001年第1期。

④ 秦志希、刘敏：《新闻传媒的消费主义倾向》，《现代传播》2002年第1期。

现实市场达成一致。互联网为消费者提供了文化娱乐、通信、现金拨付和购物等多种服务,引起了人类消费文化生活方式的全面变革。①

消费主义现象会对社会文化及大学生身心健康产生诸多的负面影响:在消费行为上,表现出一定的盲目性,如无合理计划、痴迷名牌、超前消费等;在消费心理上,容易产生攀比、炫耀、追星、讲求流行时尚等;在文化上,因强调功利主义、享乐主义而导致普世性人文关怀的缺失,损害人和人之间的信任、友爱和尊重;在思想上,受到实用主义、相对主义、虚无主义、拜金主义和性解放等观念的冲击和腐蚀,形成扭曲的价值观。

第三节　大学生消费行为和心理

当前的在校大学生以"90 后"为主,他们多为独生子女,从小具有较好的生活条件,社会环境也和平稳定,并伴随着市场经济的快速发展和信息技术的突飞猛进而成长,同时也切身经历着中国加速融入全球化的深度开放和社会转型的巨大变化。因此,这些大学生在整体上经济更充裕、视野更开阔、思想更解放、媒介经验更丰富,但同时也具有观念意识复杂多变、身份背景分化明显、承受期望和责任较高、追求个性张扬、爱好娱乐、消费大胆等特点。

对这一代大学生的消费观念、消费行为和消费心理的研究一直是较受关注的课题。不少研究者采用实证的方法得到了许多有用的数据资料和统计结果。在这个过程中,有基于实践的总结和研判,还有进一步分析大学生的消费结构、影响其消费的因素、对特殊群体或某一具体消费行为的深入挖掘等,其中信息消费、媒介消费、网络消费以及媒介对大学生消费行为和观念的影响也是颇为活跃的研究领域。

平均消费水平显著提高,但不同群体间有较大差别。随着中国经济的高速发展和家庭收入的普遍提高,以及在经济上对作为家庭重心的独生子女的倾斜,和在职业竞争日趋激烈的条件下对教育投入的重视,当代大学生的经济条件与父辈和"80 后"相比有很大的改善,也因此大幅度提高了他们可支配的经济资源和可用于消费的潜在能力。有研究表明,70 年代中期的大学生月均消费为 30～50 元,80 年代初为 50～100 元,80 年代末 90 年代初提高至 120～200 元,90 年代中后期达到 400～600 元。② 而当代大学生的消费水平更有提升,月均消费在 800 元左右,千元以上的并不少见,但两极分化现象严重,标准差和平均值之比高达 50%,最高值甚至为最低值的 25 倍。③ 由于

---

① 张品良:《网络文化传播:一种后现代的状况》,江西人民出版社 2007 年版,第 141—142 页。

② 余展洪:《关注大学生的健康消费——当代大学生消费状况调查报告》,《思想·理论·教育》2002 年第 11 期。

③ 刘筱丹:《90 后大学生消费行为与身份认同研究——以广西桂林市局校为例》,广西师范大学硕士学位论文,2013 年。

家庭富裕程度和家庭背景的不同，以及城乡之间、不同地区之间的收入严重不平衡，大学生的消费水平存在很大差异，经济困难和出手阔绰的大学生均有一定比例。这种趋势容易形成“晕轮效应”，也就是在人际认知中，会将原本作为单一因素的消费水平扩大和泛化到其他一系列特征上，从局部的信息而形成一个完整的形象。[①] 比如，消费水平越高的大学生社会交往越广，担当社会工作和学生干部的比例越高，性格更趋外向，人格更加自信；反之，贫困学生则更内向，心理上更自卑、压抑，社会化程度相对不足，甚至可能拥有对社会的负面偏激态度。此外，不同性别、不同年级、不同专业的大学生在消费水平上也存在差异。大学生的消费行为具体呈现出以下几个特点：

第一，消费来源多元化，消费内容多样化。由于大学生经济尚未独立，在强调要养育子女和重视教育的普遍现实与长期习俗的共同影响下，大学生消费的主要来源仍为家庭供给，但收入的多元化趋势正在更加突出地显现：一是国家和学校层面的各种奖学金、助学金和励学金的种类增多、投入加大，获得奖励和资助的比例也在持续增加，不少院校已超过80%；二是对贫困学生的助学贷款力度加大，已能保证他们的学费和基本生活开支；三是为大学生创造勤工助学岗位和自主创业的机会，这在一定程度上可以缓解经济压力、增加收入；四是兼职收入增长迅速，不少自主意识突出、自理能力较强的大学生更倾向于通过自食其力来满足日常生活消费，如家教、参与代购或促销、摆摊、提供技术服务、开办网店等，这在校园中已是常态。在消费内容上的多样性也日渐突出，如在学习方面，除完成规定的学业外，为提升自身的职业竞争力，许多大学生还努力考取各种执业资格证书或计算机、英语等级证书，并为此支付资料费、报名费、培训费、辅导费及购买电脑、软件、光盘等必要的学习工具的费用。在生活方面，不再仅满足于温饱，而是追求吃好、吃出营养甚至不错的环境和氛围；衣着上也更加讲究时尚、新颖、个性，以至于追求名牌等；交通上，拥有电动车、摩托车的大学生增多，也有人拥有小汽车，出行时乘坐出租车、高铁、飞机的情况日益普遍。在休闲娱乐等特殊消费上，一些需要较高投入的活动增多，如观看商演、追星、旅游等。在社会交往上，各种聚会、联谊、社团或集体活动、过生日和节假日等日渐频繁；送礼、联欢和恋爱等方面的消费档次都有所提高。

第二，消费结构不尽合理，人际消费和娱乐消费占比较高。大学生的消费可分为基本生活消费、学习消费、休闲娱乐消费、人际交往消费等四大类。[②] 从多项调查研究可看出，在当前大学生的各项消费支出中，生活消费仍占主要比重，但正在向更高层次发展，除饮食和衣着的档次在不断提高外，追赶潮流和时尚需求也在增长，特别是对于女生而言，用于化妆品、美容美发等方面的费用也在增加。与此同时，大学生的主要任

① 余展洪：《大学生消费两极分化趋势的晕轮效应》，《当代青年研究》2006年第6期。

② 张莎莎：《当代大学生的消费行为及其引导》，南京师范大学硕士学位论文，2011年。

务是学习，但学习消费的占比却有所下降，原因不在于学习消费的绝对值减少，而在于其他方面消费的快速增长。其中一个重要原因就是休闲娱乐消费日益丰富多彩，如电影、体育活动、旅游、上网等都成为越来越多大学生的选择，特别是近年来对旅游的热情持续高涨，这与大学生在时间支配上较为自由以及年轻人渴望认识世界的天性有密切关系。大学生的人际交往消费也日趋多样化。大学生一般在异地上学，与亲人的交往变少，与同学或同龄人间的交往增多，再加上社会的快节奏和媒介传播的便利，这种交往机会更多、交往圈子更易扩大。部分大学生受人情面子或攀比心理的影响，在这些环节的支出更大，甚至产生了较为严重的结构性偏差，使物质享受性消费远高于学习性消费。一项调查显示，生存消费是大学生消费的主要方面，伙食和衣着消费约占月消费总额的 70.5%；娱乐、旅游等享受性消费约占 7.4%；用于自身成才、成功的发展性消费约占 6.7%；用于通讯、人情、恋爱等方面的人际消费约占 15.4%。[①] 总体来看，大学生消费的恩格尔系数较高，人际交往费用偏高，而基本的学习消费在总消费结构中所占比重相对下降。

第三，注重发展性消费和精神性消费，追求个性与身份认同并重。当代大学生的消费水平和质量有了显著提高，正在从原来的以"吃"和完成学业为主的温饱型消费转向以"吃"为主的符号消费、形象消费及情感消费等多元存在的发展性消费。[②] 其中一个比较突出的表现就是由于自身发展的需要而进行的投资性消费支出，如进行多种课外的学习辅导，参加证书考试、公务员考试和有关的技能培训，准备出国留学等，这已成为较为常见的在校大学生的职业规划行为。在基本的学习费用基础上，改善学习条件的支出也大大增加，如购买电脑、PAD、电子辞典等。满足精神文化需求的消费比例也在逐渐提高，听音乐、看电影、观演出、行天下和参加体育健身、艺术活动等都成为校园生活的常态。还应该注意到，由于对新事物有很强的好奇心和接受能力，部分大学生追求享受性消费的趋势在逐步扩散，追赶时尚潮流并且不吝啬于购买高端产品和名牌产品。同时，有调查表明，"90 后"大学生消费的个性化及身份认同感是最强的，说明现在的大学生消费更注重自我感受和品位，消费更适合自己的个性特点，以彰显个性和实现自我。[③] 在大部分大学生中，也确实存在比较强的消费中的身份认同感。他们试图通过某种特定的消费方式，或在心理上获得一种群体隶属感来寻求平衡，或实现自我身份的维持和建构，或表现为对自己所属团体、群体与其他团体、群体之间的差异的主观认知和判断，即给自我或所在团体贴上可识别的"标签"。

---

① 张静：《消费主义思潮与大学生消费行为研究》，延安大学硕士学位论文，2011 年。

② 林梅：《社会转型期大学生群体的消费行为研究——基于上海若干高校的一项实证调查》，华东理工大学硕士学位论文，2012 年。

③ 刘筱丹：《90 后大学生消费行为与身份认同研究——以广西桂林市局校为例》，广西师范大学硕士学位论文，2013 年。

第四，消费自主性增强，但超前消费和情绪化消费较严重。当代大学生由于年龄增长开始发展自我需求和独立意识，而且视野开阔、敢于表现。他们看待各种事物都有自己所主张的观点和态度，也具有个性鲜明的喜好，并努力向社会展示自身的成熟。体现在消费行为上，就是具有明确的主见，较少依赖他人，不愿受到干涉和支配，渴盼能自我判断、自我行动。在电脑、手机、网购等某些新生产品或服务方面，他们比父辈更有发言权，更具有自主性，但也不可避免地会产生走向另一极端的趋向，就是过分相信自己的感觉而出现情绪化的消费行为。比如，或是出于消遣，或是受到广告或他人的鼓动，或是试图发泄情绪，在冲动下购买某些并不急需的物品或经常性地理发美容、唱卡拉 OK、玩游戏，甚或外出旅游、寻求刺激等。还有一个现象应该引起重视，就是超前消费越来越受到大学生的接受和青睐。从客观上说，拥有信用卡的大学生比例和他们拥有的信用卡数量在逐年上升；从主观上说，很多大学生对提前消费、借贷消费等来自西方资本主义社会的消费习惯感到认可。他们视此为理所当然的消费行为，但由于自身的经济能力和控制力有限，常会因此加重自己和家庭的经济负担，有时会带来过度的心理压力并引发社会问题。

第五，网络化消费趋势明显。大学生作为一个年轻的消费群体，很容易接受网上购物、电子商务等新型消费模式。从在线游戏、付费下载或点播，到书籍、服装、电子产品、生活用品的网购，再到餐饮、票务、旅游的 O2O，甚至最新潮的众包、众筹等，都已被大学生广泛使用。在许多校园中，专门设置的快递集散地是最热闹的区域之一。与愈发深入的网络生活相适应，在互联网金融、物流等基础性业务的支持下，对于大学生来说，网络消费已成为与传统的实体消费相媲美的主要消费场域之一。

第六，大学生中存在攀比和炫耀心理以及过度消费、浪费性消费、炫耀性消费等不良现象。尽管大多数大学生的消费比较理性，但在部分大学生中或在某些情境下，不良的消费行为和消费观念仍占有相当高的比例。一些大学生不是根据自己的需要和实际承受能力来决定自己的消费行为，而是赶时髦、图享受、爱慕虚荣，成为高消费和过度消费的“奴隶”。少数大学生的消费目的往往不是基于必需，而是出于不甘落后、胜过他人的心理，将消费和对物质的占有视作是地位和身份的象征，或者积极模仿明星和所谓的“成功人士”，或者意图从消费中找到理想化的群体归属感和代偿性满足，或者希望通过对名牌、奢侈品、高消费的炫耀赢得认可和虚幻的尊重。与这些相比，浪费性消费则更为常见，从对食堂饭菜的随意倒弃、没有节水节电意识，到衣物和生活用品的频繁更新，再到盲目下单、买而不用等，都在大学生中屡见不鲜。

第七，亟待加强的消费计划性和理财能力。或许是因为缺乏足够的生活经验并长期享受来自家庭的较为充裕的经济保障，大学生在消费上的计划性较为匮乏。有调查表明，“90 后”大学生中消费没有计划者占多数，比较注重计划、精打细算的学生所占比例较少;在理财能力方面,没有养成记账习惯的学生也占多数。[①] 另外,尽管只是少数,但校园"月光族"或"负翁""负婆"也并不是个案。与之相应的,是不少大学生缺乏起码的理财能力。一份研究显示,只有10.9%的男生和7.8%的女生认为自己的理财能力较强,而48.9%的男生和46.4%的女生认为自己的理财能力较差。[②] 为此,加强理财知识的教育、培养大学生的科学"财商"和正确的消费意识是高校中一个值得重视的课题。

第四节　媒介对大学生的经济影响

媒介对大学生的经济意识和消费行为的影响是多方面的。从基本作用看,一是媒介本身就是一种消费品,大学生成为媒介产品和服务的消费者;二是媒介为大学生提供了丰富的消费信息,特别是随处可见的广告,它们在不知不觉间引导着大学生的消费活动。从深层次的作用看,媒介以所塑造的"榜样"在大学生中示范应该如何消费,其所倡导的消费理念和消费习惯会产生长期效应,最终"涵化"大学生的消费行为。媒介对大学生的经济影响有积极的一面,如更好地学习经济知识、了解商品价值、提升消费体验等;但我们对其可能产生消极的影响要有足够的警惕,如鼓吹消费主义和享乐主义、看似自由的选择实则为一种心理的引诱或强迫,其夸大事实的宣传扰乱消费市场,使缺少经验和自立性的大学生陷入物质和精神上的被动。

媒介为大学生提供可消费的内容产品和工具性应用。媒介既是政治和文化组织,也是市场经济下的一种经营主体,其所生产和传播的是以信息和意义为主的内容产品,如图书的文章、报刊的新闻、电视的节目、网络上可付费下载的音乐和游戏等。对包括大学生在内的受众或用户来说,这些内容具有经济上的可消费性,是能够满足消费者需求的、可按一定量化价值交换的商品。大学生是具有较高知识层次和文化素养的群体,正处于社会化的关键时期,媒介所传递的形形色色的信息,可以帮助他们认识世界、了解社会、增加交往,从而更好地走向社会、适应社会。无论是学业的完成、择业的取向、衣食住行的保障,还是消遣娱乐、人际沟通、自我实现等,大学生在很多时候都需要通过媒介来掌握足够的信息以帮助自己作出适宜的决策,或是从媒介中得到精神的愉悦和情绪的发泄。为此,媒介产品对大学生而言具有重要的功能性,是学习、工作、生活上不可或缺的要素,也使他们愿意付出相应的代价。除直接的内容消费外,不少商家也将大学生视作当下有望"变现"或潜在的消费对象。随着互联网和手机等新

---

① 刘筱丹:《90后大学生消费行为与身份认同研究——以广西桂林市局校为例》,广西师范大学硕士学位论文,2013年。

② 刘俊彦:《消费主义思潮与青少年思想道德建设》,《中国青年政治学院学报》2006年第1期。

媒体的兴起，媒介也在创造更多的服务和应用，如电子邮件、即时通讯、网络社区、电子商务等，而大学生往往是媒介种种新功能的积极使用者和推广者，在此过程中也发生着许多经济活动。在当代大学生的各类消费中，媒介和媒介产品所占的时间及资金的比重都越来越大。可以说，媒介已成为大学生最常见的消费对象之一。

媒介为大学生提供全面的经济信息和消费指南。经济行为贯穿于个人的社会生存活动和社会的生产关系之中，是现代性的一种集中表现，也是现代社会最基本、最主要的社会化行为之一。大学生的日常生活、学习、择业、交友等，都伴随着一系列与市场交换、商品购买、服务享受等有关的经济活动。近年来，市场经济在中国的快速发展和多角度渗透，以及全球化、信息化所带来的消费扩张，使得大学生与经济领域的很多环节都发生着越发全面、深入的关系，如生活用品和学习用品的购买、各种费用的缴纳、休闲娱乐体验等。在这些过程中，大学生越来越依赖于通过媒介来了解和比较有关商品和服务的信息，从中寻找适合自己需求、物美价廉的消费目标。此外，媒介还可以总体呈现国内外的经济形势和经济政策，使大学生对经济环境和经济走向有所把握，从而决定自己的经济活动，甚至学业和职业上的取舍。尤其是网络媒介，因其数据量巨大、更新快捷、功能完善而备受大学生青睐。从图书、衣物、化妆品到餐馆、车票、旅行团，几乎每一件产品都可以在其中找到充分的信息，并且还有诸如购物心得等来自专家或热心人士的经验和指导，使消费更有效率、更具价值。在媒介参与经济的活动中，广告被放在十分特殊而重要的位置，因为媒介是广告传播的载体，而广告带来的相应收入则往往是媒介机构的主要经济来源。一方面，大学生受相对封闭的校园环境及自身的生活阅历所限，在经济行为中更依赖于通过广告了解行情、参考决策。另一方面，由于现实条件、群体特征和未来发展潜力，他们也经常作为主要的消费细分对象受到厂商的特别关注，受到有针对性的广告宣传和促销手段的影响。但大学生也较易受到广告的蛊惑，有时会产生冲动性或攀比性消费，所以当谨慎对待。

媒介为大学生提供了经济知识和行为的学习机会。经济学是经世济民之学，而对社会中的个人而言，学习一些经济知识、学会如何更有效地配置和应用稀缺资源，对己对人乃至对社会和谐有序地运行都大有益处。但经济学也是一门实践的学问，需要在具体的现实操作中加以体会和总结。整体上看，大学生对于经济的理论知识和实践经验都还有所不足，为弥补其中的差距以及更好地沟通二者，通过媒介来实现有关的学习活动是很有必要的，也具备良好的可行性。一方面，媒介正越来越多地提供各种经济知识、方法和经验，或是系统的学理介绍，或是具象的案例展示，或是图文并茂，或是动态影像，或是顾客评价，或是社区讨论和推介，都是大学生从单纯的学习者走向拥有成熟的经济能力的社会人的必备知识；另一方面，媒介也以灵活多样的消费服务和经济性的功能应用，让大学生在身体力行的感受中增加经济知识。例如，2014 年 2 月 27

日，天弘基金宣布，余额宝的用户数量已经突破 8100 万，在这庞大的数字背后，有接近 48.1%的用户为本科生、30.3%为大专生、5.8%为研究生，合计占到总用户的 84.2%——将近 6820 万大学生撑起余额宝的半壁江山。统计数据显示，余额宝用户中最为庞大的群体年龄分布在 23 岁，达到 205 万人，而大学生中的很大一部分正处在这一年龄段。研究表明，余额宝给大学生的理财以及消费带来了巨大影响：改变他们的理财习惯，将闲钱存储升值成为一种生活方式；推动他们对货币基金等金融知识的了解；影响他们的消费习惯，使其既可能变得更加理性和有节制，也有可能因其方便快捷而更能刺激消费欲望。

媒介为大学生提供了便捷的购物和服务消费平台。媒介不仅提供经济信息和知识，也努力参与到具体的消费过程中。报刊在刊登广告的同时，也常开展对应商品的邮购；电视中的直邮服务或专门的购物频道也在广泛发展之中；但媒介成为真正的消费平台，是随着互联网电子商务的发展而建立起来的，其中最有代表性的就是网络购物。这种新兴的消费方式，与传统的实体店购物相比，不但在信息沟通上方便快捷、在操作中轻松自如，更重要的是它提供远比线下交易更为丰富的商品和一目了然的对比，极大地实现了大学生希望能节约时间和获得最优性比价的目标，满足了他们主动消费、自主消费的心理需求及求新、求变、求乐的消费愿望。2011 年年底的一份调查显示，大学生中约有 50%有过网购经历。[①] 到 2014 年 5 月，具有网络购物经历的大学生已占总人数的 84.6%。[②] 另一项调查也表明该比例达到 82%，其中经常网购的占 33%，而不明确购物目标的占 69%，有明确购物目标的仅为 31%。[③] 显然，网络购物不但在消费活动中所占的比重在持续增加，而且因其被信息资源虚拟化后，增强了对大学生消费心理和习惯的影响，加剧了大学生消费的情绪化、娱乐化倾向。除购物外，利用信息网络开展的各种商务活动在大学生中也逐渐从少数先行者的“实验行动”向更多人群扩散。围绕商品或服务的交易，电子商务还涉及相关的广告、营销、设计、开发、采购、结算及商务信息和管理等方面，可提供网上交易和管理等全过程的服务，具有广告宣传、咨询洽谈、网上订购、网上支付、电子账户、服务传递、意见征询、交易管理等诸多功能。大学生也在其中扮演着积极的响应者和活跃用户的角色。

媒介为大学生提供了有诱惑力的消费目标和偶像。受商业利益的驱动，媒介在推销商品方面有明显的倾向性或宣传上的夸张行为。以随处可见的广告为例，它不仅提供商品或服务的客观信息、进行合理的消费指导，还总是善于运用具有相似性的类象符号、因果性的指示符号、规定性的象征符号，来激发和创造消费者的购买欲望。许多

---

① 崔敏：《大学生网络购物行为研究》，山东师范大学硕士学位论文，2012 年。
② 艾格帆：《大学生网络购物行为调查》，《中国职工教育》2014 年第 22 期。
③ 沈丽：《大学生网络购物现状调查分析》，《商》2014 年第 14 期。

研究都指出，大众媒介与消费有着密不可分的关系，它们所刊登的精心炮制的广告直接诱发着大众的消费动力，它们所传播的内容反映并宣扬着消费文化，并常用隐喻的方式将某种虚构的文化意义赋予其推销的商品，或者是将其符号价值与身份、名望相联系，以产生炫耀作用下的心理满足。大学生一方面心智不够成熟、社会经验不够丰富，另一方面也正处于渴望被认可、被肯定的"心理断奶期"，所以更容易被光环下的商品符号所迷惑，甚至被锁定为某些品牌或偶像的忠实"粉丝"。例如，无论是电视等大众媒介还是新媒介，都千方百计地利用明星效应来"制造"消费需要，其根本原因在于明星的知名度和影响力在信息"爆炸"时代所产生的强烈的吸引公众"眼球"的作用。而明星作为大众媒介所打造的偶像代表，其形象常被包装成某种标志性的个人风格和魅力，且很容易和具体产品进行组合、联系，使其价值产生迁移。再加上明星本身的职业特长和高度消费的生活方式，使其在魅惑大学生崇拜和效仿"榜样"的同时，也被标榜为消费主义的拥戴者。

媒介为大学生提供了消费观念和心理的培养机制。媒介以传播信息为基本功能，但由于信息在人们与客观世界之间所构建的庞大的"拟态环境"，使得媒介具有了培养意识形态的文化功能。仍以广告为例，它们无处不在、无孔不入，在某种程度上成为塑造大众信仰和世界观、价值观的最重要的渠道之一。作为源自市场经济的大众文化的一种形式，广告的存在意义就在于倡导消费、刺激消费，因此在与消费主义的合谋下，有强大的内在动力要对大学生等消费者灌输特定的消费观念，并最终体现在消费行为和生活方式上。在供求关系的另一端，由于大学生群体容易接受新事物，也注重精神追求，广告文化就恰以精心的创意设计和独特的气质迎合了他们求独立、展个性、爱时尚、好消费的心态。从这层意义上可知，媒介的最终意图不仅是要促成一次次具体的消费，而且是致力于利润最大化的高端消费、奢侈消费、品牌消费、符号消费，但更重要的是潜移默化地培养公众的消费观，将消费内化为自身的意志，使其主动消费、自觉消费，甚至成为消费主义的友军，以此获得源源不断的消费收益。与其他群体相比，对大学生群体消费观的培养显然更具长期的商业价值。作为接受众多商家委托的专业代理和中介组织，媒介在与大学生消费者的沟通中也通过多种机制传播和培育着他们的消费观：一是以广告为代表的大量促销性宣传，实现对某些商品的美化和神化，从而创造出某种超越基本需要的消费必须性，使得大学生习惯于购买符号价值而不是实际的使用功能，逐渐养成崇拜消费的观念；二是媒介善于制造有吸引力的明星和偶像，因为他们对时尚的引导和推波助澜本质上就是消费主义的表现，而大学生在对他们的反复效仿中推进着自身的社会化，同时容易接受这些经由特定的商业化运作包装出的示范性"榜样"所传导的价值观；三是媒介对大学生消费的影响在互动性的新媒介中表现得尤为突出，即病毒式的口碑传播能针对大学生个体营造出由同伴、熟人或同一亚文化群体形成的某种身份归属或情感上的紧张感，在从众心理的驱使下，他们需要以共同的消费经验来换取认可，以缓解或释放被贴上“另类”标签所带来的压力；四是媒介不断地设置议程、制造话题，以频繁变换的流行和新潮挤压大学生商品使用的时间效应及思考决策的空间，在习惯性的跟风或更新升级中演化为“跟着感觉走”的暗示性消费心理。

媒介为大学生提供了经济创收和协同工作的机会。对大学生来说，媒介既是导致其资金外流的消费场域，也是能产生经济性收入的实践平台。首先，大学生能通过媒介获得丰富的兼职或择业信息，减少劳动力交易的中间成本。其次，以维基百科等UGC(用户生产内容)模式为代表，新媒介所创造的新的商业形态允许大学生直接为各类媒介供应内容或利用自己的媒介行为创造价值，如商品点评、信息分享，甚至最简单的网站登录和点击浏览也可以赚取积分或获得其他形式的回馈。最后，利用媒介与他人充分、及时地沟通和协作，提供力所能及的技术、咨询服务或承担悬赏型任务，这在已具备较强知识素养和渴望证明自身能力的大学生中日益普及。同时，大学生的商业意图和创业热情也可在媒介上得以实现，小至一次性的商品售卖，大至开办网店、成立虚拟企业等。此外，参与和体验针对小微客户的理财、投资、众筹等互联网金融服务也是大学生逐渐熟知的经济活动。

媒介对大学生经济领域的知识、行为、观念产生着诸多方面的复杂影响，使直接和间接的影响共生、短期和长期的影响交织、积极和消极的影响并存。在外部建立良好的媒介经济秩序、在内部加强与经济有关的媒介教育、树立正确的媒介观和消费观，是帮助大学生在社会媒介化时代获得经济自主性的必要途径。

第八章 媒介对大学生社会交往和心理情感的影响

第一节 媒介环境中的交往

人类社会的交往形态随着媒介技术和媒介应用的变化而不断发展演化。在语言媒介阶段，人们的交往方式是实时、时空统一的大众化交往；在文字媒介阶段，则为延时、时空分离的精英式交往；在印刷媒介阶段，拓展为延时、时空分离的大众化交往；在电子媒介阶段，实现了实时、时空延伸的大众化交往。①

在大众传播时代，媒介通过两种重要途径渗透进日常生活：首先，与各种媒介的接触规定了大多数人的主要闲暇行为；其次，对大多数人来说，这种接触成为他们了解并解释社会与政治进程的主要信息源，也是建构自我表现模式和一般生活方式的映像与启示的主要来源。因此，大众媒介表现为可得意义的重要储存库。人们通过它不断尝试去弄清楚自己的社会情境，并找到服从或反抗的方式。然而，与此同时，媒介组织的运作受到它所处的总体经济、政治背景的限制，并出现这样一个结果：它们所转播的信息、影像和解释框架的范围受到限制，并且是重复性的，最终与统治集团的利益一致。因此，大众媒介既是日常意义建构的关键来源，同时也是对这类建构的范围和方向的一个重要约束。在人们与大众传播媒介的交往中，信息的流向往往是单向的，人对媒介的作用力是延时和滞后的。从表面上看，人处于被动地位，但是，人们的生存和交往状态是大众

① 张冠文：《互联网交往形态的演化》，山东大学博士学位论文，2013 年。

传媒信息的来源，人们的选择决定了大众传媒的生存，传媒因受众而存在。因此，在很大程度上，社会正是在人与传媒的交往中不断发展的。“发生日常交往的各种环境，其自身被嵌入到更广阔的社会和符号关系体系，这个体系建立在所有权和财富分配中的系统不平等的基础上——简之，即社会阶层结构。作为一个整体的经济发展过程基础的发展动力是极其复杂的，因此，它们总是让日常生活的参与者难以感觉也就不足为奇了。”①因此，电子媒介的诞生，促进了大众传播的发展，促使社会生活发生颠覆性的变革。电子媒介开启了实时、时空延伸的大众交往时代。

到了互联网时代，人们的交往成为实时互动、全球化的大众交往。互联网出现之前的媒介都遵循着“一对一”或“一对多”的传播模式，媒介都是相对独立的个体，比如一本书、一部电话、一台电视机。互联网的出现让人们第一次享受到了“多对多”的信息传播与交往模式。网络把不同国家、不同民族的人连接起来，成为人们学习、工作和生活须臾难离的生存环境。在这次传播革命中，电脑加上各种软件和设备（诸如电话、打印机、放映机等），成为人们综合处理人际传播、组织传播、大众传播和跨国传播乃至全球传播的主要媒介，使人类进入一个综合传播的新时代。

“互联网是当地的、国家的、全球的信息传播技术以相对开放的标准和协议以及较低的进入门槛形成的一对一、一对多、多对多、多对一的网络之网络。”②当前，随着互联网应用软件和硬件技术的迅速发展，互联网更加紧密地把所有人连接在一起，人类社会的生活模式因此而改变。在互联网交往中，人们的主动性、参与性、互动性等与以往的媒体形成了很大的不同。在以往的媒介交往中，人们处于被动地位，消极地等待着传播者给他们推送来的内容。而在网络交往中，人们始终掌握着主动权，可以随时开启或终止某项交往活动。可见，每一种传播科技的出现与发展都在缩短着时间和空间的距离，消除着文化差异，扩展着思想观念。

在本质上，“赛博空间”是与现实的物理空间不同的虚拟空间，使人们在其中的交往自然具有不同于现实交往的显著特征。“互联网世界来源于现实世界，但是，互联网世界有它的独特性，呈现出不同于第一世界的特点。这两个不同世界的交往方式也不尽一致。”③这正是网络交往的魅力所在。网络交往不同于现实交往的特点主要有：引入了对身份进行游戏的种种新可能；消除了性别线索，使交流非性别化；使关系中的现存等级失去稳定性，并根据以前并不相关的标准将交流重新等级化；而首要的是，它们消解了主体，使它从时间和空间上脱离了原位。④ 或者体现在网络交往中非常可能具

① 〔美〕罗杰・迪金森：《受众研究读本》，单波译，华夏出版社 2006 年版，第 220 页。

② 〔英〕安德鲁・查德威克：《互联网政治学》，孟山译，华夏出版社 2010 年版，第 9 页。

③ 陈共德：《互联网精神交往形态分析》，中国社会科学院研究生院博士学位论文，2002 年。

④ 〔美〕马克・波斯特：《信息方式：后结构主义与社会语境》，范静哗译，商务印书馆 2001 年版，第 157 页。

有匿名性;物理距离的远近在网络交往中不是什么问题;生理外貌以及其他可以看得见的线索是不呈现的;在网上,时间变得相对非实质性。[①]

从社会心理学的角度看,网络交往具有以下五个显著特点[②]:第一,交往对象的广泛性,是指网络交往是一切交往方式中最能够突破各种限制的、最广泛的交往,把距离和时间缩小到零,从而实现了真正意义上的普遍性交往,而人际关系也不再是传统意义上的血缘关系、地缘关系和业缘关系,而衍生为一种新型的人际关系——网缘关系。第二,交往过程的匿名性,这是网络交往最显著的特点,因为人在匿名状态下的行为表现往往不同于非匿名状态。网络中的这种"身体不在场"的交往,大大降低了自我暴露的风险,可能奠定持续的亲密人际关系的基础。第三,交往角色的虚拟性,和交往过程的匿名性紧密相连,主要表现为角色的电子文本化,即利用以文字和图符为主的一系列信息来描述主体的身份。这种间接交往呈现出戏剧行为的特点,一方面使交往主体处于相对平等、无直接利害关系冲突的交往地位;另一方面又限制着网上人际关系朝纵深化的方向发展。第四,交往心态的平等性,这是网络社会的第一特点"分散权利"的体现,处于网络中的人和事都不再依赖于一个中心点而彼此连接,因而破除了中央权威,使所有在现实社会中附加在人身上的各种自然和社会的特征在网络互动中都被忽略。第五,交往行为的直接性,由网络交往实质上的间接性及其匿名性、虚拟性、心态平等性等特点决定。因为网络免去了传统人际交往的多重中间环节,实现了个人与个人的直接交流,但经常伴随着随意性以及责任性的缺乏,这些也可能会使网络交往行为变得肤浅化。

第二节　大学生的交往与心理

人际交往指的是人与人之间通过语言、文字、表情、姿态、行为等来达到交换信息、表达感情、满足需要等目的的一个过程。任何一个正常的社会人都要在这种交往中生存。大学生作为身心都十分活跃的群体,自然少不了这种交流与互动,这无论对大学生自身的成长还是对社会的发展都具有十分重要的意义,主要表现为:首先,有利于大学生的身心发展。大学生正处于情感、思想都十分丰富的人生阶段,有着与他人交往的强烈心理需求,同时作为正在社会化的青年,只有融入社会这个大环境,才能获得一些必要的知识与能力,满足不同层次的情感诉求。其次,有利于大学生的成才。大学生只有不断地与外界进行交流和互动,才能扩大自己的视野,增长见识,及时弥补不

---

① McKenna K. Y. A. & Bargh J. A. ,"Plan 9 from Cyberspace: The Implications of the Internet for Personality and Social Psychology", *Personality and Social Psychology*, 2000, 4(1), pp. 57-75.

② 陈秋珠:《赛博空间的人际交往——大学生网络交往与心理健康关系的研究》,吉林大学博士学位论文,2006年。

足，这也是一个了解自己、完善自己的过程。最后，有利于社会的发展。交往能帮助大学生在与外界的广泛交流中不断完善良好、健全的人格，成为合格的社会建设主力军。研究表明，当代大学生的人际交往出现了一些新特点①②：

交往范围从相对狭窄到日益广泛。交往范围的狭窄性是指大学生在现实生活中交往对象的范围较为狭小。在校大学生的经历基本上都是校门对接，从小学到高中，在家长和教师的高期望值下，生活的主旋律就是紧张的学习竞争，人际交往对象基本上是家长、老师和同学，少有机会更多地接触到社会上形形色色的人群。进入大学后，大学生的交往范围虽然有所扩大，但是由于学生的主要任务仍旧是学习，生活在学校围墙内，他们交往对象的范围基本上是朝夕相处的同学、对其进行培养的老师以及仍负有养育任务的家长。因此，大学生与中小学生在交往对象上只有数量与层次的区别，没有种类的差别。但随着社会的进步，大学生交往的广泛性日渐突出。在交往区域上，如今大学生已不再局限于班内、校内、校际之间的交往，而是加大了与社会各个层面的交往力度。交往内容变得十分丰富，除学习、兴趣爱好外，还涉及理想、生活、情感、政治、经济等方面。在交往人群上，大学生作为身心发展迅速、思想极其活跃的一个群体，更渴望与外界交流，加之科技、信息技术的发展，促使大学生之间的交往变得越发便利。

交流方式更加现代化、媒介作用更为凸显。80 年代，大学生多以面对面交谈或书信的方式进行交流；90 年代后，大学生的交往方式逐渐多样化，如聊天、通信、参加文娱体育活动、郊游、联欢玩耍、吃喝、探亲访友、各种沙龙聚会、社团活动等。进入新世纪以来，随着科技、通信技术、交通的发展，高校内手机越来越普及，私人电脑的数量也日渐增多，高校周围的网吧更是数不胜数。大学生们除了面对面的交流外，已经习惯于通过短信、电话、网络等现代化的方式与他人互动。其中，交往载体的高科技化是大学生交往媒介现代化的主要体现。交往媒介就是在交往过程中传递信息的载体或媒介物。由于高科技的发展、网络技术的广泛应用，人们的交往媒介已由以往以口口相传、电话为主发展为以手机、网络为主。在大学校园中，手机、电脑等现代交往媒介已经非常普及；大学生越来越多地通过网络、短信、微信等传递信息。有关调查显示，大学生进行人际交往主要靠发短信、打电话和聊 QQ，尤其是手机已经成为大学生联络、交往的宠儿，其方便、快捷的优点，实现了大学生交往的即时化，拓展了大学生交往的渠道，扩大了大学生交往的范围，增加了大学生交往的自由度。但是，交往媒介的现代化发展导致了大学生之间快餐式的交往，不利于大学生之间更进一步的情感交流，也

---

① 王玮、王秀阁：《当代大学生人际交往特征分析》，《中国科教创新导刊》2012 年第 8 期。

② 王磊：《当代大学生人际交往的新特点与高校辅导员工作理念的更新》，《广西青年干部学院学报》2009 年第 12 期。

较难深入讨论一些问题。不少大学生感到交往的数量与质量不对称，同学间好似“熟悉的陌生人”，感情淡漠，经常产生莫名的空虚感和郁闷感。

交往方式更具开放性，尤其是与异性交往。交往方式的开放性主要是针对情缘型人际关系而言的，指的是大学生恋爱方式的开放性。2005 年 3 月，教育部颁布的《普通高等学校学生管理规定》和《高等学校学生行为准则》中均取消了对在校生结婚的限制。与此对应，大学生对在校期间谈恋爱的看法也经历了一个转变过程，即由上世纪 70 年代末 80 年代初认为谈恋爱影响学习，发展到现在认为不谈恋爱说明似乎缺少魅力的转变。认识上的转变带来了态度上的转变，即校园中流行的观点由以前的以谈恋爱为耻转变为现在的以谈恋爱为荣。对异性间交往态度的转变带来了交往方式的转变。大学生情缘型的人际交往由以前的“隐蔽”式发展到现在的“开放”式。但大学生异性交往的纽带并不局限于爱情，友谊也占据了很重要的部分，相互交流的方式也随着社会的发展而更加开放。客观来说，恋爱是大学生生理和心理的需要，也是法律赋予大学生的权利。但是这种开放性的交往方式如果把握不当，则会带来与校园学习生活不相宜的行为，既助长了大学生只顾自己需要而不顾他人感受的自我中心主义，又有碍于文明校园的建设。

交往活动的平等性增强。大学生在交往过程中注重追求人格的平等和相互的尊重。其主要原因来自两个方面：一是因为他们具有近乎相同的年龄、阅历和文化层次，没有悬殊的差距，共同的语境使他们在沟通时没有心理压迫感，容易产生平等的交往心理；二是因为他们具有较强的独立意识和主体意识，有着强烈的“成人感”，希望能够从多方面展现自己的独立人格。他们认为人与人之间在人格上是平等的，崇尚自由、民主的思想，主张独立精神和主体意识，坚持用自己的眼光观察世界、认识社会，用自己所掌握的知识去分析、解决问题，渴望被他人理解、认同。因此，他们希望自己对他人一视同仁，也要求他人对自己平等相待；既不希望把自己的意志强加给对方，也不容忍任何形式的压制和服从。

交往过程的情感因素和功利因素都在加深。交往过程的情感性是指大学生的交往过程基本上是纯真情感的交流过程。他们认同的人际交往基本上是有共同的情趣、共同的语言、共同关心的话题，以能够互相接纳、心理相容为基础，少有利益追逐、权力争夺等功利性较强的行为。促使大学生人际交往格外注重情感交流的主要原因有两点：首先，由于大学生的心理正处于迅速发展但尚待成熟的阶段，出现抽象逻辑思维迅速发展却往往带有主观片面性、情绪情感丰富但波动性大、崇尚独立但自控能力差等诸多过渡状态的矛盾性。这就决定了他们在与人交往时情感性的投入大于理智性的分析，常常凭一时的情绪来认识和处理问题，而不考虑是否合理、全面，更不顾及后果、未来。“跟着感觉走”“凭着心情干”就是典型表现。其次，学生之间在利益上的冲突不明显、在经济上的相关度不强，使他们能直抒胸臆、率真坦诚。但是过于情感化也给交往带来了障碍，如有的大学生因情感变化太快，使朝亲夕仇的事时有发生，导致其很难交上知心朋友。又如有的大学生对人际关系的追求带有较强的理想化色彩，希望交往不带任何杂质，要求他人对自己毫无隐瞒，一旦发现对方有所保留，则深感失望，甚至与对方断绝来往。

随着社会的变迁，尤其是市场经济发展中利益问题的出现和拜金思潮的侵蚀，传统的情义观受到了严重的挑战，利益问题也不可避免地渗透到人际交往中，成为影响人际交往的一个重要因素。近年来，大学生人际交往中的功利性也有所加深，如仅与一些对自己就业有帮助的人交往；一小部分女大学生甚至为了满足自己过度的物质需求而与一些社会人士保持不理智的关系等。

还须引起重视的是大学校园中贫困学生的交往程度较低的情况。作为身心发展正处于旺盛时期的青年，他们有与人交往的强烈需求，但因经济上的弱势地位而备受压抑，使其因为怕“丢人”、怕被看不起而惧怕与他人交流，从而在人际交往中处于被动地位，日益自我封闭。

第三节　媒介对大学生社会交往的影响

大学生涯是大学生逐渐从“自我中心”向“去自我中心”转变的重要阶段。在这一时期，大学生逐步脱离来自家庭或长辈的直接约束，开始学习及逐渐适应独立地面对各种问题并努力加以解决，也因此具备了进一步认识世界、认识自我的好奇心和融入社会、改造世界的能力。再加上青春期热情好动和求知欲、表现欲强等特点，大学生对于广泛参与社会活动、加深与人交往的社会心理需求日渐增强。因此，作为认识世界的重要信息来源和人际交往的重要渠道，媒介在为大学生提供行为示范和价值观引导的同时，不可避免地对他们社会交往的广度和深度都产生了不可忽视的影响。

在传统的大众传播时代，媒介对大学生社会交往的影响集中体现在为其提供成长和人际互动所需的信息环境。大众媒介可以进行跨地域的共时性传播，将原本处于相对隔离状态的不同地点的青年以符号化的形式联结起来，从而催生了形形色色的独特的亚文化，在多个方面影响着大学生社会交往的模式和效果。

大众媒介影响大学生社交方式的选择。一方面，大学生可从媒介中获得信息和情感慰藉，将其作为重要的交流和娱乐方式，比如与同伴一起欣赏影视剧或观看体育比赛实况等，在很大程度上以此构建共同的文化心理经验、强化彼此的认同。大学生的认知和思维模式正从感性到理性、从形象到抽象快速发展，因此，影视艺术生动直观、声情并茂的表现形式非常符合他们的接受习惯，能帮助他们在同一场域中消除心理隔阂、建立亲密的交往关系。另一方面，大众媒介提供的信息和知识可作为公众话题激发大学生的社会交往活跃度，并强化他们社会交往的频度和深度。例如，男生在接触媒介时往往倾向于选择体育类信息，而女生则更关注情感类、时尚类信息。通过发现共同的兴趣，促使大学生在社会交往过程中形成一定的社会圈子、得到集体的认可或接纳。即使在一般性的交往中，媒介所能提供的丰富话题也往往是促进大学生交往的润滑剂，为他们拓展交往对象、发展社会关系增加驱动力。

大众媒介还影响大学生在社交活动中的价值观、角色定位和解决问题的方式。由于大学生的诸多生活经验都来自于媒介所传递的“事实”和“榜样”，所以他们的审美观、金钱观和爱情观等都难免会潜移默化地受到媒介的影响。在交往过程中，特别是在面对不熟悉的场景时，大学生会不自觉地效仿从媒介中获知的角色定位和行为范式。因此，媒介所宣扬的、赋予高社会地位的人物，无论是正面的英雄形象还是一夜成名的网红，甚至包括言行低俗或违反公共道德的“明星”，都对大学生的社交行为起着不容小觑的导向作用。校园中的盲目追星、过度消费和攀比现象并不少见，媒介的推波助澜是重要原因之一。

随着信息社会发展水平的不断升级，以互联网、移动通讯等为代表的新媒体以其即时性、个性化、互动性强等特点迅速成为大学生最喜爱的媒介，进而也越来越强地渗透到社会交往中。可以说，新媒体的出现为大学生的社交活动创造了崭新的空间和前所未有的积极态势，也意味着大学生的主流社交形态进入到一个新的历史阶段。

首先，新媒体大大拓展了大学生人际交往的范围。相比传统的社会交往形态，新媒体极大地拓宽了大学生社会交往的领域和方式，增加了各种交往的可能性。在传统传播环境中，受到客观条件的限制，大学生的交往活动以面对面的直接交往为主，节奏缓慢的书信往来是一种必要的补充。建立在现代电子通信技术基础上的新媒体打破了时空的限制，也消融了经济、文化上的差异，使大学生可以随时与分布在各地的伙伴沟通、联系，使天涯若比邻的交往唾手可得。尽管现代社会中人员流动性很大，但善于利用新媒体的大学生可在高速、多样的信息互动中维持相当强度的人际网络，使其社会关系更加丰富多样，个人的主体自觉和能动性也得以提升。

其次，新媒体信息传播的快捷和便利大大增强了大学生社会交往的时效性和效率。新媒体技术不断更新、交流方式更趋灵活、沟通成本更为低廉，这些都有利于大学生更快更多地进行社会交往，也能帮助他们培养和巩固人与人之间的情感。当下的很多大学生习惯于通过微信、微博等媒体平台随时随地发表生活记录、心情感悟、照片、视频等，以增加与亲友同伴间的联系和沟通，而刷朋友圈等新的互动方式也在他们的人际交往中占据着愈加重要的地位。这种有着一定现实生活关系基础的虚拟社交，因其即时性和碎片化的特征，开始在某种程度上替代电话或邮件的直接交流，使交往更加具有泛在性和动态性。

再次，对新媒体可能削弱大学生社会交往的深度要引起重视。新媒体固然会帮助大学生认识越来越多的朋友和伙伴，参与并帮助大学生建立各种涉及学习、生活、兴趣、情感、事业等方面的朋友圈，但当这种基于虚拟符号的交往幅度超载时，就会“侵占”原本应该从事必要的或更有价值的活动的时间和精力。在媒介交往的无限可能性和个人的精力有限性之间，会产生诸多矛盾或异化现象，如以廉价的点赞、刷屏、灌水为代表的伪亲密性社交，看似互动频繁、交往密切，但背后却缺少深层次的了解、真正的坦诚互信和厚重的情感基础。长此以往，部分大学生还易对新媒体的社交方式产生依赖，甚至会忽视或逃避现实中的社会交往，引起真实社交能力的退化。

最后，以符号为载体的新媒体传播所造成的“隔离感”会给大学生的社会交往带来正向和反向作用并存的双重影响。“网络上没人知道你是一条狗”，这句流行语形象地说明了在互联网的语境中社会交往具有虚拟化和匿名性的特点。从积极的一面来看，这种隐蔽式的交往可以淡化人们面对面交往时的某些尴尬，使沟通更加流畅，特别是对于一些在现实生活中不善言辞的大学生来说，有助于帮助他们建立正常的人际关系。另外，新媒体交流的延迟性和多样性也使交往过程变得更加灵活，增加表达的准确性，为大学生的社交行为提供更多的选择，实现按需交往。从消极的一面来看，新媒体传播中符号能指和所指的虚拟化带来意义指涉的不确定，并由此产生意义混乱或意义丧失的交往环境，使得长期处于这种环境之中且心智还不够健全的大学生容易出现认知困难、心理焦虑等问题，最终导致主体性的退化和自我人格的迷失。虚拟性交往还可能伴随不同程度的安全性风险，使涉世未深的大学生易在真伪难辨的交往过程中被虚假信息误导，或上当受骗、扭曲自己的社会认知及价值观。

第四节　媒介对大学生心理情感的影响

影响大学生心理健康的因素很多，而网络媒介以其多元的发展趋势、海量的信息以及独特的隐匿性、大众化、灵活性成为影响大学生心理健康的重要因素之一。网络媒介对大学生心理健康日益凸显出正反两方面的影响，如激发大学生好奇心与学习的兴趣、促进个性的发展、强化自我意识、扩大人际交往，但也会使大学生注意力不稳定、感知能力降低、情绪异化和失调、人格变化与偏移、人际交往萎缩等。[①]

媒介对大学生心理健康产生重要影响。心理健康的大学生应当是心理特点与心理发展年龄特征相符合的个体，简单来说，就是大学生的行为表现应当符合其心理年

---

① 张俊杰、刘婷：《论网络媒介素养教育对大学生心理健康的影响》，《新疆广播电视大学学报》2008 年第 4 期。

龄。但随着现代各种媒介的介入，特别是互联网的影响，当代大学生的心理发展水平呈现出“早熟”的趋势。由于接触网络媒介的先后顺序不同、程度不同等，在校大学生出现了心理年龄、知识类型、社会化进程上的差异，即网络媒介发达的地区与较落后的地区的大学生所表现出来的观念、言行大相径庭。

媒介对大学生交往方式产生重要影响。互联网在为大学生提供更为广阔的交往空间的同时，也大大拓宽了他们人际交往的渠道。微信、QQ 等即时通信工具成为大学生群体使用的主要交流手段。虚拟世界交往所带来的“自由、平等”，为当代大学生建立了一种全新的人际交往模式。毋庸置疑，这既是对传统人际交往方式的丰富与发展，也是一场前所未有的变革。但网络在将传统的人际交往模式——人与人之间的直接交流变成人与机器之间的交流的同时，其匿名性、平等性、自由性、交往方式的间接性和交往对象的无限性等特点使得人与人之间的距离不断增大，从而导致人际情感缺失。许多大学生沉迷于虚拟网络社会，依赖乃至于迷恋网络，这使得大学生人际接触大量减少，取而代之的是虚拟的人际关系。随着“数码个人”“虚拟自我”等虚拟事物的产生，大学生与虚拟世界中的虚拟成员进行虚拟的情感交流，这很难形成现实生活中真实可信和安全可靠的人际关系。大学生长期接触网络，迷恋网络游戏、聊天、交友或网恋，过度地在网络上寻求刺激，封闭自己，脱离现实社会。这种间接的交往，会导致人际关系的疏离，使现实生活中的交往机会减少，人与人之间深层次的、真诚的交流难以实现，甚至导致大学生情商降低、交往技能缺乏、责任意识淡化、人际关系疏淡、交往能力下降，产生焦虑、孤僻、压抑、冷淡等心理障碍。

媒介对大学生健全人格产生重要影响。人格的完整是心理健康的特征之一，是人的心理与行为特质的总和。大学生刚刚脱离了学习、考试循环交替的生活，能够开始真正专心地思考自我。然而，在互联网世界中，人们在虚拟与现实中频繁、任意甚至肆意地转换和扮演着不同的角色，有意无意中无限放大了“自我”，在本该是各自鲜明或隐喻的人格特征中又加入了网络媒介传播者所赋予的人格特征，这就容易影响甚至摧毁当代大学生的人格统一性，使大学生知、情、意、行的和谐统一出现动摇，进而导致大学生人格上的缺失。在“网络社会”，个体可不受约束地以不同身份出现，这样就出现了个体“我”的分裂，导致网络中的“我”和现实中的“我”不一致。对暴力、恐怖和色情信息等感官刺激的追求，可以自由地发表自己的观点而不必考虑他人的看法和社会的规范，这可能会导致大学生的行为失控，使大学生出现双重人格或多重人格障碍。网络界面中，当大学生无法辨别信息的真伪时，总是对信息持怀疑态度，这种态度很容易被带到现实生活中，使他们形成多疑和不信任的偏执性人格障碍。

媒介对大学生的适应能力产生重要影响。大学生需要适应大学及社会生活，顺利完成学习任务，是否热爱学习、努力学习专业知识和技能并有效地将自己的才能运用到学习、工作与生活中，是他们心理健康与否的重要体现。同时，心理健康的大学生应当能够认识和了解各种社会现象，理解现象背后的意义，并能与社会保持积极良好的接触，从而紧随社会发展的脚步，适应社会生活。当代大学生应该学会冷静分析并客观看待各种社会现象，学会透过现象看本质，培养自己与社会保持良好沟通的能力，把握时代脉搏，适应社会生活。互联网的快速发展，带来多元文化价值的共存和冲突，使得当代大学生需要适应的社会范围和社会现象更为复杂多样。近年来，“网络红人”“人肉搜索”“网络犯罪”“网络诈骗”等网络现象层出不穷，这些都对当代大学生的心理稳定性和趋利避害的能力构成了考验与威胁。

媒介对大学生的情感体验产生重要影响。只有置身于人与人的情感互动的氛围中，大学生才能不断发展、完善、丰富自己的情感世界。尽管在网络中通过文字和符号也可以进行情感的互动，但这毕竟同现实的面对面交流和表达不同。在网络上，大学生面对的是没有思想感情的机器，网络只是以程式化的方式展示和传递信息，这促使大学生无法体验与感受到面对面交流的情感色彩，久而久之，会引起大学生的情感匮乏和冷淡，在现实中不愿表露情感，也不愿接受别人的情感表达，感受不到现实生活的丰富多彩，导致情感异化与迷失。

媒介对大学生的精神意志产生重要影响。网络这个包罗万象的虚拟世界对大学生有着巨大的吸引力，但由于信息获取和表达自由，一些色情、暴力、诈骗、反动信息等得不到有效管制，大量失真的、夸大的甚至虚构的内容污染了大学生的思想。特别是那些自控力较差的学生，极易不自觉地对在网络中获得的感受和体验产生强烈的心理依赖，最终无法摆脱，导致网络成瘾。过分迷恋上网有损身心健康，严重的则会导致心理变态，这对情绪冲动但自控能力较弱的大学生是一种考验。

第五节　科学引导大学生的媒介交往行为

调查显示，大学生的媒介行为很活跃，绝大部分大学生都拥有自己的主页、微博、网络空间等个性化信息发布渠道，也拥有作为自媒体的手机，并且手机的普及率已超过电脑。许多大学生喜欢使用媒介的新功能，但主动发布公众化信息的行为不够积极，其原因在于较大的学业压力和来自学校、家庭的管束，也可能因为他们使用媒介的目的更倾向于娱乐和维系人际交流。而不同性别的大学生在媒介接触行为上也有显著差异。男生更多地接触需要理性阅读和积极参与的“冷媒介”（报刊、广播等），而女生则更偏向于电视和电影这样具有感性色彩的视觉媒介，即“热媒介”。在新媒介中，男生更喜欢互联网，而女生选择手机的比例更高，因为后者的私密性和情感因素更强。此外，相比男生，女生更多地选择人际交流。根据大学生接触媒介的习惯，我们可以总结出以下一些有利于正面引导的措施：

内外范式结合。为了避免过度使用社交媒体对大学生交往产生的消极影响，最主要的措施是要提高大学生的媒介素养：指导大学生如何科学地运用新媒体，如何正确地使用微博、微信、空间、论坛的优势，扬长避短；培养大学生对纷繁复杂的网络信息的辨别能力，帮助其从众多网络信息中筛选出有用的信息；引导大学生进行健康有效地交往，内外兼修，帮助大学生树立正确的人生观和世界观。社交媒体的运用具有两面性，既有积极影响也有消极影响。使用得当，我们可以让它发挥无穷的力量；使用不当或是过度使用，就会给大学生带来很大的伤害。大学生正处在社会化的关键时期，本身具有不成熟、不稳定的特征，区分正误的能力较弱。在纷繁复杂的信息环境中，大学生的传统价值观念会受到多方面的冲击和挑战，如今，拜金主义、享乐主义等错误的价值取向严重危害了大学生道德伦理的培养。大学生作为自控能力和意志力较差的弱势群体容易产生思想上的混乱，也很容易被金钱物质所诱惑，造成交往品位下降，从而导致交往零散化、低俗化，甚至造成人生观、世界观的缺失。抑制社交媒体使用给大学生群体带来的负面影响，仅靠宣传和呼吁还远远不够，必须提高大学生群体自身的意识和能力，使他们秉持"助人自助"的理念，并通过赋权(增能)提高他们应对问题的能力。大学生要加强自我克制的能力，制订出良好的学习计划，尽量避免频繁登录微博、微信、QQ 等，减少不必要的时间耗费，同时积极参加校园活动和社会实践，在参与的过程中寻找乐趣、广交朋友。简而言之，通过扩展兴趣点，让大学生减少对社交媒体的不当依赖。

网上引导与网下引导相结合。结合社交媒体的特征发现，新媒体环境下，大学生为了彰显个性，社交行为呈现出多元化、便捷化的特点。网络社交身份不公开，账号或网名可随意设置，导致媒体社交中交流双方所说的话语不具有可靠性，往往还带有个人感情色彩。因此，提高大学生对社交媒体的理性认识是当务之急。作为社会高层次人才的大学生应当知晓社交媒体只是一个工具，现实生活中的交往与网络上的交往有很大的差异性，双方是不可以互相取代的。大学生应该把学习放首位，沉溺在媒介交往中只会浪费大量宝贵的时间，最终导致迷失自我、得不偿失。当代大学生应当增强洞察能力，培养自己自觉抵制诱惑的能力，学会趋利避害，在受到负面信息的影响时要自觉屏蔽、加强安全防范，培养对网络信息的独立思考和判断能力，明辨是非。大学的教育工作者要将网上引导和网下引导结合起来，帮助大学生提高现实交往能力。当今社会网络人际交往的发展已经不可逆转，网上网下要相辅相成，既要充分利用社交媒体这个网上平台，也要积极地开展网下交流活动，及时反馈效果。这样才能让大学生适当地扩展交友圈，锻炼他们在现实生活中的人际交往能力，全面提升学生的人际交往能力和水平。学校、社会工作者一方面可以通过网上 QQ 聊天等方式对大学生进行心理辅导和交流，提出人际交往技巧的建议，并提醒他们要注意的事项；另一方面可以通过组织丰富多彩的活动，如安排演讲比赛、社会实践、假面舞会等活动促进大学生的人际交往。由此，大学生能够更加愉快地进行交流、增进感情，实现网上自由交流、网下和平共处。

个案工作和小组工作的运用相结合。针对一些对社交媒体过度依赖的大学生，可以通过专业的社会工作介入，消除其负面情绪，促成其理性认知，促进其不适行为的改变；帮助大学生协调社会关系，形成良好的互动；帮助他们自我调整，促进自身的发展；帮助他们以健康、成熟的心态认识及面对生活中的问题；帮助他们充分发挥自己的潜能，善于抓住机遇解决问题，以提升生活品位。实行小组工作的介入，可以将具有同类问题的学生组成一个小组，通过组员之间的互助互动、相互协调和经验分享，促进小组成员社会功能的恢复与发展，这样便充分发挥了小组成员间相互支持以及协作的优势，以帮助各自缺失行为的改变。

家庭功能的充分发挥。与家长缺乏交流是当今导致部分大学生存在心理问题的重要原因之一。很多家庭面对较大的经济压力，父母忙于工作，和孩子之间缺乏亲密的交流。为改变这一状况，家长要抽出时间多陪陪孩子，了解他们当前的思想动态，做他们亲密的好朋友。这样能够有效地预防孩子因为空虚寂寞而寻找不正当的排解方式。

总而言之，为了避免大学生使用社交媒体时间过长而带来的人际交往能力的大幅下降，必须把大学生自身、家庭、学校以及社会等各方面资源结合起来，优势互补、互相促进，才能获得最优结果。各方应坚持不懈地努力、持之以恒、共同融合，才能有效抑制社交媒体给大学生人际交往带来的负面影响。

社交媒体的正确使用是不可忽视的重要课题，如何规范并利用它提高大学生的综合素质是亟待解决的问题。

第九章
媒介对大学生政治观念和思想道德的影响

在人类社会的组织运作体系中，政治凭借致力于公共权力的分配和公共事务的治理的职能，始终居于神经中枢的地位。政治要充分发挥自身的效力，必然要借助传播工具进行信息的传递，并在此基础上实现统一的号令和政策执行。可以说，只有在保证信息得到有效传播的地域和人群范围内，才能建立起完整的政治体系。纵观古今中外，政治与传播始终跳着形影不离的“双人舞”：口耳相传的原始社会只能局限于小规模的部落形态，文字的出现使得农耕社会中诞生了封建制国家，造纸术和印刷术则是保证古代中国文化绵延不绝和领土大一统的必要条件；在欧洲，古登堡发明的活字印刷术打破了中世纪宗教组织对知识的垄断，也由此催生了工业革命和民主意识，是近现代以来全球政治生态中普遍形成的具有高度凝聚力的民族国家的重要源脉。

政治需要传播，而传播也直接服务并作用于政治。作为大众媒介的“老大”，西方国家的早期报刊很多都由政党或政治团体创办，主要宣扬其政治理念和政策主张。在美国，罗斯福总统曾利用广播进行“炉边谈话”推进新政；被称为“电视总统”的肯尼迪通过在屏幕上展现其充满活力的形象一举翻盘战胜经验老到的尼克松；奥巴马的竞选团队巧妙地发挥互联网优势赢得广大青年选民的支持。长期以来，好莱坞电影不但横扫全球票房，而且是美国价值观和国家政治形象输出的最佳载体，也是许多有识之士眼中的“文化霸权”。近年来，在北非、中东、东欧等地区的一系列政局动荡或更迭中，社交媒体在政治运动的策划、组织和宣传中的作用不容小觑。

如上可见，无论是在人类社会“童年”时期的自然媒介、生理媒介、简单的技术媒介,还是随着工业化社会而产生的大众媒介,或是当代风头正劲的网络媒介,都在政治传播的过程中扮演着极其重要的角色。媒介既是传播政治信息、表达政治诉求、宣传政治思想的工具,也是参与政治活动、推动政治决策、监督政治执行的渠道,更是培育政治文化、巩固政治制度、提升政治实力的载体。

在个人层面,无处不在的媒介通过深刻影响人的社会化(包括政治社会化和思想道德的涵育)一方面培养认可主流政治价值观、具备良好政治素质的合格公民,另一方面也与充分的政治信息流通相辅相成,共同改善政治参与、促进政治民主。作为未来社会主人公的青年学生,除外在的穿着、言行和生活方式外,内在的政治观念、思想认知、道德修养也与媒介的信息内容、传播形态及其所构建的文化环境密不可分。

第一节　媒介与政治社会化

当今世界,经济全球化使国家之间的地理疆界和政治藩篱被打破;互联网的兴起进一步推动了不同国家、不同民族、不同地区之间的信息与文化交流。在全球传播格局“西强东弱”的态势下,以美国为首的西方发达国家利用信息与技术优势,用所谓“软实力”“巧实力”千方百计地推行其政治制度与意识形态。中国作为经济强势崛起和积极参与全球化进程的发展中国家,要实现中华民族的伟大复兴这一跨世纪的“中国梦”,必须将培养青年学生的政治认同作为认真面对的重大问题。而政治认同的培养又是通过政治社会化来实现的,因此对大学生而言,系统的思想政治教育就显得尤为重要。

政治社会化是在人的社会化的基础上发展而来的,它通常是“一个通过社会互动而形成政治态度和政治行为的过程”[①]。按照不同学者的理解,政治社会化可包括以下观点[②]:社会教化论,将政治社会化视为社会组织、群体对该社会的个体成员进行政治教育和灌输的过程;个体学习论,强调社会个体的地位和主观能动性,视其为个人获得政治取向和行为模式的发展过程;文化传承论,认为政治社会化是“政治文化的形成、维持和改变的过程”[③],突出政治文化是政治社会化的核心内容;政治传播论,把政治社会化理解为政治信息的传播和交流过程;社会环境论,认为政治社会化是社会的政治、经济、文化和历史传统等因素共同作用的结果。上述观点各有立场和侧重,也分别阐述和分析了政治社会化的某些方面。一个综合的定义可表述为:政治社会化是社

---

① 〔美〕理查德·布朗加特:《青年的政治社会化与教育》(上),莫东江译,《青年研究》1998年第1期。

② 李元书:《政治社会化:涵义、特征、功能》,《政治学研究》1998年第2期。

③ 〔美〕阿尔蒙德、小鲍威尔:《比较政治学——体系过程和政策》,曹沛霖等译,上海译文出版社1987年版,第91页。

会个体在社会政治互动中接受社会政治文化的教化，学习政治知识、掌握政治技能、内化政治规范、形成政治态度、完善政治人格的辩证过程，也是社会政治体系的自我延续机制和功能运行机制。

由此可见，政治社会化涉及两个方面[①]：从社会的角度看，政治体系要利用各种教育和交流工具，将主导的政治文化传播给社会成员，使其成为认同现有政治体系和文化、能担任一定政治角色的社会化的公民，并最终实现政治体系的延续和创新；从个体的角度看，也需要在学习和创新政治文化的过程中，吸收政治知识、建构政治价值、形成政治态度和行为模式。政治社会化具有丰富的内涵，是建立政治信念的内化过程和付诸行为实践的外化过程的统一，同时还体现为政治性与社会性的统一、能动性与受动性的统一、阶段性与连续性的统一、共同性与差异性的统一。[②]

政治社会化是一个连续不断的渐进过程，参与这一过程的因素包括专门的政治社会化机构、作为政治化对象的个体、传播内容、社会环境以及影响社会化机构的政治力量。政治社会化组织包括大众媒介，其作为政治社会化的主体，始终处于主导地位，支配着信息传播的完整过程，也决定着以什么方式、将什么内容传播给对象或客体，特别是正在经历社会化过程的大学生。[③]

由上可知，政治社会化的价值功能包括培养合格的政治人，以及政治文化的传播和创新、政治体系的维持与变革。而政治社会化的失败则包含两种情况：一是个体对社会的不良适应，如具有反社会的倾向与行为，可能对既定秩序产生动荡或不安；二是过度适应，使个体失去个性和批判精神，对现实状况盲目顺从，不利于社会的创新和发展。

在学校中开展的思想政治教育是政治社会化的主要途径之一，两者目的统一，内涵也基本相同，但在传播模式和手段上存在明显的不同：传统的思想政治教育是单向的信息流动，渠道上以人际传播的课堂讲授或群体活动为主，形式显得较为单一，受客观条件的限制较多，对象覆盖面相对较小，且带有一定程度的强制性；而在社会整体环境中进行的政治社会化，不但渠道多样、形式丰富、覆盖广泛，而且信息的反馈、双向流动、多向互动都频繁发生，可为个体提供更多的选择和潜移默化的熏陶，但在内容的一致性和有效性上可能存在不足。后者的典型方式和主要途径之一就是通过大众媒介的传播功能实现政治社会化的目标。

在当代社会，"大众媒介可被列为社会结构中不可或缺的组成部分"，"不仅影响我

---

① 张昆：《大众媒介的政治社会化功能》，武汉大学出版社 2005 年版，第 1 页。

② 李元书：《政治社会化：涵义、特征、功能》，《政治学研究》1998 年第 2 期。

③ 张昆：《大众媒介的政治社会化功能》，武汉大学出版社 2005 年版，第 6 页。

们社会每日的运转”，而且还能够为“社会平衡作出贡献”。[①] 媒介系统与政治系统都是奠定现代社会的重要基础，并相互制约和影响：一方面，政治系统的政策主张、信息指令、文化规范，都需要依靠媒介系统进行有序的传播；社情民意的收集反馈、舆论风向的把握引导、清廉高效的政务监督也离不开媒介的功能支撑。另一方面，媒介系统的体制机制、产业管理、内容生产，都必须在政治系统的约束下展开。“政治家办报”是媒介经营的基本原则，而与政治有关的资讯也一向是媒介基于公众需求的传播重点。

政治社会化的渠道主要包括家庭、学校、同辈群体等。大众媒介与它们存立与共、彼此呼应和制约，在方向和原则一致时可共同增强政治社会化的效果，但也可能因各自的理念和做法相左而产生干扰和抵消。大众媒介最大的优势在于控制了形成社会相互依赖关系所必需的信息资源的采集、创造、处理、传播，并进一步控制着个人、群体、组织和社会系统的协调运转和文化理念。在政治社会化的过程中，大众媒介最基本的功能就是提供数量巨大的各种政治信息，以影响人们接触政治、观察政治、理解政治的认知来源和框架。通过广泛、公开、及时、多样化的信息传播，包括自上而下的政策宣传、自下而上的意见表达和横向交流的举措经验等，大众媒介可构建起密集的立体化的政治传播场域，使人们常置身其中，感知政治变动、参与政治实践、遵守政治规程。这有利于统一政治思想、论证合法性、规范政治行为，从而维系政治体系的平稳、有效，推动政治文化的传承与创新。大众媒介另一种重要的政治社会化路径，就是树立可学习的榜样，为社会提供“几乎所有可以想象的行为形式的象征性模仿”[②]，以榜样的行为示范和人格魅力感染民众，鼓励社会成员身体力行地效仿，最后产生对其所表征的政治规则和政治文化的认可及内化。尽管面向的传播对象通常是匿名的、不确定的，内容上是多元的、竞争的，作用方式是非强制性的、间接的，但其强大的互文本性、全面和持久的影响力、灵活生动的手段，使大众媒介在长期和宏观的层面上能对人的政治社会化形成有力的、持续的引导。

互联网的出现在很大程度上引发了媒介的政治社会化功能的变革，特别是对经常使用并已习惯于网络生活和网络思维的大学生而言。第一，在当今社会政治生态愈发开放、利益主体日渐多元的形势下，互联网为政治信息和政治诉求的公开传播与交流创造了多种机制和模式，并成为政治传播最重要的载体之一。第二，网络信息在数量规模上急剧增加，一方面提供了认识世界、了解政治的更多可能，在政治认知方面赋予大学生更多的选择权和自主性，另一方面也分散了他们对政治的注意力，使负荷的信息涌入加大个体有效处理信息的难度。第三，信息把关不够严谨，信息质量难以保证，大量虚假、错误、有害的政治信息泛滥，严重干扰了大学生正常的政治性学习和模仿。

① 〔美〕梅尔文·德弗勒：《大众传播学诸论》，杜力平译，新华出版社 1990 年版，第 36 页。
② 〔美〕梅尔文·德弗勒：《大众传播学诸论》，杜力平译，新华出版社 1990 年版，第 243 页。

第四，网络传播极强的时效性、跨越时空的广泛性、多向互动的集成性、多媒体化的表现力、超链接和大数据搜索分析的智能化，可以实现瞬时、综合、深度的议程设置，在制造和传播政治“热点”中形成“滚动”发布的强大“攻势”，从而吸引大学生的政治关注并培养其政治意识。第五，网络的无国界使得政治传播在全球范围内展开，表现出显著的外部效应和直接的竞争性。这既丰富了政治社会化的题材和视角，也带来了各种意识形态更加尖锐的交锋。第六，网络改善了社会成员参与社会政治生活的技术手段，为大学生表达政治意见、参与政治活动、承担政治角色提供了低成本的、快捷灵活的渠道，也提高了他们在政治上的民主意识和积极性。总体而言，网络媒介凭借强大的传播力和渗透力，成为大学生获取和传播政治信息、实践政治行动、推动政治进程的重要渠道，深刻地影响着大学生的政治认知、政治观念和政治态度。作为大学生政治社会化的重要平台，网络媒介带来的一系列信息传播、人际互动、文化调和、价值塑造等方面的新特征、新现象，也改变着政治体系的运行、政治意见的沟通、政治行动的实施、政治实现的教育。对此，我们必须高度重视这些新的问题、新的方法、新的规律，并善于理解和运用它们。

第二节　媒介环境中的思想价值解构

美国当代著名哲学家和政治思想家、法兰克福学派重要代表人物马尔库塞曾提出“单面人”概念。他认为，由机器、技术、市场、物质产品等元素构成的“现代社会”是一个单面的社会，它在提供丰富的物质资源满足人的物质需求的同时，压抑了人的精神自由。它的标准化、批量化、模式化把统一的行为和生存方式强加给个人，从而使人泯灭了个性。在这个社会，人变成了“单面”的人：一方面满足于对物质丰富性的享受，另一方面在社会各种宣传媒体的刺激下满足于享受被社会设计和控制的精神资源。当一切生产活动以单纯的经济效益为根本目标，文化、传媒等产品的生产和消费也在经济效益的驱使下变得商品化和庸俗化时，人们对娱乐和消遣的追求就取代了对更高层次的精神内涵的追求。人类的自我关怀，还有以对人的尊严、价值、命运的维护、追求和关切为表现的人文精神日渐衰微。相反，暴力、色情、虚无感、幻灭感等内容在流行文化作品中大量存在。神秘主义倾向和封建迷信思潮的泛滥，使青年学生的道德认同变得困难，道义约束趋于松弛。人们追求从流行文化中带来的刺激，从而导致面对现实的道德冷漠。

马克思认为：“异化就是人本身的活动变成一种独立于人的异己力量，如宗教、权力、资本等，并且这种力量反过来剥夺了人的自由，使人从属于它，变为它的工具。"[①] 异化作为社会现象同阶级一同产生，是人的物质生产与精神生产及其产品变成异己力量，反过来统治人的一种社会现象。在异化活动中，人的能动性丧失，人遭到异己的物质力量或精神力量的奴役，这导致人的个性不能全面发展，甚至畸形发展。作为现代工业文明的产物，大众媒介是现代性最积极的鼓吹者和传播者，两者相辅相成，共同塑造着当代社会的文化取向和价值标准。在媒介与大众文化和消费主义的合谋下，人被进一步卷入到工具化、流程化的结构中，最终被异化成机械化的生产者和欲望市场的消费者。

网络媒介更是一种高度现代化社会条件下的技术革命，同时也带来一场传播革命、关系革命、文化革命，不但解构着传统的社会秩序和规则，也动摇着人们长久以来对理性的信仰和对理想的坚持。随着网络媒介在社会体系中的迅速渗透，后现代化逐渐从形而上的艺术、思想、主义向世俗性的生活蔓延。启蒙不再成为必要，因为对于任何文本、表征和符号，不同的阅读者都可按照自己的经验和意图给出任意的解释。显然，网络媒介是典型的后现代主义的承载物，而与每个人如影随形的移动媒介更加大了这种无中心化、碎片化、自由化的趋势。在一个构成世界的符号图景无限大而个体的生存状态日益孤单、接受的可能性无限多而思考变得异常浅薄、娱乐和喧嚣成为常态而情感不再单纯和持久的时代，价值标准也必将遭遇更多的撼动和冲击，以至于对真假、善恶、美丑的评判失去统一的度量，统一性被多元化所取代，稳定性也被流动性和偶然性破坏。

在大众媒介占据统治地位的时期，媒介是由少数人掌控的教化和鼓动工具，也是一种强大的权力，正如"柏拉图之洞"中的玩火者，他们随心所欲地将光与影投射到洞壁上，操纵着那些面壁的"囚徒"对世界的认知和想象。与高度组织化的媒介机构相比，社会大众只能是被动的、失语的信息接收者，尽管他们并不一定是绝对的"魔弹"中枪者，他们也有"使用与满足"的选择权。但从长期的宏观效果看，人们自认为"客观现实"的外部世界往往是被建构出来的印象。也正是在具有某种内在一致性的大量信息的传播中，大众媒介为社会成员提供了超越个体经验的整体性框架，将具体的、零散的知识和体验以隐含的价值观进行整合，形成对生活的"整体感觉"和对意义的"规范理解"。

面对容易受到暗示及传染的"乌合之众"，大众媒介在意识形态和道德观念的培养中功效显著。它能通过议程设置、理论灌输、典型示范、情感激励、双向互动、舆论引导和自身坚守的公信力为社会成员提供对环境的认知和目标、行为上的导向，协调人们

---

① 人民出版社编辑部编：《人是马克思主义的出发点》，人民出版社 1981 年版，第 164 页。

的心理状态、人际关系和利益诉求，促进沟通、化解冲突、凝聚共识、维护公平、保障社会的稳定和谐与经济政治的可持续发展，从而使生活于其中的个体在接触和辨别各种思想的同时有所扬弃，对主流文化和价值观产生认可、理解及信任，并在内化和外化的互动循环中经过反复“锤炼”最终固化为个体自觉的政治意识和思想观念。

但社会的发展总有着不以人们意志为转移的内在逻辑：在大众媒介的长期启蒙下，公众对媒介越来越熟知，对信息接触和辨识能力逐步增强，主体意识逐渐觉醒，对传播权力和文化权力的要求也日益提高，并随着媒介事业的高速发展而拥有了更广泛的信息来源、更强烈的表达意愿和更个性化的传播主张；激烈的市场竞争推动了媒介机构对受众的重视和妥协，媒介所代表的精英权力与公众不断增长的个体权力此消彼长，双方的力量对比和供求关系发生着微妙的变化。这种量变的积累，会在某种创新性要素的刺激下产生质变——当革命性的技术突破与社会传播格局的嬗变、公众对民主式传播的迫切需求不期而遇时，互联网便应运而生了。

网络媒介以特有的海量化数据、多媒体化和碎片化的符号、即时性和交互性传播、虚拟化和社区化的交往模式以及开放性、集成性、流动性、模糊性、隐喻性等特征，为人类构造了一个新的信息空间、人际空间和文化空间。网络媒介不仅是一种传播的工具，它还彻底颠覆了社会传播的形态，用数字化技术和“一切互联”的理念将所有人以前所未有的紧密关系聚集在一起，并能自由地进行各种所需的传播和人与人的组合。这使得传统社会中按照权力等级和功能关系所建立的系统结构被充分地“打散”，然后按照网络扁平化、动态化的特点再重新“装配”。在根据网络逻辑建立的社会架构中，人的社会定位、社会角色、社会关系也在发生迁移和演变，随之而来的是人们原有的审视自身及社会的思想尺度和道德观念被淘汰，亟须建立一套有益于帮助社会成员能在“人一媒一社会”相统一的时代更好地生存与发展的全新的价值体系。

信息多样、思想多元与道德冲突下的取向发生错位。人总是按照自身所能掌控的“尺度”认识世界和改造世界，也因此形成对世界的理解。麦克卢汉之所以提出“媒介即讯息”，是因为“任何媒介（即人的任何延伸）对个人和社会的任何影响，都是由于新的尺度产生的；我们的任何一种延伸（或曰任何一种新的技术），都要在我们的事务中引进一种新的尺度”[①]。从大的视野来看，新的媒介技术的确在改变着信息的流动方式和传播中形成的关系，因而改变着人们对环境的认知和对道德的理解。当代大学生所面临的媒介环境，是一个多种形态的大众媒介、网络媒介和自媒体并存、共生、交融的错综复杂、彼此渗透的综合化环境。人们每时每刻接收的信息量，已远远超出个人的需要范围和处理能力的极限，而且，整体上呈现出具有乐观倾向的信息丰富性已被

① 〔加〕马歇尔·麦克卢汉：《理解媒介——论人的延伸》，何道宽译，商务印书馆2000年版，第33页。

难以辨别、充满焦虑的超负荷和多元化所替代。更重要的是，各种信息所承载的意识形态立场和道德取向往往千差万别，甚至针锋相对。面对信息的泛滥，还没有形成稳定价值观的大学生容易看不清方向、找不准定位，在形形色色的思想框架的“召唤”下迷茫无措，或随波逐流，或随心所欲，或掉进利己主义、享乐主义的陷阱。

虚拟化的自由、自主性的分化与价值系统造成失序。媒介传播的基本特征是符号化，各种文本符号成为世界的表征和思想的隐喻。在大众媒介中，被符号化的是内容和意义，而传播主体和客体都是现实的人。但网络媒介将传播主体和客体都符号化为虚拟的能指，而所指则可以被随意定义，使人们经常不知道自己的交往对象是什么样的人或事。虚拟与现实的界限在逐渐消失，人的心理认知和行为动机也在逐渐虚化。从“你是谁”到“我是谁”，人们追问的不仅是现实角色，更是事关人的存在和人的本质的哲学命题。在这样的虚拟世界里，人似乎被赋予空前的自由，可以在“台前”与“幕后”任意切换所扮演的角色；潜意识中的本我越来越大胆地挤压着自我和超我。网络媒介的游戏规则就是无规则，网络空间的中心就是去中心，这使缺乏准备的青少年一旦被抛入其中，可能被释放自主性获得充足的发展空间，但也难免面临着价值目标的模糊和行为准则的矛盾；而缺乏引导和保护的自主性只能以一种原始的状态加速野蛮式的生长。其根源就在于虚拟世界中的价值空白和传统的价值体系之间难以直接移植而造成失序和错乱。

信息传播的流动性和碎片化分割人的心智结构。网络传播跨越时空，信息的流动性不受限制。传播无时不在、无处不在。每个人都“沉浸”在信息的海洋里、“汲取”着信息的营养，便捷地与地球上的每一个角落保持联系。高速流动的信息带来双重影响：一是信息的大量涌现和转瞬即逝造成不计其数的碎片化文本；信息过载引发的媒介依赖和信息焦虑成为困扰现代人的普遍的社会性疾病。二是带动人们行动、心理和思想上的流动性。超快节奏的生活、无法应对的不确定性、人生意义和世界意义的断裂，使大学生不能完整地理解自我和社会，也不能把握住未来。在如此境况下，社会个体的疏离感加重，只有感官才是真实，只有当下才是存在，人的心智被分割成迷乱的单体，在各种偏好和可能中发生碰撞，在随时发生的偶然性中体会“浓浓的情欲味道”。正是这种难以抵御的意义虚空，使得已经习惯与网络相伴的现代青年常因不能深入思考而思维浅薄，因变化太快而情感冷漠，因精神空虚和心理脆弱而在不自觉中选择沉迷。

主体性的交互发展与社会关系和角色的再分配有了进一步发展。人的发展要经历从群体本位到个体本位，再到类主体本位，也就是个体与类之间从依赖性到对立、最终达到统一的过程。而作为个人主体之间的共同性的交互主体性，则是化解个人主体性危机、迈向类主体的必经阶段。“在这里不存在孤立的单子式主体，每个主体都是关系中的主体，主体之间是'和而不同'的关系。"[①]交互主体性以适当的个人主体性为前提，但强调交往中的人格平等和彼此承认，强调主体间的沟通、理解及互相创设机会，强调和谐共存及整体性。可以看到，以新的媒介为尺度，人际关系和人与自身的关系在发生改变，而网络媒介的互联性、开放性就是培育和承载交互主体性、创造新的社会关系和社会角色的最佳"尺度"。比如，在针对大学生的思想政治教育中，由于网络环境的强势介入，传统教育者的权威地位被动摇，掌握了信息接触和传播主动权的学习者跃升为教育活动的主体之一。大规模在线教育进一步将原本孤立的"主体(传者)—客体(受者)"文化传播过程演变为整体上的一种社会交往生态和共生系统，并且更趋近于以自由与平等、对话与交流为原则的现实的人的关系。

娱乐狂欢、消费崇拜与后现代主义的游戏图景发展趋势明显。以差异、断裂、多元、分解、零散性、破碎性、片段性、游戏性、或然性、散漫性等范畴表现出的不确定性、碎片感、反整体性及反本质主义、反基础主义、反中心化、反权威化等，所有这一切构成了一股强大的冲击力，"影响着政治实体、认识实体及个体精神——西方的整个话语王国"[②]。后现代主义用游戏化的态度颠覆了"现代主义"在"理性人"基础上建立起来的"共识法则"，将交往共同体的规则建构引导向"自由主体"间的"自由交往"，而交往的发生前提不再是共性化、类的主体，而是具有异质性、差异性的主体；并且，游戏规则、规范之间没有通约性，随着游戏的结束，交往、交往规则及交往共同体都烟消云散。[③] 因此，政治成为无中心的对话结构，"众声喧哗"成为常态，而这不正是网络社区的典型写照吗？法国学者吉恩·布什亚认为，当代社会正处在一个符号世界之中，所有的消费与交换都为符号所主宰。在他看来，消费几乎主宰了现代生活的所有方面，它既是一种道德体系，又是一种沟通系统和交换结构，以超个体的方式组织起来并强加于人；同时，大众媒介所呈现的拟像机制使当代社会变得"超现实"，媒体所释放出来的符号，在大众空间形成长久的历史性沉积，并切入社会肌体内部，形成无法分割的组织结构。[④] 这样一来，以后现代主义为指导和象征，经过媒介的加工和转换，社会的运作规则及方式开始游戏化，并与人们对消费的无条件崇拜和对娱乐的无限制追求耦合。消费主义控制下的过度娱乐化，不但会在实践中左右大学生的消费行为和生活方式，还会深层次地影响他们对政治和道德的态度——以个体的娱乐享受优先，还是社会的公共利益更重要；是消费领先于生产，还是在劳动创造的基础上再消费——这些不仅是个人的倾向性选择，也是在与媒介的深切互动中对人的存在意义的价值判断。

---

① 冯建军：《主题教育理论：从主体性到主体间性》，《华中师范大学学报》(人文社会科学版)2006 年第 1 期。

② 〔美〕伊哈布·哈森：《后现代主义转折》，王岳川译，转引自王潮：《后现代主义的突破》，敦煌文艺出版社 1996 年版，第 29 页。

③ 任平等：《游戏政治观——后现代政治哲学分析》，《江海学刊》2001 年第 5 期。

④ 沈毅：《碎片与游戏——布什亚的后现代》，《社会学理论》2004 年第 6 期。

全球化语境中的认同危机与政治文化的"新霸权"对大学生国家主权意识的形成等有重要影响。媒介传播需要走向全球化，全球化也离不开媒介跨国传播的推波助澜。美国传播学家罗伯特·麦克切斯尼认为，如果没有一个全球性的商业传媒体系来促进全球市场的发展，刺激消费者的价值观，那么实现经济和文化的全球化则是不可能的。[①] 如今的全球传播整合了各种传统的及新兴的媒介形式，各种花样翻新的高科技传播手段更是无孔不入。媒介传播使各国的时空距离被无限缩小，地域性独有的信息逐渐消失。"地球村"和全球性问题的出现模糊了国家主权的绝对边界，使国家对外来信息和文化的控制变得越来越困难，作为政治和文化共同体的"国家"的地位被动摇。西方思潮通过影视、网络等媒介蜂拥而至；绝对自由主义、无政府主义、普世价值观等言论蛊惑着涉世未深的青少年；拜金主义、享乐主义等思想腐蚀着大学生对理想信念的追求；诚信缺失、职业道德滑坡、伦理约束失调、人文情怀丧失等问题屡见不鲜。在覆盖全球的高速信息交流中，政治事件公开化、透明化，不同的文化思想和政治制度被放在同一天平上进行比对，这些导致一国的主导文化价值观和政治信仰被削弱。在全球化语境下，西方发达国家利用其在经济、技术和传播格局中的优势地位，不遗余力地推动某些有利于自身的文化和价值取向，促进其在全球领域内大肆传播，而文化渗透本身的能量也被传播媒介放大。特别是美国，借助着自身对互联网的绝对把控，将西方资本主义体制下的民主、自由和人权意识推行到全世界，实质上致力于将看似"美美与共"的全球化打造成以"美国化"为标准。受此"新文化霸权"的影响，在话语力量相对弱势的许多国家和地区，对民族文化的身份认同和对现存社会秩序的政治认同、国家认同都面临着挑战，并成为一个不容回避的严肃话题。"文化殖民"活动有增无减和更加隐蔽化、多样化的手段，对中国本土的民族文化、政治文化都产生了严重的负面影响，这在一定程度上弱化了大学生的国家主权意识、爱国主义情感和民族自信心。

不良信息的污染、行为失范与伦理意志的弱化等现象日益凸显。媒介的竞争与繁荣，为各种信息的流通大开方便之门。一方面，曾经是层层把关的大众媒介在商业利益的驱动下放松了管制，各种冗余、虚假、低俗、色情、暴力及包含错误思想的信息从"潘多拉之盒"中被释放出来；另一方面，网络媒介缺乏规范，大量不良信息大行其道，既污染了信息环境、降低了传播效率，也诱发了诸多越轨和失范行为，比如大学生沉溺于网络游戏、网络小说、综艺节目、影视剧、动漫、段子、聊天、网恋等媒介娱乐之中，对媒介过度依赖而有损正常的学习生活和人际交往，发布或转发充满攻击性、污蔑性、庸俗低下或不利于社会稳定、缺乏道德约束的信息和言论。网上的谩骂、毁谤和造谣、传谣，给当事人造成严重困扰和精神伤害的人肉搜索，不负责任的"灌水"和恶搞，夸大其

① 郭莲：《全球传媒体系与新自由主义、文化帝国主义》，《国外理论动态》2001年第7期。

实的“标题党”、无节制购物的“剁手党”，传播病毒、盗取资料、技术欺诈、充当黑客，上述行为在大学生中都屡有发生，其客观原因在于网络传播的自由度很高而约束力较差、惩治力度较弱，但更重要的是大学生本身主观道德意志和自律精神的缺乏。网络媒介赋予人们的传播权利较之以往大大增加，但媒介伦理教育却长期滞后或缺位，从而使大学生早已习惯于在光怪陆离的网络世界里随心所欲。因此，在尊重其享受自由和权利的同时，外化的法律责任和内化的道德自省必须到位，缺一不可。

第三节　微时代的大学生政治认知与政治参与

以 2009 年 8 月新浪微博的推出为标志，中国的传播生态正式进入微时代。微博以 140 字以内的短小篇幅和以粉丝关注与分享为代表的人际化传播为特点，使个人自由表达的权利和能力得到充分的发挥，极大地释放了草根阶层的话语权，改变了自上而下的科层式传播和一对多的、单向的大众传播占据主导地位的传统格局，但同时也消解了新闻的专业主义。微信是微传播的另一个代表，其用户普遍年轻，平均年龄仅为 26 岁，其中 18～25 岁的用户占 45.4%，而在校大学生和研究生正是该群体的主力。与之相应的各类微电影、微视频、微创作、微发表、微阅读、微游戏、微理财、微支付、微活动、微交往、微社区、微团队等现象也层出不穷，并且无“微”不至地渗透到政治、经济、文化、生活等各个领域。微环境与每个人如影随形，对人们的生活行为方式和思想意识产生强有力的影响。特别是对浸润在“手指文化”中的青少年来说，微传播已成为一种理所当然的新常态。

微时代是以多种形式的微传播为载体，以微观层面的文本碎片化和宏观层面的大数据化为表征，以流动性、瞬变性、多元性、互动性、大众性等为特质的泛社会化传播时代。所谓“微”，最明显和最基本的含义就是指信息表达和传播的微型化或碎片化，其原因之一是技术的日新月异为随时随地、随心所欲的传播提供了最大的可能性。二是低廉的经济成本、时间成本、心理成本充分释放了人们对信息交流的需求。与“微”相伴的，则是内容的极大丰富，主要体现为信息量的剧增和话题的繁杂多变。微时代的传播打破了物理时空的限制和文化政治的藩篱，从而具有超强的流动性。大规模的实时在线带来信息源的不断涌现、交织，也造成信息的无序竞争和湮灭，形成事实上的去中心化传播。

在政治和思想领域，许多问题本应具有厚重的哲学内涵和重大的社会价值，但大学生深度阅读和思考的缺失，容易曲解其严肃的意义。而另一方面，微时代也提供了言行的便利，能帮助大学生在认知和行动上更好地将自己与社会联系起来，成为有自觉意识和实践能力的社会政治人。

自诞生之日起，大众传媒就与政治有着千丝万缕的密切关系。政治既是培育传媒的孵化器，决定着本国传媒的基本体制、政治取向和根本立场，也在根本上影响着传媒所身处的经济社会环境及发展水平，同时还是其重要的信息来源和报道内容。而传媒对政治也有着不容忽视的能动作用：传媒强大的信息沟通能力和良好的传播体系是维系政治秩序、传递政治价值、培育政治文化、开展政治活动的基础保障和常用工具；大众传媒也是表达民众的政治诉求和意愿、收集和反映舆情的重要平台，并对政治权力的行使进行监督和制约；在特定情况下，传媒组织还可能会因自身的影响力而成为政治事件的导火索或推动者，甚至在政治运动中发挥关键作用。在微时代，传媒组织在政治生活中的重要性有增无减，但一个值得关注的变化趋势，就是从传统上自上而下的权威式引导更多地转向为自下而上的大众舆论自发式聚合平台。不过，在看似平等的言论“舞台”背后，也常常隐藏着各种势力的博弈和操纵。

近年来，各国青年群体利用新媒体积极参与社会或政治活动已逐渐成为一种常态。在美国，奥巴马常被称为第一位借助互联网和新媒体的力量成功当选的“网络总统”。2008 年他在首次参与总统竞选时，就充分利用自己的官方网站、Facebook 等社交媒体、YouTube 等视频平台，或针对不同的社会群体发表视频演说，或提供多样化的选择鼓励草根阶层加入到选举进程中，或将大笔经费投入到 Google 等搜索引擎中以占据主动，最终争取到青年选民的广泛支持，并且还通过网络支付获得 85%的竞选经费，有效地将网络经济的“长尾效应”为己所用。

2012 年，日本政府要对钓鱼岛实施所谓“国有化”的行为，这一行为激发了中国人民的爱国情绪。以“80 后”“90 后”为主体的很多年轻人通过各种方式参与到“保钓运动”中。对于他们来说，一种很重要的意见表达方式就是通过互联网的 QQ 群、网络论坛、微博等网络新媒体互相传递抗议信息，通过网络平台组织策划网上和实地“保钓运动”。这表明网络已经成为中国青年群体表达话语权、参与公共事务、监督公共权力、产生现实行动的主要场域。[①] 仅在新浪微博上，短期内参与“钓鱼岛是中国的”微话题讨论的信息就超过 1900 万条。微传播不仅在维护国家主权的重大事件中能快速反映民意、凝聚社会意见而形成强大的舆论场，而且在一些专业化或非主流的领域，也会随着它全面渗透到各个角落的“毛细血管”般的微小化传播渠道将散落在各处的利益相关者和关注者勾连起来，设置成公众自觉或不自觉的情况下都须面对的议程。2014 年 4 月初，围绕百度百科词条中对 PX 的解释所掀起的一场捍卫真理的保卫战就是一例。

微时代形形色色的信息包围着每一个人，时刻都在提供着对周围世界的描述和解

① 方曙光：《网络公共领域下青年运动的新趋势》，《中国青年研究》2012 年第 10 期。

释，也无可避免地影响着人们作为政治主体对政治现象及其规律的认识和判断。政治认知是对政治制度、组织、过程、目的、理想、象征、政策、政治首脑、政治体系的运行机制以及政治人的权利和义务的主观反映，包括政治直觉、政治印象、政治敏感、政治热情、政治判断等方面。[①] 政治认知是政治社会化的第一步，也是大学生培养政治情感、形成政治动机、确立政治态度、维系政治信念和政治信仰的基础。树立科学的政治认知，是为了更好地参与到政治实践中，也决定着政治参与的行动目标、策略以及所采取的具体方式。在传统的科层制社会中，社会结构较为严密，各类组织间的关系较为稳定，政治运行机制普遍显示出正式和严肃的趋向。对于个体来说，政治表达和政治参与一般都必须经由规范的渠道、遵守严格的程序，且受到物理时空、社会身份、群体文化等方面的约束。媒体技术的发展，不仅使信息的生产和传播更为便捷，也以此为依托，帮助人们更自由地以多样化的方式获取政治信息、表达政治意愿、发起政治行动，并进一步影响政治决策和运行。

中国的网络政治参与始于 20 世纪 90 年代中后期。1997 年 1 月 1 日，《人民日报》主办的人民网开通，标志着政府和官方媒体开始转变观念，通过网络主动向广大网民提供政治信息。不久之后，在 1998 年印尼发生的"黑色五月暴动"华人遭受屠杀和残害的事件以及 1999 年中国驻南联盟大使馆被炸事件中，大批青年通过互联网关注事件进程、表达愤怒情绪和态度、揭示真相、组织网上和网下联动的抗议活动等。由此开始，越来越多的国人习惯于在网络上关注并参与各类重大事件和政治活动。发展到当下，在以互联网和移动媒体为支撑的微时代传播平台上，大学生可进行政治参与的渠道和方式愈加丰富多样，主要包括：通过网站、手机报、电子邮件、搜索引擎、社交媒体的关注或订阅功能、朋友圈等了解政治新闻、获取政治信息、学习政治知识；通过博客、日志、微博、跟帖、评论、转发、分享、论坛、聊天室、社区群、网络投票或调查问卷等发表政治观点、表达利益诉求、宣泄政治情感、展开舆论监督；在网络政务平台上与政府部门互动交流，或对政府官员直接进行网络提问，参与公共事务讨论、提出政策建议和意见等；利用信息发布、公开举报、开办网站或自媒体、人肉搜索及有关技术手段，直接参与和推动政治事件的进程；策划、组织各类政治性的网络活动或网络社区、团体，并经常与线下活动相结合。

作为"网络原住民"的青年学生，更加适应且更多地使用各类新媒体，从而在政治认知和政治参与上逐步呈现出一系列与父辈不同的特征。这不但会催生正在发生的种种"新"政治现象，而且随着他们的成长、进入主流社会，也必将推动社会政治生活发生全面和本质的变革。

---

① 邹升平：《网络对当代大学生政治文化心理的负面影响及对策》，《现代企业教育》2007 年第 22 期。

大学生的政治认知更趋开放和多元。微时代的信息内容既"微"又"博",在形式上短小精悍、操作简便,但也因此而具有话题和观点上的宽泛性,激发了信息容量的指数式增长,同时带来不同立场、不同态度、不同意识形态的交织与碰撞。与现实生活中有限的时空场景与政治体验相比,大学生从触手可及的新媒体中可随时获得各种政治信息。这些信息往往具有较大的差异性和矛盾性,所描绘的政治图景和所蕴含的政治意图也大相径庭。在这种开放式的信息环境中,基于各自独特的背景、经历、情趣和人脉圈,大学生对政治的感知、印象和期待显然也呈现出多元化的特质。它为大学生的政治社会化提供了更多渠道的认知来源和框架,有利于帮助他们去伪存真、坚定意志,但同时也可能使正处于成长转型阶段的青少年茫然失措、无所适从,甚至走上歧路。

大学生的政治态度更趋平等和民主。美国新经济学家唐·泰普斯科特在《数字化成长 3.0》一书中,归纳出自小便习惯于网络世界的 N 世代的若干"标准",其中正直和协作反映在政治态度上,也可视作是对平等和民主的价值观在微时代的进一步认可及追求。在虚拟的网络空间中,符号化存在的网络主体具有天然的平等性,不会因社会地位、财富、年龄、性别等外在因素而预设某种等级差别。再加上信息的充分流动,很大程度上消除了"信息不对称"现象,使大学生不再盲从于长辈、教育者、官员、专家等传统意义上的权威。因此,他们在积极宣示和维护自我权利的同时,也愿意尊重他人,并将分享、讨论与合作等视作理所当然的规则。在政治上,大学生普遍崇尚公开、公平、公正,要求信息传播和决策过程的透明化、民主化,敢于并善于表达自己的政治主张,希望在群体生活中实现协商式的自我管理。这也迫使政府机构和政治人物走下"神坛",走亲民化、人格化、生活化的路线。近年来常见的政务公开、网络访谈直播、开通政务微博和公众号等就是这一影响的具体表现。

大学生的政治情感更趋外显和分化。网络等新媒体创造了一个全新的话语场域,技术上的便利性和机制上的自由性,为个体提供了更多的发声机会和颇为宽容的环境,也培养了大学生与生俱来的言论自主意识。他们通常不会刻意掩饰自己的好恶和倾向,对政治事件和问题会大胆表态,但也往往表现出缺乏深入思考的肤浅性和情绪化的冲动。从诸多网络热点的演变过程中可以看到,舆论常常是非理性的、易变的,会因相关信息的披露或某些偶然因素而发生戏剧性的转折。特别是对沉溺于朋友圈的大学生来说,强关系的高信任度和同质性会激发心理共振并形成较强的暗示性导向。还需要注意的是,微时代的大学生对政治的热情有两极分化的趋势:新媒体扩大了知情权和选择权,一部分群体热衷于借助各种媒介获取政治信息、参与政治活动,从中积极学习并成长为成熟的政治人,在获得社会认可的同时,学会表达政治诉求、维护政治权益;另有相当比例的青年学生则存在政治冷漠现象,或只关心涉及自身利益和兴趣的事宜,或缺少参与政治的信心和能力,或被大量的娱乐、商业等其他信息所吸引。

大学生的政治表达更趋直接和互动。继政府门户网站、政治类论坛和博客之后，微博、微信等碎片化传播已将政治表达的途径尽可能地简化，甚至可以用一句话、一个词、一个表情符号来阐述自己的态度和意见。这也导致当大学生在接触到某一政治信息时，很可能在并未了解全面情况或未经思考判断的前提下，就对外部刺激作出即时反馈，而这种直接反应多数时候仅是一种浅层的条件反射，常带有明显的感性色彩。在微传播的表述系统中，话语风格更接近日常用语，更显现出生活化人际传播的特点，其中互动式交流占据很大比例。在涉及政治问题时亦是如此，大学生不再是权威导师面前被动的听众或接受者，而更愿意发表观点、宣泄情绪，在讨论氛围中达成共识，或至少能对自我的独立见解进行宣示。这标志着青年一代政治参与意识和民主意识的提高，但也在一定程度上冲击着既有的政治秩序和价值体系。我们还必须注意到，在信息大量过剩的微时代，在直接快速的互动中，温和、理性的声音往往不如偏激的意见更能引起关注。“语不惊人死不休”的结果，将可能引起“群体极化”现象，造成某种观点朝着更加极端的方向发展。

大学生的政治行动更趋务实和复杂。大学生处于从学校向社会、从青少年向成年过度的敏感性阶段，他们沉浸在微时代日益增多的信息与活跃的思潮之中。他们既能以“旁观者”的身份观察社会中的种种现象，也渴望参与社会实践以得到行动层面的学习和锻炼。在对待政治问题时，青年学生的理想化程度通常较高，常持有某种超越现实的预期。但与前辈较为单纯的生活环境和经历相比，当下大学生的信息来源极为丰富，其所能效仿的榜样、借鉴的经验、采纳的立场都是多元化的。这为他们提供了一个理解世界的多角度框架，也使之在采取政治参与的行动时可以进行多重的比较，在客观上形成“精致的功利主义”的温床。有调查表明，48%的大学生网络政治参与表现出明显的功利性或有功利性倾向，只有17%的大学生属于理想型政治参与，而27%的大学生处于中立状态。[①] 除更为务实的动机外，大学生的政治行动在载体、渠道和形式上愈发多样，从虚拟化的信息获取、意见表达、反馈讨论，到可影响现实的舆论聚集、监督问政、决策建议，再到实质性的投票选举、志愿服务、活动组织等。但这一趋势所产生的效能和效果复杂多变、难以明断。若欲趋利避害、强化价值导向，关键还是要营造社会整体的良好政治氛围，并加强适合当代大学生需求的教育和引导。

第四节　新媒介与思想政治教育

网络信息技术的加速进步对社会和人的发展产生了前所未有的深刻影响：在技术

① 孙崇文：《当代大学生网络政治参与的现状与对策研究——以湖北部分高校为例》，湖北工业大学硕士学位论文，2011年。

基础层面，庞大、快捷、自由的信息流动大大拓展了人们的认知维度和能力；在行为实践层面，新媒介赋予个体前所未有的信息表达和传播权利，并重塑人的生活行为方式，以及人和人之间的社会关系；在社会发展层面，传统的社会组织结构和运行机制受到重大挑战，互联网思维向社会各个领域渗透，“互联网＋”成为常态；在思想意识层面，平等、自由、个性、协作、速度、创新、透明、公正等价值标准日渐凸显，全球一体化、命运共同体、责任分担、协商共治等理念成为广泛共识。

作为习惯于在互联网上生存的大学生，不仅将媒介视为人的工具性延伸，而且已与其形成一种生态型的依赖。尤其是如影随形的各种新媒介，在与人的全面融合中，时刻提供着人的社会化存在所必需的信息“营养”。毫无疑问，在媒介化的社会中，人的媒介化成为一种必然。在这一大前提下，事关大学生成长方向、成长路径和社会未来前途的思想政治教育与新媒介的融合也成为一门不得不主动面对的“必修课”。

一、网络思想政治教育

从1994年互联网进入中国开始至今已逾二十年。随着高校对网络建设、网络应用、网络活动、网络文化的日渐重视和实践的逐步开展，与网络和信息传播有关的德育工作与传统的思想政治教育相结合，产生了一个富有中国特色的研究和教育实践领域——网络思想政治教育。对于这种新的思想政治教育形态存在两种理解：一种是网络环境下的思想政治教育，一种是基于网络的思想政治教育。[①] 显然，前者的内涵更宽泛、更完整，可以被认为是广义上的界定；而后者则相对狭义，将网络局限在作为工具来丰富和完善思想政治教育的方面。

在中国，网络思想政治教育的实践经历着从萌芽到被广泛接受，再到逐渐成熟和壮大，并在新的形势下不断推陈出新、跨越提升的发展过程，具体包括以下几个阶段：

初步探索期（1994～1998年）。这一时期我国的网络思想政治教育活动更多地表现为网下对网络的关注，其特点是信息网络的硬件建设得到快速发展，但对于网络内容和网络空间的教育环境建设还停留在初级阶段。青年大学生是网络用户的主力人群，但来自网络的负面内容对他们的思想造成了巨大冲击，引发了“网络危害论”的危机。在这种情况下，网络思想政治教育在被动局面下初步展开。面对学生们在网上提出的种种问题，教育者常常束手无策，关闭校园网或硬性限制学生远离网络曾是许多高校的无奈之举。这一时期网络信息的生产和传播都极不对称，西方国家明显占据上风，这也给思想政治教育带来很大困难。

规范建设期（1999～2001年）。随着互联网的普及，网络思想政治教育在实践上

---

① 张再兴：《网络思想政治教育研究》，经济科学出版社2009年版，第2页。

开始由被动变主动，开始大步走进网络世界。在政策层面，国家出台了《中共中央关于加强和改进思想政治工作的若干意见》等一系列指导性文件和政策，将网络思想政治教育工作作为一项长期的任务来实施；在实践层面，随着中国教育和科研计算机网（CERNET）的高速主干网顺利建设完成，校园网硬件环境日益完善，网络成为大学生新的重要生活空间。这一时期，高校普遍开始重视网络思想教育，红色网站如雨后春笋般逐步建立。教育者们紧跟着网络技术的步伐，走进网络平台，主动到校园BBS论坛上和学生沟通，利用e-mail、博客、QQ空间等平台拉近与学生的距离。网络思想政治教育有了一定的研究成果，教育者也拥有了一定的网络话语权，但网络思想政治教育的实效性还不强。

多元探索期（2002～2005年）。进入新世纪以来，网络资源加速多媒体化，大量的文字、图片、声音、影像、游戏等文本在全球急剧扩散。大学生的学习、交往、娱乐等活动已普遍网络化，网络舆论、网络文化、网络游戏等成为网络思想政治教育工作研究的重点。网络思想政治教育进入一个新的阶段——网络社会观的形成和发展期：网上思想政治教育逐渐和网下思想政治教育相结合，形成网上网下全方位互动的教育格局。网络思想教育研究开始走向成熟，过去的那种零散、片面的网络思想政治教育手段和措施逐渐被更全面、系统和科学的方法所代替，以网络社会为背景的网络思想政治教育体系的建构研究成为趋势。国家有关部门针对大学生思想政治工作先后制定了《中共中央、国务院关于进一步加强和改进大学生思想政治教育的意见》《关于调整增设马克思主义理论一级学科及所属二级学科的通知》等七部重要的政策文件，对高校网络思想政治教育进行总体部署，形成高校思想政治教育的基本框架。基层微观的自发探索、国家宏观的系统指导与研究者的理性探究相互配合，形成了较为完整的网络思想政治教育体系。

主动发力期（2006～2009年）。网络媒体在中国开始从虚拟的存在加快走向现实社会。以社交媒体和网络购物为代表，各种网络应用与人们的日常生活、社会交往和协同工作的关系日益紧密。网络摆脱了只有少数人参与的新潮媒介的形象，全方位地走进社会大众，渗透到各行各业，并建立起一系列成功的网络商业模式。网络对大学生的生活习惯、行为方式、思想观念产生了全面而深刻的影响。网络思想政治教育不再是"选修课"，而成为高校育人工作的"必修课"。这期间，网络的"隐形教育"模式受到理论和实践的重视，网络思想政治教育逐渐与其他教育环节、教育手段互相融合，一个系统的、立体的教育框架有计划地构建起来。相应的，国家对高校辅导员建设、思想政治教育二级学科设置、政治理论课调整等提出了要求。特别是2005年年底国务院学位委员会、教育部发布的《关于调整增设马克思主义理论一级学科及所属二级学科的通知》，要求设立马克思主义一级学科，开展马克思主义理论体系研究，开展学科专业化研究，为思想政治教育研究注入了强大的发展动力。

综合深入期(2010～2015年)。从外部环境看，网络媒介在向着大数据、智能化、移动化、社区化的方向高歌猛进，也已从早期边缘、独立的状态发展成为社会基础性的传播平台。2014年8月，中央全面深化改革领导小组第四次会议审议通过了《关于推动传统媒体和新兴媒体融合发展的指导意见》，将着力打造一批形态多样、手段先进、具有竞争力的新型主流媒体作为国家战略。这一时期，综合化网络社区的影响力逐渐渗透到社会的各个方面。大学校园中的师生交流、会议活动、教学教育、服务管理、创新创业都从“线下”搬到了“线上”；大学生的人际交往平台转向网络中的各类“圈子”“小组”和“社区”，并由此衍生出形形色色的行为模式和文化现象。以微博、微信为代表，网络传播的“碎片化”趋势向现实生活蔓延，大学生的思维习惯和表达方式也随之产生了深刻变化。网络思想政治教育愈发自觉和深入，主要表现在人本化的理念与综合化的举措上。在倡导全方位、全过程育人的同时，网络思想政治教育更加注重培养和引导大学生的认知能力、主体精神及个性发展，强调校园文化的建设和德育环境的培育，积极开展开放性、生活化、有情感的教育，“人文关怀”和“立法规范”双管齐下，努力提升大学生的媒介素养和全面素质。

二、现状与问题

总体看来，在新媒介环境中，符号化的信息对大学生思想的“侵染”越来越全面和深入，已成为培育其政治观念和思想品德的主要“土壤”之一。而新媒介的种种技术性特质，以及随之产生的行为方式，也对大学生的思想意识进行着潜移默化的熏陶。他们的人格独立性、信仰自觉性、思维能动性以及民主意识、个性意识、协作意识等都在增强，但同时也表现出崇高理想淡化、价值取向多元、成功观世俗化、审美观肤浅化以及较严重的利己主义、消费主义、娱乐主义等倾向。

与主要从事单向传播的精英化的传统大众媒介不同，以互联、互动、低成本和智能化、人性化为表征的新媒介正在席卷全球，其所创造出的以信息化为本质的新世界，对大学生的思想政治教育存在多方面的影响：积极与消极的因素并存，短期与长期的效应交织，外部与内在的驱力互动。近年来，以网络思想政治教育为肇端，中国高校的教育工作者积极适应新的媒介环境，努力拓展思想政治教育的新领域、新架构、新方法，无论是研究还是实践，都取得了长足的进步：理论研究取得多方面的突破，初步形成具有中国特色的理论体系，涌现出许多研究成果和专门的研究队伍，但研究成果的整体水平有待提高，前瞻性、指导性还不尽如人意；思想政治教育载体建设初具规模，校园网络硬件基础设施建设逐渐完善，校园网站、专题社区、微博、微信公众号等网络平台普遍建立；一批高层次、专业化、年轻化的思想政治教育人员逐渐成长起来，立体交叉、多管齐下的工作格局和机制日趋完备，以新媒介为支撑的开展网络思想政治教育的软环境基本形成；思想政治教育的创新实践多点开花，对大学生的心理、品德以及思想政治素质的提高起到了很好的引导作用。但由于新的信息技术和应用层出不穷，全球化进程的加快与国内的社会转型期、改革纵深期相叠加，使得社会大环境与学校小环境都在不断变化，大学生个体与群体都呈现出许多新的特点。在此复杂的外因和内因作用下，当前的思想政治教育仍然面临不少问题和挑战。

转变观念，积极探索，但实效性有待增强。经过长期的努力，高校思想政治教育要主动适应新媒介环境的要求已成为共识，相关部门在工作层面也进行了多方面的探索，取得了较大进展。但实际上很多举措多以教育者为出发点，采取自上而下的灌输方式，缺少民主式的共同协商及参与，没有充分发挥大学生的主体性和自觉性，所以难免出现一厢情愿、自说自话的现象。同时，工作中仍普遍存在各自为政的情况，缺乏统一的筹划和协调，对长远的教育效果的科学评估不足。

方式方法有所创新，但不能很好地满足需求。应该说从早期的电子邮件、BBS、门户网站，到博客、社区、手机报，再到微博、微信、微视频等，高校中的思想政治教育一直在努力跟上技术发展的步伐，在利用各种新功能、新应用方面也都作了很多的尝试。但与总是走在技术潮流前列的大学生群体相比，这些尝试仍显得相对滞后，常常在节奏上“慢一拍”，影响了心理上的亲近感和接受度。有的方式方法“形似而神不似”，仅限于外在的模仿和照搬，没有深入考虑内在的规律。

内容体系继续丰富，但针对性亟须加强。互联网上的海量信息为高校思想政治教育提供了取之不尽的素材，经过整理、加工和再创造，通过各种载体和渠道以林林总总的形式传播给大学生。这些内容在数量和类型上都有了很大拓展，但多偏于理论阐述、形势政策、道德教化、法纪规范等宏观性话题，且说理性较强，很少从微观的角度出发，根据大学生的身心特点、求知需求、利益考量来进行更为细化的内容安排和因材施教。不贴近个体的心理情感，不注意人性化的指导，教育活动将失去亲和力与吸引力，长此以往还可能影响到教育者的权威形象，进而失去学生的信任。

队伍和机制建设初见成效，但尚未形成系统化的合力。为适应新兴媒体的发展，许多高校成立了网络辅导员、研究生助理等专门的工作队伍，也大力开办相应的校园媒体，组建宗旨明确的社团协会，并鼓励师生利用自媒体和社交媒体等传播信息、发表意见、加强沟通，开展思想政治教育活动。但当前在以下层面还都没能实现有机的整合：一是课堂教学与新媒介平台没有充分融合，后者只是作为某种被动的技术工具；二是思想政治教育的各类载体相对独立，彼此的配合与互动不够密切；三是思想政治教育与其他教育环节脱节，如专业学习、职业规划、心理辅导、实践活动等；四是学校教育与家庭教育、社会教育未能协调一致，思想政治教育的正向引导常被现实中的负面现象所消解。

理论研究的深度、强度和交叉创新度须大幅提高。虽然关于网络以及新媒介、微传播、大数据环境下思想政治教育的理论研究取得了很大进步，但是低水平的重复性研究仍然居多，批判性、创新性成果匮乏，对实践的指导意义不强。比如，对网络思想政治教育的典型案例研究不足，缺乏对现实事件和现象的深入分析与规模化梳理；多学科联合攻关的研究很少，已有的研究大多局限在学者本人的研究领域之内，与传播学、心理学、伦理学、网络技术等学科的结合不够，这些都制约着研究的深入和突破。

三、创新之道

在新生代的媒介环境里，大学生拥有更多的信息来源、效仿对象和学习通道，但也容易在过量的信息载荷和纷争的思想交锋中迷失自我，因而需要提高他们辨别信息、处理信息的能力和从媒介中寻找正确价值方向的政治及道德判断力；被各种经济力量和利益团体所控制的媒介，纷纷通过公开的鼓动或隐含的劝服诱导大学生成为他们所力图塑造的消费者和受众。大学生应该强化自身的主体性，在与媒介的“双人舞”互动中把握主动权，并努力成为具有文化自觉的媒介社会公民；家庭、学校和全社会要高度重视大学生的政治社会化和思想道德建设，创造良好的媒介环境、开展科学的思想教育，从尊重个体、关怀人性出发，为社会的和谐发展培养与媒介友好相伴、共生存同发展的未来成员；要充分了解媒介运行的内在规律，结合大学生的身心特点和思想状况，采取激发潜能、互动互励的策略和多管齐下的渠道，持续拓展教育活动的理念、创新方式方法；要加强对媒介机构及各类传播主体、传播活动的管理，坚持他律和自律并重的原则，高扬媒介伦理的道德精神，促进社会个体、社会群体、社会组织、社会整体的全面发展。

从具体的、微观的信息文本，到综合的、宏观的传播空间和文化环境，媒介在多个层面影响着大学生的政治社会化和思想道德观念。新的媒介冲击着既有的传播秩序，也解构着传统的规范集合，但它同时也迫切需要并正在重新塑造新的价值体系。在此过程中，对大学生思想政治的教育责任重大。

深刻认识新媒介的重要性，充分把握其规律性。媒介的发展日新月异，并渗透到社会各个领域，数字化的信息已成为经济生产、社会治理、人际交往的重要资源。大学生的学习、生活、成长以及对世界的认知和理解越来越依赖媒介，他们的思想意识和价值观也越来越受到媒介内容的培育和媒介形态的塑造。要做好思想政治教育，就必须正视人的媒介化存在的现实，不仅要主动将各类新媒介引入教育环节，更重要的是要自觉地把握新的传播规律，从内容、形式、渠道、管理等多个层面，营造良好的媒介环境，为大学生提供全方位的、有导向的、有吸引力的媒介成长空间。在当前，对微传播、大数据、智能化媒介在思想政治教育中的作用和规律的探究应成为研究和实践的重点。

以人为本，建立理论指导与情景思辨相结合的教育模式。在新媒介环境下，由于信息的极大丰富和自由传播等特点，教育者的“把关人”角色和被赋予的权威地位被动摇。不同思想文化多元共存的信息环境，为大学生提供了广泛比较和选择的可能，自我教育的主动性大大增强。与需要高深理性知识和独特经验的其他专业性学科不同，思想政治教育的重点在于道德和价值观念的内化，最终目的是要培养思想政治合格的建设者和接班人。这就需要切实树立以人为本的理念，从大学生的本体特点和需求出发，运用或设计若干具体情景，帮助其通过体验、感悟、思考、辨析、讨论、协作等实现知、情、意、行的转化和升华。在这一过程中，新媒介既是教育内容的来源和载体，也是全过程、全环节开展教育活动的支撑平台和有效途径。

提升教育者的媒介能力，打造与时俱进的高水平队伍。当大学生已经成为媒介化的公民时，与他们的沟通就必须适应这一变化。如果教育者不学会掌握和使用新的媒介手段、不懂得采纳与新媒介相匹配的教育策略、不努力提高自己的媒介能力，就无法与大学生在同一场域中对话和交流，更谈不上对其进行教育和引导。这种能力既包括技术层面上的功能性使用，也需要内容、形式、视角、文风上的革新；既要活泼生动并具有亲和力和感召力，也要坚持基本原则和方向，有机地融理于情之中，挖掘青年学生自身的思维能力和发展潜能，提高他们在交互参与中的效能感。

理顺体制机制、整合各方力量，共同构建科学、完备的教育体系。主要包括：加强校园网络的软硬件建设和信息技术的应用性开发，为新媒介与思想政治教育的融合奠定基础；运用多种新媒介支持的渠道和功能，加强网络文化建设，充实新媒介环境中的信息内容，占据制高点并发挥引领作用；加强媒介监控，及时清除不良信息、掌控舆论动向、处理媒体事件，保障媒介空间的安全与健康；开发新媒介平台上的思想政治教育课程，并结合实际条件和需求，创造性地采纳新的教育理念和方法，激发大学生的积极性和志趣；开展多样化的媒介实践和社会实践活动，在学以致用、知行合一中提升教育效果；建立科学有效的评估机制，引导新媒介环境下的思想政治教育向正确的方向发展；强调德育优先，鼓励全员育人，分领域、分类别明确责任，在大学生培养的过程中全方位贯穿思想政治教育；与社会性教育活动和宏观的媒介环境互动配合，教导大学生既要在理性批判中对外部信息去芜存菁、传承扬弃，也要能动有为、敢为人先，自觉维护媒介空间的合理秩序与文明风气。

第十章
现代媒介与青年文化

青年文化是青年人所认同与分享的生活方式、行为模式和价值观念，它与社会主流文化和大众流行文化既相对独立，又互相关联。青年文化是伴随着工业文明的诞生，在青年作为一个社会学概念和一种社会化角色被确立后，才同时显现出来的。它总是在特定的社会空间中生存、发展和演变，有时表现为对主流文化的高度认同，如在中国近现代史上的革命时期和新中国建设初期；有时又表现为对主流文化的激烈反抗和对立，如20世纪60年代西方国家普遍出现的青年运动；但更多时候，青年文化是以社会亚文化的方式存在的，在主流文化的边缘地带或缝隙之中顽强地保持着自己的一席之地。而这些亚文化在大部分自生自灭的同时，也会有某些成分因为含有进步或流行的元素，或在机缘巧合之下能被主流文化所接纳并为其注入新鲜的活力，在一定程度上成为引领性的文化力量。

青年文化的起源与风靡，与大众媒介的推波助澜密切相关。在传统媒体时代，青年用报纸、广播、电视、艺术等平台营造亚文化圈子并进行身份确认。特别是电视媒介，以其超强的形象表现力和商业竞争力成为青年文化最重要的同谋者和鼓吹者。在新媒介时代，青年将强大的热情投入到网络世界中，一方面更迅速地学习和掌握这一新兴的技术平台，另一方面也将其作为与同伴交流和自我表达的工具，利用数字化的技术和符号创造着新的亚文化。

从异常丰富的各色网络语言、草根化和充满想象力的各式网络艺术，到别出心裁的各类网络人物、自由发酵的各种网络意见，再到夸张荒诞且戏谑叛逆的网络恶搞、包罗万象且紧张刺激的网络游戏，互联网以其特有的开放性、自主性、娱乐性，为青年亚文化的滋长提供了养分充足的温床。如果放到更大的语境下审视，在被全球化、商业化、世俗化、符号化、碎片化所驱动的大众文化和消费主义的共同作用下，社会媒介化和人的媒介化趋势更加凸显，特别是泛在的媒介环境下的社会交往媒介化，极大地推动了青年亚文化的媒介化。可以看到，迷群、恶搞、自拍、黑客、御宅、网游、COSPLAY 等典型的当代青年亚文化，无一不是因社会化的网络媒介、移动媒介而产生、扩散、成形和演变的。

媒介为青年构筑了独特的自我空间、族群空间和公共空间，激活了个性张扬、敢于表达的新一代青年，帮助他们在大范围内的群体共振和朋辈认同下，创造新的文化、塑造新的形象，在新型的社会关系互动中，与主流文化对话和交融、与商业文化碰撞和交织，并取得应有的社会地位和权利。媒介空间是青年情感、意见的汇集地，也是他们身体和精神的栖息地。青年亚文化群体在媒介空间中集结和实践，在占有、运用和生产、传播亚文化的同时，也在此寻求身份归属、集体认同，辟建自己的生存空间和文化想象。

当代的青年文化，因媒介向社会领域的全方位渗透而呈现出一系列新特征，如跨时空的集聚性、无中心的流动性、超现实的虚拟性、快节奏的变革性、积极的参与性、随意的分享性、大胆的创造性、高度的开放性、价值的多元化、个性的风格化、教育的隐性化等。也有人将青年亚文化的特点概括为“蔓生长”“自媒体”“微抵抗”“宅空间”“浅生活”“未知数”等。[①] 总体上看，当下的青年文化呈现出生产成本越来越低、表现形式越来越多、更迭速度越来越快、影响范围越来越广的趋势，这一切都离不开媒介的技术支撑和商业图谋，也与各种文化力量的博弈和转化有关。

当代青年已是新生代的媒介人，青年文化也必然是受媒介所滋养的与其共同生长的新的社会文化。

第一节　青年的多重面孔

要谈论青春文化，首先要理解何谓“青春”。青春当然要年少，但年少不一定就是青春。二八芳龄的“乱世佳人”已经开始饱受战火与情感的煎熬，十七岁的“茜茜公主”乘船沿多瑙河顺流而下成为万众瞩目的皇后，按照今天的标准，那时的她们无疑都处于最青春的花季，但人们却通常不将这两部经典影片归入青春电影的行列——是因为剧情时间的跨度太长超越了青春的短暂？还是过于沉重的历史压折了青春的腰？不，都不是，真正的答案在于，青春不是一种随着年龄增长就会自动贴上的生理标签，也不

---

① 胡疆锋：《新媒介时代青年亚文化研究的全息图景——读〈中国青年亚文化研究年度报告（2012）〉》，《青年探索》2013 年第 6 期。

局限于青春期的心理骤变和人格塑形，它是个体的，但更是文化的、时代的，是一段特殊的社会化过渡状态。

当提到“青春”的时候，人们总是赋予它很多溢美之词，如活力、浪漫、美妙、进步等。但正如传播学者波兹曼证明的那样，“童年”的概念是文艺复兴的伟大发明之一，“青春”也不过是近代工业文明所孕育的产物之一。有学者指出，在之前的欧洲社会，既不存在各个年龄阶段在文化性格、生活方式和思维习惯方面的区分，也不存在关于青春的独特文化价值和信仰体系。更何况由于自然条件的恶劣和医学水平的低下，大多数人还来不及等到身体充分发育就必须承担起社会劳动和养育后代的重任。直到工业化大生产时代到来，随着体制化和组织化的社会生产模式的兴起，简单的“原始劳动力”被淘汰，每一个体都要经过长期的系统训练才能进入劳动力市场。作为大规模实施教育活动的专门组织，学校将适龄青少年从社会生活和生产中隔离出来，对其进行条理化的知识传授和技能培训，从而延长了未成年人“初次社会化”的周期。正是如此，才催生了社会学意义上的“青春”及其某些特别的文化内涵和价值诉求。

台湾作家三毛在《少年愁》里曾说：“青年时代最有可为，也是最艰难的。”这种艰难，主要来自于“子宫时期”的结束，不但“再不能吃父母的饭了”，还要孤独地去“面对社会、生活、学业和前途的一个断层阶段，那种惧慌和压力，绝对是胜过中年的”。所以，青春在年龄的维度之外，更多地被界定为“过渡时期”：既不能拥有成人的经济、文化和政治权利，又不能像孩子那样被允许去依赖。这种过渡性也带来边缘性、不稳定性、流动性等特征。青春中的男女，一方面要适应被主流价值观所要求扮演的社会角色，另一方面也在努力寻找自我存在的定位和意义，而当这种寻找的参照系本身也在变化时（如父辈榜样的缺位和权威性的丧失、市场经济下传统道德观被破坏和取代），青年就容易产生迷失、反叛、对抗、焦虑和自我放逐等心理文化现象，并导致“好学生”的越轨行为。

在西方文化中，歌德的《少年维特的烦恼》曾一度带来将青少年具象化的“成长教育小说”之景观。小说中的主人公形象多半是敏感忧郁、离经叛道的，苦闷彷徨、压抑冲动是他们典型的文化症候。而后，两次世界大战摧毁了大批年轻人的生命，也冲垮了西方理性文明的“大厦”。特别是 20 世纪 60 年代，战后出生的一代以矛盾、多变、极端化的姿态爆发出强劲的呐喊，宣告青年亚文化作为一种新的文化力量登上历史舞台，同时也塑造了青年维系固有社会秩序的反面形象。群体性的价值紊乱和行为混乱加剧着成年人对他们的担忧和对错综复杂的青年问题的惧怕。与西方社会长期视青年为“魔”不同，在近代中国，出于反封建反殖民地的社会革命之所需，当青年从摆脱宗法制社会中做一个听话“孩子”的被动地位之日起，就被赋予了造就未来中国、推动社会进步的光荣使命。从梁启超《少年中国说》中的“乳虎啸谷”，到毛泽东主席寄予殷切期盼的“早晨八九点钟的太阳”，从《青春之歌》和《红色娘子军》中的革命青年，到新中国成立后的工农兵青年，再到悲剧性的“红卫兵”小将，中国的主流青年形象一向是顺应时势、改造社会的英雄。在改革开放后，以 80 年代初的“人生观大讨论”为标志，青年逐渐走下神坛，不但还原成会喜怒哀乐的普通人，还被反向夸大为“问题的一代”“垮掉的一代”。而今，对“80 后”“90 后”的评价更趋多元。人们根据自身不同的文化背景和目的，将当下的青年或看作问题和麻烦的制造者，或人为拔高他们的社会作用，或批评其陶醉于虚拟世界而变得游戏化、偏激化和缺乏责任感，或称赞其为具有独立精神和世界眼光的新生代。

在专门从事青年问题研究的学者看来，青年的特质也是具有多样性的。从社会学中被广泛运用的“角色”概念入手，可将“青年”看作是生理上的年轻人，响应来自家庭或社会的期待，并依据自己的愿望，遵循一定的规范，从事与其地位相符合的社会行动，因此，“青年”这一称谓就具有了社会存在的特殊意义，“青年”也被认为是所谓“近代主义”的产物，最初是以依附和顺从为特征的、融特权与剥夺为一体的混合体。但“二战”后青年的含义逐渐改变，也不再具有以往的整合力。人们意识到“青年”所对应的群体其实是复杂的构成，有着多元的、不兼容的甚至对立的诸多倾向和性质。[①]

按照类型化分析模式的方法，20 世纪 60 年代的美国青年曾被分为“疏离的青年”和“年轻的激进主义者”。80 年代的中国社会则存在两种类型的青年文化——官方的或正统的、被理想化的青年文化以及现实的青年文化。针对青年文化的分类，较为普遍的是从其与既有秩序的关系着眼，以“顺应一偏差一反抗”这样的行为式样和精神结构特征为主轴来进行区分的。有学者据此将青年文化分为角色型、逍遥型和偏差型，后者又分为脱离型和反抗型。角色型指对被期待的青年形象的适应，在功能上对现有体制框架有着维持和发展的贡献，与成年人文化有差异，但也有整合性；逍遥型指在大众社会中浮游的自闭性、独立性特质，在不给全社会带来威胁的程度内被容忍保存，有着休闲的、感性的、消费的特点；脱离型指有意地脱离体制、逃避既存价值且崇尚游戏精神，是一种对社会消极的异议，如果不给社会带来动摇，则可被作为安全阀放置在一边；反抗型指愤怒的年轻人对现有体制的反抗，他们不仅破坏旧价值，还努力创造新文化，因此对社会的冲击性最强，常在艺术领域最有效，其影响主要体现在间接的波及效果上。其中角色型青年文化属于传统的、普遍的类型，而逍遥型、偏差型青年文化则属于现代社会的类型。[②]

另一种分析青年及青年文化的图式结构是法国社会学家 R. Caillois 提出来的各自独立且相互对立的“圣、俗、游”三元理论。相对于“世俗事物”的日常性，“神圣事物”

---

① 陈映芳：《在角色与非角色之间——中国的青年文化》，江苏人民出版社 2002 年版，第 5—8 页。

② 转引自陈映芳：《在角色与非角色之间——中国的青年文化》，江苏人民出版社 2002 年版，第 16—17 页。

的本源规定为“对日常性的违背/侵犯”，而这种神圣性具有两面性，既令人战栗，也令人着迷。游戏性相对于“圣”和“俗”的“认真”是“不认真”，而相对于“圣”，它又以自由、非生产性、假构性为特征。“圣、俗、游”可与前述的角色型、逍遥型和偏差型共同作为二维坐标来对青年文化进行分类，如游戏中的逍遥型即为“享乐派”，而相应的反抗型则属于“痞子”。

在媒介传播对青年文化的影响日渐深远的当下，这种多维的视角，特别是对游戏性和非角色型青年文化的关注更显出特别的意义。

第二节 青年文化的现代性

青年文化是指由青年创造、认同和传播的与社会主流文化既相互关联又相对独立的亚文化系统，就其实质而言，是指青年在参与各种社会活动时由其特殊的行为方式所体现出来的独特价值观念、人格倾向、审美情趣及思考方法等的概括。① 青年文化塑造青年价值观，影响青年群体和社会文明的发展；同时，它也是青年群体存在的社会形式和青年自我表达的文化机制。青年文化的发展水平和形态特征反映着与青年有关的政治民主、思想开放、文化宽容以及物质生活水平等方面的实际状况和制度特征。青年文化与现代性问题联系密切，在某种意义上甚至可以说，青年文化本身即是现代性的产物。因此，青年文化又是一种充满风险的文化，一种既在现代性风险中生成又在生成中制造风险的文化。②

“现代性，在本质上是流动性和偶然性。”在这种由偶然的、流动的现代性所带来的对当代社会的围困的状态下，社会整体的影响力逐渐减弱，社会不再是一个自我封闭的实体，而是一堆分散的难以把握的碎片。由此，传统的文化边界变得模糊，社会规范开始失效，以至于个体被迫用自己的方式去解决社会问题，缓解现代性文明对个体的挤兑、冲击和压迫。③ 在这一过程中，处于过渡时期的青少年首当其冲，成为最脆弱、最敏感和最无助的群体。他们令人担忧的成长境况，是一种人类社会为现代文明所不得不支付的沉重代价，也是人类社会过去、现在和未来状况的综合性症候。④ 在本质上，青少年的当代困境可归结为现代性和全球化对人的生命成长发出的挑战。伴随着时代的变迁、社会经济背景的改变，整个20世纪变得充满了裂痕、代沟，生产方式和生活方式也产生了急遽变化。其中有三种与现代性相关的因素影响了青少年的成长：

① 陈荣武：《当代青年文化的历史衍变与现代性建构》，《思想理论教育》2014年第1期。
② 田杰：《现代性风险中的政治仪式与文化认同——关于当代中国青年文化的回顾与思考》，《青年探索》2010年第1期。
③ 〔美〕齐格蒙特·鲍曼：《被围困的社会》，郇建立译，江苏人民出版社2005年版，第282页。
④ 王彬：《颠倒的青春镜像——青春成长电影的文化主题研究》，四川出版集团/巴蜀书社2011年版，第2页。

“经济的变化，包括贫穷和富裕，从农业经济到工业经济的变化；家庭的变化，以文化、传统和地域为基础的宗教关系或血缘关系逐渐缩减为由父母和直系子女构成的核心家庭；制度的变化，包括作为社会设置之一的学校，在极大程度上把儿童和青年群体与社会分离开来。”[①]社会在塑造青少年形象方面往往施以强权，试图以制度化的方式对上述因素加以固定。我们看到，规模化的社会生产造就了日益原子化的个体，并要求将这些个体最大限度地整合到体制化和组织化的生产消费结构中，而制度化的“体系”从内外两个方面施加着强有力的作用：“结构”从外部控制着行动者，限制着他们的自由；“文化”深入行动者的内部（即意愿和目的产生的地方），把自由意志塑造出这样一个形状，以至于它使最严密的结果控制显得像温暖而深情的拥抱。[②]

青少年群体是未来的社会主体，他们反映、代表并表达着正在发生的社会变化，也因此与现代性融合在一起。青年文化既是现代性文化在青少年群体和他们的社会生活中的映射，也由于其依赖性、可塑性构成了对既成现实的威胁，使得主流文化赋予青少年的肯定性价值逐渐消退。但青春期存在强烈的指向性和不确定性，又常常是一种产生变化的新生力量，使青年文化可能具有某种独立的价值，并影响到社会的文化支配结构。在现代社会，青年文化作为与社会主文化相对应的亚文化系统，已成为社会文化生态和文化结构的一个不可或缺的主要组成部分。它既为主流文化不断提供新鲜的养料，也在与主流文化的矛盾与冲突中不断实现各自的调整与提升，形成自由、开放、宽松、和谐的社会文化环境。[③]

在中国，青年文化一直随着社会寻求现代化、建设现代化、发展现代化的进程而不断嬗变。追溯历史可知，具有现代意义的中国青年文化发端于“五四”新文化运动时期，科学、民主、爱国、进步是当时中国青年文化的内涵。从那时起，青年开始作为一支独立的社会力量登上中国政治舞台，对民族命运、革命运动、人生价值进行新的思考，在中国树立起了新一代青年文化精神和文化形象的重要标志，奠定了青年文化在中国现代发展史上的重要历史地位。此后，一直到新中国成立，中国青年表现出强烈的革命激情和政治理想，青年文化也表现出强“政治倾向”“革命性”“阶级性”“成人化”等的基本特征。而青少年群体的思维方式、价值观念、审美标准高度“成人化”，显现出与成人的社会心理同质化的特点。新中国成立后，在较长的一段时期内，青年人都保持着朴素而执着的青春理想和革命信念，对生活充满希望、情绪乐观昂扬。但“文革”时期，阶级斗争扩大化导致了青年文化的畸形发展，使得青年文化生活被禁锢成一片空白。

---

① 转引自〔法〕让－查尔斯·拉葛雷：《青年与全球化：现代性及其挑战》，陈玉生、冯跃译，社会科学文献出版社2007年版，第3页。

② 〔美〕齐格蒙特·鲍曼：《被围困的社会》，郇建立译，江苏人民出版社2005年版，第5页。

③ 田杰：《现代性风险中的政治仪式与文化认同——关于当代中国青年文化的回顾与思考》，《青年探索》2010年第1期。

经历这场时代浩劫的青年们开始了新的反思和理性批判，青年文化开始转变为与社会主流文化相疏离的异质性文化和亚文化，由盲目的非理性走向成熟的主体性。这种觉醒与改革开放下的社会环境剧变相辅相成。青年文化开始作为一种独特的文化形态得到了全新的发展，确立了独立的社会地位。青年追求自我、张扬个性、非正式化倾向等特点的发展趋势，凸显了青年文化解构权威、寻求反叛的特点，也使得青年文化与成人主流文化日渐不同。涌入国门的西方思潮对青年价值观产生了重大影响，在传统与现代、理想与现实间，青年群体出现了一定的理想迷失。市场经济的发展，大众文化、消费主义的流行，信息化与全球化的席卷，使得青年文化的多元化趋势凸显。青年获得了比过去任何时代都宽广的自由度，多元并存、敢于竞争、务实理性和追新求异成为这个时代青年文化比较突出的精神特质。进入新世纪后，中国文化与西方文化、传统文化与现代文化、主流文化与亚文化、精英文化与大众文化、高雅文化与通俗文化的并存与碰撞，也促进了青年群体文化视角和文化选择的多元化。特别是网络技术和新媒体的广泛应用，不仅改变了青年群体的生活和交往方式，也改变了他们的语言体系和思维方式，为青年文化的虚拟化、世俗化、奇异化、多样化发展开辟了新的场域和多维空间。①

社会主导文化对理想的青年角色大致有如下期待：青年应该是充满活力的、纯粹的、顺从的，也必须是为未来承担社会责任而努力学习的接班人和奉献性的建设者。如果以此为参照物，可以将当代中国青年文化（群体）细分为认同/角色文化、亚文化、反文化和负文化。认同/角色文化是对主导文化所倡导的价值观和生活观念基本认同的文化。亚文化是通过风格化的或另类的符号对主导文化或支配文化进行挑战从而建立认同的附属性文化方式，是一种补充与温和的“协商”，主要表现在审美、休闲、消费等领域。反文化则是对主导文化或支配文化采取的直接的、政治上的革命性的激进对抗。负文化是丧失了价值、信念后处于绝望状态而表现出来的放纵的“反常行为”和失范，特点是颓废和放弃价值。在当代中国，这些青年文化的类型都不同程度地有所存在，但从整体上看，主流是青年认同文化与青年亚文化。②

第三节　媒介中的大学生形象

大学生一向被视作未来社会的主流人群和中坚力量，他们当下的思想、行为都将对今后社会的走向产生长远的影响，因此，大学生历来受到社会的高度关注。但大学生又是一个多元化的群体，呈现出多地区的分布、多文化的浸润、多身份的定位、多维

---

① 陈荣武：《当代青年文化的历史衍变与现代性建构》，《思想理论教育》2014 年第 1 期。

② 胡疆锋：《中国青年文化的当代版图——从“青年文化消失论”说起》，《文艺争鸣》2011 年第 1 期。

度的取向、多样性的表现、多频度的变化等特征。特别是在社会全面、快速、深度的转型过程中，大学生也在发生深刻的转变，出现了许多新的特点，使社会公众有更加迫切的愿望对他们进行了解。受客观条件的限制绝大多数人难以直接、经常、多方面地接触到大学生的生活，因此大众传媒就成为传递大学生信息、报道大学生行为、塑造大学生形象的主要渠道。尽管媒介所展示的大学生形象并不一定真实、准确和完整，但人们能在文字、图片、声音、影像等形形色色的媒介文本中，获取各种信息并形成对大学生的整体印象。当然，媒介对大学生的反映并不都是客观、立体的事实，通过议程设置和框架取舍，各种权力资源、意识形态、利益机制、主观偏好都在进行博弈。其结果导致大学生的形象在很大程度上是被社会化地建构出来的，并被赋予了多重目的和意义。

许多研究表明，媒介中的大学生形象既有共性的特征，也有个性化的诸多不同；既有被主流价值观所期待的角色形象，也有多类型的、多层面的现实形象和其他非主流文化所想象或放大的虚化形象；既在一定时期内表现出相对的稳定性，也随着时间推移而发生着持续的变化，甚至某种程度的跃变。下面以几种媒介中的大学生形象为例进行说明：

主流媒体中的大学生角色形象。以《人民日报》为例，有学者采用定量与定性相结合的内容分析法，对 2011～2013 年间有关大学生的新闻报道进行分析，发现在报道态度上，以正面(39.9%)和中性(55.9%)为主，负面报道仅占总量的 4.2%；所刻画的大学生形象具体体现为扎根基层、踏实工作、积极向上、乐于助人、敢于拼搏、勇于创新等正面形象。① 显然，《人民日报》作为最具代表性的官方媒体，在对大学生的报道中担负起了应有的“社会责任”，努力展现了符合主旋律要求的大学生精神面貌。另一项针对《中国青年报》《广州日报》《羊城晚报》三家传统主流报纸的研究也发现，针对大学生的报道总体上以正面或中立的立场为主，占总数的 76%，其中涉及人物的报道，全部是正面报道。但大学生群体自身的生活感受、个性特点和喜好观念则相应被弱化，特别是涉及身心健康、违法/犯罪、需求救济方面，大学生作为弱势群体的形象便相对明显。在报道的题材上，这三家报纸关注较多的是与大学生切身利益相关的就业/创业、生活点滴、需求与救济、身心健康等方面，这些占比达 70%，而事故/违法事件以及新闻炒作等负面内容仅不到 10%。其中，问题报道与对策报道各有分量，重点关注就业、身心健康、社会救济三大领域。这种分析的一大特点是从外界人士的观点入手，以述评为主，提出对大学生相关问题的解决措施并总结经验教训，但单一化和模式化的

---

①　杜彬：《从〈人民日报〉新闻报道看当代大学生形象建构》，《传播与版权》2014 年第 8 期。

倾向较为突出，大学生自身的话语分量不够。[①] 此外，对人民网的研究也表明，有关大学生的所有报道均为正面报道，内容上以社会活动实践为主(79.55%)，其次为职业发展(17.8%)，表现出明显的选择性和引导性。[②] 较早的一项针对《中国青年报》的研究指出，该报对于“80后”的报道比较客观，呈现形象以正面和中性形象为主，但“80后”这一词语有被滥用的现象，很多时候把大学生等同于“80后”，且报道对象多来自城市，少见农村的同龄人。[③]

都市类或商业类媒体中的大学生现实形象。有研究者通过新浪网的爱问新闻搜索，对所获取的纸媒和网媒报道进行统计分析，得出大学生的形象特点，主要表现为[④]：喜忧参半的大学生就业与创业形象、热衷社会实践和社会公益活动形象、高消费和缺乏理财能力形象、婚恋观开放形象、犯罪报道中的弱者形象、消极的女大学生形象。总体结论为，新闻报道中的大学生媒介形象以消极和负面形象稍多，没有完全呈现大学生的整体形象，且存在一定的歧视和偏见。在负面报道中大学生处于失语状态，一些与大学生密切相关的新闻主题由于不具有普遍的社会关注度而未被报道。媒介对大学生的积极形象定型主要表现在对大学生创业的赞同和肯定上，但同时存在着用以污名化大学生群体的“标签”，对大学生的消极形象进行定型。另一项类似的研究也通过新浪网的新闻搜索引擎收集了全国范围内的报纸和网站的报道，时间跨度为12年。其结果显示，在所选取的7个正面形象指标和7个负面形象指标中，在报道数量上依次为[⑤]：行为不端、关心社会、道德欠缺、成绩突出、愚昧易骗、认识缺乏、能力欠佳、乐于助人、自强不息、不务正业、创新求实、正义勇敢、积极向上、脆弱。对南方报业网相关的新闻报道和评论分析表明该媒体对大学生的利益得失相当关注，对大学生形象的表述更接近实际情况[⑥]：在体现正面形象的同时，又通过对求职难、压力大、误入歧途等主题的报道，呈现当代大学生抗压力不足、自我保护意识不强、学术态度不端正等问题。综上所述，这些报道所展现的大学生形象总体上相对平衡，也较为客观地反映了多角度的现实情况。尽管负面报道仍居多，但造成这一现象的一个可能的原因在于商业类媒体总是对“坏消息”有着天然的偏好。

“刻板印象”与大学生形象的“妖魔化”。“妖魔化”是指媒体围绕某一社会问题，发表大量的报道和评论，对报道内容过度渲染，给报道对象贴上丑恶标签，使其失去话语

① 侯迎忠、罗利娜：《主流媒体大学生形象塑造的实证研究——基于〈中国青年报〉、〈广州日报〉、〈羊城晚报〉的内容分析》，《广东外语外贸大学学报》2010年第2期。
② 席甲栋：《浅析中外媒体中大学生的形象》，《新闻传播》2012年第9期。
③ 黄爱：《〈中国青年报〉“80后”媒介形象分析》，《新闻界》2009年第5期。
④ 李薇：《新闻报道中的大学生媒介形象》，江西师范大学硕士学位论文，2007年。
⑤ 董金权、姚成：《媒体对大学生形象的建构：议题框限与传媒歧视》，《中国青年研究》2012年第4期。
⑥ 席甲栋：《浅析中外媒体中大学生的形象》，《新闻传播》2012年第9期。

权，从而使报道对象的形象受到严重损害的信息传播现象。有学者曾对国内三家具有代表性的都市报(《新京报》《兰州晚报》《扬子晚报》)对大学生的新闻报道进行统计，结果显示[①]：涉及大学生暴力凶杀、两性问题、违法违纪等主题的非正面新闻所占比例最高的达到78.57%(《兰州晚报》)，最低的也有42.11%(《扬子晚报》)。经过某些媒体反复地、过度地报道和强化，大学生展现在公众面前的形象是：性观念过度开放和放纵、暴力凶杀、冷漠世故、品质低下等。随着中国社会对教育的关注度增高，批评的声音也在加大，尤其是一些都市报、娱乐刊物及地方电视台、网络媒体中有关大学生的负面报道越来越多，且动辄把个别现象扩大化、典型化、普遍化，在一定程度上扭曲和损害了大学生形象，具体表现在：对大学生的生活作风和道德品质妖魔化，性放纵、沉迷游戏、缺乏诚信等报道屡见不鲜；严重质疑大学生的社会生活能力，为其贴上意志薄弱、没有进取心、拜金、享乐等标签；批评大学生的综合素质，甚至罗列"当代大学生九宗罪"——生活腐化、堕落傍款、玩物丧志、寄生依赖、缺乏理性、政治上冷漠与投机、学术精神失落、道德素质低下、生理与心理缺憾等。[②]

大学生媒介形象的变迁与对比。随着消费社会的兴起和新媒体的发展，媒介对于大学生形象的建构发生了方向性的嬗变。在对《中国青年报》《齐鲁晚报》1997年与2007年有关大学生的新闻报道进行统计和比较后得出结论[③]：在1997年，两报使用关注大学生校园学习、生活和社会实践的报道框架，呈现了大学生健康、活跃的媒体形象；在2007年，两报则转而使用批评大学生就业表现不好、消费理财能力较差、维权意识薄弱的报道框架。10年间，大学生的媒体形象已从正面构造转向中性略倾向于负面的构造。而媒体对"80后"的报道曾经历了一次从大批判到盛赞的逆转[④]：从最初被认为是好高骛远、自以为是、责任感不强、娇生惯养、追求物质和感官享受、心理承受能力差、道德观念弱化、颓废等形象，到汶川抗震救灾及随后的一系列事件后，"80后"获得了正面的、肯定的、积极的评价，被赋予了"有爱心、敢担当、能作为、忘我、奉献、关注国家命运"等美好的字眼。这种逆转的背后，并不是"80后"本身发生了根本性的变化，而是人们认识上的颠覆，这种颠覆很大程度上来自媒体的宣传。

被"凝视"与被"驱逐"的女大学生形象。媒体似乎总是将女性置于形象体系的特定位置，作为被男性欣赏以及希望被男性欣赏的凝视对象，因而作为观众的女性是缺席的、被驱逐的。[⑤] 社会性别是一个伴随社会变迁的动态过程。新时代女大学生在社

---

① 蔡月亮：《传媒对大学生形象的妖魔化》，《青年记者》2006年第1期。

② 赵伟光：《大众传媒视野下大学生群体形象分析》，《河南财政税务高等专科学校学报》2011年第5期。

③ 张成良等：《大学生媒体形象建构的嬗变——以框架理论的观点》，《新闻界》2008年第5期。

④ 张有平、赵广平：《"80后"媒介影响初探——由大批判到盛赞的逆转》，《山东省青年管理干部学院学报》2008年第6期。

⑤ 韩贺南：《被"凝视"与被"驱逐"——女大学生对媒体中女性形象的审视》，《现代传播》2004年第3期。

会性别观念上具有某种现代性。但作为文化的载体，女性形象所承载的性别歧视信息在现代媒体中被建构出一种新的标准，这种标准夸大了女性的性征与性属，对寻求多元化发展的女性构成压迫。传媒领域强烈的消费倾向常表现在对女大学生的报道中，体现为过分炒作、追求娱乐化效果甚至损坏女大学生的媒介形象。有学者通过对2001～2011年内新浪搜索引擎所提供的有关女大学生的新闻报道进行内容分析发现，在有关女大学生择业、恋爱、婚姻、性观念、消费理财、自我实现、社会责任、生命意识、法制观念等9个议题中，有61.76％的恋爱报道、45％的婚姻报道、54.17％的性观念报道、61.91％的消费观报道、42.86％的生命意识报道、81.25％的法制观念的报道均为负面形象报道，远大于正面形象报道的比例。① 许多媒介似乎有意遮蔽当代女大学生的正面形象、主流观念与生活常态，而异样地描绘着女大学生“受助”“受害”的不幸事件或者她们中一些人的“非主流”“非常态”的生活方式。通过议题的框限，再配以夸张的标题、渲染的文字，这些媒介向公众呈现的当代女大学生俨然是“垮掉的一代”的负面媒介形象。② 尽管商业网站与都市类报纸中的女大学生形象常被建构为性开放、弱智化、受难求助、心理脆弱、犯罪主体、高消费等消极负面的特征，但在《中国妇女报》和《中国青年报》之类的主流媒体中，女大学生形象特征仍然表现为奋斗创业、爱心助人、感情向上、积极实践、学业优异、军中绿花、勇于维权等。③

综上可见，媒介对大学生的形象表达是复杂多元的。各类媒介必须以高度的社会责任感和专业主义精神，为社会提供客观而综合的大学生形象传播平台。

第四节 媒介影响下的青年文化

大众媒介所具有的一个最基本的功能就是文化传播与舆论扩散，即通过报道将社会中出现的现象、正在发生的事件和存在的问题传播给大众。随着报道的深入，公众的认知也会随之加深，并产生出不同的情感，但公众在很大程度上会受到媒体报道的视角和立场的影响。利用这一机制，大众媒介在报道中往往暗含主流社会的价值规范和行为准则，为正在寻找方向的青年提供规范和指导，从而塑造新的文化。大众媒介还可以构建个人和群体的文化认同性，特别是在越来越消费化和媒介化的当代社会，认同性和时尚、外表、形象及消费的联系更加紧密，而大众媒介正是在传播这些符号和文化的过程中引导人们建立与社会期望相适应的价值观。但个体并非被动地接受媒

---

① 李鹏：《当代女大学生价值观取向研究——基于新浪网2001—2011年关于女大学生新闻报道的内容分析》，《高校辅导员学刊》2012年第4期。

② 张蓓、蒋建梅：《三十年来中国女大学生的形象变迁——以媒介形象变迁为视角》，《南京政治学院学报》2013年第5期。

③ 郝香：《女大学生媒介形象对比研究》，兰州大学硕士学位论文，2011年。

体所传达的意义和信息，他们对媒体文本有着自己独特的解读能力和批判性，并可能利用媒体传播的种种资源，创造出与主流价值观相抗衡的新的价值观或与主流文化不相符的亚文化，青年文化正是其中最典型的结果。

美国社会学家戴维·波普诺在其著作《社会学》中解释嬉皮士运动的产生原因时指出，“大众传媒，特别是电视对新奇事物的追逐”，是嬉皮士运动产生的三个关键的背景因素之一。以“二战”后的英国为例，大众传媒与青年文化是一种互动的关系，二者互相借助对方的优势各谋自身的生存与发展。媒体积极主动地为青年文化进行宣传，是因为这是一个新鲜事物，蕴涵着无限的商机。通过对青年现象的报道和制作大量适合青年人口味的节目，媒体吸引了大批的观众，赢得了利润；而广大青年乐于接受媒体的邀约，则是因为他们已认识到，单靠个人的口口相传的力量是有限的，不能产生全国的效应，不能扩大自身的影响。在两者的合谋中，青年亚文化的风格得以清晰化、大众化，最终定型下来。①

媒介的无界限导致“青年的消逝”。在现代文明的观照下，儿童应该是一个特殊的群体，他们在言谈举止、能力等各方面都与成人有显著差异。处于过渡时期的青年，兼有“儿童”和“成人”的双重属性，但无所不在的媒介所带来的“人－媒－社会”一体化，使得无论是在客观上还是主观上，青年都可以享有与成人同样的文化。按照波兹曼的观点，尤其是电视的出现，媒介开始迅速戳破成人用以隔离儿童的“秘密”之帷幕——在通俗易懂、全天候播放的“图像”面前，儿童轻松地获得了进入成人世界的“通行证”。信息的等级制度崩溃后，随之而来的就是“童年的消逝”，青年亦然。罗马尼亚青年学专家罗森马那尔在《青少年：再生产和政治变革人因素》一文中也指出：“一代新的青少年正在出现，他们的文化特点是：正在过早地对成人世界感兴趣并期待着尽早向着成人状态过渡。可以窥见一斑的是青年人在学习阶段就表现享有完全的参与成人世界的愿望，而越来越不愿意把自己的诉求推迟到以后再去满足。”这种文化界限的消逝，还伴随着电子媒介带来的另一种更大的危害，也就是波兹曼所说的，本应追求高尚、积极创造的青年，却只学会享受劳动回报并逐渐变得与保守的成年人一样，开始欣然接受“娱乐至死”的麻醉。

在集体性的反抗中孕育新文化。在与主流文化的对抗中，青年个体或群体都是弱势的一方，在成长过程中长期接受着体制化文化的教化，被要求按照角色期待履行各种义务。这种外部灌输的文化在本质上是一种强权，常常会引起自主性日渐增强的青年的抗拒。在传统社会，这种对“父母文化”的反抗是个体的、局部的，尽管可能带有某种社会普遍性，但在实践中缺乏群体联动的技术基础，如新浪潮电影《四百击》中的安

---

① 戴立云：《战后英国青年文化与大众传媒》，《中国青年研究》2007 年第 4 期。

托万只能独自跑向大海,《操行零分》中孩子们最大的成功就是在学院里举行了一次闹剧般的抗议。媒介大范围的快捷传播改变了这种状态,使得个体的行为可能被迅速扩散并引起共鸣,在心理上和行动中将分散的个体聚集起来,从而形成同时的情绪活动和集体行动,并由此产生带有鲜明的青春风格的新文化。例如,流行音乐能将一种自我诉说传递给不同地区的听众,通过唱片发行、广播、MV、网络下载等方式使成千上万的青少年被同一首旋律、同一句歌词打动,在反复的听觉再现中被广泛分享、接受和内化。具有后现代主义风格的电影《大话西游》中的"无厘头"对白、"哈韩"或"哈日"现象,也是依靠大众媒介的强势传播才得以影响一代人的。在媒介的帮助下,青年文化不但得以实现,还往往以"群体号召"的方式来嘲讽或抵抗主流文化和主流社会价值观,从而宣扬自己群体的主张和意志。

大众文化裹挟下的青年文化具有可消费性。随着以经济生产和消费为核心的现代社会以及媒介传播的大众化的发展,产生了以都市大众为消费对象的商业化机制下的大众文化,并很快对原本在社会文化体系中占据上位的政治文化和精英文化形成冲击,甚至取而代之成为文化的主流。大众文化的兴起离不开媒介的推波助澜,其原因有三:一是市场经济下的生产者需要借助被大多数人所接受的文化方式推销商品和服务;二是商业化竞争中的媒介需要制造大众文化来吸引"眼球"、刺激消费,从而为自身赢得收益;三是芸芸大众需要一种低成本的、能即时享受的、轻松的文化。三者的不谋而合催生了大众文化,它依靠工业化机制创造了如此强大的生产力和传播力,使身在其中的每一个体都不由自主地受到"召唤",而缺乏成熟的人生哲学和思想心智的青年更是首当其冲,使反叛性的青年亚文化就这样在不知不觉中被大众文化所收编和整合。

2005 年的平民选秀节目《超级女声》红遍全国,一时间为数众多的"粉丝"奔走各地为偶像助威、在网络空间里交流讨论,同时还慷慨购买唱片、纪念品,进行短信投票。他们中间,年轻稚嫩的面孔占据了大多数。"粉丝"源自人类社会自古皆有的偶像崇拜,进入工业化社会后演化为影视媒介的忠实观众。随着社会转型,市场经济的发展充实了人们的物质生活,也导致了文化的商业化和精神的世俗化。由此,带有深刻的经济和消费烙印的娱乐明星就成为人们文化认同和精神依恋的主要对象。[①] 尤其是青少年,在"我喜欢"的鼓动下,完全从个人意识、个人喜好出发,开启属于自己的意义追寻之旅,但在"围绕着各种影像、商品、戏剧展演式事件的生产和消费的媒介和媒介社会"[②]里,这种文化层面的追寻在很多时候只能与视觉化、奇观化、娱乐化的大众文化不期而遇,并在互动中产生对大众文化特别制造的明星、文本的喜爱和崇拜。在这

---

① 蔡骐:《大众传播中的粉丝现象研究》,新华出版社 2014 年版,第 20 页。

② Douglas Kellner, *Media Spectacle*, London: Routledge, 2003, p. 2.

种条件下孕育出的青年文化，已经是大众文化的一部分，具有可观的可消费性。在青年迷恋和追逐明星化的偶像、品牌、商品时，他们的相关活动总伴随着消费的产生，如观看演唱会、点播或下载影视剧、购买推荐商品等。在这些符号消费和情感消费中，青年还得以实现身份认同——被共同的消费群体所接纳或被授予某种分层"标签"，同时也在一定程度上彰显了所谓的个性，尽管这种个性常常只是一种媒介为了促销其产品所美化出的假象。

媒介推动了符号化的游戏和狂欢式的审美文化的产生。"文明是在游戏之中成长的，是在游戏之中展开的，文明就是游戏。"①麦克卢汉也将游戏如同媒介一样，视作是人的延伸，因为"游戏是像迪士尼乐园的一种人为的天堂，或者是一种乌托邦似的幻景，我们借助这种幻景去阐述和补足日常生活的意义。"②人类所有的行为可分为工作与游戏两种："工作是对付现实，是谋生，是有产品的。相反，游戏基本上是没有产品的，除非是提供自我满足。"③无论是工作，还是游戏，都需要在传播中进行，而传播行为也因此分为工作性传播和游戏性传播，如生活中的聊天、开玩笑等。大众媒介使这种游戏功能得到进一步发挥，如读书看报经常被视作一种非功利性的消遣，电视的形象语言更是使人不必主动思考就可以在声画的诱惑中长时间沉迷。在这种意义上，媒介与其说是工具，不如说是玩具，至少对当下的许多年轻人来讲，平板电脑或智能手机通常就是这样一种其乐无穷的存在。如果说传统的游戏大多都需要面对面的、同时空的人际参与，大众媒介的出现则将游戏符号化，使游戏更富表现力，也更易于传播，并能允许人们在无危险的状态下体验各种超越日常生活的暴力和刺激，从而放松身心、发泄情绪。网络媒介还将符号化和人际互动结合起来，让玩家们可在虚拟空间中如真如幻地展开"第二人生"。不仅如此，媒介的大众化传播还把游戏精神泛化到社会生活的各个领域，如各种"秀"、大量后现代的网络语言、经常替代文字的表情符号、恶搞、段子等，甚至在原本严肃的政治传播中也频繁出现诸如《领导人是怎样炼成的》等动漫视频。一个明显的结果就是，人们在日常生活中更倾向于感受视觉上的愉悦，满足身体欲望的快感。曾经被少数人垄断的艺术走下高雅的圣殿，步入世俗化的世界。这背后的主要动力当然还是消费主义导向下的逐利性，因为当功能性的需求满足达到饱和后，具有审美意味的文化消费才可能创造更多的、无止境的商机。

在这场媒介推动下的文化与经济的联姻中，青年既被设定为消费者中的主要群体，又被赋予了某种主体性的权利，不但能在游戏的狂欢中消费各式媒介提供的文化产品，还被鼓励加入到游戏的生产和传播中，在以文化的方式彰显自身个性和生存意

① 〔荷〕约翰·赫伊津哈：《游戏的人：文化中的游戏成分的研究》，何道宽译，花城出版社 2007 年版，第 22 页。
② 〔加〕马歇尔·麦克卢汉：《理解媒介——论人的延伸》，何道宽译，商务印书馆 2000 年版，第 295 页。
③ 转引自李彬：《传播学引论》，新华出版社 2003 年版，第 185 页。

义的同时,也拓展着游戏的文化价值和商业价值。青年文化的游戏性可以体现在多个方面:一是青年因其天性好动、好奇而不愿受拘束,从而成为各种媒介化游戏的积极参与者,在游戏中能廉价而自由地刷新角色、感受情感、挑战自我、体味成长,从而使游戏全面地进入青年的文化消费空间;二是以游戏的态度抵抗成人世界的规则和主导文化的驯服,并试图与其在共同的审美狂欢中形成相互妥协的机制,以回归童真为特征的“蔻”文化的流行即是一例;三是在游戏过程中利用媒介的传播确立某些专属的青年亚文化,如快闪行动的组织、涂鸦作品的扩散、街舞或 Cosplay 活动的展示、网络游戏竞技大赛等。总体上,社会的媒介化大大促进了青年文化与游戏文化的相互渗透。青年在发起和推动游戏文化中的地位至关重要,而青年文化也在更多地汲取和发展出非功利性的、以玩耍和愉悦为目的的游戏精神。

碎片化的自我中心式表达文化逐渐兴起。大众媒介时代高集成度的传播架构是工业社会大生产所要求的秩序化的反映。在这种传播格局下,媒介机构是大投入和专业化的组织,通常被政治力量和经济力量所掌握。政治、经济、文化、娱乐等领域的精英人士拥有绝对的话语权,他们控制着信息的选择、生产和传播,普罗大众的声音和主张难以通过大众媒介得到广泛传播。与社会中处于支配地位的成人相比,青年尚属于边缘性的群体,青年文化也只是从属的、局部的文化支流,很多时候只有当某些特定价值被主流文化或消费文化所看中时,才有机会在媒介上得以展示及传播。也就是说,在大众传播的条件下,青年的文化表达是被动的、框定的。但随着互联网的出现,上述情况得到颠覆性的改变,青年第一次在技术上具有了群体性的独立发言的可能性,尽管这种言说一开始还只能以简单的 BBS、论坛等方式在青年内部被激活。Web2.0 使人类社会的媒介传播摆脱了长期以来的精英中心主义和专业主义的传统,任何个人都由此取得了与体制化的媒介机构相等的传播权利,理论上可以不受约束地面对所有人发言或进行任何形式的自我表达。这种改变对青年来说尤为重要,他们作为“比特里泡大的网络世代”,使用互动式数字媒体创造出一种崭新的文化,并反哺到父辈和成人社会中,具有革命性的文化引领意义。

博客是这种交互式传播下 UGC(用户生产内容)模式的一种典型应用,它从一推出就受到以大学生为代表的青年知识人的推崇,为有着强烈表达愿望的青年提供了前所未有的广阔舞台。博客可以记录生活、展示自我,推动不同思想、不同文化的交融,形成价值多元、流向多维、动态变化的公共场域,同时标志着“个性化出版”时代的到来。博客综合了之前的各种传递、交互手段,将个人与公众拉通到同一个平台,使表达的方式、效果、影响力都有了跨越式的提升。博客兼具个人性和公共性、开放性和多样性、生产性和消费性、历时性和共时性、批判性和情感性,是青年面对占据优势地位的成人们显示反权威的个性化认知以及平等地表达思想、沟通社会的重要渠道,并以此宣告自己特有的社会身份、创造有特质的青年文化，并不再依赖于“他者”的许可和支配。

当博客从内容上被“肢解”成不足140字的片段时，就意味着更低成本的、更随意的、去中心化的、裂变式的自媒体传播的强势崛起。作为一种通过关注机制分享简短实时信息的广播式的社交网络平台，[①]尽管由于内容的散乱、管理的失序、商业权力的介入、意见领袖与草根影响力对比的失衡，导致近来发展态势有所逆转，但微博所代表的碎片化传播、个人化传播正在成为整个传播形态转型的未来发展方向，移动传播的迅猛增长则加剧着微信息、微传播的趋势。可以看到，“以人为中心”的传播正在变成现实，不仅青年的主体意识被唤醒，其主体地位也在与社会关系的互动实践中真正得到确立。而信息及传播过程的碎片化进一步消解了传播权力的等级结构，促使传播格局更加扁平化、多极化，传播模式更加个性化、多元化。这也赋予青年以自己的立场和方式理解信息、表达意见、创造内容、分享经验和情感的权利，并在相对宽松的环境中碰撞、生长出新的文化因子，从而推动社会文化的创新和繁荣。

社区化、民主式的交往和参与文化日益显现。2012年《中国好声音》的火爆不仅在于它的娱乐性、励志性，更重要的是节目在策划和运作中抓准了青年群体渴望共鸣、渴望参与的心理。首先，该节目低门槛的参赛条件使青年获得了平等表达自己、平等参与竞争的权利；其次，创新的晋级方式鼓励观众为自己喜欢的歌手投票并在网络上拉粉丝、聚人气，也赋予了他们“神圣”的权利，使之产生自我价值被肯定的精神体验，极大地满足了其企盼获取与成人平等权利的心理。现场实时打出的来自微博和短信互动的滚动字幕，更强化了大众的参与度；而最后“巅峰之夜”的万人齐喊，无疑是一场青年群体大规模参与的纵情狂欢。这档成功的歌唱类真人秀节目，在坚持“平民化的娱乐形式”“全民歌唱”的亲民路线的背后，将民主精神贯彻到具体的环节中，使青年不仅是“看”的旁观者，更是亲自在“做”的参与者。他们视节目为自己的“孩子”，视选手为自己的“亲友”，由此爆发出主人翁般的热情，并形成了独有的文化现象。这是一种青年自我娱乐的文化，也是电视媒介的大众传播和网络媒介的互动传播所共同孕育的超越现代性的参与文化。

青年群体的社会边缘性造就了他们对主流文化欲迎还拒的矛盾心态。一方面，青年希望被承认和肯定，希望进入到社会并掌握权力；另一方面，在诉求难以被满足的现状下，又只能通过某种反叛行为来宣示独立，但这种反叛对个人而言是沉重的、危险的，需要寻求群体的协作以壮大对抗的实力。依靠电视媒介的单向传播，可以向潜在的同道者发出“召集令”，但难以得到及时的回馈和互动；而网络媒介所营造的共同场

① 郝蒙：《媒介环境学视野下社会化媒体使用者主动性的丧失——以新浪微博为例》，《长春教育学院学报》2014年第13期。

域，是青年在虚拟世界聚集的“俱乐部”。他们在其中任意地交流和发泄、自由地表演和分享，形成自足的圈子和彼此联系的社区，从而把与媒介的接触演进为一种“狂欢仪式”，并具有了鲜明的群体特征和文化意义，象征着独树一帜的社会存在。媒介中的自我娱乐、宣泄弱化了现实中矛盾激化带来的极端情绪和抗争意识，集体化的狂欢和文化消费又消除了无所归属的疏离感。在网络空间中，青年处在平等的交往关系中，能自由地构建兴趣相投的团体，并进一步按照民主化的原则组成复杂度更高的社区，实现虚拟化的生活及符号世界中“镜像”折射后的社会化。

青年在网络社区中建立的自主性和社会关系与现实世界发生触碰，就表征着青年文化与主流文化的对话在新的境况下展开。在这里，青年既不是顺从、被期待的角色，也不是隐含着巨大颠覆和破坏性的社会力量，而是有着自己独特的话语体系、文化特征、利益诉求的多元存在。近年来，利用微博等社交媒体，以“80后”为主体的当代青年已在志愿服务、社会救助、公共事件干预等社会事务中崭露头角，他们把网络所承载的青年文化成功地引入到现实生活中，并以丰富的社会性实践改变着自身的公众形象，也影响着既有的文化体系。可以预期，青年通过媒介的交往与参与活动终将与现实融合，两者共同构成未来社会的文化空间。青年文化不再只是被动的认同或抵御，而是成为社会文化的独立组成和自觉主体，在交流、互动中共同衍变和进化。

第十一章
青春影像传播与大学生影视教育

电影作为意大利诗人乔托·卡努杜笔下的“第七艺术”，是一种融听觉艺术和视觉艺术、空间艺术和时间艺术、造型艺术和节奏艺术等多种艺术形式为一体的综合艺术。它的诞生及发展，以现代工业技术的革新为支撑，以现代市场经济与消费主义的兴起为动力，以全球化背景下大众文化的强盛与扩张为载体，成为商业与技术“双轮驱动”的社会文化奇观，也成为人类文明与智慧的高度结晶。对于个人而言，电影创造出跨越时空、震撼耳目、触动心灵、抒情颂志的梦幻之境，它把从人类童年时代起就代代相传的“讲故事”情结渲染得淋漓尽致，不但带来神奇的疗伤般的娱乐和慰藉效果，也塑造着我们观察世界的视角框架和体味人生的情感意志。

电影历来受到年轻人的青睐。20世纪60年代中后期，以《毕业生》《邦尼和克莱德》（又名《雌雄大盗》）等影片为标志，美国新好莱坞电影运动拉开帷幕，其动因直接源自电影观众的改变——战后出生的一代青年成为观影主体，他们与父辈迥异的意识形态和审美趣味直接摧毁了传统的电影产业模式。好莱坞仿佛一夜之间就改头换面，开始迎接新的观众和新的时代。而大学生天然具有的对生活和艺术的探索热情、自由奔放的青春激情、较高层次的文化修养和鉴赏能力、渴望表达与得到认同的心理诉求，都促使他们一直与擅长“造梦”的电影艺术结下不解之缘。他们不但成为最重要的观影人群之一，也在很大程度上影响和引领着电影的潮流。

第一节　电影中的青春

2013年的中国影坛，突如其来地刮起一股强劲的青春之风。从4月到6月起，《致我们终将逝去的青春》《中国合伙人》《小时代》轮番登场，且都表现惊艳。这三部浓墨重彩地刻画青春记忆或当代都市浮世绘的影片，不但在口碑和票房上收获颇丰，也掀起中国式青春电影的高潮。在这之前，2012年红极一时的《那些年，我们一起追的女孩》集近年来日韩和台湾小清新青春电影于大成，在赢得的一片共鸣和唏嘘声中，使人们清晰地触摸到以“70后”“80后”和“90后”为主体的观众对青春电影的巨大渴望。2014年，《怒放之青春再见》《同桌的你》《匆匆那年》等一系列国产影片纷纷主打青春题材，使得已连续多年高速增长的中国电影市场在这一轮青春电影的推动下再度高歌猛进。

青春电影其实存在已久。纵观世界影坛百余年的历史，电影与青春的喈喈共和犹如一对如影随形的“双人舞者”。19世纪末，近代工业技术的发展使人类梦想成真，技术使人类能够以活动的影像符号来进行最拟真的记录和表达。从此，在那块呈现神奇光影的幕布上，俊男靓女们成为当仁不让的主角，魅惑着各年龄段、各个阶层的人们。究其原因，一是年轻形象的迷人光彩最能吸引大众的眼球；二是青少年时期对于绝大多数人来讲，无疑是最有活力、最具情感也是有最多故事发生的人生阶段。于是，创作者们挥洒自如、思如泉涌。无论是成长、爱情、寻找，还是困惑、叛逆、挣扎，都显得异彩纷呈、如诗如歌，而观影者们也乐此不疲、如痴如醉，在别人扮演的戏剧化情节中拓展着自身的生命体验，并获得超越现实的心理补偿与满足。商业电影要以青春为卖点，在与观众的文本对话中找到彼此最大的契合场域。艺术电影同样紧紧拥抱青春，通过展示这一备受关注的群体中典型个体的生存状态和曲折命运，激发他们强烈的审美快感和对社会问题的思考。

在电影诞生的初期，作为青春载体的青少年就与其结下不解之缘。一方面，从卢米埃尔兄弟和梅里爱镜头前性情各异的年轻人、产生世界性影响的法国百代公司《淘气鬼》系列喜剧片，到《一个国家的诞生》中两大家族的儿女纠葛，再到《关山飞渡》中的林哥小子，以及《一夜风流》《乱世佳人》《魂断蓝桥》等经典影片，银幕上最活跃的必然是这些郎才女貌的青春形象；另一方面，电影在努力摆脱被视作玩具般的街头杂耍而期冀跻身于“第七艺术”的过程中，一大批青年才俊满怀热情地先后投身其中，在极富探索精神的大胆尝试中，逐渐建立起电影艺术和电影工业的规则，而欧洲先锋派电影更是在多样化的实验中显示出惊人的破坏力和创造力，但这也为年轻一代掌握电影创制的主动权奠定了基础。

如果说电影中早期的青春叙事还停留在对成人价值观和生活境遇的一种投射上，那么"一战"之后，影像世界开始充斥着青年五花八门的欲望。流浪汉、强盗、罪犯和风骚妓女等现实生活中的边缘化异类，摇身成为银幕上备受瞩目的风云明星。战争的深刻创伤使得西方社会对传统伦理丧失信心，取而代之的是对感官娱乐的沉迷和对违禁反叛的向往。相应的，美国电影中的青春形象开始变得狂野、鲁莽并无所顾忌，家庭和社会都感受到原本应被系统教化的孩子们的无声抗议。日本和德国也在同一时期出现了短暂的青春片潮流，不过前者是洋溢着积极乐观的学生体育运动影片，后者则是"站在对抗无情的成人管制的青少年一边"的影片。最具标志性的是1933年法国年仅28岁的导演让·维果拍摄的《操行零分》，影片令人震惊地再现了在寄宿学校结成同盟的少男们对学校教育体制的集体暴力化反抗。在长久的禁锢后，社会终于学会正视愈来愈严重的青少年问题，反映在电影世界里，就是20世纪50年代涌现出的一批《可怕的孩子们》和《禁忌的游戏》等影片。"新浪潮"中的《四百击》则开始深入探讨青春成长中的阵痛、苦闷与出路。在东方，日本以大岛渚为代表，其青春电影被恰如其分地贴上"残酷物语"的标签，也显示出这个民族的某种极端特征。60年代中叶的美国，传统上以"下里巴人"为主的电影观众躲在家里看起了电视，愿意走进影院的大多是战后出生的"垮掉的一代"，而《毕业生》《邦尼和克莱德》《逍遥骑士》就是他们的真实写照。面临多重窘境的好莱坞猛然醒悟。在被称为"新好莱坞"的自我革新中，银幕上的形象以及银幕内外的对话者一夜之间都被换成青春的面孔。20世纪70年代以后，电影对青春的审美关注在题材、结构、形式和表达策略上都进行了广泛开掘；聚焦青春和成长的影片蔚然成风。此时青春电影在许多国家都占据着相当比例，在世界各地电影节上也频繁获奖。在中国内地，真正意义上的青春电影是20世纪90年代由"第六代"导演集体出场时带来的成人礼，尽管非主流却不乏亮色和掌声。

新世纪以来，在美国青春偶像剧、日韩"野蛮"与"治愈"交织的青春风、台湾略带伤感的纯情片的轮番洗礼下，加上中国大陆主流观众和电影市场的成长，酝酿已久的青春电影终如雨后春笋蓬勃发展。但这些影片同样是怀旧的主题，同样是青涩年华里的情窦初开，同样是校园、初吻、篮球、流行歌曲，甚至同样是象征着青春告别仪式的婚礼，也同样吸引着已与青春匆匆而过的"80后"和正在青春中匆匆而行的"90后"。一部影片的成功，固然有它特殊的个性原因，如原著小说、作者和同名电视剧所积攒的人气，或是专拍青春题材的导演和在演艺圈颇具票房号召力的新生代演员，或是歌坛天后的加盟、上映档期的作美等，但不可否认的是，观众之所以愿意买账这种老套的模式化情节和单薄的叙事，一个主要的观影动力就在于青春无论蕴含着多少眼泪、欢笑和沉思，这道"明媚的忧伤"是绝大多数人最深刻的记忆。

在不同文化圈和不同历史阶段，游走于"神""魔"之间或兼具"圣、俗、游"三性的青年和他们所拥有的青春故事，当然也会在作为观察世界之窗、超越人生日常之梦境的银幕上频繁上演。需要追问的是，当大家纷纷痴迷于“在别人的故事里体味自己的青春”之时，这些光影的演绎有多少是真实的而不是集体无意识的幻想？又有多少是有分量的而不是转瞬即逝的“精神按摩”？换言之，当多样化的青春遭遇到电影，往往只有少数类型的青春在文化和商业的选择机制下最终得以呈现。那么，究竟哪些青春能入眼影像艺术的“框架”而被述说？这些青春又是用怎样的态度和方式被述说的呢？归根结底，什么是青春电影？

青春电影不是单纯的以年轻人为行为主体和接受对象的泛类型化电影，而是重点表现青春阶段的，以实现人的社会化为核心、以多角度的成长和转变为主要题材的电影类型。从这一定义出发可知，青春电影的时代背景应是工业文明诞生之后的大时代，包括当前处于全球化、信息化和消费主义威权下的后现代社会；最常见的场景是青少年分别扮演的“学生”和“孩子”角色所在的学校和家庭，以及即将成为“社会人”所必须进入的、在片中多是以对立面出现的职业化体制下的“社会”。青春电影一定要展示主人公的某些激烈的变化，如身体的青春期发育和随之而来的对性的欲望和暴力倾向，如在反复尝试和抗争中发生的情感和性格上的变化，再如对自身、生活、家庭、社会、人生等重大问题的思想认知上的变化，或因考试、入学、毕业、意外等所带来的外部环境的变化。与剧情片不同，青春电影关注的是“人”而不是“事件”。与大部分爱情片不同，青春电影不在于“年轻”和“感情”，而是要挖掘“青春”独有的意义。青春电影往往强调代际间的、青春个体与既有成人社会间的价值观冲突，并更多地展现和探讨这种冲突下的青春成长的“过程”，而不是单纯展现某种戏剧化的“状态”或“结果”。

第二节　青春电影类型

即使对青春电影已作上述界定，仍可以看到在这方舞台上涌现出的众多主题有别、思想各异、独具风格的作品。从描写青春期的社会化过程这一核心内涵出发，根据片中主人公社会化状态的不同，可以将青春电影再细分为如下类型：

青春英雄戏。被归为这种类型的青春电影具有一个显著特点，就是主人公在历经某些坎坷磨难后，最终得到他人的认可，获得社会性的成功。换言之，它们展现的是一种英雄人物式的成长，也因此具有了较为鲜明的励志倾向。英雄戏并不是青春电影特有的选项，而是银幕上长期演绎的英雄传奇与青春电影的融合。对其作进一步追溯，可在更为广阔的各类文学和艺术的场域中看到它们的存在，这普遍反映了人们对英雄的向往。在更深程度上，这种对成为英雄、企盼英雄的生生不息之向往是源自深厚的人类文化意识中自童年时代起累积和传承下来的英雄情结。各民族的早期神话中无一例外地都流传着形形色色的或神或人的英雄就是很好的例子。时至今日，在电影讲述的千变万化的故事中，英雄与爱情或许是最受青睐、成就上也最为夺目的两类题材，况且大多数的英雄经历也往往与爱情相随，因为赢得生死相许的承诺也是一种英雄魅力的体现。为什么"英雄崇拜从没有死，并且也不可能死？"[①]因为对于英雄的想象是人类对自身生存困境或生死悖论的一种精神反抗，它来自于人作为主体性的智慧生物要克服所面临的生命压迫而不肯屈服的、希望能把握命运走向的生的原欲。相应的，英雄所体现的那种感人的品质就是"人类在具体历史文化语境中解决某种普遍性的人生难题和困境的真诚的努力"，并会努力去维护有利于解决某种普遍性的人生难题和困境的现有价值观，而颠覆阻碍某种普遍性的人生难题和困境的解决的现有价值观。[②]

在青春电影的视野里，当剥去传统英雄身上常有的抽象的伟大和崇高的地位后，他们会重新以富有活力的青春形象出现，并增加了现代语境中的感召力和亲和力。有别于很多经典神话或宏大叙事，青春英雄戏往往赋予主人公以普通人的身份，即使他们具有某种超人的天赋或超自然的能力，但在开始时也会与其他"凡人"过着相同的生活，甚至还承受着额外的强大压力和不幸或有着难以摆脱的某种先天的缺陷或弱点，如失去父母且常被麻瓜嘲弄的哈利·波特、从事着一份"很有前途的职业"的转世神灵、《一球成名》中家境窘迫的墨西哥乡间少年圣地亚哥·穆内兹等。由于这些英雄需要在青春期中成长，所以影片通常会以较大的篇幅展示他们从"丑小鸭"进化为"白天鹅"的曲折过程。相应的，他们的成功并非主要依靠某种天生的、战无不胜的"魔法"，而是通过主人公勇敢挑战自我、挖掘生命潜能或克服来自外界的种种阻碍，树立一种积极向上、勇敢面对人生苦难的坚韧态度达到的。

从这些英雄之所以成为英雄的价值体现来看，青春电影中的英雄形象可分为承担社会责任、为他人或集体作出贡献甚至牺牲的大众英雄和实现人生理想的个人英雄，前者如《饥饿游戏》中的少女凯妮丝，后者如主人公只能依赖左脚的影片《我的左脚》中的爱尔兰艺术家克里斯蒂·布朗。从英雄最初面对命运或困境的态度来看，英雄形象又可分为有着明确目标、敢于进取的由内在动力驱使的主动式英雄和在来自外界的反复压力下最终奋发的或意在维权、或作出两难抉择的被动式英雄，前者如一直相信"我是一个演员"的《喜剧之王》，后者如在"奔跑"中重塑美国传统价值观的阿甘。但无论如何，这些青春英雄都有许多共同之处：同样洋溢着积极向上的生命力量，同样具备顽强的意志和勇气，同样在积极地迎接挑战，也同样会接受师长的指导和亲友的帮助。尽管他们或多或少仍表现出某些缺点和不足，尽管最终实现的目标或所获得的成功可

---

① 〔英〕T. 卡莱尔：《英雄和英雄崇拜——卡莱尔讲演集》，张峰等译，上海三联书店1988年版，第208页。

② 李启军：《英雄崇拜与电影叙事中的"英雄情结"》，《北京电影学院学报》2004年第3期。

能带有几多遗憾，但他们在平庸的、世俗的、卑贱的生活中把“坚持”作为信仰，给正在走向社会、实践人生的大学生们提供了可贵的榜样，为其描绘着青春的梦想。

青春偶像剧。无论人们如何褒贬，偶像剧作为一类商业影片在青春电影的市场上占据着大多数。电影在人、财、物上的高投入，决定了这门艺术若要持续发展必须要建立在良性的经济循环之上，更何况在大众化的文化消费时代，“被娱乐”是许多观众走进影院的主要目的。如果我们以相对的立场来审视偶像剧，就可能认为它们大都是“青春神话的不断复制再生产”，并“作为特定的世俗神话的功能，正在以迷人、纯情、间或矫情的白日梦，将年轻的观众带离自己不无尴尬、挫败的青春经验，或者成功地以怀旧视野洗净青春岁月的创痛”；但具有社会观照意义的“所谓青春片的基本性，在于表达了青春的痛苦和其中诸多的尴尬和匮乏、挫败和伤痛。可以说是对‘无限美好的青春’的神话的颠覆”①。

由是观之，青春偶像剧可归为一种采用模式化的成规和机制来实现人们集体性梦幻的类型片。与其他类型电影一样，它也是文化工业生产机制下的产物，是建立在电影制作者和观众默契互动基础上的产品，试图以想象的方式解决大众所共同面对的时代性焦虑或根本性危机。类型电影有着发端、成长、成熟、衰退或变异、创新、再发展等阶段性的生命周期，可归纳出若干相对固定的形式系统，青春偶像剧也不例外。我们可以看到青春偶像剧的特点有：大多数青春偶像剧都以白领或中产阶级出身的青年男女为主人公，也以这一群体为目标受众；主要演员常为票房号召力强的明星，大多是俊男靓女，穿着时尚，言行迷人，外在形象具有高度的观赏性和可消费性；故事一般发生在现代化的城镇及其所延伸的乡村、景区等，学校、街道、商店、公寓、公园、医院、教堂、影院、网吧、俱乐部等富有都市特征和现代性意味的场景是片中人物最常见的活动地点；风格以轻喜剧或悲喜剧为主，注重情绪刺激和娱乐性，但往往也具备一定的励志功能；情节设置常有雷同之感，或为努力实现学业、职业发展上的生活化目标，或是应对某种突如其来的变化，或在特定的时限内展示一段追求或寻找，在经受一定的考验后，结局通常是大团圆式的梦想成真；片中常以对现实的美化、幻化和对爱情至上的强化来迎合观众的口味，并不时将当代都市生活或校园生活中常见的元素或时尚化的因子串起来，以弥补主题的浅显和价值的贫乏。

青春偶像剧中最有代表性的是大量的美国校园电影，其中不乏制作精良、雅俗共赏并具有一定教育意义的上乘之作，如《录取通知书》《留级之王》《歌舞青春》《律政俏佳人》《公主日记》《牛仔裤的夏天》《女校风波》等。近年来另一类颇出风头的就是在日本、韩国、泰国等东亚、东南亚文化圈流行的小清新电影，代表作包括岩井俊二细腻、深

---

① 戴锦华：《电影批评》，北京大学出版社 2004 年版，第 163 页。

刻的自我寓言《情书》、许秦豪执导的在淡淡哀伤中品味生活哲理的《八月照相馆》、讲述少男少女对爱情的朦胧感觉和成长体悟的《蓝色大门》等。

青春回忆录。对于青春的迷恋是人之常情，因为在成长中常伴随着一系列新奇的刺激，而这些林林总总的“第一次”总是给主动睁开眼睛看社会的青少年留下难以忘怀的记忆，也是他们在跌跌撞撞地闯入成人世界的旅途中用一种也许并不都意味着愉快和美好的纯真换来的一张张通行证。在体会青春的怦然心跳的同时，那种无畏的激情和转瞬即逝的遗憾给人带来某种神秘之感，以至于在随后的人生道路上，还会经常在有意无意间被唤醒。在当前的社会转型期，无论是被卷入全球化浪潮的各民族国家，还是被日益快速的信息“碎片化”传播剥夺了整体存在感的个人，都渴望在时间的流逝与分割中找到文化之根或是精神的家园。这也许就是怀旧主义青春电影大行其道的原因——用修饰过的回忆抚慰曾经历的伤痛，在对日常生活的审美化消费中享受虚幻的梦境，并经由影像符号的移情作用在被建构出来的记忆共同体“磁场”中产生共鸣。

在艺术的生产实践层面，电影的话语权一般不被正在进行时的青春者掌握，而是由在职业体系中已完成社会化的“青春完成时”群体所操纵。在他们的电影书写中，青春不属于当下，却意味着一种失去的回忆。从市场需求看，这类影片的受众大多是刚刚走出校园的青年人，他们对社会还未能完全融入，在权力结构系统中只能位于稳定的主流阶层和后继追赶者的“夹缝”之间，生存空间有限，生活和职业压力较大，于是他们开始寻求心灵的慰藉，怀念无忧无虑的校园青春岁月。此外，中年人对于似曾相识的一代青春的回顾亦有相当的渴求，而在校学生也愿意分享前辈的情愫以提前感知将要面对的人际特征。在这种需要的驱动下，电影生产机制纷纷推出相对应的“回忆”符号，令广大的青春缅怀者们难以抗拒。例如，《初恋这件小事》上映时打出了“每个人都经历过的暗恋情结”的宣传语，《那些年，我们一起追的女孩》号称是对初恋的怀念，而《致青春》无疑是对“70后”的大学生和其步入社会后所遭受的阵痛的一场演绎；《同桌的你》《匆匆那年》等则直指“80后”欲说还休的青春过往。应该说，这些青春的回忆录都以各自的方式打开了受众的记忆宫殿。尽管有些场景和情节或似是而非、或故作姿态，但它们毕竟诱导出一份怀念、一阵感触，这就足以使其成为可消费的商品了。

回忆录式的青春电影是过来人对一段青春体验的再现，它通常会跨越较长的时间尺度，展示青春理想与严酷现实间难以调和的矛盾以及在走向成熟的种种尝试中的困惑。无论是从生理到心理的跃动、从学业到职业的转进，还是家庭关系的变迁、情感触碰的悸动，都带有较强烈的主观印记和人文上的一种迷茫而温柔的情怀。这些回忆总是与特定的时代印记、地理空间和文化禀赋联系在一起的，如《阳光灿烂的日子》中的军属大院和父辈缺位的晃荡时光、《记得香蕉成熟时》的港式街景和拥挤的人流。

青春回忆录的另一特色，是常以某种仪式对青春进行告别。这既标志着剧中主人公开始迈入新的人生阶段，也是创作者对青春的总结性陈述以及对这份回忆划上的句号。比如，近年涌现的华语青春电影多设计有婚礼场景，以期在“新人笑”与“旧人叹”的对比中完成青春期的真正成人礼；在《天堂电影院》中，当主人公目睹心中的“天堂”轰然倒地时，他才彻底释放了过往并明白了人生的意义；在《西西里的美丽传说》中，那个早熟的少年将珍藏的唱片抛向大海，才幡然醒悟在得到的同时其实就已经失去。

青春成长志。前三类青春电影都可视作是建立在电影工业机制之上、以青春为消费对象的文化商品，为赢得市场的认可，它们所述说的青春必然具有典型性，要反映相当一部分人群对青春的集体想象。但在这里所定义的“成长志”则与之相反，它是以平等的视角和现实主义的方式，记录或展示某种非典型的青春成长历程和蜕变经验，因此并不一定代表普遍的规律，更倾向于个案性质的解剖。这类独特的青春故事，通常会突出具有逐渐清晰的自觉意识的个体与固化的社会规制间的冲突，并从中揭示在具体的社会文化环境中，个人的社会化成长及现代社会在走向文明的进程中所必须付出的代价和牺牲，从而带来先知般的启示，引发观者的反思。

这些青春片与其说是大众化的娱乐品，不如说是社会研究的案例库。它们彼此之间没有太多相互模仿的模式化的形式规范，而是呈现出特定社会背景和生存空间下的个性化的具象，但在整体上仍可大致梳理出一些相似性：在观察视角上，基于平等和尊重的原则，在“不介入”生长过程、“不预设”意识形态框架和可能结果的前提下，采用写实的手法，记录几近真实的青春本色；不以戏剧化的情节起伏见长，但强调个体与社会、子辈与父辈之间的冲突，同时深刻地展示人物在成长前后的变化与对照，突出在内外因素的交织影响下，青春的呐喊、叛逆与反抗；结局常充满悲剧的色彩，矛盾不能调和、有价值的事物被毁灭、年轻的生命落入社会化不足的“陷阱”，由此不得不使人承认，在青春华丽的外表下，常常隐藏着难以言说的痛，甚至是挣扎中的绝望；这些青春成长的代价是巨大的，无论社会化过程的最后是在妥协中得以完成或是被迫中断，结束的只是故事，而对人与人、人与社会本质关系的思考仍将继续。

“幸福的青春都是相似的，不幸的青春各有各的不幸。”青春成长志是非典型性的青春传记，它关注的多半都是非主流的、边缘性的青春。根据这些青春个体与社会对抗的方式和结果，可再进一步细分为以下子类型：成长的终结，指矛盾被一步步激化，最终只能以不可逆的极端方式打断社会化进程、清除青春的存在，很多时候表现为自我的灭亡，如《青春残酷物语》中的害人者与被害者、《牯岭街少年杀人事件》中的真实命案、《香港制造》中的青春之殇、《邦尼与克莱德》中满是弹孔的身躯；无望的挣扎，指弱小的个体难以抗拒社会的集体威压，在一次次的碰壁后伤痕累累，却看不到希望的方向，如《四百击》中的安托万跑向走投无路的大海、日本“太阳族”的醉生梦死、《青红》

中被父亲扔掉的红皮鞋、《小武》所遭遇的亲情冷漠和街头示众；阵痛后回归，指在历经挣扎和痛苦之后，成长的步伐最终回到正常社会化的轨道上，但在这个过程中却已经有太多的善与美无法挽回，如至尊宝终于戴上金箍立志西天取经、《毕业生》决定跑向教堂唤回真爱、《教室别恋》的不伦情欲最后被理性拒绝；勇敢的呐喊，指青春以自己的力量在坚持前行，尽管还看不到终点，也还没有站上胜利的领奖台，如《操行零分》的少年登上屋顶宣告不肯屈服、《死亡诗社》的成员用课桌上沉默站立的方式支持一种年轻的信仰。此外，对青春成长的探索还有更多维的角度和方式，无论是《我好奇之黄》中的大胆突破和政治思考、《楚门的世界》中的窥视狂欢，还是《光阴的故事》中的短片串联、《孔雀》中一户人家中三个年轻人各自的一段生命历程，都展现了青春的千姿百态、人间的悲欢离合。

审视青春电影的上述类型特征，还有一条十分关键的、更深刻的标准，那就是片中所秉持的价值取向与社会主流价值观的关系。可以看到：青春英雄戏里的奋斗能被社会认可并获得成功，在于主人公自觉接受了已有的主流价值观，并以英雄作为榜样进一步传播和教化这种价值观。青春偶像剧的出发点是制造“童话”以满足观众的娱乐需求和商业上的收益，因此，它必须保证原则上要符合或维护主流价值观，但有时也会以一些无关痛痒的调侃、嘲讽和叛逆来粉饰自己的“顺从”。青春回忆录常以艺术化的、个体化的青春经历和体验为题材，针对主流价值观提出问题、表达意见，但并不主动去引发冲突，也不会刻意表达个体与社会间的不可调和。而青春成长志的意义就在于展示青春的局中人与成人世界、寻找定位的个体与社会间的碰撞和冲突，以及在这一过程中所表达出的非典型的成长经验。

第三节　大学生观影行为和态度

在大力推进文化大发展、大繁荣的时代背景下，认真研究大学生与电影的“双人舞”，无疑是一个同时具有现实及未来价值的课题。课题组通过对北京部分高校的问卷调查，力图以实证研究的手段全面了解当代大学生的观影行为和态度，深入分析电影对于大学生的影响和意义，深刻把握大学生对电影的审美倾向和批评性理解，并以此为基础，为我国电影的健康发展以及校园电影文化的良好营建提供针对性的建议和策略。

本次问卷调查对象为清华大学、北京大学、中国人民大学、中国农业大学、华北电力大学、北京语言大学和首都师范大学的在读学生，共发放及回收有效问卷 500 份。其中男生占 32.1%，女生占 67.9%。受访者的专业分布、生源地分布、家庭收入分布分别如图 11-1、11-2、11-3 所示。

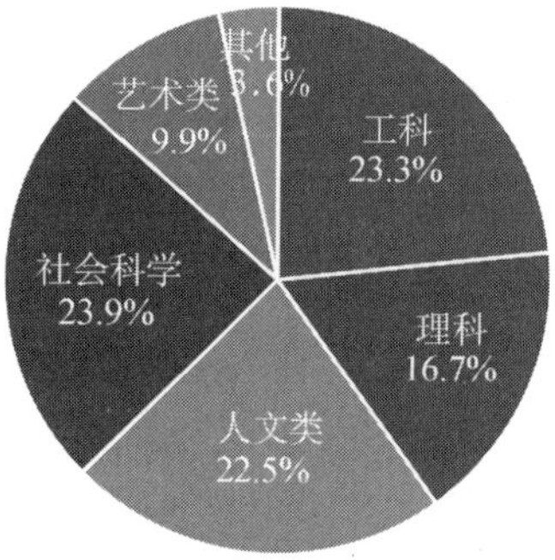

图 11-1 专业分布

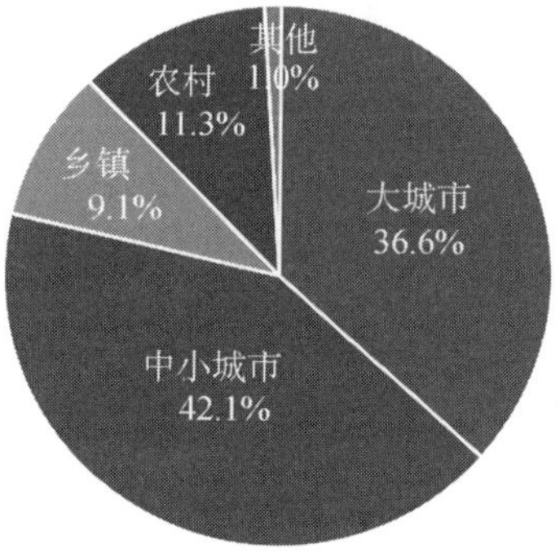

图 11-2 生源地分布

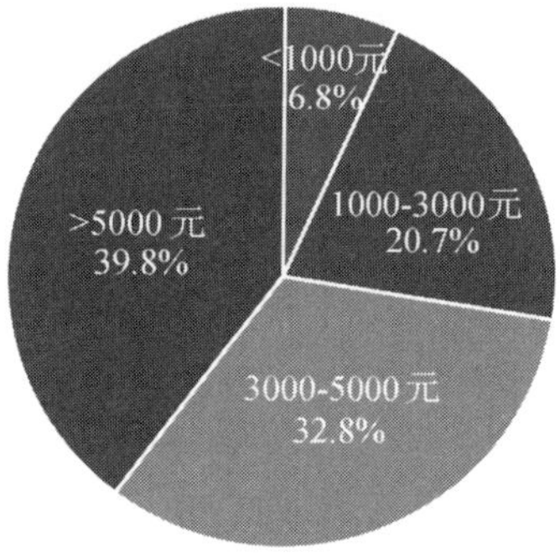

图 11-3 家庭收入分布

一、大学生观看电影的基本情态和行为

情态是指某一类现象或行为所表现出的状况和态势。大学生观看电影的基本情态涉及其是否喜欢看电影、观影频率和方式、喜欢哪些国家或地区的电影、所喜欢的电影类型和元素、观影动机和影响因素等。通过对这些问题的了解,能大致把握大学生对于电影的喜好态度以及看什么(What)、怎么看(How)、为什么看(Why)等基本特征,为进一步分析奠定基础性的参照体系。

表 11-1 大学生是否喜欢看电影(单选)

	不喜欢	不太喜欢	一般	比较喜欢	很喜欢	量值
赋值	1	2	3	4	5	
全体	0.2%	1.2%	19.5%	39.6%	39.4%	4.17
男生	0.0%	1.3%	17.8%	36.3%	44.6%	4.24
女生	0.3%	1.2%	20.5%	41.3%	36.7%	4.13

表 11-1 显示,如果将大学生"喜欢看电影"的程度从"不喜欢"到"很喜欢"分为 5 级,分别赋值以 1、2、3、4、5,则可将这一等级变量视作等距变量处理,计算得出受访者对电影喜好态度的平均量值为 4.17,远超过中位水平(量值为 3),也超过"比较喜欢"(量值为 4)。这说明大学生普遍对电影有着较强的兴趣和热情,"很喜欢"和"比较喜欢"的占比之和已近 80%。其中,男生对电影的喜爱程度比女生更胜一筹。通过 SPSS 软件作卡方检验得出,不同专业、生源地、家庭收入的大学生在对电影的喜爱上没有显著差别。

表 11-2　大学生每月的观影部数(单选)

	<1	1～2	3～5	6～10	>10	量值
赋值	1	2	3	4	5	
全体	7.8%	37.6%	39.0%	12.5%	3.0%	2.65
男生	8.3%	40.8%	36.9%	8.9%	5.1%	2.62
女生	7.5%	36.4%	40.1%	13.9%	2.1%	2.67

表 11-2 显示，同样经过赋值计算后，可得知大学生每月观看电影大约 3 部——量值为 2.65，介于“1～2 部”与“3～5 部”之间。用性别分组，对观影频率进行 t 检验，显著性概率 $p=0.585>0.05$，说明男生和女生在这一行为上没有显著差别；但按所学专业所作的卡方检验得出 $p=0.000<0.05$，即不同专业的大学生在观影频率上呈现显著差别，理工科学生每月观看电影的部数更多，观影频率与专业的 Eta 相关系数为 0.241。

近年来，大学生的观影方式发生了较大的变化。图 11-4 显示，绝大部分受访者(约 80%)选择通过电脑或 Pad 观看电影，其背后是网络视频的蓬勃发展和生产传播视音频文件的数字技术的支撑。形成鲜明对比的是，曾一度流行校园的 VCD/DVD 影碟或录像带几乎销声匿迹。与此同时，超过半数的大学生将影院作为主要观影渠道，显示出他们对观影品质的追求和对电影艺术的热爱；而“打开电视看电影”的比例降低到不足 20%，这与北京地区电视机开机率 3 年间从 70%降为 30%相一致，艰难维持着“第一媒体”地位的电视已风光不再。手机观影的比例仅为 7.0%，屏幕小、流量贵是主要影响因素，但随着 4G 网络和智能手机的普及，可以预期手机在大学生观影选择中的比例会持续上升。从性别差异来看，在与技术关系较为密切的电脑和手机观影上，男生占比更高；女生则对传统的影院和影碟有更多的倾向。

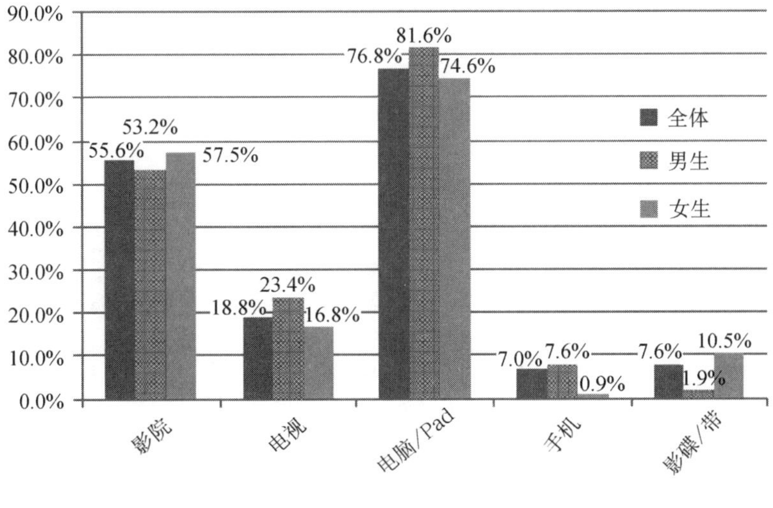

图 11-4　大学生的观影方式

图 11-5 显示，在对“喜欢哪些国家或地区的电影”的选择中，美国电影一枝独秀(79.0%)，大陆电影(43.6%)和欧洲电影(38.8%)紧随其后，香港、日韩和台湾电影也有不少大学生影迷。总体来看，美国电影和华语电影基本上平分秋色，前者略有优势。与多为偶像剧的日韩电影(16.8%)相比，一向以艺术性和思想性见长的欧洲电影高出一倍以上的选择率，这说明大学生具有较高的电影素养和审美品位。相比而言，男生更喜欢美国、大陆和香港电影，女生则对感性色彩较重的欧洲和台湾电影更为喜爱。

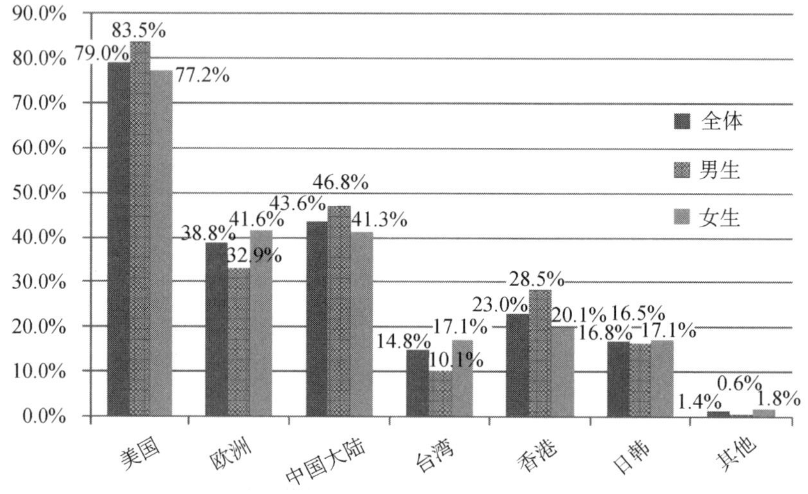

图 11-5 大学生喜欢哪些国家或地区的电影

百余年来，电影艺术创造出丰富多彩的类型。图 11-6 显示，最受大学生欢迎的是爱情片(36.8%)、喜剧片(35.0%)和科幻片(29.4%)；其次是文艺片(23.0%)、动作片

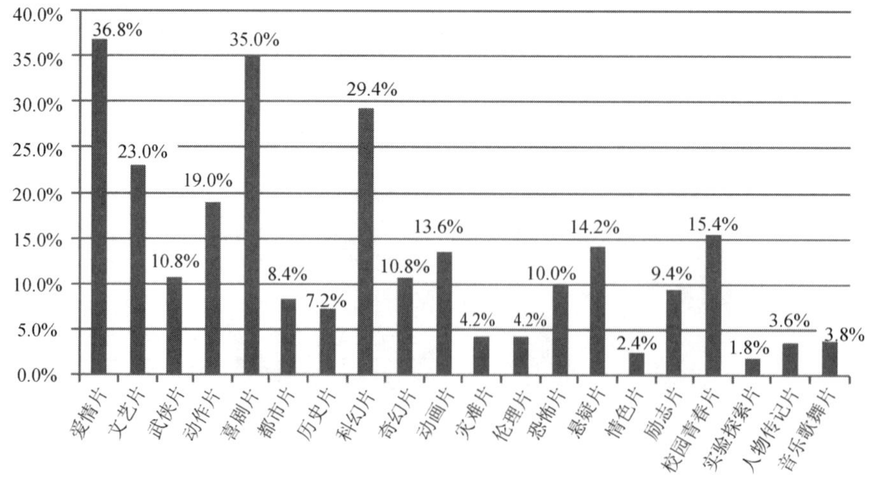

图 11-6 大学生喜欢的电影类型

(19.0%)、校园青春片(15.4%)和悬疑片(14.2%)——与青春和爱情相关的主题、大胆的科幻想象、喜剧和动作中的娱乐性,都是电影对大学生所展现的魅力之处。不少电影类型也表现出明显的性别差异,女生更偏好爱情片(44.6%>21.5%)、文艺片(25.7%>17.7%)和悬疑片(18.9%>4.4%),男生对动作片(27.2%>14.7%)和恐怖片(15.2%>7.5%)更有兴趣。

作为综合艺术和产业,一部电影的完成涉及诸多环节和元素。图 11-7 显示,大学生最看重电影的剧情(74.4%),其次是演员(44.8%)和主题/思想(42.4%),这表现了他们对电影内容和主题的高度关注,也验证了明星的吸引力。另外,电影的音画效果、口碑、导演和类型,也是大学生审视电影的重要考量标准。男女生的差异主要体现在对剧情的看法上,女生对该项的所选比例为 79.6%,比男生高出 15 个百分点。

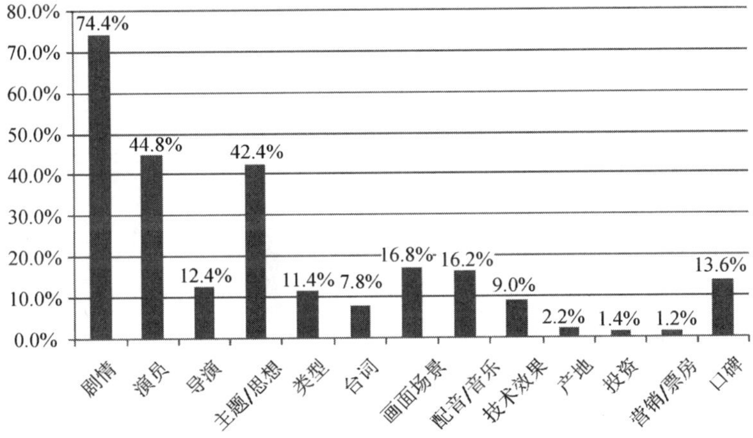

图 11-7 大学生喜欢的电影元素

图 11-8 显示,在大学生的观影动机或目的中,休闲娱乐(58.4%)的比例遥遥领先,其次是情感体验或宣泄(27.6%)、获得思想感悟(24.8%)和喜欢某导演或演员(20.8%)。了解知识或文化、扩大视野、培养艺术修养等学习型动机也占有相当比例,陪伴亲友或恋人亦是大学生常见的观影原因。调查显示,电影在人际交往中发挥着积极的作用。总体上,男女生在该问题上的差别不是很显著,唯一相差 10 个百分点以上的选项是女生更多会因喜欢某演员或导演而去观看影片。

具体到观影行为的发生上,除一般性的动机外,观影行为还会受到若干因素的直接影响。图 11-9 显示,在引发大学生观看某部电影的原因中,朋友推荐(41.4%)是首因,其后的有喜欢某导演或演员(37.2%)、广告宣传(29.4%)、长期喜欢或关注某类电影(27.6%)等,陪伴他人去看、受到原作的影响、豆瓣等电影网站的推介也是比较常见的观影“导火索”。

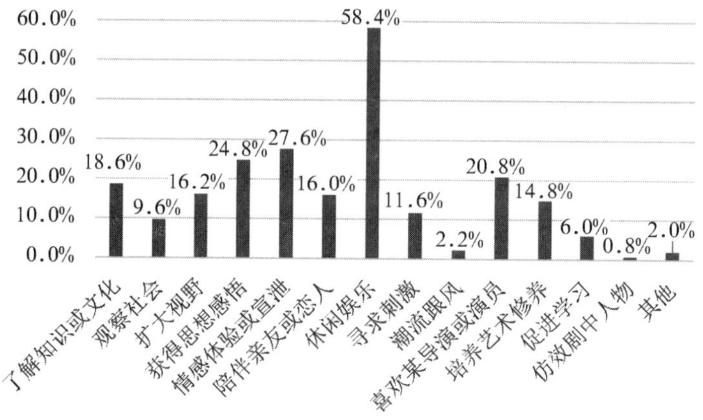

图 11-8 大学生观影动机或目的

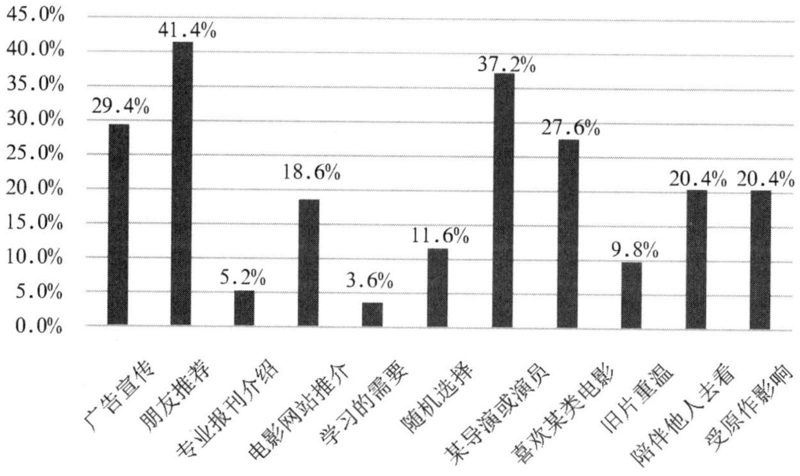

图 11-9 影响大学生观影决策的因素

观影时的人际环境是描述观影行为的一个重要指标，能反映出大学生和谁一起观影，可能受到哪些人群的影响。图 11-10 对“家中或宿舍观影”与“到影院观影”进行了对比：在前者所限定的环境下，绝大多数受访者选择独自一人观看（64.7％），其次是和两三位同学好友共同观看（14.6％）；后者则明显不同，近半数（49.7％）是和同学好友共同前往影院，其次是和恋人同往（23.9％），其中女生更多地和同学好友一起（56.3％＞34.1％），男生陪同恋人（32.6％＞20.4％）或独自一人（13.2％＞5.6％）的情形更多。这些场景也是大学生闲暇时人际交往状况的写照。

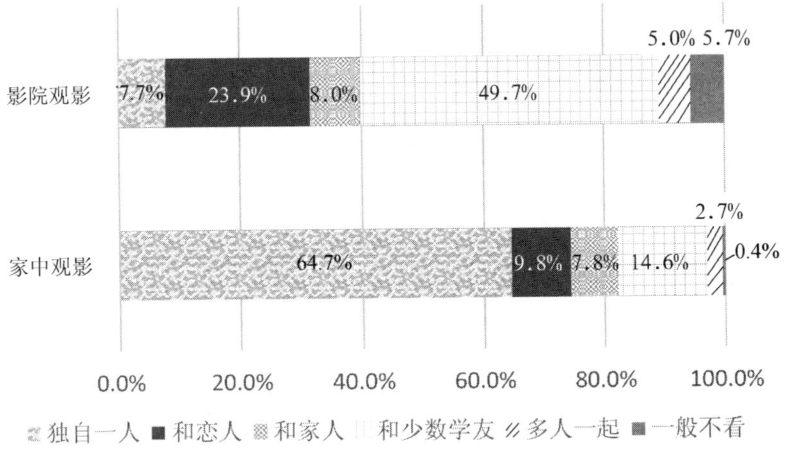

图 11-10　大学生观影时的人际环境

我国电影事业的发展离不开票房收入的经济支持，但仍有一些因素会阻碍大学生前往影院。图 11-11 显示，没有时间（55.8%）占到首位，其次是票价太贵（30.0%）和没有去影院的习惯（21.0%）。这一结果的启示在于，要想吸引更多的大学生走进影院，须针对他们持续推行优惠票价措施，并通过组织校园院线等手段逐步培养其影院观影的习惯。

综上所述，大学生观看电影的基本情态可以概括为：普遍喜欢看电影，每月观影能保持适度的量；大多通过电脑或到影院观看电影；偏好美国影片和华语影片；爱情、喜

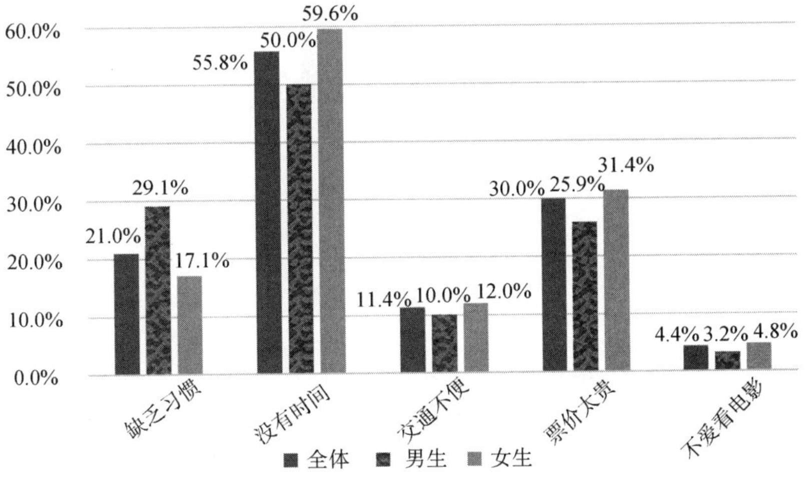

图 11-11　阻碍大学生到影院观影的因素

剧、科幻是最受欢迎的电影类型；最看重电影剧情的好坏；寻求娱乐是观影主要动机；朋友推荐和追崇明星是决定其是否观看某部影片的最重要因素；到影院观影的障碍源自时间的缺乏和票价过高。

二、大学生对电影的认知和所受影响

图 11-12 和图 11-13 分别显示了某部自我喜爱或感触深刻的电影以及一般意义上的电影给大学生带来的各种影响。如果一部电影给大学生观众留下深刻的印象，他们会在事后常回忆其情节（46.0％），或者向别人讲述自己的感受（37.8％）并积极进行推荐（35.6％），有时也会引用剧中台词（31.0％）或反复观看（22.8％），但很少时候会去模仿或学习剧中的人物，表现出思想观念上较高的成熟性和理性的态度。其中，男生会更多地引用台词（40.5％＞26.9％），女生更倾向于积极推荐（39.2％＞28.5％）和再次观看（26.3％＞15.2％）。普遍看来，大学生认为电影带给自己的多是“正能量”，如轻松愉悦（54.4％）、思想触动（36.4％）和充实满足（26.2％），另外还有创造性的想象（19.2％）和积极情绪（14.2％）。问卷中原本还有浪费时间和金钱、产生突破道德或法律规制的冲动等负面评价，但因仅有个别受访者选择而最终被放弃。上述各选项的性别差异不大，只有在得到充实满足这一项中，女生（31.4％）明显高于男生（16.5％）。

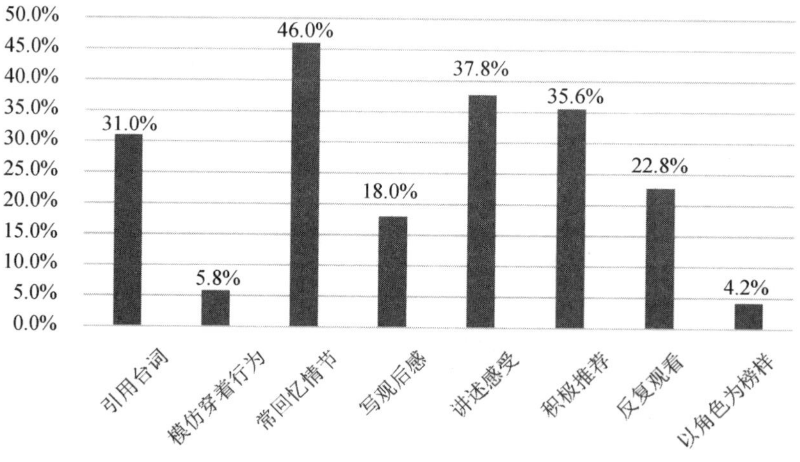

图 11-12　大学生对喜爱的电影的反应行为

作为一种生活娱乐方式，电影对大学生的重要性如表 11-3 所示。赋值后计算可得，受访者认为电影的重要性水平为量值 2.62，介于“一般”和“较重要”之间，略偏向于后者。这说明尽管大学生喜欢电影，但从娱乐功能而言电影并非不可替代。对于男生而言（量值 2.72），电影的重要性比对女生（量值为 2.57）更强。

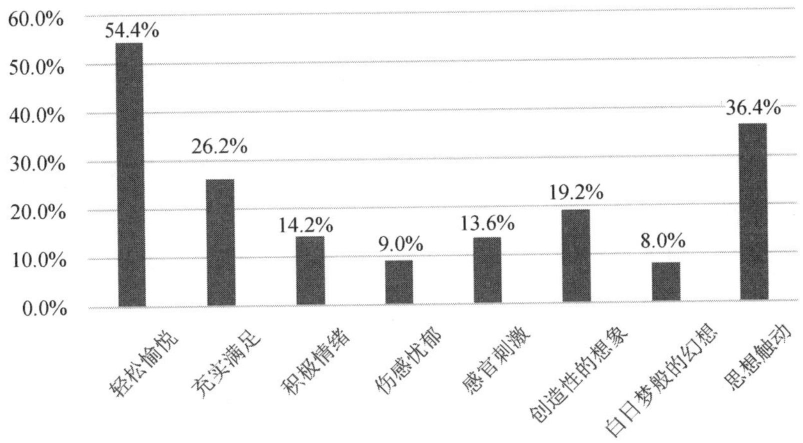

图 11-13　大学生观影带来的影响

表 11-3　电影对大学生的重要性(单选)

	不重要	一般	较重要	很重要	量值
赋值	1	2	3	4	
全体	11.5%	35.6%	32.7%	20.2%	2.62
男生	7.4%	33.6%	38.5%	20.5%	2.72
女生	13.2%	36.5%	30.2%	20.1%	2.57

作为一种大众文化,电影会在诸多方面影响大学生。图 11-14 显示,电影的最大影响是在生活态度方面(45.8%),其次是情绪(34.2%)和价值观(32.2%),再次是知识和

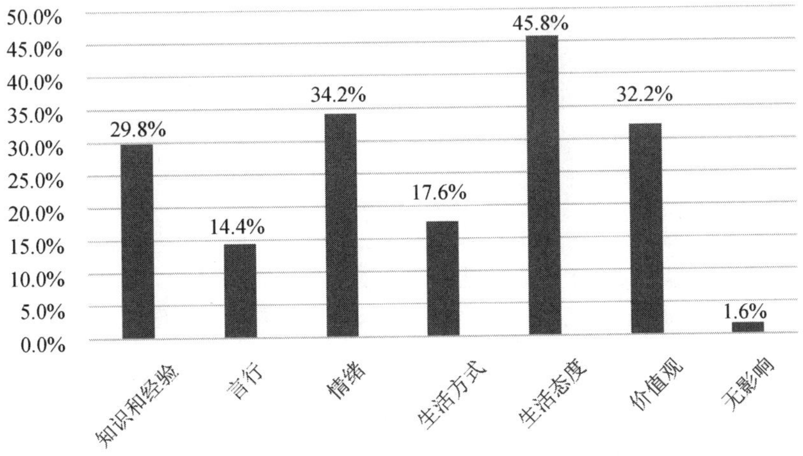

图 11-14　电影作为大众文化所产生的影响

经验(29.8%)、生活方式(17.6%)及言行(14.4%)。由此可见,电影可以帮助大学生树立正确、积极的人生观和价值观、激发进取向上的精神状态,其涵化作用不容小觑。

电影在社会生活中兼具多种角色。如图 11-15 显示,在大学生眼中,电影首先是艺术作品(43.2%),其次是一种大众媒介(21.7%)或文化现象(18.0%);男生还愿意将其视作教育者(17.9%)。这一结果显示,电影的艺术功能、媒介功能、文化功能、教育功能对大学生都很重要,如何综合发挥电影的效益值得深入思考。

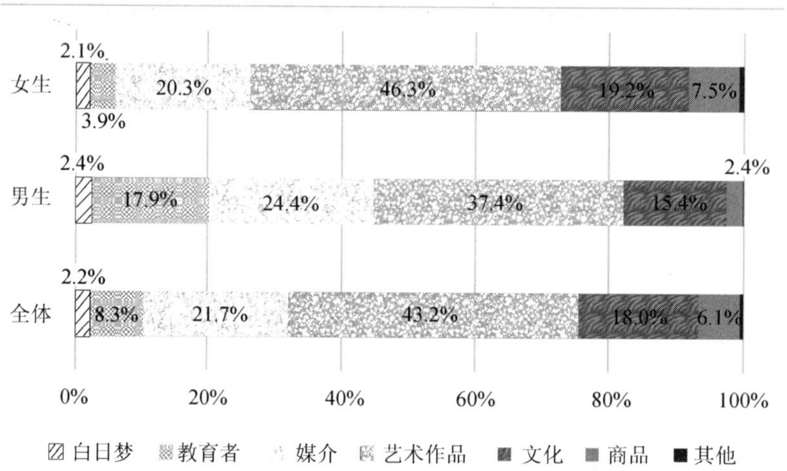

图 11-15 大学生对电影的认知定位(单选)

电影对社会或个人而言,既产生积极影响,也带来消极因素。图 11-16 显示,大学生认为电影的积极作用主要体现在丰富生活(58.4%)和娱乐性方面(40.4%)。而图

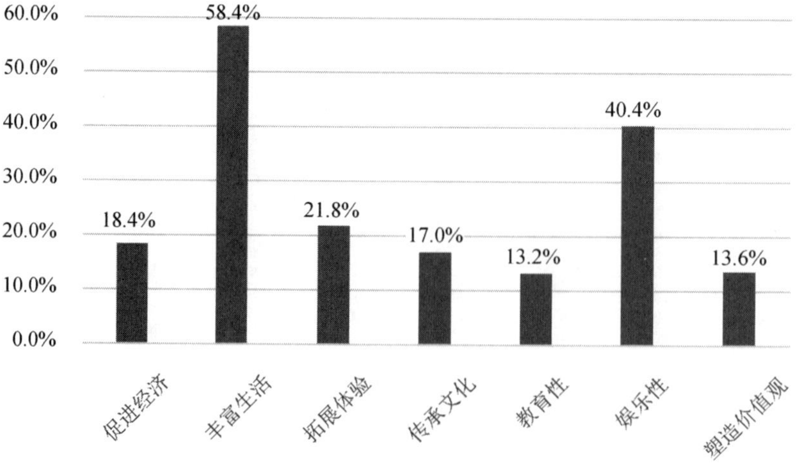

图 11-16 电影对大学生的积极影响因素

11-17 显示，消极作用的各选项的选择比例相对比较均衡，包括过度的商业化(38.0%)和娱乐化(36.6%)，传递错误的价值观(26.8%)和文化偏见(21.4%)，以及传播色情暴力信息(25.8%)，营造脱离生活、麻痹精神的幻象(17.5%)。以电影的娱乐性为例，其在积极影响和消极影响中的占比都较高，这说明应切实把握好娱乐的“度”，让电影成为好的精神文化作品而不是让它起到相反的作用。

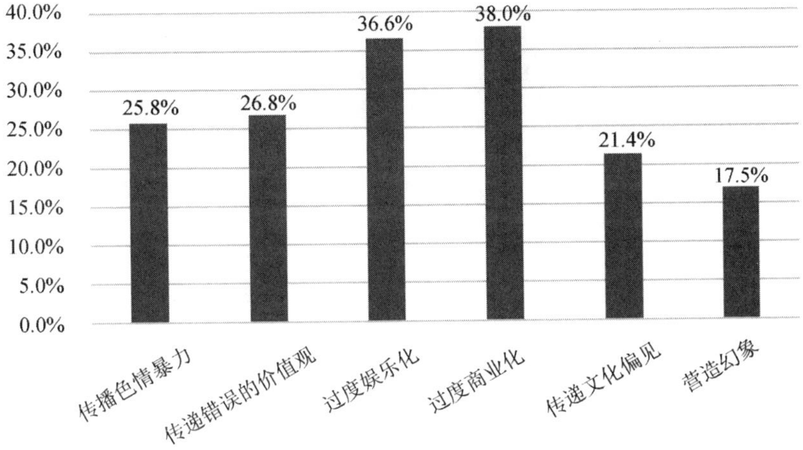

图 11-17　电影对大学生的消极影响因素

综上所述，大学生对电影的主要认知有：电影具有综合的影响，且以“正能量”为主；电影的第一定位是艺术作品，能起到丰富生活、影响态度和情绪的作用；电影重要但并不唯一；应该重视电影的娱乐性并寓教于乐，但要避免商业化的过度侵蚀和“娱乐至死”的陷阱。

三、大学生对电影市场和管理政策的理解

好莱坞电影在全球有着巨大的影响力，在中国则更为明显。2012 年，中国票房收入前 10 名的影片中有 7 部进口片，而同期的日本和韩国分别仅为 2 部和 3 部。2012 年 2 月，中美达成协议，在已有的 20 部海外分账电影配额之外每年再新增 14 部 3D 或 IMAX 分账电影配额，这也直接导致了当年的国产电影票房份额首次跌破 50%。面对气势汹汹的“好莱虎”，中国电影该何去何从？本次调查也就这一问题邀请大学生发表自己的观点。图 11-18 显示，在对引进大片和好莱坞电影的看法中，大学生认为其最大的优势在于制作精良(28.6%)和富有想象力(23.4%)，同时也意识到这些影片是以商业为目的的(23.2%)，很吸引观众(20.8%)且娱乐性强(20.4%)；也有部分受访者认为它们宣扬西方文化(12.4%)，但有一定的思想性，对国产电影而言是良性竞争(10.4%)。图 11-19 显示，大学生认为当前的大陆国产电影已有明显进步(31.0%)，

但竞争力较弱(30.8%),原因在于题材类型单调(20.2%)、艺术价值较差(17.2%),因此还有 18.6%的受访者认为国产电影"发展缓慢"。

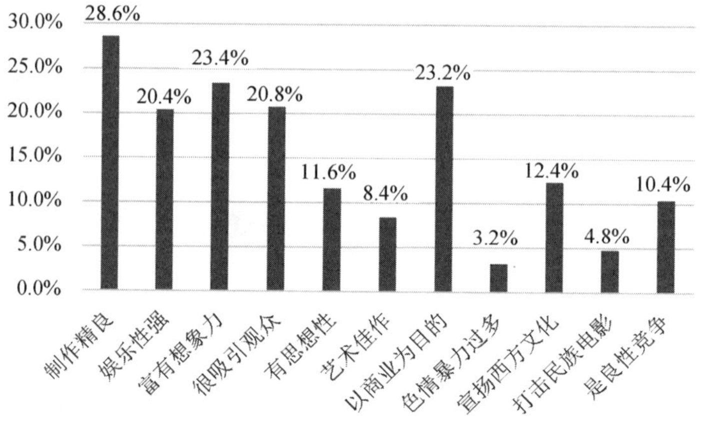

图 11-18 大学生对引进大片和好莱坞电影的看法

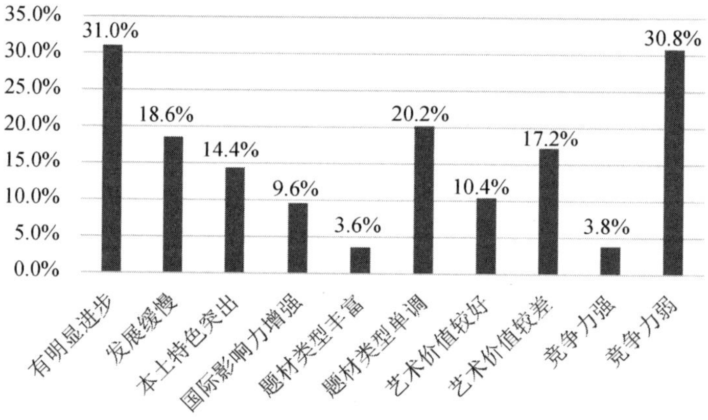

图 11-19 大学生对大陆国产电影的看法

大学生对如何更好地发展国产电影给出了积极的建议。图 11-20 显示,排在首位的就是要更娱乐化(43.8%),其次是要提高思想艺术性(35.8%)、提高制作水平(26.6%)和更具民族特色(25.2%)、更国际化(21.0%);还有不少受访者支持要唱响主旋律(19.6%)和更贴近现实(18.6%)。

图 11-21 显示,在发表对国内电影市场的看法时,在 3 组对比选项中,差异最大的是对发展潜力的评价——大部分受访者支持潜力很大的观点(54.8%),仅不足一成的受访者认为潜力不足(9.0%)——这是对我国电影未来发展普遍具有信心的一种反映。但针对发展速度则各有约 20%的受访者分别认为"迅速"或"较慢",这折射出客观现实与人们的预期之间还有较大差距。此外,大学生还认为目前我国电影市场的恶

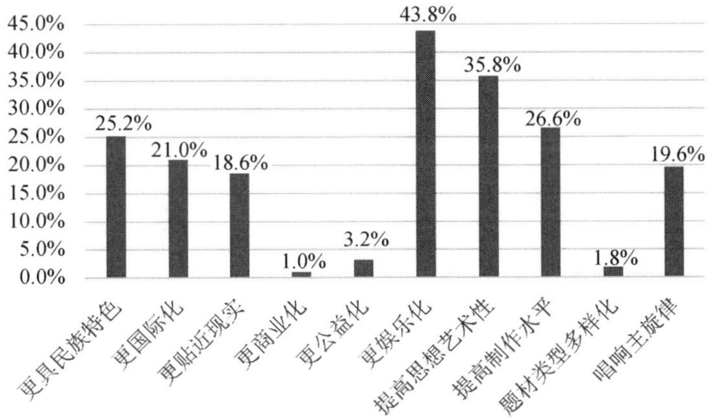

图 11-20　大学生对发展国产电影的建议

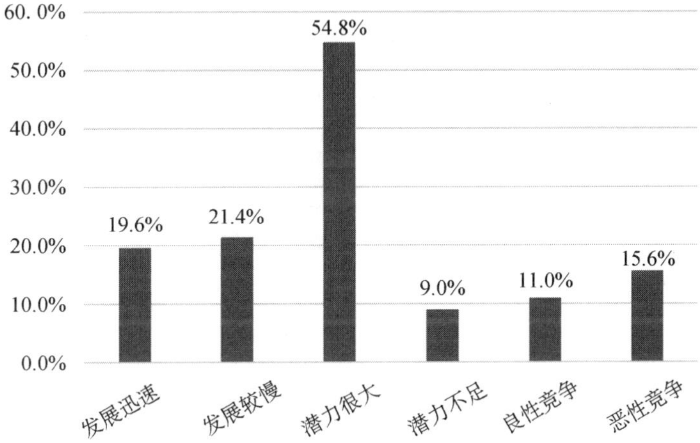

图 11-21　大学生对国内电影市场的看法

性竞争更多，这应该引起管理部门和业内人士的重视。

针对我国电影管理政策，问卷中列出 5 组对比性观点。图 11-22 显示，从大学生的选择来看，普遍呈负面评价。他们认为：审查机制不合理（45.2%＞9.2%）、不利于发展（26.0%＞10.4%）、法规不完善（22.8%＞5.4%）以及监管缺位（13.0%＞5.2%）。对于应该更多引进抑或保护国产片，则各有 10%左右的受访者表示支持。图 11-23 显示，在被问及是否需要实施电影分级制度这一争论已久的问题时，表示非常赞同和基本赞同的达 42.6%，高于认为没必要或应缓行的受访者（13.0%）；另有 29.2%的受访者表示无所谓或不了解。但须指出，对这一问题有不少受访者未作回答，说明他们对分级制还不尽了解或未曾作过考虑。

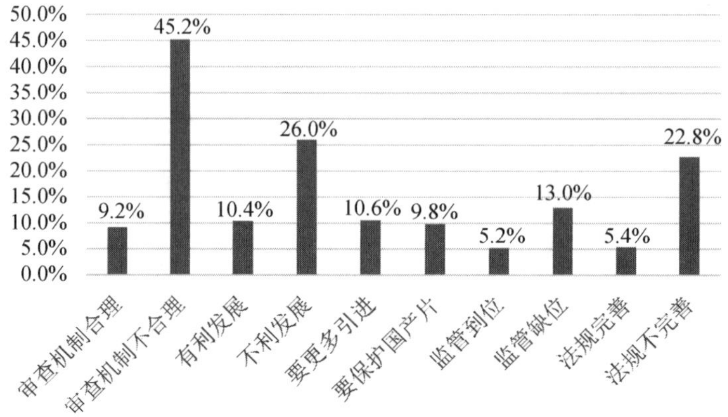

图 11-22 大学生对国内电影管理政策的看法

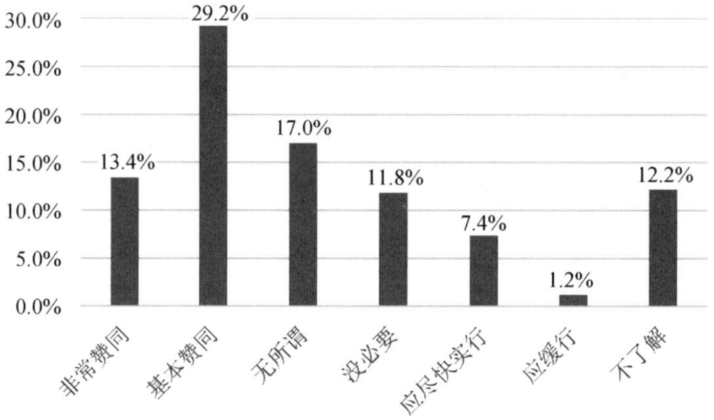

图 11-23 大学生对电影分级制的看法

综上所述，大学生对我国电影产业、电影市场及管理政策的看法主要有：与以好莱坞电影为代表的进口大片相比，国产电影虽有明显进步，但竞争力仍较弱，应该着重提高娱乐性、思想艺术性和制作水平；国内电影市场潜力巨大，但管理政策多有待改进之处，其中实施分级制度得到较多的认可。

第四节 大学生与影视教育

表 11-4 显示，大学生普遍认为自己对电影知识（如画面景别的作用、蒙太奇、类型电影、新浪潮运动等）不够了解：有关选项从“很不了解”到“很了解”分为 5 级，分别赋值后计算得出的平均量值仅为 2.58，介于“不太了解”和“一般了解”之间。其中，男生的自我评价更高一些。

表 11-4　大学生对电影知识的了解(单选)

	很不了解	不太了解	一般了解	比较了解	很了解	量值
赋值	1	2	3	4	5	
全体	10.2%	39.2%	35.8%	12.2%	2.6%	2.58
男生	7.5%	40.0%	30.8%	17.5%	4.2%	2.71
女生	11.2%	39.4%	38.2%	9.3%	1.9%	2.51

表 11-5 显示,与对自己电影知识的评价较低形成对比的是,大学生普遍赞同应加强影视教育,约 80%的受访者选择“很赞同”和“较赞同”,平均量值达 3.14,超过“较赞同”水平(量值为 3)。

表 11-5　大学生对加强影视教育的看法

	不赞同	无所谓	较赞同	很赞同	量值
赋值	1	2	3	4	
全体	1.6%	19.2%	42.9%	36.4%	3.14
男生	3.3%	14.0%	47.1%	35.5%	3.15
女生	0.8%	21.3%	40.7%	37.2%	3.14

大学生喜爱电影,也是电影重要的支持者、鉴赏者和潜在的创作者。无论是票房收入和明星效应的经济性、营销运作和口碑传播的市场性,还是影片评论和审美批判的艺术性,我国电影业的迅速发展都离不开大学生的积极参与。为实现未来可持续的健康发展,应在以下方面予以改进:注重发挥电影的娱乐性,增强国产电影的竞争力,提高以剧本为核心的艺术品质和制作水平,在愉悦的观影体验中渗透教育性和思想性;采取市场细分、定向制作、票价优惠、电影进校、作品征集等多重措施,培养大学生良好的观影习惯,吸引更多大学生进入影院并参与到电影的策划、创作、传播、评论等环节中来,形成稳定的观众群和电影人才梯队;将电影作为重要的文化艺术载体和“软实力”的组成部分,改革和完善电影管理政策及制度,推动电影创作、生产和市场的繁荣,激发包括大学生在内的创作者和从业人员的创作热情和创新精神。

电影是深受大学生喜爱的娱乐方式和艺术形式,且对大学生的生活态度、认知与感情、思想观念等都有重要的影响。电影也是大学生体验和学习不同文化的良好载体,有助于拓展和加深他们对各地区、各民族文化的了解,并使他们从中汲取深厚而多元的文化营养,增加文化底蕴,引发哲学感悟。但目前,我国各级学校和社会对与电影有关的知识、欣赏、创作等方面的教育不够重视,大学生的电影素养水平也普遍不高。问卷结果显示,大学生对开展影视教育有较强的期待,可从以下方面着手:加强课程建设，形成以综合性概论课为基础，剧本创作、表演、摄制、评论等专业性提高课与成系列的专题性讲座相结合的立体式课程体系；拓展实践活动，通过组织电影类的社团协会、校园院线、主题展映、剧本或作品的征集及评奖、微电影和校园电影的资助等，特别是利用首映式、大学生电影节或其他影视节、大奖赛等大型活动，更多地吸引大学生的观影和参与；培育电影文化，将电影的观赏和学习与校园文化建设及艺术教育、思想教育、素质教育等结合，充分发挥电影的文化功能和育人功能；大力开展课题研究，深入探索和把握电影艺术创作及传播、电影与教育、电影与文化等方面的规律，提升影视教育的理论性和指导性。

第五节　大学生与微电影

微电影一般指在各种新媒体平台上播放、适合在短时间和移动状态下观看的、具有完整叙事结构的短小视频，其特点是既“微”又“大”。所谓“微”，从产业链的上游、中游、下游等环节来看，分别表现在：微制作，指影片摄制的投入较小，包括资金、设备、人力的投入，也包括时间的投入——在较短的周期内完成；微形态，既指在时间长度上的简短——大多都在 10 分钟之内(1～2 分钟的也很常见，但个别的可达 30 分钟以上)，也指在表现空间上的相对狭小——包括表演场景的容量小和播放屏幕的尺寸小；微传播，指其通常利用基于互联网的微平台进行传播，便捷、快速、直接。所谓“大”，可以体现在以下方面：创作者群体的数量大，这是由于数字技术、视频技术、信息技术的发展大大降低了视频制作的技术和成本门槛，使得个人和小团体也能够参与甚至独立完成微电影的全部摄制工作；题材、内容和形式的范围大，即题材的多样性、内容的广泛性、表现手段的灵活性，使微电影的形态多姿多彩、气象万千；影响面大，这是针对微电影的整体传播效果而言的，少数传播力强的微电影也常有百万、千万甚至数以亿计的观看次数，远超过传统影院或录像带、VCD/DVD 的覆盖面。

微电影是微时代的产物，与微博、微信、微报、微小说、微消息、微评论等共同构成“碎片化”传播的内容基石。因其在传播上无需专门的设备和场所，也不受体制化的审查程序制约，所以微电影具有鲜明的草根性和大众性，允许全民生产、全民传播、全民消费，最终形成全民交流共享的网络效应。微电影浓缩了丰富的信息、复杂的情绪、多维的视角，是高度形象化和符号化的媒介产品，兼具记录、表达、宣泄、娱乐等功能。在中国，一般认为微电影的滥觞为 2010 年吴彦祖拍摄的实质为凯迪拉克的广告片《一触即发》。2011 年起，微电影全面开花，随后进入高速发展的快车道。不仅每年的微电影作品数量呈几何级数式的增加，各种微电影评比和大赛也层出不穷，与之相关的报道、研究和产业化探索也引起各界广泛关注，专门的微电影教育也方兴未艾。在这股宏潮中，除专业机构和商业组织的推波助澜外，大学校园已成为微电影集聚的重镇，大学生成为微电影创作的主要群体。有资料显示，在首届国际大学生微电影盛典的1200多部作品中，来自大学生的占到90%以上；2012年，百度微电影吧自发组织了一次受众调查，其中"90后"占94%，中学生占16.7%，大学生占62%。[①]

从校园影像制作的发展脉络来看，微电影可视作早期校园DV的一种延续和创新。1995年前后，家用DV开始在中国广泛使用，民间创作的DV作品也通过各种媒体得以传播，成为民间群众性的一种不容忽视的记录和传播载体。[②] 不少电视台还曾一度开设专门的DV栏目，收集各种优秀的民间DV作品进行集中播放和点评，以拓展节目形态、贴近社会民生。与微电影相比，DV还属于模拟技术下的影视衍生设备，特别是其在传播上有相当的局限，除零散的家庭化、小团体化的渠道外，只能依靠大众传播机构的少许"缝隙"，因此缺乏足够的文化和经济土壤，而始终处于边缘性状态。而微电影则气势生猛，数字化技术和逐渐成熟的互联网平台，使其自诞生之日起就拥有无限的传播可能。随着4G手机和配套技术的发展，其生产创作和传播的技术性障碍已降至最低，个体化的视频生产及全球传播正在实现。在这种条件下，创意成为微电影成功的第一要素，充满激情和想象力的大学生可以说拥有得天独厚的优势，这也是他们能够向社会发出自己的声音、表达自我思想甚或引领社会文化的重大机遇。此外，分析优秀的、有代表性的作品可知，DV多为现实主义的、客观性的社会记录，微电影则侧重于浪漫主义的、主观性的表现。

目前大学生微电影的发展特征和趋势有：内容上以校园生活和青春题材为主，但逐渐开始社会化。大学生创作微电影的动机多种多样，既有个性化的自我展示、与同辈群体的交流，也有兴趣的培养和技能的锻炼，以及面向大众的文化传播和得到社会认可的价值诉求。除少数人有职业发展方面的考虑外，大部分大学生主要将微电影作为一种表达和诉说机制，他们无须面对票房压力，也不用过多考虑大范围内的受众反馈，有时甚至仅是一场自娱自乐的游戏。因此，大学生微电影的选题多从身边的校园生活出发，爱情、友情、亲情、励志是最常见的主题，也多有一些对于生活的感悟、人生的思考、自嘲的调侃以及魔幻般的大胆想象和形式主义的探索。与此同时，也有一些青年学生将眼光投向"象牙塔"之外，他们关注现实、积极实践、推动社会发展。环保公益、国际交流、文化传扬、社会透视等被越来越多地纳入微电影的视野中。制作上的专业化程度逐步提高。一方面，一批有经验的微电影制作人在校园中涌现，他们可以接触到众多的优秀影视作品、具备较强的学习和创新能力；另一方面，校内外的各种资源对微电影的投入在迅速增加，专业人士的培训和指导、专业社团协会的成立、微电影征

---

① 陆生发、陆发玉：《微电影视域下的高校思想政治教育探析》，《大众文艺》2013年第17期。

② 冯晓临：《从DV作品到微电影——论大学生媒介素养教育的必要性》，《艺术教育》2013年第11期。

集和大赛的频繁举行、一些商业化机构的介入,都创造了更为优质的条件和更为广阔的空间,为培育和引导校园微电影的发展奠定了良好的基础。当然,视频摄制设备和软件的性价比提升也是重要的物质前提。整体来看,大学生微电影发展迅猛,作品数量快速增长、类型日渐丰富,优秀作品层出不穷、优秀人才脱颖而出,社会影响力也在不断扩大,并开始与市场化的专业运营模式有所对接。但也要看到,校园微电影的水平仍良莠不齐,大部分作品在艺术表现上缺乏专业基础,在主题选择上有相当局限,更有不少大学生以玩家的心态来进行创作,追求娱乐性和游戏般的快感,缺少对艺术的热爱和严谨的态度,也少有对主流社会的关注、责任感和人文情怀。

微电影是一种新兴的传播形态和综合的叙述艺术,对于大学生的素质培养和自我发展有着重要的意义。首先,接触微电影能够扩展并加深大学生对影视艺术和媒介传播的了解,从知识开发的层面提升他们的媒介艺术素养水平,对于部分学生而言还可能是职业生涯的准备;其次,参与微电影的创作是一种智力和情商的全面训练,是个人的技术操作、艺术创造、项目组织、团队协调的综合实践,可在多个方面提升大学生的工作能力和创造力;最后,微电影创作也对大学生的人格塑造起着积极的作用,无论是主动的创意构思、自觉的思考凝练、大胆的探索创新,还是克服摄制过程中的种种困难、有始有终的坚持和努力,都能帮助大学生更好地学会如何将理想和热情化作坚实的行动,如何在挑战面前锤炼自己坚韧、执着的品质,如何用独立的思考和开放的精神观察生活、解读社会、思考人生。

从校园文化建设和教育环境塑造的角度看,微电影还是创新艺术教育、媒介教育、文化教育、思想教育的重要平台。微电影的出现,使得传统上专业性门槛很高的影视艺术在校园中从单向的欣赏转向主动的创作,能在实践中加深对艺术的理解和对有关理论、技法的掌握。微电影具有较强的传播性,也可在策划创作和传播推广等环节中引入互动、开放的机制,使大学生亲身体验媒介的传播功能和运作规律。微电影根植于校园,在主题内容上与大学生有着天然的贴近性;它短小精致、丰富多彩的艺术特点对于大学生有着强烈的吸引力;传播上的便捷性、交互性增加了大学生可能接触的频度和黏度。这些都大大增强了微电影的文化魅力,使其成为文化传播和文化育人的载体。微电影不但具有艺术感染力和情绪抒发力,还能在大学生选择性注意、选择性记忆、选择性理解的过程中发挥“认同机制”的作用,产生思想上的认同、实现价值观念的培养和树立,因而提供了强大的思想教育功能。微电影作为大学生思想政治教育载体使教育的形式由灌输走向交互、使教育的内容由僵硬变为鲜活、使教育的主体由扁平走向立体、使教育的客体由被动变为主动。因此,要注意发挥微电影潜移默化和观点植入的功能,强化思想引领,把微电影与关键的教育环节有机结合,放大教育的效果，要以微电影为平台充分表达大学生的情感诉求、促进大学生的自我塑造。[①]

为了更好地引导校园微电影的发展，教育者应该创新机制、集中资源、有的放矢、多管齐下：在教学方面，要将微电影纳入教学环节，建立有序的、多样化的课程体系，进行有针对性的、多媒体化的教材开发；在实践方面，要在“第二课堂”开辟微电影创作的基地和平台，如成立专门的社团组织和兴趣团队、打造特色品牌的系列作品；在资源投入方面，要有专门的资金支持，配备相应的设备、场地、指导教师等；在激励机制方面，要主办和组织参加微电影的征集、展映和竞赛活动，建设长效性的培训、交流、传播渠道；同时还需要开展有关的研究工作，并将微电影与大学生的素质培养、职业发展、思想教育等多个领域有机地衔接和整合起来。

① 张斯民、尹珩：《基于微电影创新大学生思想政治教育工作》，《湖北函授大学学报》2014 年第 6 期。

第十二章
媒介不良信息对大学生的影响及应对策略

媒介特别是新媒介技术就像一柄双刃剑，它在给人们提供高速、便捷、自由、平等、开放等信息享受的同时，也带来大量涉及违法、色情、黑客、病毒等内容的有害信息或垃圾信息，导致严重的信息污染。这些不良信息是指在媒介中所传播的对人的身心、思想及社会秩序和文化造成困扰或损害的负面性信息。

相对来说，传统媒介有着较为完善的规制体系、“把关”制度及专业主义精神，对不良信息有着较为严格的控制；但在媒介竞争日益激烈、“眼球”经济成为主流的当代社会，仍然有不少报刊、电视打着“擦边球”，用一些满足感官刺激的暴力冲动、窥探隐私或带有性意味的煽情故事来满足大众的好奇心。有不少对内容分析的研究都指出，绝大部分青少年都观看过只适合成人观看的电视节目，而且即便是儿童节目如动画片中，也包含不少暴力、粗口、不雅的画面。

在具有去中心化、开放性、匿名性等特点的互联网等新媒介中，以色情与暴力为代表的不良信息更是数不胜数。著名的搜索引擎百度就曾经因为所提供的搜索结果中色情内容泛滥，饱受社会批评。大学生是媒介的深度使用者，往往会在自觉或不自觉间接触到大量不良信息，且因其社会阅历和思想成熟度所限，常会被这些不良信息干扰、影响甚至伤害。

第一节　不良信息的分类

从作用对象看，不良信息包括对个体、群体、组织和社会等不同层面产生负面影响的信息，如致使个人产生深度的媒介依赖和过度的情绪刺激、针对某类群体的刻板印象、对个人或某一组织的形象抹黑以及对社会正常的经济运行、政治体系、治理秩序、信息环境、文化取向、价值观念等产生消极作用或较大冲击的各类信息。

按危害性质，不良信息可分为干扰性信息（如垃圾信息）、沉迷性信息（如网游或色情类信息）、短期身心伤害性信息（如侮辱性网络言论）、长期精神伤害性信息（如鼓吹消费至上的错误思潮）、严重失德信息（如暴露他人隐私）、违法性信息（如造谣传谣）、犯罪性信息（如黑客攻击）等。

按所属领域，不良信息可分为政治领域的“黑色”反动信息、文化领域的“黄色”不良信息、道德领域的侵权欺诈性“灰色”信息等。

按内容及所触犯的准绳，不良信息还可分为：违反法律类信息，指违背《全国人大常委会关于维护互联网安全的决定》《互联网信息服务管理办法》等有关法律法规的信息；违反道德类信息，指违背社会主义精神文明要求、优良文化传统与习惯、社会公德与文明举止的各种信息；破坏信息安全类信息，指含有病毒、木马、后门的高风险类信息，对他人电脑及数据构成安全威胁的信息。有调查显示，占总量约70%以上的十大常见不良信息分别是：赌博、假证件办理、代写论文、黑客网站、色情淫秽信息、股票证券诈骗、管制品买卖、暴力、毒品、犯罪技能。①

还有研究者采用问卷调查和因子分析的方法，针对我国网络文化安全的需要，将不良信息分为7个方面：政治性信息、法律性信息、民族与宗教性信息、虚假欺骗性信息、病毒及软件类信息、健康性信息、隐私性信息。②

不良信息的表现形式多种多样，虚假新闻、色情低俗、暴力血腥、欺诈造谣、赌博迷信、邪教反动等信息也包含其中。笔者将以与大学生关系密切、影响较大的色情信息、暴力信息、垃圾和虚假信息、道德性不良信息、思想性不良信息为主要考察对象进行如下探讨。

一、垃圾和虚假信息

垃圾信息主要是指对用户来说多余的、无用的、不需要的信息，它们超出了用户的合理需求、给用户带来困扰，甚至影响到正常的传播秩序和社会秩序；虚假信息是指不真实的、错误的数据和信息，严重时可能导致一系列信息安全问题的发生，广义上也包含在垃圾信息的范畴之中。这部分信息的典型特征在于妨碍人们对信息的正常判断和利用，所以遭到信息接收者和使用者的一致否定。垃圾信息和虚假信息是信息异化

① 李雪：《网络不良信息呈多元化发展》，《信息安全与通信保密》2009年第3期。
② 杨文阳：《中国网络文化安全不良信息评价指标体系实证研究》，《民办教育研究》2009年第6期。

的产物，正如垃圾是工业文明的副产品一样，它们也是有效信息的一种有害的伴生物。正常信息可以满足人们在认识世界、学习知识、社会交往、协同工作、减少决策的不确定性、降低交易和管理成本、提高效率等方面的使用需求，因而被确认为具有使用价值，但它的伴生物垃圾信息有时就会带来反作用。

常见的垃圾信息在形式上主要包括垃圾短信、垃圾电话、垃圾广告、垃圾邮件、诈骗信息、计算机病毒等。垃圾信息在内容上既无功能性的价值，也无道德或文化上的意义，有的还有悖于公认的伦理规范、政治标准、法律约束等。垃圾信息和虚假信息不但严重地浪费信息资源、增加社会运行成本和风险，还可能影响人们的健康生活、侵蚀良性文化、危害社会的安全和稳定。产生垃圾信息和虚假信息的原因很多，如技术发展与管理体制失衡、主体技术能力与道德责任的不对称、对信息技术文化认识的滞后、现代技术的异化、社会文化的异化等。[①]

制造传播垃圾信息和虚假信息的动机可以分为以下类型：

主观恶意型，指垃圾信息和虚假信息来源于信息发布者主观上的恶意企图和目标。信息空间和现实生活中一样，充斥着形形色色的人，总有少数人为了达到特定的自私目的而肆意作为，如为了增加自己网页的点击量、微博粉丝数或微信订阅数等虚无的指标，甚或单纯地为吸引眼球、获得高关注度下的虚荣感而四处滥发信息、任意炒作、扮演耸人听闻的“标题党”角色等。

利益驱使型，指受经济利益的驱使有意识、有计划地传播垃圾信息和虚假信息。这种动机的一个突出表现是，很多人或企业为了给某种特定的产品或服务做广告，以扩大影响、获取客户的注意力，往往强行或无休止地向用户投送某些毫无用处、不受欢迎的宣传信息。还有的商家出于商业竞争的需要，故意粉饰自己、夸大其词，或抹黑对手、制造谣言。这些行为最终都将导致信息世界的混乱、伪装与争斗，使人们无所适从、厌烦难忍。譬如，国内两大乳业巨头蒙牛和伊利因网络诽谤事件对簿公堂，导致社会民众对其曾有的信任度和好感一落千丈。同样，出于经济利益上的刺激，网络世界中水军泛滥。很多被雇用的网络“打手”炮制出一个个真假难辨的故事，让众多的消费者迷茫失措，最终深受其害。

无目的型，指制造传播垃圾信息和虚假信息的目的不明确，或难以按照正常逻辑来理解，特别是一些“损人不利己”的做法。这些始作俑者或因为无所事事而随意行为，或是抱着看热闹、恶作剧、宣泄无聊等心态在网上滥发言论、夸大其词，或不加考虑地转发信息、危言耸听等。由于知识水平、道德修养低下，再加上对自己的网络言行不负责任，这些人所发的信息不但没有正面价值，反而还常会给其他人带来麻烦，令人厌

---

① 闫八一：《信息垃圾的危害分析与社会治理对策》，武汉理工大学硕士学位论文，2007 年。

恶，有的时候甚至可能导致严重的恶果。2010 年 2 月 20 日至 21 日，关于山西一些地区要发生地震的消息通过短信、网络等渠道疯狂传播，导致几十个县市数百万群众在凌晨时离家躲避、走上街头，并且山西地震官网一度瘫痪。事后经公安机关查明，最初的信息来源是打工者李某某将道听途说的消息编写成短信发出。这条短信后来被不明真相的民众广泛转发，导致事件扩大。

价值错位型，指信息的特定价值不符合某类受众的需要，信息对他们来说就成为无价值的“垃圾”。在功利层面，价值体现为客体对主体需求的满足，因此，信息也须满足接收者的某种专门需求才能被认为是有用的。事实上，同样的信息对于不同的人来说价值是不同的，有时差距甚大，甚至大相径庭。例如，给健康的人群发送有关某类罕见疾病的知识，就难以给其带来有用的帮助；给无意购房者强制性地传播房地产信息，也常会引起反感；对犯罪过程过于详细的报道，有时还会引起效仿；让儿童过早接触与性有关的直白的描写或画面，也易适得其反。通常情况下，在电子邮件、手机短信、弹出广告等传播途径中，如果发布者和接收者之间没有事先约定，对接收者来说，他被动接收到的往往是让人产生反感的垃圾信息。

垃圾和虚假信息在技术手段的助推下，可能获得惊人的传播速度，这在很大程度上已经成为当今社会的一颗恶种，毒害着人们的身心健康、精神世界和财产安全。对于涉世不深、意志不够坚定的大学生来说，在频繁地接触缺少“把关人”控制的媒介信息或是自己掌握了功能强大的信息工具时，更容易受到伤害。比如，《新快报》曾以《大学生创业，用垃圾邮件开路》为题，报道了广东省某高校的一位大三学生为招揽业务而大量发送垃圾广告的事件。

二、道德性不良信息

道德性不良信息，主要是指那些违反公序良俗、违背中华民族优良文化传统和习惯以及其他违背社会公德的不良信息，常见的有侵犯隐私、匿名欺骗、言语低俗、信息窃取等。这种违背道德的不良信息，一般来说虽在危害性上达不到违法犯罪的程度，但也经常令人情绪上厌烦，影响社会信任和文明，甚至引发严重的负面后果。道德性不良信息主要包括以下几种类型：

侵犯隐私型。信息技术的飞速发展使网络空间的个人隐私权保护受到前所未有的严峻考验。明星名人甚至是普通公民的个人私事被公开宣扬的案例比比皆是；恶意操纵下的“人肉搜索”成为很多人挥之不去的噩梦。隐私权是现代文明的产物，是私人信息受到保护不被他人非法侵扰、知悉、搜集、利用和公开的一种人格权。但新技术手段的滥用，却又可能让他人轻松获得本该被隐藏起来的私密信息。隐私在不恰当地被公开传播后，不但会给当事人带来精神上的痛苦，而且有时也难免造成财产上甚至人身安全上的巨大损失。伴随着互联网成长，当代大学生侵犯他人隐私的行为也常在自觉或不自觉间发生。在许多“人肉搜索”事件中，大学生都充当着技术运用和舆论造势的主力。“人肉搜索”尽管在一定程度上有利于探寻与揭示真相，但也难免踩踏红线、触犯法律界限。例如山东某高校刚毕业的大学生张某，因为把所在公司的客户信息泄露给他人，严重干扰了这些客户的正常生活，给双方都造成了不菲的经济损失。

匿名欺骗型。网络世界充满虚拟的符号，在自由的口号下，信息传播和社会交往的匿名性为人们选择性地呈现自我身份提供了机会，但也在客观上为各种欺骗行为打开了方便之门。在网络平台的交往过程中，有意地省略或隐瞒个人身份信息、转换性别、扮演他人等行为司空见惯。有些是出于自我保护，有些纯粹是恶作剧，但也有人会借此“面具”趁机行骗，以达到种种不可告人的目的，甚至骗财骗色、敲诈勒索的网络案件时有发生。

低级粗俗型。尽管媒介世界中的各类信息从主流上看是文明的、向善的，但确实存在一些低俗粗鄙、下流失德的举止表现和文本内容。在QQ、贴吧、评论、论坛等交流工具中，大爆粗口、恶语攻击、展开骂战等不良现象和充斥低级趣味、猥亵淫秽的言语、图片、视频等并不少见。值得关注的是网络世界所暴露出的“双面人格”。有的人在现实生活中可能还算举止得当，甚至温良谦卑，但在匿名化的网络上却毫无节制地纵容人格结构底层中的“自我”肆意横行，经常出言不逊或对别人谩骂欺辱。大学生虽然受到相对良好的教育，但是在追求新事物、力图表现个性、不愿受到拘束而言行随意的冲动下，也常常在网络中粗话连篇、恶意相向，甚至发展成暴力性的网络逼迫或凌辱。

信息窃取型。信息技术的高度发达带来信息获取与复制的极大便利，但也直接导致信息窃取问题越来越多。对他人文章、论文、研究成果的大量抄袭，对设计创意、主题、情节、形式的剽窃和据为己有，或未经许可翻拍他人的作品等，都是恶劣的信息窃取行为。经常见诸报端的种种学术不端、黑客攻击等大多也属于不良信息窃取型及相应行为。大学生正在经历以知识学习和专业训练为主的社会化准备阶段，世界观、价值观尚未完全成形，有时缺乏足够的法制和道德观念，对知识产权的尊重和保护意识比较淡薄，在急功近利思想的错误指导下，常会通过不正当的手段来达到诸如应付学业、包装求职、炫耀夸饰等目的。大学生掌握着网络技术这一“利器”，在他律和自律都还不太完备的现实环境中，在种种功利主义的诱惑下，不诚实或侵犯他人合法权益的信息窃取行为在不同程度上频繁发生。据报道，美国学术道德中心于2005年6月对5万名大学本科生所做的调查显示，70%的大学生都有过某种形式的欺诈行为，77%的学生认为剽窃他人网络信息的行为并不严重。另外，在各种恶意的黑客攻击中也有较多大学生的参与。相关统计显示，大部分黑客的年龄在18～33岁之间，其中不乏掌握了一定技术手段的大学生。当年开发出 CIH 病毒让全球 6000 万台电脑瘫痪的黑客正是一名台湾大学生；中国新闻网也曾报道过绍兴某大学一名精通计算机的大学生伙同两名网友利用一款“扫号软件”，窃取电信公司的宽带和账号并贩卖给他人以牟利。

三、思想性不良信息

思想性不良信息主要指那些涉及政治认识和立场问题并影响到人们思想观念、价值判断的不良信息，包括在政治、宗教、民族等方面存在错误倾向或原则性问题，或鼓吹个人主义、享乐主义、虚无主义、消费主义、封建迷信等不良思想的信息。青年大学生对新鲜事物比较敏感并抱有好奇心，容易受到来自外界的影响，所以在多元化的信息环境中，一些奇谈怪论、花言巧语、极端看法、危言耸听往往会误导他们的观点、侵蚀他们的思想，如不及时澄清、纠偏，长此以往将导致形成片面、扭曲、畸形的价值观，对个人、对社会都贻害深远。

政治负面信息。信息技术加剧了世界范围内不同思想文化的相互激荡，也相应地加剧了意识形态领域的争斗。虽然从形式上看，在移动互联网提供的跨时空、跨地域的交流平台上，不同的文化形态和思想观念之间的交流是对等的，但核心技术和游戏规则被以美国为首的发达国家掌控，所以其系统结构、运行方式、管理机制、资讯格式不可避免地带有西方社会的文化烙印，这也有利于其所偏好的信息及文化思想的传播。他们很容易借助技术优势（如核心设备的知识产权）和制度权力（如域名分配）妨碍、限制或压制他国在意识形态领域对信息的自由运用，并以此来谋取本国政治、军事、经济、文化等方面的利益。对于大学生来说，如果不加辨别地接触来自西方国家的媒介信息和产品，就容易受到宣扬西方价值观念的话语或文化的吸引，这会和本民族的文化、本国的主流价值观发生分歧、冲突，并最终可能导致价值观的异化，在思想上丧失正确的方向和科学的判断力。包括政治谣传、暴恐言论、分裂分子的不法宣传等在内的政治上的负面甚至反动信息具有相当大的危害，如不积极地进行防范、辨析和引导，将会严重影响一代人或数代人的政治认知，动摇他们对本民族文化和本国政治制度的自信、对社会主义核心价值观和党的执政地位的认可，因而威胁到国家的信息安全、文化安全和政治安全。

伪科学与迷信信息。良莠不齐的网络信息中，也混杂不少披着科学语言的外衣，实质为篡改或伪造的科学理论，通过文章、讲座、演示、活动、广告、案例等貌似合法、合理、合情的手段，来宣扬和传播各种伪科学、反科学的学说理论或者系统化的迷信思想的信息。伪科学信息通常会以某种理论色彩来渲染，但其学说本质上是违反客观规律和科学基本原理的，经不起实践的检验。但对于辨识力不强的大学生而言，伪科学却具有一定的蛊惑力，占卜、算卦、面相、星座、血型、风水等传统的封建迷信活动在不少年轻人中还有或多或少的市场。一些宗教上的理论，打着信仰虔诚、修行劝善的口号，也会灌输错误的世界观和认识论，使大学生盲目相信神灵、消极逃避责任、放弃自我奋斗，最终形成偏颇的、反社会的人生观和价值观。更有甚者，一些邪教之类的组织，借网络“自由”之机装神弄鬼、妖言惑众，进行精神控制、敛财诈骗，直至危及公共安全，造成人身伤害。这些行为严重扰乱了社会秩序，煽动起社会不安定的情绪，也阻碍着科学的发展和文明的进步。

消费主义与享乐主义信息。消费主义兴起于西方发达国家，源自资本主义固有的对商业利益无休止的贪婪追求，主要表现为大肆鼓吹无原则的个人欲望的满足、号召大众追求体面的消费、渴求无节制的物质享受和消遣，并将此作为生活的全部目的和人生的最大价值。当代社会各种高度发达的技术的出现，很大程度上是以促进物质生产和经济消费的市场竞争机制为驱动力的，它必然会被用于扩大生产和加快消费的循环，媒介技术也不例外。因此，当信息时代的传播技术和工具构建起更快捷、更便利的信息平台时，也同时为消费主义的泛滥大开方便之门：一方面，在众多资本的力量以及与之合谋的政治、文化势力的“大合唱”下，消费主义以广告、影视剧、自媒体炫富等方式在媒介空间大行其道，赫然成为指导许多人如何生活和行动的思想及标准；另一方面，消费主义也驾驭着众多媒介，使其在经营压力下逐步加剧商业化、娱乐化、低俗化的趋势，并且进一步推动大众文化的“物质化”，削弱高雅文化和精英文化的引导作用，冲击人们对理想信念的坚守和对道德情操的修养。部分大学生的理性意志还不够坚强，对自我的价值取向和消费行为缺乏控制，在时时身处被消费主义信息充斥的环境中，在满足于丰富而快节奏的消费之际，如果不加以克制和收敛，很可能就会在媒介信息所传递的群体影响力下，把物质享受、消费攀比当作一种理所当然的价值认同，并导致过度消费、超前消费、享乐消费以及形成不合理的消费观及价值观。特别是在夸张的形式化的诱惑下，喜好新奇、渴望获得归属感和身份认可的大学生，会过分看重虚拟商品的符号意义，如沉迷于名牌、时尚、新品，或热衷于明星八卦、爆料炒作等。一旦长期沉浸在感官刺激和心理虚荣中，这种虚化的体验会演变为占有欲所主导的异化型消费，忽略商品的功能实用性，转而追求消费本身的快感，以至于丧失主体的本真和自觉，抛弃道德原则和自律精神。

颓废厌世信息。尽管不占主流，但也不容小觑，在鱼龙混杂的网络中也时常“潜伏”着不少宣扬悲观消极的人生态度、鼓动厌世逃避的信息，这些信息不但会影响身心健康和社会价值的创造，有时还会与对现实的不满情绪交织在一起，催化出病态的、反社会的人格和行为。大学生在实现人生转折和社会化的过程中，面临着巨大的学习、情感、择业方面的压力，由于自身的能力欠缺、资源匮乏、心理意志薄弱，他们常常在理想的目标与残酷的现实之间产生较大的落差。不少人在遭受打击和失败后难免迷茫无措、失去信心和动力，或沉溺于虚拟世界试图发泄和解脱，或被消沉的灰色价值观左右，一味避世、无意奋斗、怨天尤人，还常伴随着同情心和道德观念的消解，对家庭、学校、社会都消极抵触，滑入颓废主义的深渊，严重时甚至造成厌世恨世的极端心态。据世界卫生组织（WHO）统计，全球每年约有100万人死于自杀，而尝试过自杀的人数则是这一数量的10～20倍。[①] 国内也有统计表明，自杀已经成为15～34岁青壮年人群的首项死因。这种状况与颓废厌世信息在媒介空间几乎不加限制地流传是密切关联的。有研究表明，对自杀事件的频繁报道和过于详细的描述，会增大同类人群的模仿或付诸实施的概率，特别是网络媒体的不恰当报道是诱发大学生自杀行为的不可忽视的原因之一。[②]

第二节　不良信息的媒介呈现和传播特点

一、不良信息网络传播的常见途径

网络游戏。网络游戏通常以刺激、暴力和打斗为主要内容，这在很大程度上迎合了青少年的好奇心、好胜心以及对英雄的崇拜心理，使他们可以从中获得强烈的满足感和成就感，并且随意宣泄和释放心中的怨气和情绪。

色情网站。目前，互联网已成为色情信息的主要载体。据2012年的调查统计，全球最大色情网站Xvideos的每月PV有44亿，是新闻网站CNN和体育网站ESPN的3倍。而在全球前500大网站中，色情网站就占据了数十家。色情网站的用户平均逗留时间高达15～20分钟，也是普通网站的3倍，调查显示这是一个用户黏性极强的互联网领域。还有数据显示，互联网上每一秒中会有3075美元花费在观看色情内容上，其中有2.8万人在浏览色情内容，372个网络用户在搜索色情内容。此外，在当前互联网上的信息活动中，35%的下载是色情内容，30%的传送数据为色情内容，25%的搜索关键字涉及色情内容。[③]

垃圾邮件。指未经过许可就强行发送到用户邮箱中的、与用户无关且不愿接收的电子邮件，一般具有批量发送的特征，其内容包括赚钱信息、成人广告、商业或个人网站广告、电子杂志等。截至2014年第一季度，我国互联网用户收到的垃圾邮件占其邮

---

① Hendin H., Phillips M. R. & Fleischmann A, *Suicide and Suicide Prevention in Asia*, World Health Organization, 2008, p. 1.

② 田志涛：《大学生自杀事件网络报道问题与对策研究》，河北大学硕士学位论文，2013年。

③ 香菲菲编译：《色情网站流量超过全球网络的1/3！》，《羊城晚报》2012年6月9日(B9)。

件总量的比例从2006年年初的63.97%下降到38.2%。同时,中国在全球所占垃圾邮件比例从22.3%下降到4.1%,且一直呈现下降趋势,占全球垃圾邮件的比例最低时仅有1.9%。①

聊天室、网络论坛及社区圈。这些网络应用大多数情况下都无须参与者提供真实的个人信息,也正是因为这种匿名性使参加者可毫无顾虑地表达观点和想法、传播各种各样的信息。这就使得这些网络空间常常成为暴力、色情、虚假等不良信息滋生蔓延的场所。

博客与微博。同样由于其匿名性,博主可以自由发布信息,因此,博客与微博常被别有用心之人利用,成为充斥谩骂恐吓、恶意诽谤或宣扬色情暴力、散布虚假欺诈信息及反动言论的渠道。

强制浏览。利用网页代码技术使用户自动访问某一网站,主要内容包括商家的推销广告、为提高点击率强行推出的淫秽色情信息以及反动言论信息;也指各类弹出链接或强制性观看、点击的页面等。

即时通讯软件。网民上网聊天时,常被导向陷阱地址或接收到陌生人发送的骚扰信息和不良信息。有些不法分子还骗取用户的个人信息,侵犯个人隐私或提供低俗文字、图片、声音和视频等内容,进行"裸聊"或网上色情表演等。

搜索引擎。作为网络上最常被使用的应用之一,搜索引擎所提供的结果对网民的信息接触和传播活动有着显著的影响。但在网页资料被恶意作假、篡改或是某些提供商在利益面前放松监管的前提下,搜索引擎也经常成为不良信息传播的重要中转站。

在网络社交兴起和微传播时代,信息传播的流动性、即时性、交互性增强,不良信息传播的隐蔽性、突发性也变得更强,且因其具有近似人际传播的特点,所以更具欺骗性,并有可能对个体和社会造成更深的伤害。

二、色情信息的媒介呈现

随着社会的变革、技术的进步、文化的演进以及人们观念、态度、行为和兴趣的变化,色情信息的载体和样式也在推陈出新。不同的色情信息有着不同的生产和传播特点,也有着不同的符号模式、接触方式和阅听体验规律,满足了人们的不同心理需求。当前,以电子媒介和网络媒介为平台的网络色情、电讯色情已然成为主流。

色情报刊,指刊载和渲染色情与淫秽内容的连续型出版物,包括色情杂志、色情报刊等,这是最早的利用大众媒介传播色情信息的方式。当前仍有部分新闻类报刊试图与色情"联姻",早期以"腥、性、黑"为卖点的"黄色新闻"在现今依然存在,有的地方甚

① 《中国互联网协会反垃圾信息工作委员会在京成立》,中国互联网协会,http://www.isc.org.cn/zxzx/xhdt/listinfo-30268.html。

至愈演愈烈。尽管在法律的管制下，我国没有出现直接的色情报刊，但不少纸媒常热衷于以性感图片、挑逗性语言、色情文章等信息来吸引眼球从而谋取商业利益。

色情文学，指以渲染直接的性为主要内容，只图表现情欲和淫秽，缺乏思想性、艺术性和社会性的文字作品。在我国的一些非法书刊市场上，色情小说往往都是地下出版物，有的是盗印的国外翻译作品，有的是为了牟利而拼凑出的滥物，还有的则是个别人出于无聊或低级趣味而制造的产物，它们实质上都是伪文学和反文学。

色情影视，也称色情片、成人电影、AV 影片等，通常指纯粹只为了激发起观众对性的欲望的影视作品或片段。色情影视集合了声、像、文等符号元素，形象生动逼真、表现手法繁多，具有很强的现场感和代入感，性的直观性和刺激性大大增强，现已成为色情信息的主要传播载体。

色情美术，指运用美术、摄影等手段展示和渲染色情内容的绘画、摄影、雕刻及某些人体彩绘和行为艺术等。色情美术历史悠久，从原始岩画时代起，人体和爱欲、性欲一直都是美术热衷于表现的主题。判定色情美术的艺术标准富有争议，但不可否认，低俗、追求感官刺激的作品越来越多地占据着人们的观看空间。

网络色情，指通过海量、互动、高速的互联网传播以性活动、性诱惑、性欲望为主要内容的色情信息，包括传统的色情图片、色情文学、色情语音、色情视频、色情漫画，也包括新兴的色情游戏、色情聊天、色情交友、色情直播、虚拟性爱、性交易资讯等。互联网以其巨大的信息流量、便捷的接触方式、低廉的使用成本为人们提供了前所未有的、包罗万象的、全球一体的信息空间，同时也成了空前活跃的色情天地。

电信色情，指利用电讯通信网络和业务系统开展的以传播色情信息为目的的各类功能及应用，包括色情声讯电话、色情彩铃、色情短信/彩信、其他基于固定电话和手机等移动终端的色情服务等。电信色情须依托于电信运营商提供的平台，最早主要在本地开展，后逐渐转向跨地区甚至国际范围。近年来，腾讯 QQ“发现附近的人”以及“微信”“陌陌”“遇见”“邂逅”“同城约会”等诸多社交应用，都在不同程度上沦为色情信息传播的帮凶。

色情游戏，指通常在电脑或手机/Pad 上使用、含有明显性内容的各类单人版、网络版、网页类电子游戏，有较多的色情图片和画面，或者是模拟追求异性、模拟涉性言行等。当下，通过网络下载或直接在网上使用的电子游戏增多，已取代了原先的光盘介质，这使得色情游戏的传播更为便捷和隐蔽。

此外，色情广告、色情玩具等也是生活中较为常见的色情信息的载体和传播途径。

三、暴力信息的媒介呈现

媒介上暴力信息的呈现是复杂多样的，也有着不同的分类标准，通常可分为“真实暴力"和"虚拟暴力"两大类。前者是指媒介对现实社会中暴力现象的报道,后者是指文艺节目中包含的暴力现象,如影视剧、动画卡通、电子游戏中的暴力内容或暴力表现。除作为媒介内容存在的暴力信息(媒介化的暴力)外,媒介本身成为暴力(暴力化的媒介)的现象也正引起人们的关注。媒介暴力指媒介作为一种社会霸权,滥用自己对话语权的控制,对受众或部分民众造成负面影响和伤害(如刻板印象、弱势群体失声等)。此外,由于网络媒介所搭建的虚拟世界有着独特的运行规律,它可使人们以暴力性的语言、图片、音视频等文本符号,以及某些虚拟互动行为对他人施以暴力。这些文本和行为在网络中以信息方式存在和传播,因此也将其归入媒介的暴力信息范畴,可称为"虚拟化暴力"。①

暴力记录。狭义的媒介暴力信息是指新闻中的暴力内容,如对暴力犯罪、社会冲突、战争、自杀等事件的报道。"据统计,除了对当权者的赞誉之外,风险、性、名人、暴力等要素成了传媒90%的报道内容,戏剧化和娱乐化成了决定能否登上新闻日程的重要参照。"②由于新闻追求与众不同的"新闻价值",而暴力事件的超常规性就使其具有了一种特殊吸引力,因此暴力常常成为新闻的主题,而带有暴力性的语言和标题也被用来当作争夺注意力的"绝招"。

暴力再现。暴力可以成为艺术,作为一种美学存在,宣泄人的本能、激荡人的情感、书写人类波澜壮阔的历史、塑造叱咤风云的英雄形象和魅力四射的艺术典范。但在商业浪潮中,"快餐化"的暴力显得简单而直接,从文雅的、若有所思的展示,变成纤毫毕现的逼真和肤浅的刺激。我们可以很容易地"看"暴力,但难以"看见"暴力的背后到底是什么。

虚拟化的伤害。这里主要指网络暴力,是媒介行为的暴力在互联网上的映射和延展,也就是指媒体报道及受媒体报道所影响的大众或网民对所报道事件或当事人采取的具有侵犯性的或伤害性的行为。网络暴力不同于实体暴力,它的行为与媒介信息捆绑在一起,具有一定的虚拟性;但这种虚拟的暴力行为往往会造成巨大的心理伤害,并可能引发实际的身体伤害,所以也须高度重视。

游戏中的暴力放纵。网络暴力游戏类型主要可分为动作类、冒险类、对战格斗类、主视点射击类、竞速类、角色扮演类等,最有代表性的就是大型多人在线角色扮演游戏(RPG类)。据统计,在街机时代最受青少年欢迎的21个游戏中,71%以暴力为特征;在55个E级(For Everyone)游戏中,64%具有攻击性,24%含持枪暴力,60%当游戏

---

① 郝雨、王祎:《媒介暴力:类型、效应及控制》,《新闻记者》2009年第6期。
② 〔英〕伊冯·朱克斯:《传媒与犯罪》,赵星译,北京大学出版社2006年版,第1页。

者伤害别的角色时给予奖励。[①] 有调查显示，网络游戏中80%的内容都与暴力攻击和血腥有关，[②]而且大部分受欢迎的网络游戏都是极端暴力的。[③]

四、不良信息的传播特点

不良信息在正式媒介中一般会受到较为严格的管制，但在标榜自由的网络媒介中却大行其道，很少受到约束。它具有以下传播特点：

隐匿性。发布者常无须实名，可以采取非常隐匿的传播方式，没有太多顾忌，发布渠道众多，所以不良信息的传播更加不可控，增加了管理部门监管的难度。

快捷性。无论是传统媒介还是新媒介，只要涉及不良信息的内容，通常都会以最快的速度传播开来。随着微博、微信等新技术的普及，传播者几乎无须耗费太多时间和金钱，就可以轻松地把这些信息瞬间传播到世界各地。

互动性。新媒介允许用户在发布内容的同时互相交流，使用户可以轻而易举地成为"自媒体"，这种互动方式会吸引更多的人加入到信息发布的队伍中来。

开放性。对新媒介来说，除了用技术手段过滤之外，尚没有太好的办法来阻止受众的信息接触行为，这也导致了不良信息的泛滥，即使对于青少年，这些信息也是公开透明、没有任何限制的。

第三节　不良信息的负面影响和伦理问题

不良信息首先给大学生对世界的合理认知带来干扰，使他们被迫得到许多虚假、片面、错误的信息和知识，对现实的理解产生偏差，从而影响正常的社会化过程，并导致人际交往和社会行为的失措。进一步来讲，与社会规则的脱节和不能达到社会预期的失落将对大学生的心理产生压力，也会影响到他们的人格发展。这些问题如果不能得到妥善的解决或纠正，某些越轨或反社会行为出现的可能性将大增，对于社会的稳定和安全来说都将造成威胁。

一、色情信息的危害

色情是性文化中偏负性的一面，意在感官和身体的刺激，是肉欲的直接存在，甚至包含有极端、变态的成分。处于准成年状态的大学生，身体基本发育完成，但心智尚未

① 张静：《城市青少年接触电子游戏的现状与特点及暴力在线游戏对青少年同伴交往的影响》，山东师范大学硕士学位论文，2004年。

② 魏谨等：《暴力网络游戏与青少年攻击内隐联结的研究》，《中国临床心理学杂志》2009年第6期。

③ 李婧洁等：《暴力电脑游戏对个体攻击性的影响》，《心理发展与教育》2008年第2期。

完全成熟，自控力较弱，社会经验和人生阅历不足，所以赤裸裸的、低级庸俗的、缺乏道德感的色情信息对于他们而言是一种犯罪快感的诱惑和难以察觉的陷阱，更是对其健康身心、情感和思想的无形的或直接的伤害。它对大学生主要产生以下几个方面的负面影响：

错误的性认知。一项实证调查显示，当代大学生性知识的来源主要是各种媒介，包括报刊等大众媒介、色情网站和影视片，也有少部分医药类书籍，共占比为80.6%。[①] 但从媒介上“自学”得来的性知识充满了谬误和混乱，色情信息所宣扬的纯粹的肉体快感和夸大而扭曲的性刺激与现实中的性行为、性心理、性道德相去甚远。一些先入为主的错误性知识会困扰大学生，甚至影响他们的一生。

身心伤害。色情文化所传递的错误观念和知识，可能导致错误的性行为，给身心尚未发育成熟的大学生带来伤害。例如，低龄化的性行为对于正在发育的身体来说，无疑是一种透支和侵蚀，而偷食禁果导致的早孕会给个人和家庭带来巨大的负担；不当的性行为还可能感染并加剧传播各种性病及艾滋病。在心理上，缺乏科学的性知识、性观念会引起迷惑、焦虑、紧张、自卑等情绪。此外，我们还必须对色情中毒或色情成瘾加以重视。

性道德混乱。现代色情文化鼓吹的是性解放、性自由，铺天盖地的色情信息展示的是人的动物本能和原始欲望，充斥着性滥交、性放纵，视女性为物化的性对象，毫不在意人的尊严和主体性。受此影响，性观念和性行为的混乱现象正在蔓延，并已经从私人领域侵袭到公共领域。性道德的危机正在色情信息的大肆狂欢中加重和恶化。大学时期是性道德发展的关键期，不良的色情信息对大学生的性认知和性观念发展有很大的负面影响。

社会化障碍。当大量混乱而畸形的色情信息输入大学生的认知系统时，大学生正常的思维和行为过程无疑会受到干扰，阻碍和误导正常的知、情、意的培育。有调查发现，过多接触网络色情的大学生表现出对学校和家庭的严重疏离，对他人的关怀和亲情缺乏必要的回应。沉迷于暴力、露骨的色情信息会增加大学生的攻击行为。[②]

诱发性罪错。事实上，色情信息是诱发大学生发生性犯罪和性过错的重要原因之一。大量研究资料证明，色情信息与性犯罪间有关联性，不少大学生性犯罪行为的实施通常都是在色情信息的刺激下而发生冲动的。网络色情犯罪是一个新动向，而大学生不仅是网络色情的受害者，也是施害者，这是值得人们深思的问题。

---

① 谢爱华、张栋贤：《当代大学生性现状研究——基于珠三角地区若干高校的实证调查》，社会科学文献出版社2011年版，第262—269页。

② Mesch GS, "Social Bonds and Internet Pornographic Exposure among Adolescents", *Journal of Adolescence*, 2009(32), pp. 601-618.

二、暴力信息的危害

媒介暴力信息对青少年究竟会产生怎样的影响，众多观点莫衷一是，但大量的研究仍在整体上肯定了暴力信息对青少年的偏差、犯罪行为有影响的观点。影响大众的社会认知、模仿暴力行为引发犯罪、冲击主流价值观等都已被证明是媒介暴力的负面效应。

对暴力现象的偏激认知。美国学者格伯纳于 20 世纪 60 年代提出“涵化理论”认为，电视具有“长期累积的、缓慢但却深远的”效果：电视充斥着大量的暴力内容，观众有关社会现实的观念更接近于电视所表达的符号现实，而非客观现实，在这种影响下，观众会认为社会充满暴力、犯罪。这使得人与人之间缺乏信任，产生害怕变成犯罪受害者的认知心理，且收视时间越长，上述倾向越明显。

对暴力的错误模仿。美国心理学家阿尔伯特·班杜拉于 1952 年提出“社会学习理论”，强调观察学习和自我调节在引发人的行为中的作用。这一理论可以用来解释媒介暴力信息对未成年人攻击性行为的影响。研究表明，大众媒介中的暴力情节，更多地助长了本来就有强烈攻击倾向的人的攻击行为。电子游戏则提供虚拟场景使青年直接卷入“暴力事件”，使其以非常“逼真”的方式进行体验，产生巨大的负面影响。

对暴力的心理脱敏。美国暴力心理学会与青少年委员会等机构经过长期的跟踪调查，断定观看暴力行为可以增加攻击行为，并且攻击行为的增加不是观看暴力行为的唯一消极影响，还有可能导致观看者的暴力脱敏。[①] 也就是说，当人们持续暴露于暴力刺激时，情绪反应将会出现钝化，导致人对暴力的麻木、对他人受到的伤害的同情减少，以及助人行为的发生概率下降。

个体伤害与社交危险。媒介暴力信息不但会影响到青少年对他人的攻击性和对外界社会的认知，也会引起不良生理反应，对自己的身心造成伤害。过度地接触媒介暴力信息，特别是暴力游戏，很可能会引发网络成瘾，这是一种长期的、顽固的精神性疾病。长此以往将使个人的社会功能受损，对学习、情感、习惯、道德培养、人际关系产生负面影响，使人变得孤独、压抑，难以与人沟通。

三、不良信息对社会的负面影响

由于内容、形式、传播途径、作用机理等方面的不同，不良信息对社会的影响也在不同层面、不同人群、不同场景下展开。主要有以下几个方面：

---

① Mullin C. A. & Daniel L.,“Desensitization and Resensitization to Violence Against Women: Effects of Exposure to Sexually Violent Films on Judgments of Domestic Violence Victims”, *Journal of Personality and Social Psychology*, 1995(69), pp. 449－459.

扰乱市场秩序、造成经济损失。出于对商业利益的不当追求，媒介中经常会出现夸大、虚假的经济信息。比如对商品功能进行粉饰和吹嘘，骗取消费者的信任和钱财；散布有关上市公司或经济政策、动向的不实之词，试图误导公众，从中牟取暴利；对某些厂家、产品恶意诋毁或炒作，给当事方带来经济和形象上的巨大损失。

干扰及破坏正常的社会生活。媒介在社会系统运转中的"枢纽"和"黏结"作用，使得媒介的传播效应常常被放大，不良信息亦然。特别是在网络上，发布一条不良信息成本极低，但有可能被成千上万的人看到或转发，形成层层扩散的病毒式传播，加大了偶然因素的破坏力。当众多不良因素被反复传播时，就容易造成一种交叉感染的氛围，对社会秩序产生冲击。许多实例表明，传播不准确、不科学的信息甚至谣言，会引发普遍的恐慌情绪和社会信任危机，如大众传播时代早期的"火星人入侵地球"事件，以及 2011 年日本地震引起的国人抢盐大战。

道德观念缺失和社会风气的低俗化。由于互联网上尚未形成系统的法律和道德规范，网络行为缺乏有效的约束，不少网民视其为"自由的天堂"，为所欲为，没有节制。长此以往，不但虚拟世界里人和人之间缺乏信任，在现实生活中也会产生类似的风气，导致社会普遍的道德水准下降。同样，在网络中养成的"快餐文化"和消费式娱乐等习惯，会固化成某种相对稳定的观念或文化，并可能污染社会环境，尤其会对大学生的心理及人格发展产生很大的负面影响。

降低社会效率、增加社会成本。冗余信息、垃圾信息、虚假信息、错误信息的大量存在，必然使人们查找信息、处理信息变得更加困难，从而造成社会整体运行效率的下降。同时，不良信息还会分散社会资源、加重社会负担、动摇社会体系，使社会事务的开展和社会目标的实现遭遇阻碍，增加社会所支付的成本。

诱发犯罪倾向和行为。暴力信息、色情信息常是诱发犯罪的重要因素。深陷于虚拟角色中的游戏者，在长期仿真状态下体验暴力和血腥，久而久之会难以区分虚拟世界与现实世界；高度紧张的情绪和攻击性的习惯容易使其在面对现实问题时也采取暴力行为。在色情信息的刺激下，如果没有健康的思想情操和抵制"黄色诱惑"的坚强毅力，血气方刚的大学生难免会沉迷其中，并增加僭越规范的可能性。此外，一些鼓吹厌世自杀或极端宗教思想的信息，也是促使大学生走上犯罪道路的重要"导火索"。

第四节　不良信息的社会控制与综合措施

媒介传播的社会控制是指政府及各种社会组织和个人，在某种思想意志或理论的指导下，通过权力运行机制，对媒介的传播行为和内容进行约束及施加影响，使其符合社会利益和社会发展的需要。[①] 一般来说，包括国家和政府的政治控制（如规定媒介机构的所有制形式及进行立法和行政管理）、利益群体的控制（政党/经济集团/社会团体）、受众的监督控制等。[②] 也有学者提出还有道德控制（行业自律和社会舆论）和技术控制。[③]

按照媒介控制的直接程度和强制程度，可以分为"硬控制"和"软控制"两种类型。[④] 硬控制具有强制力，包括媒介或传播制度的宏观控制、传播法律的刚性控制、行政/行业的直接控制、媒介主体的自我控制。相比之下，软控制是非制度化的、不具有强制力的，但因其无形而流动，常常能深入到一些硬控制无法触及或难以清晰辨别界限的领域，反而发挥着独特且不可或缺的效用。常见的软控制手段包括舆论控制、道德"标签"，以及学术人士或机构、名人或民意代表、权威组织、宗教团体等施加的影响。但作用更显著的，是投资方、广告商的经济控制和消费者对媒介的反馈监督与市场化的选择。

从世界各国的普遍经验来看，对不良信息的控制与管理通常都集中在法律规范、行政监管、行业自律、技术手段、社会教育等方面，而且往往采取多个方面交叉并进的立体综合管理模式。法律上，根据国情制定一套内容全面、层次分明、对象明确的媒介管理和信息管制法；监管上，将政府的宏观调控与行政部门的具体职能相结合；行业上，实施以职业道德为核心的自律措施，平衡经济效益和社会效益；技术上，在监测、标记、分级、过滤、防毒、数据保护等环节开发和应用新技术，可取得事半功倍的效果；教育上，要强化民众防范不良信息的意识，提高辨别批判和积极应对的能力，扩大有利的舆论氛围宣传，积极引导并形成健康文明的社会风气。

近年来，随着互动媒介、社交媒介和自媒体的快速发展，每个人都可能成为信息的生产者和发布端，内容把关难以做到面面俱到。而各类媒介的加快融合，还带来信息接收终端的灵活多样，使得不良信息的传播渠道和介质更加多样化，影响后果和可能产生的社会危害在面上更广、在程度上更深。这些都导致管理者在治理媒介不良信息时面对新的困境和问题，需要进一步采取措施，对现有治理手段不断进行完善与改进。

一、完善法规政策，加大执法力度

关于遏制媒介不良信息传播的内容在我国多部法律中都有所体现，如《刑法》中规定淫秽物品的判定标准，《预防未成年人犯罪法》禁止"向未成年人传播淫秽、色情等有

---

① 覃川、李海霞、戚天雷：《媒介素养与媒介德育创新——大中学生如何应对色情与暴力信息》，清华大学出版社2014年版，第111页。

② 李彬：《大众传播学》，中央广播电视大学出版社2000年版，第187—189页。

③ 陈力丹：《传播学是什么》，北京大学出版社2007年版，第251页。

④ 詹庆生：《欲望与禁忌——电影娱乐的社会控制》，清华大学出版社2011年版，第66—83页。

害内容”。国务院也颁布了一系列的行政法规，如《广播电视管理条例》《计算机信息网络国际联网管理暂行条例》《中华人民共和国电信条例》《互联网信息服务管理办法》等。公安部、广电总局、信息产业部、新闻出版总署等相关部门还制定了有关的部门规章，用于遏制不良内容和非法信息的传播。但整体上看，我国有关信息传播的立法仍比较零散，缺少新闻、出版等方面的专门法律，且现有立法层次低、缺乏权威性，有的过于简单，有的已显滞后，有的可操作性不强，特别是针对互联网的法律法规还不够完备。

为建立健全法律体系，全国人大常委会等立法部门应主动牵头，联合有关政府部门，做好顶层设计，加快针对信息传播的系统化的立法进度，并统筹协调不同层次、不同领域的法律法规、政策条例之间的关系，增强法规之间的相关性和整合性。同时，要落实执法的责任主体和联动机制，通过成立跨部门的工作小组或协调办公室等方式共同推进对信息传播的治理，加大执法力度，提高治理不良信息的效力。

二、加强行政监管，推进多重制约

作为对不良信息实施行政监管的重要方式，全国性的“扫黄打非”工作肇始于1989年。20多年来，有关的领导小组体制逐渐完善，在指挥协调各地各部门力量和资源集中打击非法出版物、整顿文化市场方面起到了重要的作用。近年来，相关责任者还在全国范围内多次联合开展打击网络淫秽色情信息的专项行动，以及重点整顿电视娱乐节目和清理网络低俗信息的反“三俗”行动，并取得了显著成效。

为更好地对媒介空间中复杂多变的信息流动加以适当的管束和引导，应进一步建立以下长效制度：采取集中指挥、分工负责的方式，加强多部门的联合监管机制；与法律法规和民间监督更好地配合，形成多层次、互相补充的工作体系；加强队伍建设，提高监管执法人员的业务水平，提高行政管理的工作水平。同时，要落实多种外部力量对传媒机构、各类社会组织、个人等信息传播的行为主体的监督和约束，可具体化为法律、契约、信用、制度、规范、社会监督等形式，如建立民间的媒介伦理评议组织等。此外，还须尽快建立起针对个人信息传播行为的制度化的监督和控制体系，增强惩治“越轨行为”的力度。

三、落实行业自律，严格内部管理

行业自律是一种“组织化私序”手段，是指行业会员联合设定标准，规定行业内成员企业实施该规则和标准，并通过自我设计的制裁措施来促成成员的行动。行业自律一般通过行业协会来实施，这种集体自律在客观上配合实现了政府的市场监管目标。媒介机构实施以职业道德为核心的自律措施，基本原则包括尊重受众或用户、保证信息的真实性、采取客观公正的立场、不产生误导和伤害、不侵犯他人的权益、提供有科学或道德或艺术价值的内容产品等。党的十八届四中全会在《关于全面推进依法治国若干重大问题的决定》中就指出，要“加强社会组织立法，规范和引导各类社会组织健康发展”；“深化基层组织和部门、行业依法治理，支持各类社会主体自我约束、自我管理”。

互联网行业具有很强的技术性，政府难以对其进行全面监管，一来成本过高，再则也不能保证对“度”的适当把握。因此，应推动网络运营商、服务提供商、网站运行方等法人主体对自身责任意识的强化，采取专业性的手段实施监管，将“谁运营谁负责”“谁接入谁负责”的原则落到实处，包括切实履行对用户入网的资格审核、加强对网络用户及网站内容的监督检查，对涉及传播不良信息的行为要及时发现、及时报告、及时处理。

四、加快技术应用，强化管控手段

与网络传播和应用有关的各种新技术层出不穷且功能强大，所产生的信息规模也一直在迅猛扩大。面对信息数量巨大、类型复杂、变化加剧的网络世界，仅仅依靠人力进行管理很难完全奏效，必须通过先进的技术来提高治理效率。一般而言，信息传递包含的要素有[①]：信息源、网络、信宿（用户），故不良信息的治理手段可围绕这三个要素展开。而对不良信息进行治理的手段还包括控制信息源和限制用户访问等方式。

当前，大数据技术、自媒体应用、媒介融合等变革的不断涌现，使得网络媒介信息的监管变成了一场斗智斗勇的长期斗争。总体上看，我国的信息技术监管水平还跟不上发展的需要，应该加大资金和人力的投入，重视核心技术的开发和创新，研制有效处理不良信息的技术系统。对于处在人生过渡状态的大学生，特别是新生和低年级学生来说，相关部门需要采取良好的制度和技术手段，在校园中创建健康向上的网络信息环境。在实际管理中，一要提高校园网入口接点过滤技术的防范能力，二要强化网络教育传播平台的技术监控和及时处理，三要加强对大学生的网络技术培训，并建立监控不良信息的学生自律组织，积极阻止污染源的扩散和传播。[②]

五、扩大社会参与，深化国际合作

遏制媒介不良信息，社会公众的参与是重要的一环。公众参与的方式包括：直接参与，主要是对各种媒介上的不良信息进行监督举报，一般通过专门的举报平台来进行；间接参与，指的是社会公众参与政府、教育机构、协会、社团等组织的媒介素养教

---

① 刘东鑫、周斯宁、沈军：《互联网不良信息治理的研究与探讨》，《广东通信技术》2010 年第 12 期。

② 雷国铨等：《高校校园网不良信息源头控制机制创新研究》，《东南学术》2010 年第 6 期。

育，通过提高自己的媒介素养水平，增强对媒介不良信息的识别、防范能力。与之配合，还要积极开展有关媒介接触和使用的道德教育，强化网民的自律意识，帮助公众自觉过滤和抵制不良信息，一方面确保自身不受侵害，另一方面也须尊重他人、友爱互助，推动社会的整体进步。

发达国家在传播立法、网络立法等方面起步较早，我国应积极借鉴他们的经验及研究成果，制定相关的政策法规、互联网使用条款和服务规则等。因为互联网的开放性特征，许多不良信息的发布和传播都跨越国界，有关治理也是全球性的重要课题，面对这种情况，我们还要主动开展国际合作，利用国际公约和共同性法律特征打击跨国性的不良信息传播。不同国家在政治制度、文化背景、法律体系等方面都有较大的差异，只有通过广泛交流和深度合作，才有可能在不良信息的认定标准、司法程序、联合行动等方面达成共识，建立高效的国际治理机制。

第十三章
大学生媒介素养及教育行动

媒介素养教育最早始于20世纪30年代的英国，当时电影、小说、报纸和广告等大众媒介给崇尚精英文化的传统社会带来前所未有的冲击与挑战。为了保护本国的价值观念和文化，使其不受到良莠不齐的媒介信息的影响，人们开始重视训练青少年抗拒大众媒介中提供的“低水平的满足”。之后，美国、加拿大等许多发达国家，也开始有意识地将媒介素养教育纳入到整个教育体系之中。但随着大众媒介的日益普及，大众文化被广泛接受，媒介素养教育也逐渐从早期的保护主义转向更强调培养学生的辨别能力。20世纪70～80年代后，由于官方和联合国教科文组织的介入，学校的媒介素养教育开始形成规模。很多国家都将媒介素养教育纳入学校课程内，并发展成为一种媒介化社会所必需的终身教育。这时的教育理念要求尊重儿童已有的认知潜能和学习能力，并将实践因素和批判因素结合起来。

媒介素养的具体内涵常被定位为“知识”和“能力”，典型的表述为“近用、分析、评判和创作各种媒体的能力”[①]。所谓媒介素养教育，就是要指导青少年正确评估媒介信息、建设性地享用媒介信息的教育，主要包括认识媒介、使用媒介、批判媒介三个层面的目标。在信息社会里，接触和了解各种媒介已经成为人们社会化生存的必要条件之一。作为社会文化的继承者和发扬者，大学生需要经常性地通过媒介接收信息、认知世界并进行创造，因此对媒介及媒介知

① 参见 Aufderheide P.（ed.），*Media Literacy：A Report of the National Leadership Conference on Media Literacy*，Aspen，CO：Aspen Institute，1993，V(Foreword).

识的学习十分必要。在此基础上,大学生应该具备较强的媒介使用能力,要更主动并更善于利用媒介资源来寻找及把握职业发展与自我实现的机会。对媒介进行批判性解读则属于一种更高层面的媒介能力。大学生要从能够辨别信息的真伪、善恶做起,发现媒介以"隐喻"的方式所蕴含的动机和意识形态,并学会与媒介友好相处。

新媒介的发展,使得每个人不仅是"受众",而且可以成为传播的主体。媒介生态因此发生了颠覆性的变化,信息传播的复杂程度和多样性大大增加,媒介与社会的融合程度得以加深。已习惯有媒介相伴的大学生也被抛入媒介化的环境中,但他们往往还没有足够的思想准备和能力经验,以至于常在无规则甚至反文化的媒介世界里迷失。为了能积极地适应以媒介为基础性载体和纽带的后现代化社会,培养良好的媒介素养已成为大学生学习、生存及获得发展的必然选择。

第一节　媒介素养是大学生的内生性需要

随着人类社会传播手段和技术的快速发展,现代传媒已势不可挡地渗透到社会生活的所有领域,并正在改变着我们的生活方式、思维习惯、行为准则,也深刻地影响着社会结构、文化内核、价值观念的变革。媒介不但建构出"虚拟环境",而且这种虚拟正在实体化,成为维系现代人的社会关系和认识世界、改造世界时不可缺少的"中介"。大学是人生发展的关键时期,青年学生不仅经历着身心发育的质变和知识、能力的飞跃,而且个性和思想逐渐走向成熟,世界观、人生观、价值观开始较为系统地形成。作为活跃的媒介接触者和使用者,大学生应该获得良好的媒介素养教育,以帮助他们正确认识纷繁复杂的大众媒介和传媒现象,学会对媒介信息进行独立和理性的批判性解读,能够有效地利用媒介促进自身的全面发展和人格的完善。本课题的问卷调查也指出,有 62.7%的大学生"很赞成"或"较赞成"开展媒介素养教育。

培养合格的公民总是处于教育的核心地位,因为公民素质的高低决定着一个国家、民族乃至整个人类社会的未来走向。尽管大学生已是政治权利意义上的公民,但要成为符合社会发展要求的、具有引领作用的"先进公民",则仍需要全面的素质提升。

公民教育重在对公民应具备的素质进行培养,使公民形成对公民身份以及社会价值理念的认同。在现代社会,公民素养的形成主要受到家庭教育、学校教育及社会环境教育的共同作用,而这三个方面,全都渗透着媒介的巨大影响。因此,媒介素养成为现代社会公民素养的重要组成部分。特别是在新媒介时代,除了法律、制度等规定的基本行为准则外,以网络为代表的各类社会媒介所传播的价值理念对于每个公民都影响深远,其巨大影响已经远远超过了以往的任何社会阶段。美国社会学者英格斯关于人的现代化的研究表明,人与大众媒介的接触与人的现代性的相关性是非常显著的,而人的心理素质或人格力量是国家获得现代化的基础。①

大学生需要通过提高自身的媒介素养水平来更好地走向通往社会生涯的道路。从媒介素养教育的发展历程看，它是一种促进社会公众提升公民素养的社会运动。媒介素养教育是公民素养教育的一部分，公民素养的提高也正是媒介素养教育的最终目标。可以说，媒介素养的理念从肇始到逐步发展的过程中，始终与提高公民素养水平紧密相连。从保护主义、批判性思考到倡导公众的媒介权利，在媒介素养运动的这三个发展阶段中，受众与媒介的关系是受众的主动性不断增强的过程，而这恰恰是现代公民所必备的素质。从另一个角度看，公民教育也为媒介素养教育提供了宽广的舞台。近年来，媒介素养教育不再被视为专业传媒人员所独有的教育，而是全体公民都应该享有的一种经历。也正是在公民素养教育理念的要求下，媒介素养教育越来越摆脱学校教育的束缚，开始走入很多民间组织、社区活动等。另外，媒介素养教育还能有效地弥补社会传播中的"知识沟"或"信息沟"，帮助每个公民，使其自身发展能够与其他人产生良性的互动，从而促进社会整体的和谐进步。

简言之，公民素养和媒介素养教育二者既互为因果又互为目的，后者的理论与实践成果推动了公民教育的进程，而前者的提升又反过来促进整个社会媒介素养教育水平的提高。媒介素养教育带来了公民应对媒介能力的提高，而新媒介时代所提供的技术便利又赋予普通大众以传播的权利；公民通过个体表达和大众讨论形成的舆论共识，反过来又会影响政府以及媒介本身，并促进政府和信息生产者媒介素养水平的不断提高。在这一过程中，强调批判性反思的媒介素养教育起到了对公众"赋权"的作用。现代社会的公民通过参与媒介达成参与社会建构的重大命题。由此可见，大学生要想成为"媒介时代的好公民"，提升媒介素养水平是一种自然的选择。

媒介素养教育还是大学生全面发展不可或缺的"必修课"。促进人的全面发展，不仅是中国教育和社会发展的核心命题，也是全世界关注的、与人类未来休戚相关的重大议题。我们应该看到，当代工业社会的极权主义所制造出的单向度的人，在媒介大发展的时代有增无减，正如网瘾者沉迷于大量无意义甚或恶意的信息和互动中，不但失去了批判精神，而且陷入被动麻木的状态，在情感和思想上都完全丧失了主体性。人要避免被技术工具奴役或异化，必须倡导全面发展，使社会的每一个成员都能完全自由地发展并发挥全部才能和力量。这是马克思主义的最高价值理想，是未来社会的价值目标，也是现代人发展的理想境界。

而日新月异的信息技术和媒介产业，正在改造和提升着现代社会的生产力，也以深刻的冲击力解构着旧有的社会关系，同时建构着更加平等、更加民主、更加丰富的新

① Inkeles Alex.，"Becoming Modern：Individual Change in Six Developing Countries"，*Ethos*，Summer 1975，Vol. 3，No. 2，pp. 323－342.

型社会关系。以互联网为代表的新媒介，已从单纯的、跨时空的海量信息载体快速地向交互式的虚拟世界转化，这不但改变了传统的信息传播中的“传一受”关系，也改变了人们的生活习惯和行为方式，重塑着人与人、人与社会、人与自然的关系。这是人类历史上生产力和生产关系的又一次重大革命，在某种意义上，也是马克思所预言的理想世界——共产主义在现实社会中的萌芽。尽管在有关共产主义的各种论著中都没有明确指出生产力应当增长到什么程度、生产关系应该作出怎样的适应才能实现所谓的“各尽所能，按需分配”，但潜力无限的网络媒介所带来的信息自由流通和信息作为生产资料，不但引发了后工业革命，更将劳动者从工业化生产的机械分工中解放出来，从而使高度发达的个性化的自由生产和“按需分配”成为可能，也使人摆脱“单面”的束缚、进行平等而自由的选择成为可能，使人能从自己的意愿和能力出发，自觉地参加社会生产和社会关系的建构成为可能。生产力的发展创造了现代意义上的“媒介”，媒介通过信息的生产、传播、分配、组合创造了新的生产力和生产关系，也创造了所有人全面发展的技术条件。

因此，媒介素养教育不是简单地教会大学生如何使用媒介，而是培养他们在媒介构造的社会中更好地生存和发展。人的本质是社会关系的总和，人的发展是社会条件下的发展；而当媒介已经构成人的“第二经验世界”，并通过作用于“第一经验世界”继续放大其对人的影响时，它作为一个信息交互的整体，直接和间接地成为人及社会发展的环境，也规定着人的存在方式和社会关系。媒介素养可以帮助大学生促进主体性发展、协调社会关系，因此，在当前以信息传媒为全球化先导和社会变革驱动力的时代，媒介素养是社会公民综合素质的重要组成部分，是现代社会高素质人才和创新型人才的必备能力和修养。

第二节　大学生媒介素养的内涵体系

长期以来，人们对媒介素养的理解通常都聚焦在“知识”和“能力”上，前者是指对实务层面上的媒介内容、媒介形态、媒介组织、媒介系统以及意义层面上的媒介在社会、政治、经济、文化等领域中的角色与功能的充分认知，也就是对“媒介是什么、媒介能干什么、媒介带来什么”的较为科学和全面的理解；后者是指个人或组织如何通过使用媒介来满足自身的需求，包括对媒介文本的多层次解读、媒介信息的获取与辨析、内容的生产与传播、媒介关系的维系和管理等。对媒介知识的学习和能力的培养的目的是为了帮助每一个人在社会中更好地生存和发展，更进一步的，还要以此为基础促进社会的整体进步。

纵观世界各国媒介素养教育的发展历程可知，各国的教育重心都逐渐由虚入实，从理论性的知识和思辨向技能型的实践经验和创制能力方向转移。但近年来，新媒介的兴盛给媒介素养的理论和实践提出了新的深层次命题——从伦理准则和哲学关怀的高度出发，重新审视和思考媒介与人及社会的本质关系。其原因在于，网络媒介创造了一个平等互联的新世界，这使得作为社会"细胞"的个体，能在很大程度上从被经济社会地位和文化背景等长期束缚的社会状态中解放出来，获得能动的自由。尽管这种自由最开始是虚拟的、象征性的、符号化的，但随着"互联网＋"向各个社会领域的蔓延，网络世界与现实世界正在逐步融合，人的社会角色和社会关系的构建，以及人的发展也越来越呈现出自由的倾向。在传播革命中，每一个体不再是被动的"受众"和被工业化大众传媒所定义的"消费者"，而是反客(体)为主(体)，成为相当自由的"传播者"和"创造者"。换言之，非精英、非组织式的个体在大众的或社会的传播格局中已具有独立的话语权，可以与强大的组织权威及社会整体进行平等的对话和交流。这也意味着普遍意义上的个人权力在新的媒介规则下得到了无限制的扩张，以一己之力而影响世界的可能性和随之而来的社会所面临的不确定性和秩序被破坏的风险都大大增加，比如黑客对政府网站、金融网络、军事系统所发起的技术攻击，或是各类谣言的恶意传播、网络暴力的心理欺凌、自觉或不自觉的泄密等。正是因为个体力量会通过媒介平台得到放大，如果没有坚守底线的法律自觉和指导日常行为的内化道德进行监督与控制，就有可能导致偶发事件或僭越行为的出现，甚至会产生整个社会难以承受的严重后果。

站在这层深远的意义上考虑，不难发现，知识和能力固然是媒介素养的基础和主体，但媒介素养的"灵魂"应是一种具有道德意义的权利和责任，而这种道德的价值取向就是要实现"人一媒一社会"所构成的系统的良性互动和全面发展。因此，媒介素养应该定义为：为实现"人一媒一社会"的良性互动和全面发展，以培养有道德、有理性的媒介公民为目标，以"权利一责任"为核心，通过教育和自觉行为而获得与媒介及其文本信息有关的一系列知识和选择、理解、批判、评估、创造、生产、传播、控制等能力。[①]

包括大学生在内，在个人的媒介素养体系中，道德位于最上层，起着统率和引导的作用，其核心是将媒介素养的目标指向他人和整个社会，并合理地调适人与媒介以及通过媒介所构建的人与人的关系。一旦失去道德的指引，人的媒介行为将会失控(如网络谣言和人肉搜索)、人和人的关系会错位(如畸形网恋和冷漠的容器人)、人与媒介会产生对立或异化(如媒介依赖和黑客攻击)、社会会因媒介出现混乱或断裂(如商业驱动下的"水军"及信息鸿沟)等。媒介素养体系的中间层次，是不可分割的"权利"和"责任"，它们的共同目标是塑造合格的、自觉的媒介社会公民。媒介公民权包括"近用

---

① 覃川、李海霞、戚天雷:《媒介素养与媒介德育创新——大中学生如何应对色情与暴力信息》，清华大学出版社2014年版，第13页。

媒体、获取资讯、表达意见、进行传播、免受媒体侵害个人权益，以及接受媒体素养教育”等权利。[①] 与权利对应的则是责任，它要求个人在媒介中至少要做到信息真实、意见公正、遵守法纪、言行文明、不主动侵扰或伤害他人等诸多方面。在媒介素养“金字塔”的底部，是一系列的“知识”和“能力”。没有正确、完善的知识系统和具有行动意义的批判、创造能力，公民的媒介权利就无从实现，要求其承担媒介责任也会沦为一纸空谈。而不以“权利一责任”为主旨进行导引的媒介知识和能力，容易空而无当、流于形式，或骚扰他人、影响社会，甚或步入歧途、流弊丛生。[②]

媒介素养是跨学科的产物，传播学、新闻学、教育学、信息学、情报学、社会学、管理学、文化学、艺术学、伦理学等学科都是它的学术来源。因而，媒介素养的组成要素非常丰富，包含多个学科、多种理论、多重应用。如果将大学生与媒介融合及把握其规律的深度作为标尺，可将媒介素养的学理体系由低到高分为 5 个层次：接触，指开放而平衡地接触各类媒介，学会有目标地获取有效信息，了解基本的传播现象和媒介知识；辨析，指批判性地识读和理解媒介文本信息，建立较为系统的认知和分析框架；创制，指掌握不同媒介的文本生产和传播方法，并合理地使用以满足自身需要；参与，指通过媒介扩展并管理社会关系、参与社会事务，较好地应对与个人或所在组织、社群有关的媒介事件；发展，指通过媒介促进自身的全面发展和推动社会进步，尤其强调道德意识和社会责任。相应地，媒介素养教育也应该围绕这些要求，从具体的知识、能力和伦理层面逐次展开。

媒介的社会功能。大学生已具备较成熟的世界观、价值观以及较完整的知识体系，在媒介接触与应用方面也有着丰富的体验。在此基础上，教育者要提高他们的认知水平，培养大学生从宏观的角度和理性的思辨上对信息传播与社会发展的相互作用，特别是要对大众媒介及新媒介在现代社会组织和运作中的重要功能进行系统而深刻的理解，主要内容包括媒介与社会、媒介与政治、媒介与经济、媒介与文化、媒介与人的社会化等诸多方面。比如，要帮助大学生认识到，媒介是对真实世界不完全的、变形的反映，而媒介信息要经过层层把关和加工才能得以呈现和传播。大众媒介具有监视环境、协调社会、传承文化及实现社会化、提供娱乐等功能，而网络媒介创造了“地球村”并把世界拉平，成为现代人的“第二经验世界”。媒介始终深度参与到政治活动中，使政治广告和公关活动成为一种常态，并在舆论监督和舆论引导中发挥着重要作用。新媒介带来了政治生活的变化，政治与民主的距离在缩短，民众的舆论能够更直接地影响到政治进程和决策等。当前全球传播格局依然是“东弱西强”，表现在美国利用其

---

① 吴翠珍、陈世敏：《媒体素养教育》，台北巨流图书股份有限公司 2007 年版，第 105 页。

② 覃川、李海霞、戚天雷：《媒介素养与媒介德育创新——大中学生如何应对色情与暴力信息》，清华大学出版社 2014 年版，第 359—360 页。

强大的“软力量”、西方国家利用其文化霸权所刻意制造出的若干舆论同化陷阱，以及中国长期被“妖魔化”的媒介形象等。在经济领域，媒介产业是国民经济体系中日渐重要的支柱产业，具有特殊的经济属性和“二次售卖”的市场规律，同时受到经济集团的渗透和控制。新兴的媒介产业和产品不断涌现，正在融合或冲击着传统的产业结构，也推动着金融、教育等行业实现革命性的跨越发展。媒介生产出大众文化，推动着流行文化、消费文化、娱乐文化的频繁更迭。青少年受到媒介的影响，形成自己的亚文化圈，产生了偶像崇拜、粉丝现象等值得关注的现象。媒介对真实世界的建构所营造出的“拟态环境”，影响到人的社会化过程和价值观的形成，新媒介视域下的思想道德教育尤其需要重视。

正确面对传播中的文本与受众。能否以正确的立场和科学的方法来识读媒介文本，能否有效地辨析信息内容的真伪和价值，能否准确地预见和评估传播效果并透视各类传播活动的意图和意义，是微观层面上衡量大学生媒介素养水平高低的基本标尺。为此，需要从符号学和传播学的基础理论出发，让青年学生切身体悟到人类传播的进化历程，了解典型的传播形态、模式及社会影响。以新闻为主要文本类型，掌握相关的定义、类型、题材、价值判断标准和对其真实性、客观性的理解等，并通过各种案例认识到“新闻有立场”。更重要的是，学会批判性地解读广告、影视、博客等各类媒介文本，熟悉把关人、议程设置、话语权、新闻框架、刻板形象等概念并善于运用多角度、多层次的分析方法。作为传播信息的发出者和接收者，大学生还应对受众的特点、接受媒介的心理过程、“使用与满足”等受众行为理论等有较全面的理解。除此之外，还要立足于现实中丰富生动的传播活动，知晓效果研究的各种代表性观点和成果，了解如何实现更好的传播效果、如何提高传播效力，了解隐藏在文本背后的劝服技巧。还需注意到，新媒介的传播方式有许多新的特点和规律，如利用社交媒体发起病毒式营销。

以生态系统的立场理解各类媒介。无论是从整体上，还是针对某一具体的媒介类型或传播组织，我们都可以把媒介看作是一种类生态系统。它的各种构成要素在不断地新陈代谢、发展变化，共同形成充满活力的、开放的有机体；与其他系统或个体之间则存在着密切的互动关系，并可能在较长时期内保持动态的平衡；在各层次的竞争与社会选择机制的作用下也实现着或缓慢、或激烈的演变与进化。从生态学的角度出发，图书、报刊等印刷媒介是第一代大众媒介，它们曾在人类社会的重大变革中发挥过重要作用，但在当前新媒介的冲击下却面临着“寒冬”，也正在努力探索新的出路。电子媒介以视听为特征，是前所未有的“人的延伸”，也是“娱乐至死”的罪魁祸首。我们需要分析它们存在的意义及传播特点，以及如何在娱乐狂欢中消费大众。新媒介则正在改变着未来，互联、移动、大数据是其本质。它使得受众质变为内容的生产者和媒介的使用者，改变了社会传播的形态和“人—媒”“人—人”关系，并推动着“和而不同”的媒介融合趋势。大学生要学会在媒介生态学的框架中辩证地将各类媒介统一起来，掌握基本概论和理论原则，能客观地分析我国和其他主要国家的媒介生态环境，充分认识到媒介经营与管理的运作方式和媒介组织竞争力的构成，并树立起经济效益和社会效益、商业性和公益性平衡发展的观念。另外，大学生对文化体制改革、媒介产业政策的背景和目标以及“长尾”效应、平台理论、大众协作化生产等新媒介经济也应有所了解。

掌握应用于实践的多重媒介能力。媒介正日益成为人们不可或缺的工具和伙伴，也是大学生学习、交友、娱乐、购物和实现社会认知、建立社会关系、参与社会活动的主要途径之一。因此，培养各种媒介实践能力、懂得如何更好地使用媒介，不但是媒介素养教育的重要内容，也是大学生适应社会、自我发展的必备技能。大学生应具有的基本的媒介能力包括以下几方面：首先，有效地获取信息情报，如利用搜索引擎、数据库、知识挖掘等方式方法进行信息资料的检索和下载，并能够根据多种来源对内容作出比较和判断，快速淘汰垃圾信息和冗余信息，以确保所接收的信息的真实性、准确性、时效性等。其次，学会对信息进行整理、加工、分析并得出结论，如掌握竞争情报的基本方法、提升个人“搜商”和数据分析能力等，提高信息对任务需求满足的效能度，实现信息增值。最后，积极学会用媒介进行表达，即进行媒介文本的创作、发布及传播，了解不同媒介的语法规则和传播规律，并进行有针对性的实践训练。网络媒介对个人信息的永久性保留和查询信息的快捷性使得如何通过媒介正确地塑造自我形象和进行人际关系管理越来越成为值得大学生引起高度重视的话题，与之相关的还有对于隐私和信息安全的维护。媒介互动的普及和强化也促使无论个人还是组织，都要有足够的意识和能力来合理地应对媒体，掌握公开演讲的技巧、接受媒体的采访、适当地发表意见，或是建立新闻发言人制度、运作各种形式的新闻发布或通气会、保持与媒体的良好关系、做好公共关系，并积极应对媒体事件、进行危机的预案准备和及时处理。

发展有道德的媒介素养教育。因媒介而引发的各种伦理问题值得关注，解决这些问题的基本原则是要“进化”，不要“异化”。大学生要具有面向未来、面向世界的眼光，努力成长为全球化时代和媒介化社会的新型公民；要科学地认识到在媒介技术和规则的支持及制约下，人与人、人与社会的关系在发生何种嬗变，以及这些变化所导致的种种后果。以此为基础，要建立起与信息技术革命和正在媒介化的社会生产力相适应的生产关系和上层建筑，其中一个关键方面就是要重塑道德秩序和价值体系，而这也是大学生媒介素养教育的核心命题。例如，大量冗余、失真的信息增加了人们对客观世界把握的不确定性，同时导致了“快餐文化”流行下的“浅阅读”和“娱乐至死”现象，削弱了理性思考能力和文化信仰，诱发了一系列的心理焦虑和社会规则失衡。再如，媒介商业化、低俗化所带来的众多负面问题，使得个人在面对强势的媒介和形成某种大众舆论的错误思潮时，"如同污染我们的食物和饮用水一样，将要毒害人们的精神"[①]。大学生是未来社会的精英人才，应是个性自由、全面发展的人，这需要我们从以人为本、科学发展的目标出发，做到善待媒介、善用媒介。大学生们更要自觉承担起社会责任，妥善处理与媒介的关系，规范自身言行、积极表达观点、参与公共事务，成为公众之楷模和典范、社会之良知和动力。因此，媒介素养教育必须以道德为准绳，既要继承已得到共识的道德基本原则，也要与时俱进地发展与媒介深刻关联的新的道德内涵和标准，在为大学生成长指明方向的同时，也为未来社会的进步保驾护航。开展媒介素养教育需要全社会共同行动，既要充分了解各国媒介素养教育的政策和实践、取长补短，也要针对我国社会和大学生的实际情况，明确教育理念和目标，建立个人、家庭、学校、社会"共同发力"的媒介素养教育体系，制定可操作的实施方案，落实教师队伍和课程资源，组织各类富有活力的、互为补充的教育实践活动。

第三节　媒介素养教育的实践比较与启发

媒介素养教育在欧美发达国家已有较长的历史。时至今日，包括亚洲众多国家和地区在内，媒介素养教育已被列入正规的学校教育体系中，并成为国民素质教育和终身学习的重要组成部分。例如，欧盟将媒介和数字素养作为欧洲社会和科学领域的重要任务之一，投入大量财力和人力，旨在培养能够在数字化社会熟练应用媒介、能够很好地参与民主社会生活的公民。半个多世纪来，研究者、教育者、管理者以及家长、学生们都因循时代的演变，并从各自的视角对媒介素养的概念、内涵和教育策略作出了不同的理解和诠释，开展了大量的教育教学实践，取得了丰富的成果和经验。回顾和点评这些有价值的"他山之石"，有助于我们在认真学习和借鉴的基础上，找到适应中国国情和未来社会发展需求的媒介素养教育之路。下面我们将分析不同国家和地区的媒介素养教育的特点：

英国：从保护到超越。英国是最早开创媒介素养教育的国家，也在理论研究和教育实践方面长期处于领军地位。20 世纪 30 年代刚刚提出媒介素养教育时，英国的直接动机来自于试图抵御以美国电影为代表的大众媒体对精英文化的侵蚀，从而强调培养具有批判意识的"免疫法"。但随着电视的普及和文化研究的兴起，英国的媒介素养教育逐渐转向欣赏大众文化、解密意识形态，直到 90 年代开始全面超越保护主义，实现"从家长制走向赋权制"[②]。英国的媒介素养教育课程现已涵盖从小学到大学的全

---

① W. James Potter, *Media Literacy*, Sage Publications, 2001, p. 2.

② 张学波：《国际媒体素养教育的课程发展》，暨南大学出版社 2009 年版，第 35—38 页。

过程，其目标为“创造更具主动性与批判性的媒介使用者”[①]。特别是修订后的《国家课程2000》规定，媒介素养为中学阶段（Key Stage 3/4）的必修课程。在英格兰地区，媒介素养有关课程分为选修的“媒介研究”独立课程和必修的“融合式”课程两类，后者将媒介素养的内容渗透和融入到计算机、艺术与设计、历史、地理、社会、健康教育等科目中，其中“融合英语式”课程最为常见。在英国的青少年媒介素养教育结构中，作为核心力量的学校、中坚力量的政府、重要力量的社会、辅助力量的家庭共同发挥着不可替代的作用，并形成了政府大力支持、课程设置统一性与灵活性相结合、教师的培训方式多样化、注重开发青少年的主观能动性等特色。[②] 其中，英国通讯管理局（OFCOM）将媒介素养教育定为主要工作目标，这在西方国家的政府部门中是很少见的。

芬兰：政府主导下的跨界合作。芬兰在欧盟政策框架与芬兰国家政策框架下展开的媒介素养教育被世界所公认，属于以完善的国家教育体系和较高的公民教育水平为基础的“北欧媒介素养教育模式”。自20世纪50年代起，以对电影的批判性理解和对电影作为教育工具的有效利用为出发点，芬兰开始启动媒介素养教育，后逐渐引入媒介文化的研究视角和转向传播教育，并将其归为学校综合性课程中的基础课。21世纪初，进入到分散性的多焦点时代，媒介发展涉及数字游戏、网络技术、社交媒体、多媒体以及上述领域的交叉渗透。2004年，芬兰全国教育委员会将媒介素养教育纳入国家核心课程体系中。近年来，其教育政策又从信息社会的构建发展到公民参与能力的培养。可以看到，芬兰政府一直是媒介素养教育的主导者，时刻关注媒介素养教育和媒介环境安全问题。媒介素养教育同国家文化教育政策、国家认同以及学校道德教育密切联系在一起，形成了完整的体系，强调媒介素养的社会包容、积极主动的公民、批判性思维、创造力和自我表达等维度。在芬兰，学校教育被认为是媒介素养教育的主力，尤其强调教师的重要作用。同时，在跨学科和多方的跨界合作下，整个社会现已形成一个包括政府、媒体企业、非政府组织等在内的网络，共同致力于媒介素养教育活动。[③④]

美国：商业社会中的保护与赋权。美国的媒介素养教育起步相对较晚，虽在20世纪70年代以前已有所萌芽，但显得零散，起初是为了帮助青少年防御电视暴力内容的侵害。此后，人们逐渐意识到需要以积极的心态面对媒介，对媒介的理性认识与批判受到重视。90年代后，美国的媒介素养教育发展迅速，相关的民间团体与组织大量涌现。进入21世纪后，以两大全国性组织——媒介素养联盟和媒介教育行动联盟的成立为标志，媒介素养教育进入高速发展期。整体上看，受美国的教育体制所限，联邦政

① 赖祥蔚：《媒体素养与言论自由的辩证》，台湾《新闻学研究》2007年第92期。
② 郭铮：《英国青少年媒介素养教育的实践与启示》，郑州大学硕士学位论文，2014年。
③ 耿益群：《双重框架下的芬兰媒介素养教育政策及其实践》，《外国中小学教育》2014年第10期。
④ 孙珏：《跨界合作：芬兰儿童媒介素养教育述评及其启示》，《比较教育研究》2014年第9期。

府尽管也作出了一些努力，但并未成为主导力量。在各州自行决定教育政策和标准的前提下，媒介素养教育的发展很不平衡，且学校的独立性较强，不少教师和民间组织出力甚多。在内容上，由于商业媒介的高度发达和崇尚个人权利与自由的传统，保护主义和赋权的理念并存。据统计，美国约有 60 多所大学开设有媒介素养课程，其中近 1/3 是专门课程，其他课程则是将媒介素养的原则和理论融入相关领域。① 美国媒介素养教育的特点主要体现为针对性强、实施主体丰富、重视开展教师的媒介素养教育等方面。② 应该注意到，基于美国在媒介研究方面的强大实力，许多项目和成果对于推动媒介素养教育有着积极的意义，特别是实证性和应用性的课题。另外，美国国家传播协会曾推出 K—12 学生的听、说和媒体素养标准，并对其进行了具体阐释，有着较好的参考价值。

加拿大：多元文化背景下的实践探索。在加拿大，早期的媒介素养教育主要是应对美国流行文化的冲击，具体表现为 20 世纪 60 年代部分中小学开设的“屏幕教育”课程。经过 70 年代因倡导教育“回归基础”而带来的一度沉寂后，媒介素养教育在 80 年代重新受到重视，各社会团体积极加入，地区和国家级的媒介素养协会相继成立。21 世纪以来，国家和地方教育部门都制定了相关政策，将媒介素养教育纳入正规的教育体系中；安大略省、魁北克省等地更为完备，成为其他国家和地区学习的典范。虽然联邦制的国家体制使各省各地区存在政策、体系上的差异，但整体上加拿大媒介素养教育的发展可分为三个阶段：抵御外国媒介入侵的防御阶段、寻求保护本国文化主权的探索阶段、超越保护主义的快速成长阶段。③ 加拿大媒介素养教育的推动力量包括各类协会为教师、家长、宗教组织等提供的丰富资源，多元化的文化背景和私营商业媒介的垄断促使政府提供的政策支持，以及商业赞助提供的资金保障。④ 以安大略省为例，媒介素养主要包含在语言学习中，如中级英语课程中的媒介研究，在余下的文学研究与写作、阅读、语言中也包含媒介因素，而生理卫生、地理和历史等课程中也融入了关于媒介素养的目标。加拿大媒介素养教育的特色比较鲜明：分阶段循环提升的课程目标；批判性思维与创造性制作并重的课程内容；多元、灵活、平等的课程组织策略和方法；着眼于细节的六级课程评估标准；各执己见、任重道远的课程实施；官方与民间“冷热不均”的课程资源。⑤

日本：培养媒介社会中的生存能力。日本的媒介素养教育始于 20 世纪 80 年代，前期除由政府部门主办的“信息处理教育”和“计算机应用能力”外，还推行了由教育界

---

① 迟蕊：《关于媒介素养教育的思考》，《沈阳教育学院学报》2005 年第 6 期。
② 李晓培：《美国青少年媒介素养教育的经验与启示》，郑州大学硕士学位论文，2014 年。
③ 王雨馨：《加拿大青少年媒介素养教育的经验与启示》，郑州大学硕士学位论文，2013 年。
④ 王卓玉、李春雷：《加拿大媒介素养教育的发展模式及其启示》，《现代远距离教育》2010 年第 5 期。
⑤ 张玲等：《媒介素养教育课程论》，中国广播电视出版社 2013 年版，第 111—121 页。

和报界协作进行的NIE活动(Newspaper in Education)。90年代起,为提高民众对媒体暴力的防范意识和能力,日本社会开始重视媒介素养教育,同时积极引入西方国家的有关经验和理论,逐渐进入到正规化的实践和研究阶段,并向公共教育领域延伸,倡导"批判性"接受能力的养成,在此过程中学校、媒体、社会组织、政府都共同参与、形成合力以提升日本的媒介素养教育水平。2000年,日本总务省邮政事业厅发表关于《青少年与媒介素养的调查研究报告书》,认为媒介素养包括三重要素:以媒介为中心的读解能力、媒介的活用能力、通过使用媒介培养沟通和创造能力。在东京大学的推动下,结合媒体组织与专业人士形成产、官、学、研的完整环路,媒体专业人士与教育学者共同成为媒体教育的伙伴。2006年,日本媒介素养教育研究会更名为独立的"日本媒介素养教育推进机构"。日本学校的媒介素养教育根据年龄段、实际、未来需要,目标明确、有的放矢、持之以恒,从小学、初中、高中到大学的不同阶段都可看到循序渐进、逐步扩展与加深的轨迹。例如,文部厚生省在中小学与高中设立的"综合教育"科目中,已纳入媒体素养教育,内容上主要涵括以培养信息基础能力、计算机能力与网络能力为主的信息教育课程和分为专门教育、普及教育及职业训练等不同层次的大学阶段的新闻及传播课程。概括地看,日本的媒介素养教育具有长期倡导与即时指导相结合、普及性与系统性结合、倡导民众在实践中运用与提高媒介素养等特点。①

台湾:多重博弈下的反思与破局。台湾从20世纪90年代开始引入西方的媒介素养教育理念,其背景有三方面:一是政治和宣传管制上的解禁,二是恶性商业竞争带来了低俗化倾向,三是政治民主化进程导致学界对媒体作为"第四权力"的期望和对于公民传播权的诉求。② 十几年间,台湾媒介素养教育的发展经历了理念推广、政策确立和政策执行三个阶段③:在第一阶段,非营利组织、媒体和学界等力量推动媒介素养理念的发展;在第二阶段,于2002年发布《媒体素养教育政策白皮书》,标志着台湾媒体素养教育从学界理念落实为公共政策;在第三阶段,教育部门开始以行政规制的方式推进媒体素养教育,并试图在行政部门与社会力量之间建立合作关系而非抗争关系。在实践中,通过设置课程和发展教材,媒体素养教育进入九年一贯教育,在高职则开设媒体素养的选修课程。各大专院校也均设有与传媒教育相关的课程,但总体上开设专门课程的学校比例还不太高。在全民系统方面,主要从在家庭教育和社会教育中融入媒介素养理念着手,规划和补助社区大学相关课程的开设,或利用全国家庭教育网络推动多元化的亲子媒介素养教育。在协同支持方面,实施多个种子教师的培训计划。

---

① 彭艺美:《日本媒介素养教育研究》,东北师范大学硕士学位论文,2013年。

② 邱伟:《台湾媒体素养教育的发展与困境》,厦门大学硕士学位论文,2007年。

③ 张梅:《理念推广、政策确立与政策执行——论台湾媒介素养教育发展的三阶段》,《绵阳师范学院学报》2008年第6期。

在互补发展方面,媒体组织积极参与,或向民众开放以实现阅听人的媒体接近权,或作为传播途径传递媒介知识。台湾的媒体素养教育属于借鉴西方世界的"舶来品",尽管也作出过本地化改造的努力,但还是表现出"水土不服"的种种症状,尤其是对媒体环境的改造和建构健康媒体社区与媒体生态背后的政党竞争、资本利益的竞争格局相抵触。同时,由于缺少足够的资源和人力,媒体素养教育无法广泛地对教育体制与社会全民产生巨大的影响。

香港:政府指导、教改助力、多方参与。[①] 早期的香港传媒教育是一个自发的社会运动,民间组织是其主要推动力量。随着1997年香港回归,大环境的变化和对培养符合未来社会需要的学生的渴望的加强,在长期实施公民教育的基础上,香港政府发起了以"学习"为核心主题的教育改革,为传媒教育的发展提供了比较灵活的空间。2007年的新高中课程改革则为传媒教育如何进入不同的学习领域提供了具体的操作指南。香港传媒教育重在解读传媒资讯,形成批判思维能力;通过媒体制作,了解传媒,培养创造力,改善与传媒的互动;形成传媒自律,做有责任心的公民。虽然没有正式的科目,但香港的传媒教育却以灵活多样的形式进入到学校体系和公众视野,如融入实际教学、学校自发开设课程、组织讲座或课外活动、以大学为基地的教师培训、以传媒产品形式倡导等。香港的大专院校均设有与传媒教育相关的课程,多所中学开设校园电台和电视台以鼓励学生接触和善用传媒,大批小学和幼儿工作者也积极加入。香港的传媒教育是多方努力的结果——政府以有限监管与培育公众相结合的方式发挥作用,公共媒介是连接媒介和公众的重要桥梁;[②]而媒体教育的运动核心则由民间非营利性的教育协会或基金会担任,原因在于香港政府成立优质教育基金会(Quality Education Fund)鼓励并提供经费给各种新的尝试,而媒体教育提倡的"新素养"恰逢其时。

随着新媒介的蓬勃发展,世界各国或地区的媒介素养教育也在对其进行高度的关注和积极的适应。特别是网络媒介向社会领域的全方位渗透,使媒介不再仅限于是一种认识世界的工具,而更多地成为人们联系社会的通道、改造世界的利器、共同生活的环境。"人一媒一社会"一体化的发展趋势向媒介素养教育提出了更高的要求和挑战,在传统的着重个人作为信息接收者并应该具备批判性识读能力的基础上,进一步强调作为信息生产者的文本创制及传播能力和作为媒介化公民的社会互动、交往及协作能力。美国新媒介联合会(New Media Consortium)在2005年发布的《全球性趋势:21世纪素养峰会报告》中曾对新媒介素养作出以下定义:"由听觉、视觉以及数字素养相互重叠共同构成的一整套能力与技巧,包括对视觉、听觉力量的理解能力,对这种力量的识别与使用能力,对数字媒介的控制与转换能力,对数字内容的普遍性传播能力,以

---

① 徐雯:《政府出指南 多方共参与 中国香港的传媒教育》,《上海教育》2013年第20期。

② 陆晔:《媒介素养教育中的社会控制机制——香港媒介素养教育的目标和特征》,《新闻大学》2006年第1期。

及轻易对数字内容进行再加工的能力”①。如果说这一定义还主要是针对个人的媒介表达能力的话，那么，麻省理工学院亨利·詹金斯提出新媒介素养应包含的11项核心技能则更凸显了在当今社会的参与式文化背景下的社区性交流和较大范围内的多重互动及跨界合作：游戏能力、模拟能力、表演能力、挪用能力、多重任务处理能力、分布性认知能力、集体智慧能力、判断能力、跨媒介导航能力、网络能力、协商能力等。②

新媒介素养教育越来越受到重视，美国在这一新兴领域走在了全球前列。在实施主体上，研究机构、社会团体与中小学都各展其能，通过各类项目、计划、工作坊、网络教学平台和相关活动等对其进行了诸多尝试；在教学设计与内容上，大多以主题为中心组织教学项目；在教学方法上，强调以学生为中心、体验与愉悦的参与式教学，并以培养社区交往能力为最终目标。目前新媒介素养教育还处于起步阶段，尚未形成完整、规范的教学体系，也缺乏成熟、系统的理论支撑，但在实践中已表现出立体化、全方位的渗透趋势，以网络媒介为基础的媒介融合也大大扩展了学习内容、载体和形式。③

综上所述，并结合我国的国情特征和社会需要，对于走好媒介素养教育的中国化道路我们能得出以下重要启示：

第一，在全社会倡导和树立高度重视媒介素养教育的理念，将其上升为国家层面的培养面向未来和参与全球竞争的媒介社会公民的战略举措。

第二，建立科学、联动而富有弹性的运作架构与机制，由教育部门牵头制定系统的规划，积极引导并投入资源，将媒介素养教育纳入学校规范化的教育体系中，并拓展至社会教育、终身教育，以学生为中心开展多种形式的教育活动，同时组织和鼓励各类媒体机构、社会团体、家庭、专家等各界力量共同参与。

第三，加强学科建设、理论研究和探索性实践，不断充实和完善教育内容、改进教学方法、扩展和优化教育资源。

第四，加强师资培养和多样化的队伍建设，将媒介素养教育融入学习、工作、生活、娱乐等各个领域之中。

第五，加强媒介融合背景下的新媒介素养教育，从以大学生为主的青少年入手，面向全体公民培养批判性的识读和思辨能力，以社会化生存与发展为要旨培养媒介使用和创造能力、依托于媒介的关系构建互动和协作能力，以媒介道德为核心培养自律能力和公共事务参与能力。

---

① New Media Consortium (2005), “A Global Imperative: The Report of the 21st Century Literacy Summit”, 2013—03—22, www. nmc. org/publications/global—imperative. pdf.

② Jenkins H (2006). , “Confronting the Challenges of Participatory Culture: Media Education for the 21st Century”, 2013—03—23, www. digitallearning. macfound. org/atf/cf/%7B7E45C7E0—A3E0—4B89—AC9C—E807E1B0AE4E%7D/JENKINS_WHITE_PAPER. Pdf.

③ 曹洵：《西方新媒介素养教育：现状与趋势》，《青年探索》2013年第5期。

第四节　大学生媒介素养教育的路径和方法

媒介素养教育是大学教育的重要组成部分，在服从于培养有道德、高素质、具备创新思维和能力的优秀人才的大前提下，还特别强调了要积极适应“人一媒一社会”相统一的社会发展趋势，使青年学生具备以下与媒介相关的特殊素质：一是掌握科学、高效的信息处理能力和较高水平的信息化思维，也就是“利用大量的信息工具及主要信息源使问题得到解答的技术和技能”①，包括对信息的识别与获取能力、对信息的分析和判断能力、对信息的整理和加工能力、对信息的评价和交流能力等；二是批判性地解读文本和理解社会，通过了解各种媒介的特点和传播规律，理解信息被把关和加工的过程，学会从不同角度对信息进行鉴别和解读，更重要的是培养理性观察、独立思考、批判思辨、综合协调的意识和能力，增强人的主体性和自觉性；三是建立与媒介的良好共生关系，促进个人的社会化和全面发展，以积极的态度合理使用媒介、视媒介为平等的伙伴和学习的源泉、协调媒介中的社会关系、打造媒介形象、维护媒介秩序、净化媒介环境等；四是以“媒”为道，引领社会进步和文化创新，在意志品质、道德修养、社会责任感等方面自觉自省，并利用媒介在社会传播中作出表率，实现垂范引领。

在大学中加强媒介素养教育势在必行、刻不容缓，具体可分为三个层次：一是建立系列化的专门课程，并将其纳入文化素质教育体系中；二是以校园媒体、公共媒体、社交媒体和自媒体等为基础，开发多层次的实践载体；三是将媒介素养理念和内容渗透到其他课程或教育环节中，如思想品德教育、信息技术教育、信息伦理等，最终形成多元、互动、知行合一的媒介素养教育环境。应该看到，由于媒介素养教育的实践性很强，我们必须在博采众家之长、集纳“他山之石”的基础上，从现实国情和社会发展的实际需要出发，开展富有中国特色的研究和教育活动。针对大学生的媒介素养教育，我国应建立以学校教育为主体、社会教育为辅助、鼓励学生积极开展自我教育的立体式教育体系。

一、系统性的学校教育

学校教育的系统性、正规化和规模化使其理所当然地成为媒介素养教育的主阵地。在探讨如何开展具有中国特色的媒介素养教育时，不少学者都指出，应把大学作为启动媒介素养教育的突破口和主阵地。从客观条件来讲，大学中的新闻、传播等多个学科为在通识教育和公共教育领域中开展媒介素养教育奠定了良好的基础；校园中

---

① 姚建东：《信息素养教育》，清华大学出版社 2009 年版，第 8 页。

丰富多样的学生报纸、网站、电视台、广播台以及近年来方兴未艾的校园DV、微电影、微信公众号等，都可以是从事媒介素养教育的“第二课堂”。从主观能动性来讲，一方面大学生从自身的学习和社会化需求等出发，在提高媒介素养的方面具有较强烈的积极性；另一方面，作为系统化人才培养的教育者，大学教师也往往在媒介与教育的结合中充当先行者和探索者的角色，并对媒介素养的重要性有着超前的认识，同时他们的教学创新和研究志趣也是媒介素养教育能够广泛和深入开展的主要动力之一。

大学中的媒介素养教育不应局限于简单的课程教学。媒介社会功能的广泛性和多元性，以及媒介素养与学习和生活紧密结合的实践性决定了媒介素养教育应采取一套“纵横结合”的模式，也就是将以递进式课程组合为核心的“纵向教育”，与以各种校园组织及其所发动的活动、项目为载体的“横向教育”互相贯穿和配合起来。其目的是建立起全景式和浸润式的教育环境，帮助大学生在系统的学习训练与自发的参与体验中实现反复迭代的学以致用和交互化、集体化的共振效果。大学媒介素养教育具体包括以下课程：

必修式的概论课。作为对大学生素质培养的普遍要求，媒介素养须以专门的基础性概论课方式，列入公共通识课或文化素质教育的核心课程中，并在学生培养计划中设计一定强制性的学习要求。从长远来看，媒介素养教育应成为独立而跨界的二级学科，需要成立以新闻学、传播学、教育学、心理学等专业为依托的教学和研究团队，做好大纲设计和组织协调，以保证课程的高水平和可持续性。概论型课程主要讲授与媒介有关的基本知识和概念，重在培养大学生的批判性思考和辨析能力。

选修式的进阶课。对于有进一步提高媒介素养意愿的学生，可以再分门别类地开设一系列的进阶课程，以多样化的“菜单”满足个性化的需求，例如传播学和新闻学的“经典著作导读”“公共关系和媒体应对”“影视作品赏析”“微电影创作”“信息处理和竞争情报”“数据伦理”“新媒体文本创作和传播”“新媒介经济学”“自媒体运营”“媒介关系和媒介形象管理”等。这些课程既可由媒介素养教育教学团队来组织实施，也可充分发动各学科的资源和力量。

体验式的实践课。该类课程仍为规范的显性课程，须制定专门的课程计划并组织实施，重点在于培养学生的多重能力，包括面对海量信息的选择能力、挖掘能力、理解能力、质疑能力、评价能力，对媒介及其信息和立场的批判能力、负面抵御能力，以及应对媒体的能力、运用媒体的能力、创造和传播信息的能力等。这一层面的教育主要是教师引导下的大学生自主式的实践训练，包括体验式、讨论式、研究式的学习等。

交叉式的复合课。媒介素养教育的宗旨不是培养专业化的媒体人才，而是面向全体大学生的综合素质培养，所以可渗透到诸多学科或主干课程中。在思想政治课程中，媒介素养教育的引入可使学生全面、深入地解读媒介文本，理解媒介传播背后的意识形态图谋，以更好地认识各种社会思潮和文化现象。在信息类课程中，媒介素养有助于将技术与社会、技术与伦理联系起来，为单纯的技能或方法学习注入人性和道德的因素。在经济类课程中，新媒介的传播特征是解释经济变革和优化管理的重要变量。在人文、社科、艺术等领域，媒介素养也为大学生真正理解人、理解社会并进行创意创新活动提供分析发现的视角和思维的支撑。在这些课程中，媒介素养的相关内容是服务于该课程的整体目标的，并以半显性的方式存在。

融入式的隐性课程。媒介素养教育应是全方位的、生活化的，所以需要大力开展各种隐性教育，将媒介素养融入到其他课程或活动中去。譬如，通过设立基地、实验室、社团协会、兴趣团队，或按照项目、课题给予支持，或组织作品征集、评比活动，充分鼓励学生在指导下自发地开展各种媒介实践与探索。各式校园媒体和方兴未艾的自媒体、微信公众号等，以及与校外媒体的合作、相关的社会实践等，也可作为学生的学习和训练平台。校园中众多讲座、会议与形形色色的资料、文本同样是开展媒介素养教育的有效载体。

为使媒介素养教育在大学中长期而富有成效地开展，教育者还需要做到：加强学术性研究，以大学生为对象探究媒介素养的教育规律，指引媒介素养教育活动向良性发展；加强师资队伍建设，在培养少而精的专职从事媒介素养教育教师的同时，培训更多具备良好媒介素养的教师、辅导员、管理人员等；加强媒介素养教育的评价体系建设，既能对教育效果进行科学的评估，又能以此检验问题并促进课程体系、教育机制的改革与完善。

在具体的教学策略上，针对媒介素养教育需要大力引入各种新的教学方法，如旨在训练学生对媒介文本进行批判性分析的文本分析法、脉络/情景分析法、个案研究法，或培养媒介制作能力的改作练习法、模拟练习法、“动手做”等。此外，开放式询问法、批判性对话法、价值澄清法以及角色扮演、辩论、模拟报道、媒介监测等也都是积极有效的情景式教学手段。

此外，借鉴和吸收建构主义学习理论，通过创建学习共同体来开展媒介素养教育。所谓“学习共同体”或“学习社区”，是指一群有着相同的目标、观念和信仰的人，经过协商制定统一的规则和分工，通过一定的活动方式相互协作，运用学习工具和资源共同建构知识，解决共同面对的困难，由此形成的一种生态的学习系统。[①] 学习共同体中学习者、助学者、课程知识、规则、活动分工和学习情境等是组成要素，共同的学习任务是载体，学习者的全面成长是目的，人际沟通、交流和分享是手段。学习共同体的社区化教育模式，本身就是媒介化学习的生动体现，不但与媒介素养教育融会贯通，还可以

① 唐辉：《青少年媒介素养学习共同体的建设与实施》，山东师范大学硕士学位论文，2014 年。

增强大学生学习的主动性和实践性，丰富学习资源和学习方式，将个体性的学习改善为群体性的学习机制，在时间和空间上延展学习过程及深化学习体验，展开实时反馈和全方位的效果评估。

二、综合性的社会行动

政府制定教育政策和战略。媒介素养教育是否到位，关系到大学生是否能够成长成材，加强媒介素养教育不仅有助于修补媒介化社会中人的缺陷、培养合格的公民和全向度的人，还能调适人与媒介的关系、促进人类道德的新发展、维系社会稳定并保障持续的进步。总结各国开展媒介素养教育的成功经验可以看到，当源自民间（家长、学校、社会组织、宗教团体等）自发的草根行动逐步产生重要而普遍的影响后，从量变到质变的关键是要及时获得来自政府部门的支持和认可，也就是政府部门要出台合适的政策将媒介素养教育正式列入教育计划或大纲之中，并使其进入学校的课程体系。台湾当局于 2002 年发布了《媒体素养教育政策白皮书》，标志着媒介素养教育从学界理念正式落实为公共政策，并提出如下具体要求：从国小、国中、高中、高职、专科、大学院校与成人教育等不同层面切入；在基础教育上鼓励学校开设与媒体素养相关的选修课和通识课程，结合媒体机构研发教材与开放资源，通过社教网路及家庭教育网路全面推动媒体素养的社会教育，同时着重于师资培育和支援体系的建立，使教育与媒体形成伙伴关系，使媒体问题不只是专业问题，而是成为全体公民的责任。

从当前的国情和实际出发，由教育管理部门和有关政府机构来主导媒介素养教育的开展具有强烈的现实意义。在经过十余年教育界人士和部分民间团体的努力后，我国的媒介素养教育在教学、研究、师资、舆论等方面都已具有一定的基础，亟待与政府强大的行政资源和权威力量相结合，使其从有识之士的局部探索和实践上升为国家的意志和行动，为迎接正在到来的媒介化社会做好人才培养上的全面准备。还要特别注意的是，由于大量媒介文本中所蕴含的文化思想价值和意识形态倾向，媒介素养教育也与思想政治教育密切相关，这也需要进一步加大教育资源的投入，并改进教育模式的规范化程度。

我们建议，应由教育部有关部门牵头，经过充分的调研和试验，尽快颁布我国媒介素养教育的纲领性政策文件，明确媒介素养对于个人和社会的重要意义，赋予媒介素养教育在教育体系中的合理地位，在课程计划中用适当的比例来开展与媒介素养有关的教学与实践——具体到大学教育，则应全面开设专门的媒介素养通识课程和各类进阶课程。为此，政府部门还需研究并推动媒介素养教育学科架构的建立，协调组织教学大纲的制定和标准教材的编写，成立一批媒介素养教育基地和相关的学术性团体，并在师资队伍建设、课题研究、国际交流、社会服务等方面给予大力的指导和支持。同时，政府要引导和联合各类社会组织，扩大媒介素养教育的同盟军，促使媒介素养教育走向公共领域和民众生活，并使之成为一种不可或缺的全民教育和终身教育。

媒介推动实践活动与合作。媒介与大学生有着不可分割的多层联系：媒介越来越成为大学生学习成长和社会化的工具；大学生是新媒介的活跃用户，并兼具受众和传播者的双重身份；大学生需要通过媒介素养教育学会与媒介形成“共生”的伙伴关系，和谐相处、共同发展。正因为如此，媒介应该在提高大学生的媒介素养中发挥更主动和更突出的作用，主要途径有：在他律和自律的作用下，营造健康的媒介环境，减少失真、低俗、暴力、错误思潮等不良信息的传播，避免社会传播的负面效应；积极推动媒介素养教育的发展，以报道和舆论唤起公众的媒介素养意识，使媒介素养教育成为全社会共同关注的议题；以专题栏目、文章、节目、公开课、资料库等方式开展针对不同人群和目标、各具特色的媒介素养教育，提供相关的信息资料；利用论坛、社区、博客、微博、微信、UGC、O2O、大规模协作等平台为媒介素养教育聚合各类资源、开展相关的传播，为教育活动提供空间及便利条件；媒介从业人员走入校园，以兼职教师、报告人或指导者的身份，深度参与与媒介素养教育有关的课程、讲座、项目和交流活动；为学生提供近距离接触、了解媒体机构或参与实践的机会，也可聘请兼职记者、编辑或共建栏目、共同制作节目等；与大学建立实质性合作，如联合研究、共办活动、共建实习基地、成立更大范围的联盟体等。媒介既是媒介素养教育所指的对象，也是重要的教育者，应高度重视自身在媒介素养教育中的责任，在努力提高从业人员媒介素养的同时，做好制度和条件上的准备，努力支持并参与到媒介素养教育的进程中。媒介还要注意把握媒介素养教育所带来的机遇，以此为“桥梁”建立起互联网思维下的用户策略，打造媒介与人、与社会互动发展的新格局。

汇聚社会组织及社区的力量。媒介已成为联结人与人的主要纽带，也是信息社会得以维系和运转的基础性力量。无论是政治、经济、文化、安全等重大的社会领域，还是人们日常的学习、工作、出行、购物、娱乐、交往，媒介作为基本工具和平台的作用越来越大。正因为媒介素养涉及社会生活的方方面面，相应的，媒介素养教育也必须依靠广泛的社会资源投入，并通过各种渠道、各种形式来展开。在各国推动媒介素养教育的历程中，各类社会组织和民间团体发挥了重要作用，包括媒介教育组织、非政府及非营利性组织、学术团体、慈善机构、宗教组织、社区组织、图书馆、信息通讯或咨询机构、媒介监督组织、志愿者等。

在中国，要普遍地激发起人们对于提高媒介素养的兴趣、切实推进媒介素养教育的实施，除正规的学校教育、政府的政策主导及媒体机构的专业支援外，社会力量的发动和组织也必不可少，包括：充分利用现有成建制的工作系统或社团协会，如教育类事业单位、共青团、学生组织、行业协会、学术机构等，将媒介素养教育纳入其工作职责之中；联合成立专门负责媒介素养教育的协会组织，在全国和地方层面开展相关工作，制订有针对性的教育计划，推动工作落实并进行监督检查、组织课题研究和工作研讨等；多方吸引与联合有关的企业、基金、场馆、培训或科普机构等，利用各自的资源和优势，开展共赢式的项目合作、机制合作等；鼓励社区层面的媒介素养教育，采用贴近青年学生的方式，如展览、讲座、联谊会、知识竞赛、案例讨论，以及开办社区性媒体或网上社区群等；发挥个人或小团体的能动性，通过低成本和大众化的微传播、自媒体、网络公开课等渠道，为更大范围的媒介素养教育注入新鲜活力，打造百花齐放式的生动局面。

三、自觉性的个人策略

美国学者詹姆斯·波特针对媒介素养教育提出了“学习的阶梯”理论。他认为，媒介素养的提升是一个持续不断的、没有终点的过程，每个人可以通过掌握分析、评价、分类、归纳、演绎、综合、抽象等关键技能，在认知、情感、审美、道德四个方面上拾级而上。[①] 他特别强调个人的主观努力所起的根本作用，并力主通过反复运用一套提升媒介素养的个人策略达到目的——加强处理信息的意识并获得对媒介影响过程的控制权，而不是让权于媒介。这套策略包括十个步骤，分别是：强化个人定位、注重目标的有效性、提高媒介接触意识的准确性、检验心理语码、获得广泛而实用的知识、对“真实—虚拟”混合体的判断、跨渠道比较、反思自身观念、改变行为、承担个人责任。

上述理论和方法为我们进行媒介素养的个人训练以及对媒介素养水平的评判提供了一个较为系统和简明的框架。其背景是媒介传播指数式扩张带来了信息的超饱和，使得信息的数量和流动性远远超过了我们自身的处理能力，甚至借助计算机等工具也难以完成。这种巨大反差导致了一系列的问题。对于个人来说，当被海量数据淹没时，短期可能表现为失去对信息的判断力和对情感、行为的控制力，而长期效应就很可能会失去人生的发展目标和正确的价值标准。此外，新媒介的兴起赋予个人以充分的话语表达权和选择权，在本质上则是自由发展的权利，而这意味着我们需要在较宽松的规制下承担更多的责任，对自己言行的后果要有足够清醒的认识和准备。媒介还可能畸形地放大个人行为的影响力，使偶发性的事件和小范围的危机在时间及空间尺度上过度延展，从而造成风险的波动失控，甚至产生不可逆的严重损害。这些变化中的媒介传播趋势对大学生的媒介素养提出了更高的要求，也凸显了个人的内省意识和行动能力在媒介素养教育中的重要性。

大学生首先要从观念上牢固树立起做“优质的媒介公民”的理念，这包含了三个层面的含义：一是自觉的主体意志，指要在与媒介的紧密互动关系中当好“主人”，不被动

---

① 〔美〕詹姆斯·波特：《媒介素养》，李德刚译，清华大学出版社 2012 年版，第 333 页。

地依赖或沉溺于媒介，能够有效地控制自己的注意力和身心，以独立的思考和批判性的思维使媒介为我所用；二是熟练的媒介能力，指充分了解各类媒介的特征和规律，并通过它们安全高效地完成任务、满足需求，帮助自己在学习、工作、生活、娱乐等方面都能更好地达成目标，获得全面的发展和进步；三是内化的道德自律，指在接触和使用媒介的过程中遵守一系列伦理准则，有积极的愿望促进媒介内容和功能的改善，能在媒介社会中与他人维系良好的关系，创建健康和谐的社群，关心和参与公共事务，并共同提高社会的文明程度及文化品质。

媒介素养的提高，良好的外部条件固然重要，但一切外因最终都须通过内因才能起作用。当前的大学生，因为从小就与各种媒介频繁接触，已经积累了丰富的媒介使用经验。他们从媒介中获取的信息和习得的社会化知识往往比从家庭和学校渠道得来的更加丰富。但不容忽视的是，尽管大学生在媒介方面的独立性和自主性得到空前的提升，但不能正确地对待和使用媒介、频繁受到媒介干扰和产生困惑的现象普遍存在，媒介素养不足、媒介能力和媒介道德意识薄弱者占有相当比重，过度依赖媒介所导致的沉溺和上瘾、与媒介有关的越轨和犯罪行为也值得警惕。

为此，我们根据长期的教学实践经验，针对大学生如何有效提升自身的媒介素养、如何学会与媒介友好相处而成为媒介社会的模范公民提出如下五项法则：

目标法则：科学的长期定位及明确的短期目标。为什么要使用媒介？媒介能提供怎样的帮助？能不能通过媒介实现自己的目标？大学生应大力克服既有的心理惰性和思维惯性，始终保持清醒的头脑，不断地就上述问题进行反思，并以理想的职业规划和人生追求为统一方向，持续地修正与媒介的关系。同时需要在不同的情景运用中综合利用媒介的多重功能，以保证具体目标的达成和长远效益的最大化。

近用法则：多元而平衡的接触与有效的使用。大学生要通过大量的实践训练来提高借助媒介实现自我目标的效率和程度。前提之一是要广泛地学习使用各类媒介，了解不同媒介在文本创制、传播应用、运营管理上的特点和规律，从中找到适宜的载体和功能，对所需技能有最佳的掌握。另一关键做法是要学会保持注意力，避免在与媒介接触的过程中进行频繁的无意义的切换，强化对自身媒介行为的控制力。

识读法则：对信息的准确判别和批判性理解。科学地处理信息是媒介素养的基本要求，这涉及如何判断信息的真伪、如何去除垃圾信息和冗余信息、如何确保信息的完整性和效用、如何分析和加工信息以得到有用的结果等问题。大学生应充分利用学业教育的机会，加强在信息采集和处理方面的实战练习，提高信息竞争力；在此基础上，还要学会多角度地解读媒介文本，判别其所蕴含的意图和价值观，并进行批判性的理解和扬弃。

行动法则：内在的心理解码和外在的学习实践。经过反复大量的媒介接触，每个人都形成了自己的“心理语码”，也就是无意识状态下大脑“自动”注意或过滤媒介信息的心理机制。一方面，大学生应通过经常性的反思，解读这些不易被查知的习惯和准则，确保遵从自我的目标，而不是被媒介建构的目标所掌控。另一方面，为抵御虚拟化符号的误导，大学生应努力获取更广泛的知识和更丰富的生活体验，使理论、经验和媒介信息之间能取长补短，实现动态的优化和平衡。更为重要的是，敢于改善与媒介的互动，以切实增加提升媒介素养所必需的控制感和执行力。

伦理法则：承担责任、善待他人、推动社会。大学生是未来社会的精英人群，也是媒介的积极使用者并拥有更多的媒介权利，他们也必须相应地承担更重大的媒介责任。这要求他们不仅要规范自己在媒介世界中的言行，还要随时审视与他人的相处之道，积极建立和维护和谐友善的媒介秩序。换言之，大学生需要从我做起、从小事做起，扩大各类媒介信息和行为的有益后果，同时有意愿也有能力规避和消除不良信息可能产生的不良影响。新兴媒介也提供了参与社会生活的便捷通道，从自媒体、网络社区到线下事务，大学生不仅要积极表达和参与，更要共同推动社会的可持续、健康发展和文明进步。

在这里提出的种种法则既是大学生提升媒介素养的基本原理和指南，也是可在实际中具体操作的策略。它们既可以作为分阶段的环节逐一展开，从明确目标、接触媒介到解读信息、采取行动，最后以伦理标准来衡量和调适，以至于在循环反复中得到螺旋式的发展，也可以在整体上推进，贯穿于大学生与媒介相互作用、相互融合的不同阶段。

第十四章
媒介德育与大学生成长

教育的本质是“人”学，是培养全面发展的人和推动人的自觉的活动，并以此促进社会的文明进步和文化创新。因此，教育应该摆脱长期以来在工业化大生产的经济基础之上所形成的工具理性，要以超越功利化的知识学习和技能训练扩展并提升教育在人的真理认知、情感陶冶、审美意识、品德养成、身心健康、责任担当等诸多方面的导引和支持功能。当前，科技的迅猛发展极大地提升了人类认识世界和改造世界的能力，但也增加了不确定的风险；全球化趋势不可逆转，既加剧了各国之间的竞争，又强化了人类社会日益紧密的联系和命运共同体的形成；以信息技术的全面渗透为标志，社会和个体都正在走向媒介化，人不可避免地受到其中介性、虚拟性的影响，人的生存形态、人和人的关系、社会的组织和运作模式也都在发生本质性的变化。这些都对教育提出了全新的要求，教育改革势在必行，而作为教育体系中的“灵魂”和“导师”，德育的革新首当其冲。

当媒介越来越成为人的环境，也就愈发成为一种教育的途径。这里有两种趋势：一是工具化的媒介作为人的对立面，凭借其强大的传播力使个人不得不通过“依附”才能生存，而一旦放弃面对媒介时的独立性和批判性，就容易被媒介的某些魔力所控制，深陷于种种变幻和诱惑中不能自拔，走向异化之迷宫；二是媒介更加人性化，无论是与人的身体和感官、神经系统的融合逐渐加深，还是自然地成为人与人的关系的承载物和衍生物，都使得媒介更加具有“人”的意味，进而延伸了人的能力、解放了人的客观束缚和主观局限。在二者的博弈之中，媒介德育的意义便凸显出来。德育的宗旨就是促进人的主体性发展和协调社会关系，因此，媒介素养和现代德育在人的全面发展上是统一的——前者是后者在媒介社会境况下的支撑，后者是前者在超越保护性和工具性之后的目的。媒介德育着眼于培养媒介环境里自律的行动者，使他们成为媒介的善用者、社会的推动者和文明的创造者。

第一节　危机与方向：构建大学生媒介道德的时代意义

人的媒介化和社会的媒介化使得媒介化生存成为一个必须认真面对和亟待解决的重大课题。媒介化既是一种宏观的社会常态，也是微观上的进行时和每一个体正在经历的具体场景。媒介化是全方位的中介化、符号化、扁平化，也伴随着一系列的碎片化、即时化、大众化和泛审美化，甚至不可避免地导致社会风险化和人的异化。在个人层面，具有代表性的媒介化现象有：认知媒介化，这意味着人们通过媒介观察和认识世界，在广度和深度上都已超过来自现实生活的接触和经验；学习媒介化，使得知识的传播数量和更新频率剧增，教育体系、教育模式、传受关系都发生了根本变化；交往媒介化，指人和人之间的直接交流被象征性的信息传递所取代，在方便快捷地拓展和维系人际关系的同时，也因虚拟化、肤浅化损害了安全感和亲密感；娱乐媒介化，提供着更容易实现的“快餐式”欲望满足，但难以弥补一次次被“填鸭”后的心理和情感空虚。在社会层面，形形色色的政治媒介化、经济媒介化、文化媒介化、艺术媒介化、舆论媒介化、军事媒介化等，都在日益扩大和深化，既彰显着人类以智慧和技术所塑造出的社会控制力与创造力，也对社会结构、社会机制以及在背后所支撑和调适这一切的道德体系进行着破坏性的建构。

后现代性与人的异化。后现代化思潮肇端于20世纪60年代，西方社会在不断批判现代社会和现代化的过程中，开始提倡反传统、反基础、反中心，强调思维的创造性和开放性，寻找差异性、多元化与不确定性。[①] 这种思潮在很大程度上反映了以电视为代表的大众媒介、影像媒介所推动的大众文化和消费文化所蕴含的价值观念、经济形态和生活方式。以法国学者让·鲍德里亚为例，他从技术主义的观点出发研究新的交往、信息和媒介技术，运用符号学分析客体是如何被编码为构成当代媒介和消费社会的一个符号和意义体系的，并关注时尚、广告、包装、展示、商业化等日常生活。[②] 通过提出类像与仿真、超真实、信息与意义的“内爆”等概念，鲍德里亚认为，伴随着符号和拟像在社会生活各领域的快速传播，电子媒介成为后现代性的一个构成要素。在新媒介盛行的时代，其后现代特征进一步凸显，如网络语言的游戏性、文体上的戏仿、内

---

① 李飞、廖小琴：《异化与超越：后现代背景下青年学生的精神生活透视》，《江苏高教》2015年第4期。

② 王志永：《鲍德里亚的后现代媒介思想述评》，《新闻界》2007年第2期。

容上的恶搞、风格上的嘲讽、技术上的拼凑、观念上的去权威化、思维方式的去中心化等。这一趋势的加剧，可能催生出大规模的缺乏深刻创新的复制文化、沉溺于感官刺激的娱乐至死现象、被技术所束缚和决定的顺从意识，最终将导致人在媒介化的生存空间被无情地异化，也就是“人本身的活动变成一种独立于人的异己力量，如宗教、权力、资本等，并且这种力量反过来剥夺了人的自由，使人从属于它，变为它的工具”①。作为一种强大的外部力量，媒介正深入到人们的生活、行为和心灵世界中，在给予其物质享受和欲望消遣的同时，也悄然地影响和控制着精神的能动性，并削弱着道德的热情和意志。

多元文化与思潮的博弈。媒介不仅传递信息，也透过各种文本进行意义的表达，并呈现出愈加开放、自由和多元化的趋势。其原因首先在于媒介技术的发展，这既扩大了信息生产和传播容载空间，也加快了信息的流动，使得人们在面对海量信息的同时，不自觉地接触到更多类型的意识形态话语。其次，国家开放和经济政治改革的不断深化，既带来新闻传播领域相对宽松的政策环境，也必然会出现在社会转型过程中引发不同阶层、不同群体在媒介平台上诉求各自的利益。最后，媒介传播的全球化打破了固有的地域疆界，实现了数量庞大的文化产品和信息在世界范围内的生产、流通和消费。通过功能强大、超越时空的媒介，跨地区、跨种族、跨文化的传播源源不断地输送着各种各样的价值体系，舆论一元、文化一元的格局不复存在，各执己见的多元化思想在日益密切的交流、交织与交融中频繁地进行着激烈的碰撞和斗争。如此的媒介环境，为青少年提供着更广阔的视野和更丰富的精神营养，但也难免要应对种种消极观念的侵蚀、错误思想的误导和西方意识形态恶意渗透的严峻挑战。坚定正确的理想信念、重塑道德规范和信仰、具备包容性和自觉性的跨文化素养，无疑是多元化的媒介化社会中青年学生健康成长的基石。

道德恐慌与作为媒介的责任。英国社会学家桑普森曾言：“众所周知，这是一个道德恐慌的时代。”②所谓道德恐慌，是指公众在错误或被夸张的信息支配下所产生的风险认知和带有恐惧心理的集体反应。③ 由此可见，尽管道德恐慌在口语传播时代就已存在，但其真正产生的全局性和经常性的影响是与大众媒介走向社会生活的中心分不开的。媒介的议程设置功能和强大的传播能力会夸大某些现象和事件可能构成的威胁程度，并通过高强度的、重复性的报道化“普通”为“神奇”，让人产生过度的恐慌性心理压力，造成社会秩序的动荡和社会资源的浪费。媒介可以是道德恐慌事件的制造者和传播者，也可能因利益代言和商业驱使而推动道德恐慌的发生，并会因为不恰当的

① 人民出版社编辑部编：《人是马克思主义的出发点》，人民出版社 1981 年版，第 164 页。

② Thompson Kenneth, *Moral Panics*, London: Routledge, 1998, p. 1.

③ 景军：《艾滋病谣言的社会渊源：道德恐慌与信任危机》，《社会科学》2006 年第 8 期。

渲染加大恐慌程度、延长持续时间、增加风险和破坏力度。处于社会化的定型阶段,大学生的思想认识还不够成熟,在接触和应对媒介信息时,容易被修饰过的符号文本激起心理冲动进而诱发道德恐慌。更值得注意的是,网络媒介允许受众同时成为内容的生产者和传播者,这一角色的转换赋予了用户发挥更大的作用的权利,如作为自媒体扮演道德恐慌事件的肇事者、界定者,或利用社交媒体的评论、分享、定向发送等应用强化某些刻板印象、助推恐慌氛围。当个人的媒介权力已经可能广泛地影响社会时,如果缺乏理性的判断力和道德约束,一旦不加辨别、不分析适用条件地传播失当信息,或是造谣、信谣、传谣,都将引发和激化道德恐慌。

数字化生存的伦理悖论。技术被人类发明之后,往往会产生意想不到的威力,或者是生产力,或者是破坏力,或兼而有之。经过现代信息技术改造后的媒介不仅是传播信息的工具,也创造出一个包罗万象的虚拟世界,拓展了人的活动空间,同时也规定着人在其中的存在、交往和认知方式。数字化是新兴媒介的技术基础,它将表征世界的繁多信息在底层化简为格式和规则统一的二进制数据,再通过运算、加工、分析、包装形成千变万化的结果,极大地降低了信息的存储、复制、传输成本。这不但大幅度地提高了信息处理和协同工作的效率,增加了人类改造世界的力量和生存的自由度,也解构并重组了社会的生产方式、组织结构和运行机制。这种前所未有的魔幻般的效力使人们普遍产生了对技术的依赖和对信息的崇拜,人们开始期望技术能解决所有的矛盾和问题,期望在互联网上实现一种乌托邦式的理想社会。但是,技术功能的强大常会带来一系列预料之外且难以控制的后果。作为技术的使用者、管理者和承担者,人们必须作出合理的制度安排、关系调整以及深层次的伦理规则的适应。在随处可见的媒介环境中,数字化生存是不可避免的客观事实,但虚拟空间与现实空间之间的转换融合、信息自由与信息安全之间的平衡规制、信息霸权与信息鸿沟之间的冲突困境,以及由于数字化传播而被发现或放大的种种问题,都需要在哲学和道德层面上进行深入思考并努力解决。

媒介曾经多次影响人类社会的进程,现在又以新的形态更彻底地改变着世界,也在改变着人的存在。这种改变是现实的,也是长远的;是显性的,也是隐性的;是工具性的,也是伦理性的。为适应媒介自身的创新和其对人、对社会的革命性推动,大学生不但要在知识和能力上做好准备,更需要树立新的价值观,构建在媒介化社会中能正确辨别方向、指导行为、调适关系的媒介道德体系。

第二节 技术哲学和技术伦理的视角

在技术哲学的视域中,马克思认为,技术的本质就是人的本质力量外化的表现。

因为技术不但是人造的，还与人的劳动相伴而生。它寓于人类的劳动实践中，凝聚着人的智慧、思想和创造力，体现着人类认识世界、改造世界的能力，也不断揭示着人的本质，影响着人与自然的关系，并与社会互动共进。从这一观点出发，麦克卢汉将媒介理解为“人的延伸”。这种延伸不仅是外在效用的扩展，还随着媒介在人的活动中的全面渗透成为心理与思维上的延伸。正在发生的变化表明，媒介的技术集成度和人性化程度越高，与人的融合就越紧密，人的媒介化趋势就更为显著和深入。

技术是人通过智力劳动创造发明的产物，也是人在自然和社会中进行实践的高级工具。技术的使用者是人，因此，技术与人、技术与社会之间不仅存在着相互作用，还形成一种系统化的整体效应。在政治、经济、文化、军事等领域的应用中，技术与人，或以技术为载体所发生的人与人的分工和关系，就必然涉及伦理上的判断。人类不断发明和应用新技术的根本动力在于努力创造更有价值的物质财富和精神财富，以满足人自身对幸福的更高需求和自由而全面的发展，这实际上就是技术的一种伦理追求。但另一方面，技术在使用中也出现一些与造福人类的初衷相违背的负面后果，或是带来各种不确定的风险，如核武器、基因工程等。随着科技进步，越来越多的技术具备强大的力量，并可能对人类生存和社会发展产生全局性、长期性的影响，使人们对技术的伦理问题给予高度重视。鉴于此，技术哲学也开始进行“伦理转向”，试图寻求技术伦理问题的解决原则和战略选择。

以信息技术为支撑的现代媒介在人类的社会生活中扮演着越来越重要的角色，并已从单纯的信息处理和传播平台扩展开来，逐渐与其他领域加深融合，使社会在整体上卷入媒介化的变革之中，也在微观层面改变着人们诸多维度上的行为和方式，并随之产生或激化出林林总总的伦理问题，挑战着既有的道德规范。半个多世纪以来，许多富有洞察力的研究者都对后工业社会在实践和制度上不可或缺的信息技术以及媒介环境的质的变化作出具有伦理价值的思考。

信息伦理学的先驱者是控制论的创始人罗伯特·维纳。他在1950年出版的《人有人的用处——控制论和社会》一书中写道：“我们只能通过消息的研究和社会通讯设备的研究来理解社会；阐明在这些消息和通讯设备的未来发展中，人与机器之间以及机器与机器之间的消息，势必要在社会中占据日益重要的地位。”[①]维纳认为人是由包含在物质和能量中的信息的复杂模式组成的，而社会系统也是联系在一起的一种通信系统。从控制论出发，人们开始思考机器和设备可能会给社会带来哪些危害和益处。为保障在社会中能更好地实现“人的价值”，他提出了自由原则、平等原则、仁爱原则和最小侵害原则。[②] 维纳还从形而上学的高度指出物质能量流和信息流是宇宙的两种

① 〔美〕罗伯特·维纳：《人有人的用处——控制论和社会》，陈步译，商务印书馆1989年版，第8页。
② 〔荷〕尤瑞恩·范登·霍文等编：《信息技术与道德哲学》，赵迎欢等译，科学出版社2014年版，第14—15页。

创造性力量，所以与汽车、飞机等其他工业革命的发明相比，以计算机为基础的信息技术引发了自身的社会和伦理革命，具有独立的伦理学意义。

一、计算机伦理

计算机伦理学是为了应对计算机技术应用过程中带来的道德困境而产生的一门伦理学学科，主要研究计算机信息与网络技术的伦理道德问题，涉及计算机高新技术的开发和应用，信息的生产、储存、交换和传播中的广泛伦理道德问题。①

20 世纪 60 年代，随着计算机的广泛应用，由建立身份数据库所引起的隐私问题和计算机技术滥用及其导致的犯罪问题开始引起美国等国家的关注。为防止通过计算机专业化手段从事违背伦理的非法活动，学者 Menlo Park 建议对计算机机器协会的专业行为进行规范。随后，Joseph Weizenbaum 用计算机模拟心理医生进行诊断，并论述了将人类视为纯粹的机器的观点。70 年代，Walter Maner 首次使用“计算机伦理学”这一术语，并进行了很多实验，还发表文章来讨论隐私、计算机犯罪、计算机决策、技术独立以及伦理学的专业模式等问题。②

1985 年，美国著名哲学杂志《形而上学》同期发表了泰雷尔·贝奈姆的《计算机与伦理学》和杰姆斯·摩尔的《什么是计算机伦理学》两篇论文，这两篇论文的发表成为西方计算机伦理学兴起的重要标志。90 年代以来，计算机伦理学成为西方应用伦理学研究的一个热点，在大量的论文、专著和文集百花齐放的同时，一批专门的学术研究机构成立，并定期召开各种地区或国际性的学术研讨会，在大学中开设各种计算机伦理学课程。电脑工程师、信息技术公司经理、专业人员和社会各界也广泛参与，推动了计算机行业职业道德规范和信息网络技术行为准则的确立。如 1992 年美国计算机协会制定的《职业伦理和职业行为规范》、1993 年澳大利亚计算机协会制定的《澳大利亚计算机协会职业伦理规范》等。

与计算机伦理相关的若干典型问题，有的是新出现的现象，缺乏有针对性的政策或原则，但更多的是已有问题的放大或扭曲，超出了现有规则所力所能及的范围。与上述“政策真空”相伴，还有“概念真空”，即需要提供一个连贯的概念框架，并在此框架中探求政策。③ 按照历史线索和逻辑脉络的发展，对于计算机伦理学的基础性看法先后有五种观点：无解的困惑，认为理论基础缺失；专业的解读，认为计算机伦理学是职业道德；激进的分析，认为需要运用绝对独特的方法来解决；保守的观点，认为计算机伦理学是特殊的应用伦理学，所讨论的是传统道德问题的新类型；创新的探讨，将信息

---

① 王正平：《西方计算机伦理学研究概述》，《自然辩证法研究》2000 年第 10 期。

② 李蒙：《计算机伦理学：历史脉络及发展趋势探析》，《毕节学院学报》2008 年第 6 期。

③ Moor J H.，“What is Computer Ethics?”，*Metaphilosophy*，1985，16(14)，pp. 266—275.

伦理学作为理论基础。①

美、英等发达国家对计算机伦理学教育甚为重视，通常在大学的计算机专业方向和信息技术专业方向开设有伦理学课程。美国的教学大纲来自于行业协会制定的范本，如美国计算机学会（ACM）与 IEEE－CS 联合发布的计算机学科本科计算机教学大纲，规定针对所有计算机专业学生都要进行社会与职业伦理教育。内容单元包括：信息技术史、信息技术的社会环境、分析方法和分析工具、职业责任和道德责任、基于计算机系统的风险和责任、知识产权、隐私和公民自由、计算机犯罪、与信息技术相关的经济问题、哲学构架等。②

计算机伦理学的应用成果之一就是制定出一系列适用于计算机行业的职业道德规范。如美国计算机伦理协会倡导从业人员要严守“计算机伦理十戒”，包括不应当用计算机去伤害他人、不干扰别人的计算机工作、不偷窥别人计算机里的文件、不用计算机进行偷窃和作伪证、不使用或拷贝没有付钱的软件、不盗用别人的智力成果、应考虑所编制程序的社会后果等。再如加利福尼亚大学发表的网络伦理声明，谴责“六种网络不道德行为”：有意造成网络交通混乱或擅自闯入网络及其相连的系统，商业性地、欺骗性地利用大学计算机资源，偷窃资源、设备或智力成果，未经许可访问他人的文件，在公共用户场合做出引起混乱或造成破坏的行动，伪造电子函件信息。这些规范具体且可操作，同时也为计算机技术的健康文明发展奠定了伦理基础，注入了人文关怀。

二、网络伦理

进入到 20 世纪 90 年代，互联网的普及迅速推动信息技术升级，从单个的信息处理机器或独立的智能系统衍生并扩充为互通、共享、协作的巨大网络，也使得以探讨人机互动为主的计算机伦理学进化到“第二代”——网络伦理学开始登堂入室，成为学界和社会关注的焦点。它的研究范畴不再局限于作为工具性客体的人工智能或专家系统式的“电脑”，而将重点放在以网络形式所建构出的信息空间的新特征上，以及在此基础上的人与网络的关系、虚拟的网络社会中人与人之间的关系，更进一步的，还可包括网络所引发的现实社会中的伦理问题。例如，在由信息伦理学国际中心组织的以“互联网本地化：跨文化视野中的伦理学问题”为主题的国际会议中，曾研讨“信息领域”与生态、政治、经济、文化等领域的交叉问题——互联网正在多大程度上改变着本地文化价值观和传统生活方式？从全球和局部意义上看，这些变化在多大程度上影响

① 张慧敏、陈凡：《计算机伦理学的历史与逻辑追问——关于计算机伦理学基础的五种观点述评》，《东北大学学报》（社会科学版）2004 年第 3 期。

② 冯继宣：《国外计算机伦理学教育的启示》，《中国大学教学》2004 年第 6 期。

着未来社会的生活和文化？在整个“信息领域”，特别是在互联网的巨大影响下，传统文化及其道德价值观在多大程度上传播自己、改造自己？①

层出不穷的新技术使互联网一直处于爆发式的增长状态：第一阶段主要表现为用户和信息的数量增长；第二阶段则是互动式的功能应用的丰富和升级；当下正处于第三阶段，互联网向着更加智能化、人性化、社会化的方向进化。互联网最本质的特征是自由，一方面是因为技术进步大大降低了传播的壁垒和成本，另一方面是天然的互联规则鼓励人们更多地参与和使用网络平台。但在赋权于个人的同时，如何防止这些权利的滥用，如何建立有效的网络秩序，如何保障每个人以及集体和社会整体的正当权利，无疑成为严肃的伦理课题。有学者提出，现实空间中规范人类行为的四种约束分别是法律、规范、市场、架构；类似的，在网络空间中法律、市场以及包括网络礼仪和社交习惯在内的规范都同样在发挥着作用，而原本指物理限制的架构则对应为代码（程序和协议）。除此之外，基本的伦理原则是元规范，因为它们具有普遍有效性，是关于内在于人性的智性人类的善和实现人类善的行为的规范。换言之，道德应当是网络空间的终极管理者，为个人行为和组织政策划定边界。它应当指导和协调法律、代码、市场和社会文化规范的作用力，确保其中的相互作用和相互关系是慎重、公平和公正的。②

互联网及其所创造的虚拟世界既不是技术悲观主义所称谓的禁闭人类的“铁笼”，也不会是使拥有完善的生活方式和工作场所的理想世界成为可能的乌托邦，甚至简单地认为技术是一种可由人类完全掌握的、根据人的目的来决定行善还是作恶的中立力量的观点也是不成熟的。应该承认，互联网具有自身特殊的力量，能重构社会和政治现实，但它仍然不独立于人的控制。人类可以经过持续的努力改变它的方向、驯服它的不羁，这也是网络伦理学的出发点和目标。

在现实层面，必须首先关注互联网在现阶段所暴露出的种种矛盾和问题。国外学者将网络技术引发的伦理问题概括为“7P”，即隐私（Privacy）、盗版（Piracy）、色情（Pornography）、价格（Pricing）、政策制定（Policing）、心理学（Psychology）、网络保护（Protection of the network）。按照网络所涉及的领域，网络伦理问题可分为网络隐私问题、网络人际关系问题、网恋问题、网瘾问题、网络知识产权问题、电子商务伦理问题、信息公共安全问题、网络犯罪问题及网络国家安全问题等。从悖论角度，网络伦理问题又可涵盖以下 8 个方面：电子空间与物理空间的问题、网络道德与既有道德的问题、信息内容的地域性与信息传播方式的超地域性的问题、通信自由与社会责任的问

① 〔德〕瑞菲尔·凯普偌：《信息伦理学的本体论基础》，《上海师范大学学报》（哲学社会科学版）2006 年第 5 期。
② 〔美〕理查德·斯皮内洛：《铁笼，还是乌托邦——网络空间的道德与法律》，李伦等译，北京大学出版社 2007 年版，第 2—7 页。

题、个人隐私与社会监督的问题、信息共享与信息独有的问题、网络开放性与网络安全的问题、网络资源的正当使用和不正当使用的问题。也有学者分别探讨了网络生态、文化霸权、知识产权、隐私权、黑客、信息污染、网络沉溺、网恋、网络诈骗等具体的伦理问题。[①][②]

产生网络伦理问题的根源是多方面的，既受技术本身固有特点的影响，也与法律手段、市场机制的失灵有关，但根本上在于人的认识、意志和道德素质。对于如何科学地解决网络伦理问题、建立健康而有活力的网络伦理体系，研究者们结合伦理学的基本原则和网络空间/社会的特征，提出了具有针对性的原则。联合国经济合作与发展组织曾提出网络安全的 9 项原则，即责任原则、公知原则、伦理原则、综合原则、比例原则、统一原则、适时性原则、再评价性原则和民主性原则。美国学者斯平内洛在《信息技术的伦理方面》一书中，依据功利主义、义务论、权利论等基本道德理论，提出计算机网络道德是非判断应当遵守的一般规范性原则：自主原则，即尊重自我与他人的平等价值与尊严，尊重自我与他人的自主权利；无害原则，不应该用计算机和信息技术给他人造成直接的或间接的损害，也被称为“最低道德标准”；知情同意原则，人们有权知道谁会得到这些数据以及如何利用它们，且未经信息权利人许可无权擅自使用。我国学者也就构建网络道德规范体系的问题提出以下基本原则：促进人类美好生活原则、平等与互惠原则、自由与责任原则、知情同意原则、无害原则。[③]

三、信息伦理与信息德育

20 世纪 80 年代，一些学者就注意到“信息科学的道德问题”，如著名的“PAPA”理论认为信息时代的四大伦理问题是：信息隐私权（Privacy）、信息正确权（Accuracy）、信息产权（Property）和信息资源存取权（Accessibility）。[④]

“信息伦理学”一词出现于 90 年代。英国学者 R・西蒙和美国学者 W・B・特立尔在 1996 年共同发表的《信息伦理学：第二代》一文中认为，计算机伦理学是第一代信息伦理学，但其研究范围局限在与计算机有关的单个技术和现象上，缺乏对信息技术和信息系统有关伦理问题和社会问题的全面认识和深层次的研究；而现代互联网、虚拟现实、远程医疗、赛伯性等事物的出现要求创立一个有力的伦理理论来提供指南与决策工具。[⑤] 早期的信息伦理学侧重于网络伦理、信息和知识管理领域的伦理问题等，狭义上也可指涉及信息技术的伦理学，即涉及所有与信息系统的开发和使用以及

---

① 宋吉鑫：《网络伦理学研究》，科学出版社 2012 年版，第 11 页。
② 郑洁等：《网络社会的伦理问题研究》，中国社会科学出版社 2011 年版。
③ 王正平：《信息网络技术与计算机伦理》，《上海交通大学学报》（哲学社会科学版）2007 年第 5 期。
④ 杨绍兰：《信息伦理学研究综述》，《情报科学》2004 年第 4 期。
⑤ 张久珍：《国外信息伦理学研究现状》，《情报科学》2001 年第 9 期。

支撑信息系统的信息技术有关的活动。

进入 21 世纪后，信息伦理学超越计算机伦理学和网络伦理学达到全新阶段，被认为是“研究涉及信息开发、信息传播、信息管理和利用等方面的伦理要求、伦理准则、伦理规约，以及在此基础上形成的新型的伦理关系的学科”[①]。如此看来，信息伦理学涵盖了计算机伦理学和网络伦理学的研究范围，并包括一切信息传播技术（电信技术、卫星技术、网络技术等）带来的伦理问题，还可延展至大众传媒、新闻、图书馆、档案等领域的伦理问题。[②]

完整地理解信息伦理学，可以从三个层面切入：第一是元伦理学，即通过分析伦理学的基本术语或概念，确认道德判断或价值判断的逻辑，回答“善”或“恶”、“正当”或“不正当”等的定义及推理标准；第二是规范伦理学，主要以道德、规范、行为为中心，研究制定信息活动应该遵循的道德原则和道德规范，并论证其道德价值的合理性或合法性；第三是应用伦理学，强调道德原则和道德规范的实现问题，如按照经验实证主义的模式，从功能主义、行为主义等出发考察信息活动领域中的道德问题，确保信息活动的有序进行。由此出发，可认为信息伦理学就是研究信息活动的善恶价值体系、道德原则和道德规范以及其中的道德危机和伦理困境的学科。

由于“伦理”和“道德”经常被人们混用，因此信息伦理也被称作信息道德，但两者仍有各自的侧重：伦理一般更强调客观、外在、社会，强调大家都应遵守的普适性的道理、准则、规范，在学术上偏向于理论研究或是道德的哲学研究；道德则强调主观、内在、个人，强调评价和调节行为规范的动态手段与德行的自我完善，属于实践研究的范畴。信息道德实践性具体体现在信息道德的教育活动上，也就是信息道德，指“对信息活动主体的正确引导和正面教育，是教育人们在信息活动中遵守调整人们之间以及个人和社会之间信息关系的行为规范的活动”[③]。广义的信息德育也包含德育信息化，即教育者利用信息手段和信息资源来开展德育活动。

信息德育和传统的现实德育相比，具有自己鲜明的特点：从主体上看，信息德育具有广泛性和平等性，除传统意义上的德育工作者外，以前的受教育者——学生因为懂得并善于利用信息技术，也成为自教自律的重要主体，且所有参与信息活动的人都能彼此影响、共同作用，从而形成平等交互的“德育场”；从过程上看，信息德育具有互动性和实时性，打破了传统德育时空上的“藩篱”，也促使教育者和受教育者在即时的交流互动中教学相长；从内容上看，信息德育具有丰富性和个性化，形态和手段大大拓展的信息化教育在广度及深度上都扩展了德育体系，心理健康教育、法治规范教育、信息

---

① 吕耀怀：《信息伦理学》，中南大学出版社 2002 年版，第 3 页。

② 沙勇忠：《关于信息伦理学的几个理论问题》，《图书情报知识》2004 年第 6 期。

③ 霍福广等著：《信息德育论——大学生信息素养与思想政治教育信息化研究》，人民出版社 2008 年版，第4 页。

素养教育等也被纳入其中，同时更尊重受教育者的需求和兴趣，提倡因材施教下的自由发展和个性化的德育内化；从模式上看，信息德育具有全球性和民族性，这意味着一方面在全球化趋势下信息德育愈发开放、各种文化思想兼收并蓄，但另一方面，确保本土特色、彰显民族特质、维护文化安全也备受重视。

在西方发达国家，由于信息技术发达、社会渗透率高，而且与信息活动有关的矛盾和问题也暴露较多，所以信息德育一直备受重视，理论研究和教育实践也都取得了较多的成果与经验。以美国为例，信息技术教育开展得较早，信息伦理道德教育也已经融入到学校教育中。《国家教育技术学生标准》第二条中就规定信息教育应具备"社会、伦理和人类关怀"，要求学生理解与技术有关的伦理、文化和社会问题，以负责任的态度使用技术系统、信息和软件，发展对技术用途的积极态度，以支持终身学习、合作、个人追求和生产能力。[①] 一些研究机构或学者频频发布信息素养标准或教育目标，其中信息伦理占有重要地位。州一级的教育行政管理机构往往会制定与信息伦理教育相关的政策法规。许多高校也都开设有"信息伦理教育"课程，形式上也多种多样。利用信息技术教育课程来进行信息伦理教育的方式比较普遍，同时也会在各种课程之中渗透信息伦理的内容，如计算机、英语/语言艺术、信息处理等。

长期以来，中国的信息德育或信息伦理教育较为滞后。在政策上，缺乏专门文件和明确要求，尽管《中国计算机科学与技术学科教程》曾将"计算机技术的社会与职业问题"列为计算机学科 14 个核心课程之一，[②]但在实际操作中，大多数高校仍只重视专业知识和技能教育而忽视信息伦理和职业道德教育。在针对中小学生或未成年人的一些文件中，虽然涉及信息德育方面的要求，但并未独立阐述，通常只依存于信息技术教育和道德教育两个领域之中。[③] 2007 年的一项调查显示，大学生认为自己从来没受过信息伦理教育的有 37.9%，偶尔接受过信息伦理教育的有 56.3%。[④] 2011 年的另一项调查也显示，在使用信息科技所涉及的伦理及法律方面，有 59.6%的大学生不太了解，有 6.7%的根本不了解。[⑤] 整体上看，中国大学中的信息德育存在教育目标不清晰、教育内容不全面、教育模式不灵活、教师信息素质欠缺、教育实施不到位等问题。[⑥] 不过，近年来这种情况正在得到改善，除课程和教材建设逐步得到加强外，校园中有关信息德育的普及性宣传教育和社团活动日益增多，中国信息伦理国际会议等学术活动也在国际交流层面积极推动着信息德育的进程。

---

① 于洪侠：《美英日韩中小学信息伦理道德教育的比较研究》，《中小学信息技术教育》2007 年第 6 期。

② 万征：《浅论高等院校计算机教学中的伦理教育》，《科学咨询》(决策管理)2008 年第 8 期。

③ 蔡连玉：《中美信息伦理教育比较研究》，《比较教育研究》2007 年第 10 期。

④ 蔡连玉：《我国学校信息伦理教育现状的调查研究》，《开放教育研究》2007 年第 1 期。

⑤ 常正霞、李夏：《大学生信息伦理现状及对策研究》，《西北师大学报》(社会科学版)2011 年第 5 期。

⑥ 张国泉：《数字化生存中高校信息伦理教育探析》，《高教论坛》2014 年第 8 期。

第三节　媒介道德的内涵和特征

信息技术的发展赋予个人更丰富的可能性、更全面的发展维度和更有力的支配权，使人和人的关系脱离既有的科层制和家庭中心制的稳定状态并发生急剧的嬗变，也因此引起社会结构和运行机制的震荡，并继而影响到人们的思想认知和价值观念。在刚性规则的约束和柔性道德的调适还不能有效到位时，技术的力量越强大，其所导致的伦理冲突和社会矛盾就可能愈尖锐、复杂和难以控制。伴随着技术的发展，与之有关的伦理道德问题先后跨越了“计算机伦理－网络伦理/道德－信息伦理/道德”的层级。这一轨迹既符合技术本身发展的逻辑，也蕴含了从单纯的智能机器的专业性环节到虚拟空间的专门领域再到一般性社会广域的延展。在此过程中还出现了颇具中国特色的网络思想政治教育。近 20 年来，从起初旨在应对网络负面信息冲击的被动适应阶段，过渡到以“红色网站”建设和开展多种技术应用为标志的主动迎战阶段；再从致力于综合性网络社区建设的自觉深入阶段，进展到当前媒介融合背景下积极适应自媒体、微传播、大数据要求的综合环境阶段。还有人提出新媒介德育的概念，力图通过深刻分析因新兴技术而兴起的各种媒介形态，探讨在此环境中对原有道德教育理念、内容、方法、途径等方面的创造性突破或建构。① 对上述各类新兴的德育一般存在两种不同的理解：一种是广义的，指网络/信息/新媒介环境下的德育，意在对信息活动主体的正确引导和正面教育；另一种是狭义的，指基于网络/信息/新媒介的德育，即运用网络/信息技术手段和网络/信息德育资源来开展德育活动。

与媒介有关的德育，还有另外一条从传播学的角度来考量的路径。所谓传播伦理学，就是“采用伦理学、传播学的理论和方法来研究传播行为、传播过程中的道德现象及其规律的一门新兴交叉学科”②。作为传播学与伦理学联姻的产物，从字面上理解，它应具有广泛的含义，是涉及完整的传播过程和传播行为的伦理学，包括横向上的人际传播、政治传播、新闻传播、科学传播、文艺传播、广告传播、网络传播、跨文化传播等领域的伦理道德问题，也包括纵向上不同的传播主体、传播对象、传播内容、传播载体、传播方式、传播环节、传播效应中的伦理道德问题，以及与社会系统、社会文化相互作用的宏观意义上的与传播现象有关的伦理道德问题。正因为传播伦理学的架构庞杂、外延笼统，所以人们通常会聚焦于某一个或若干个具有相似特性的领域来开展研究和实践。其中最受重视、最有代表性的就是新闻传播伦理，有时也被称作大众媒介伦理或媒体伦理，主要指向工业化社会下遵从“一对多”传播模式的大众媒介组织和新闻从

---

① 赵敏：《新媒体视阈中的大学生道德教育创新研究》，山东大学博士学位论文，2012 年。

② 陈汝东：《传播伦理学》，北京大学出版社 2006 年版，第 20 页。

业人员。新闻传播伦理与早期的计算机伦理类似，都属于应用伦理学和规范伦理学的范畴，强调专业组织和人员的社会责任及职业性伦理规范，也通常局限于单一类型的传播或技术应用的活动中。但显然，在 Web2.0 和社交媒体、自媒体等出现以后，个体都成为面向大众的内容生产者和传播者，超越专业主义并扩大传统媒体伦理的"疆域"势在必行。

当下，基于现代信息技术的新媒介与传统的大众媒介正在不可逆转地彼此融合，既保有各自的特色和规律，也衍生出许多新的功能；既形成了泛在的媒介化趋势，也在微观上催生出气象万千的各种新兴传播形态。尽管人们已普遍意识到媒介的迅猛发展，也意识到了媒介在促使人与媒介、人与人、人与社会的关系上带来的革命性的改变，但对于将媒介从整体上视作一种"人一媒一社会"相融合的自在环境下的道德问题还未作出有意义的探索。因此，需要大力倡导建立一种新型的媒介道德，全面研究在"人一媒一社会"相融合的环境下，人与媒介、人与人、人与社会的互动关系中的道德认知、道德情感、道德意志、道德行为、道德规范等问题。相应的，将这些道德认知及规范内化为个体道德意志和自律行为的教育活动就是"媒介德育"。[①]

如前所述，媒介道德的学理体系主要有两个来源及参照系——信息道德（信息伦理）和传播伦理。这三者在所涉对象、研究范畴、理论基础、原则方法上都有较多的重合和借鉴，在宽泛的标准下可以作为同义词和可替代的概念使用。按照美国学者 H·拉斯韦尔于 1948 年在《社会传播的结构与功能》论文中首次提出的构成传播过程的五种基本要素理论，传播活动是建立在"五 W 模式"基础上的，即 Who（谁）、Says What（说什么）、In Which Channel（通过什么渠道）、To Whom（向谁说）、With What Effect（有什么效果）。如果再作简化，则可将传播行为看作是在主客体之间利用一定媒介来传递信息的活动，或写作数学表达式为：传播＝信息＋媒介。由此，当与伦理学或道德领域进行学科交叉后，可知传播伦理所能覆盖的范围更广，而其中主要涵盖的信息伦理和媒介道德则是相辅相成的统一体。但从已有的知识框架和理论预设上看，与理想化的演绎不同，它们毕竟存在各自据有的学术"领地"，也有较为明显的侧重和特征。信息伦理源自计算机伦理、网络伦理的演化，有着明显的技术伦理"底色"，重视信息开发、传递、接收、利用、管理等过程中的伦理规范，同时也秉承系统论、控制论、信息论的哲学传统，将社会视作一个有机的信息系统而对相关的伦理问题加以思辨性的研判，其中由信息化建构成的虚拟社会即是重点命题之一。如果说信息伦理的范式大多是技术的、外在的，或社会的、结构式的，那么从传播伦理的视角出发，人们常常关注传播主体的身份和动机以及与传播效果相关的思想"劝服"和行动"改变"等问题，如通过意

① 覃川、李海霞、戚天雷：《媒介素养与媒介德育创新——大中学生如何应对色情与暴力信息》，清华大学出版社 2014 年版，第 386—387 页。

识形态的“文化霸权”解读社会传播的权力机制、分析商业化竞争对媒介经营者的压力及导致的低俗化现象等，再如新闻伦理中最多被提及的“新闻传播是商业还是专业”“职业道德”“新闻报道与新闻来源”“欺骗与歪曲报道”“耸人听闻的新闻”“隐私”等问题。这是因为传播在社会学研究中被视作一个企图影响和说服受众的、具有目的性的行为过程。

媒介道德也有自身的概念假设，首先必须廓清对于媒介的理解。所谓媒介，广义上是指一切能使双方或多方（人与人、人与事物或事物与事物之间）产生联系或发生关系的中介体（人或事物）。在此外延之下，我们关注的媒介是一种具有相对清晰边界的子概念，强调其具有技术性、社会性和文化性。具体而言，媒介道德范畴中的媒介是指主要通过传播有意义的符号信息在人及人的集合体之间建立关系与传递文化的现代技术载体或系统。符合上述定义的媒介，首先应是人类社会发展到一定文明程度的技术产物，且在当代社会中被普遍使用，如印刷媒介、电子媒介、网络媒介等，但一般不包括自然媒介（如空气或色彩或气味）、生理性媒介（如声音或手势）、原始或简单的人工媒介（如岩画或甲骨文）。其次，媒介的功能是在一定的社会关系或社会结构中进行信息的共享和互动的，同时也体现、影响甚至规定着社会关系，并在此基础上形成综合性的媒介系统、媒介环境，也进一步建构着媒介化的社会系统。最后，媒介是生产、传递、诠释意义的文化系统，不但媒介文本自身是意义的承载者，参与媒介传播活动的各方也要有共通的意义空间，而正是因为媒介在社会群体之间提供了意义传递和集体讨论的平台，才促成了社会共识的达成和文化的传承与创新。

长期以来，媒介一直被视作信息的载体或传播活动的中介物，因此对于媒介的研究总是依附于传播学或信息学，很多时候也等同于大众媒介组织。从麦克卢汉等学者开始，媒介的独立价值逐渐被发现，媒介环境学派成为与美国的经验学派、欧洲的批判学派鼎足而立的后起之秀。媒介环境学致力于探究媒介与人类社会文化的关系，将重点放在研究传播技术本质或内在的符号和物质结构如何对文化产生深远的微观及宏观的影响上。在全球化、信息化的潮流中，随着现代媒介对社会生活的广泛渗透，社会的媒介化趋势日益显著，同时在融合与多样化两个维度上高歌猛进的媒介，已成为塑造当代社会和文化本质的结构性要素。在此背景下，媒介本身开始成为社会研究中的显学，一个标志就是法国哲学家和作家雷吉斯·德布雷正式提出专门的媒介学。早在1979年出版的《法国的知识权力》一书中，他就提出了“媒介学”指的是一种研究文化技术和文化体制的媒介化的理论；在其后出版的《普通媒介学教程》《媒介学引论》等著作中，他又对这一概念进行了更为深入和系统的阐释。在德布雷看来，“精神只有通过在一个可感知的物质性（话语、文字、图像）中获得实体，通过沉淀于一个载体之上才能作用于另一个人。没有这种客观化或发表，任何思想都不能成为事件，也不能产生俘获力或抵消力的作用”。与其他学科将思想所附属的常规条件认为是思想之外的东西而被忽视不同，德布雷认为载体和思想及文本本身是紧密结合、不可割裂的；媒介学就是要考察在精神转化为物质的过程中媒介的功能性作用。这种立场提供了一种综合性、整体性视角，也被德布雷称之为“社会思想的物理学”。有学者因此呼吁，传播学的研究迫切需要完成这样一种媒介学转向。①

德布雷的媒介学给予我们很好的启发，即要重视探讨社会意识及其物质技术载体之间的关系；媒介学不仅研究媒介，更是一种“媒介化的学问”。相应的，就媒介道德这一命题而言，根本上就是要在媒介化社会中探讨调适社会关系的基本原则、标准和规范，以及以善的最终目标建立对于社会成员道德认知、道德情感、道德意志、道德行为的共性化要求，实现和谐而可持续的个体的自由全面发展和社会整体的进步。媒介道德的出发点和落脚点，是在媒介的技术形态和系统结构的条件下，构建在各种社会情景中符合伦理道德准则的人的关系和互动行为。简言之，媒介道德是关于“媒介和媒介化与人的关系”的学问。

媒介道德的内涵非常丰富。它不局限于职业道德，适用对象不仅有专业的媒介组织和从业人员、技术人员、管理者等相关人员，也包括任何接触和使用媒介的个人及组织，如传统的大众媒介机构、有线电视或互联网的运营商和服务商、技术开发和技术服务提供者、能从事信息生产和传播的各类主体等。需要注意的是，人在与媒介的接触中，即便没有主动的生成和传播信息，也会因为自觉或不自觉地与媒介接触和使用而产生信息。媒介道德也不只涉及与媒介相关行为与活动中的道德，还要从更高层面考虑媒介参与塑造的社会关系、社会网络、社会系统中的道德问题，以探究更多的哲学、伦理、社会、文化等领域的基础理论。媒介道德超越应用伦理学和规范伦理学的工具性范畴，致力于积极促进全体人的自由全面发展和自我实现、促进人类社会追求高远的善的价值目标。

媒介道德的理论基础，涵盖技术哲学与伦理学以及媒介化视域中的社会学、文化学、教育学、法律学等。媒介道德的基本理论问题包括媒介化社会的本质特征和生态环境、社会权力分配与运行机制、虚拟社会与现实社会的关系、人的生存状态和社会关系、媒介传播的技术形态和模式、媒介活动与媒介现象的伦理维度、媒介与其他社会领域的互动影响、媒介道德的基本认知和思想观念、传统伦理概念适用性的元哲学解释以及与媒介道德有关的研究范畴和范式、方法论与分析工具等。

媒介化影响下不同社会领域的道德问题包含政治生活领域的媒介道德问题、经济活动领域的媒介道德问题、社会文化领域的媒介道德问题、社会系统或结构中的媒介

① 潘祥辉：《传播研究的媒介学转向》，《中国社会科学报》2015 年 8 月 13 日，第 008 版。

道德问题、信息技术开发与利用中的道德问题、学习或教育活动中的媒介道德问题、全球化背景下跨文化传播的道德问题等。

媒介活动中的道德问题包含媒介内容生产中的道德问题、信息传播中的道德问题、文本解读中的道德问题、媒介接近与使用中的道德问题、媒介化关系交往中的道德问题、媒介化娱乐中的道德问题、媒介经营与管理中的道德问题等。

媒介道德的现实矛盾与失范现象包含文化霸权、信息鸿沟与不平等、信息自由与责任、隐私问题、知识产权问题、信息与文化安全问题、黑客与诈骗等信息犯罪问题、媒介暴力、信息超载与信息污染、不良信息传播、媒介沉溺与上瘾、虚拟关系导致的情感与心理问题、人的社会化偏差问题等。

媒介规制中的道德问题包括媒介调控与管理的价值取向、法律“硬”控制与道德“软”控制的关系、技术性控制的策略、不同主体的权利与责任划分、媒介行为的礼仪与规范、社会监督与奖惩机制等。

媒介道德的教化和培育包含培养媒介素养所需的知识与能力基础、建立媒介道德教育的多元化协同体系、研究媒介道德教育的规律和模式、针对不同群体采取最优化的有效方法、激发媒介道德的自我教育与自律行为、建立广泛的媒介道德教育资源和支持体系、建立媒介道德教育的效果评价体系等。

第四节　大学生媒介德育的理念与模式

媒介德育是开展有关媒介道德的教育活动的统称。它既是一个名词性概念，主要指一种新兴的德育领域和形态；也是一个动词性描述，指实施德育活动、产生德育效果的持续过程。在前者的意义上，我们可将媒介德育作出如下解释：媒介德育是在当下加速媒介化的社会进程中，为提高大学生的生存和发展能力及相应的道德修养，由媒介素养教育和德育跨界催生出的一门交叉学科。可以认识到，媒介道德是媒介素养的核心组成部分，在媒介素养体系中居于主导地位，是指导媒介认知和媒介思维的方向性要素，也是衡量媒介能力和媒介行为是非善恶的标准。但无论是在理论上还是在实践上，国内外现有的媒介素养教育还主要集中在培养对于媒介的知识性理解和应用性能力上，即使是关涉到某种内涵的媒介道德，也仅作为解决与媒介技术、媒介环境或媒介行为有关的伦理道德问题的规范性约束，或是应对德育挑战、拓展德育载体的工具性手段。理想的媒介德育应以“人一媒一社会”的统一融合为出发点，以促进人及社会的全面发展为目标，立足于不断延伸着人的本质的媒介技术以及各类媒介互动所建构的人的社会关系，揭示纷繁多样的媒介信息所承载的意识形态隐喻、分析媒介的社会学功能和文化学意义，为人的自觉和能动的社会化发展培育正确的价值观和良善的德性。媒介德育的引入，是对媒介素养教育的丰富和超越，也赋予了其根本的价值指引和道德品质，并同时提升了媒介素养教育在育人活动中的价值。媒介德育也是对传统德育的创新性发展，旨在通过有效的教育策略推动建立全新的人与媒介、人与人、人与社会的关系准则和道德体系。随着人和社会的媒介化程度不断加深，媒介化中存在的德育和德育的媒介化都成为必然，而媒介德育作为德育的新常态，将是虚拟德育和现实德育、现时德育和未来德育、个性德育与泛在德育的结合，也是被媒介所重新定义的德育认识论和方法论的结合。

近年来，“道德教育出现了社会化、本真化、深邃化、立体化的发展趋势”①。从空间上看，道德教育已超出了校园所覆盖的范围；从时间上看，道德教育也已从特定的学校教育阶段延伸到生命的全过程，成为一种终身的、全员的认知理性和实践理性。这种超越的主要动力之一就来自于信息技术发展所带来的媒介化对时空界限的突破。它使得个人能在横向现实与纵向历史所构成的坐标系中，借助媒介与其他人、与其他领域、与其他环节、与其他文化进行直接的沟通与互动，从而拉近了各种社会关系的心理距离，也在普遍的以个体为中心的传播圈基础上形成大规模的、形态和机制复杂多变的社会性关系网络。当下的德育不可避免地面临信息开放、思想多元、主体觉醒、权威重构、关系嬗变等一系列挑战，这也推动着德育从指导思想、原则理念、内容体系、载体形式、方法手段等理论和实践层面的多维度创新。

实在理念：符号化世界中技术虚拟与情感现实相结合。作为人类智慧的结晶和改造世界的工具，技术的高度发展创造出新的生活世界，并在其中满足着人们各种已有的及新产生的需求。在以信息技术为主导的众多新技术的支撑和规范下，新媒介使传统意义上的物理空间概念被革命性地突破，代码成为间接地影响和制约被“技术茧”所包裹的人的一种特殊的基本要素，而直接的后果则是生活世界的符号化、信息呈现的数字化以及全方位的感知和交往的虚拟化。虚拟空间是想象的、多重的、意义不确定的，既模仿物理空间或现实世界，又模仿人类的精神和想象，特别会带来心理和情感上的“超真实”体验。并且，随着物联网、虚拟现实、3D 打印等技术的应用，“边界的消失”出现在不同的媒介之间，也出现在媒介与环境之间、原子世界与比特世界之间。媒介所建构出的虚拟世界，不仅是人与社会的工具性延伸或独立于现实世界的关系和文化共同体，更是在与现实的作用、博弈甚至竞争之后，逐步地相互交织、联动和渗透，并因此而愈发成为可感知、可信任的实在。从这种意义上讲，未来的德育必将是媒介德育，是作用于媒介化社会的德育，是虚拟与现实多重融合下的德育。

融合理念：碎片化传播中一元指导与批判融合相结合。现代媒介技术极大地降低

---

① 朱银端：《网络道德教育》，社会科学文献出版社 2007 年版，第 9 页。

了人类生产和传播信息的经济成本、时间成本和心理成本，也因此提供了近乎无限的传播可能。更多的传播者、更丰富的符号形式和载体、更便捷的工具和手段，不仅促使社会流通的信息量一直呈现指数式的高速增长，也导致对其的把关和规制更加松散，信息采集、加工和传播过程中的随意性和流动性日益显著。无论是传播时空、传播内容，还是传播的主体和受体，都呈现出碎片化的特征，如话语浅显而片面、主题广泛而分散、传播速度加快而不可控、传播区间紧凑而重叠等。在普遍的后现代语境下，原本追求完整、深度、长久的文本表达，逐渐破碎为零散的片段，直白、即时、娱乐、无序成为显象。孕育于其中的媒介德育，要在强调稳定、统一、权威的一元式思想道德教育与多元并存、自发率性的道德相对主义之间找到平衡，也就是要在有所坚持、善于辨别的同时，避免说教式的简单灌输和被动应对，并且要积极主动地培养大学生的批判性思维，使其学会用科学的价值标准和分析框架，解读纷繁复杂的信息意义和社会现象，去芜存菁、辩证扬弃，吸收不同思想和文化的精华，不断巩固、充实、创新承担着道德指导作用的核心价值观。

实践理念:数字化互动中理性思辨与实践教化相结合。大学生在生理上已发育成熟，人格个性和行为特征基本形成，但思想观念和道德修养还不够完备。其中一个重要原因就在于他们已习惯通过媒介在快速切换中大量、频繁地接触各种信息，会因为信息的超饱和出现“过载”现象，使其难以全面、辩证地处理所接收到的信息，不但会因此产生身心上的负担和伤害，也会影响到他们正确的社会认知和道德养成。在人际交往方面也是如此，虽然媒介一方面能积极拓展社会性的互动，但随之而来的关系多样性、易变性和虚拟化，对现阶段社会接触面窄、生活阅历不足、缺乏社会政治经验的大学生来说并非益事，常会超出其能力和心理的承受极限，也容易导致他们对许多复杂的社会文化问题作出简单化、片面化的处理，甚至使他们被某些错误观点、言论所误导。解决之道在于“两条腿走路”:一是切实提升理性的思辨能力，学会辨析文本的本质意义，在多歧义的语境和意识形态交叠中找到规律性的准则，并加以调适和重构；二是加强实践锻炼，既积累感性体验、深化情感导向，也通过大量的实际观察及参与行动来学习和检验伦理准则、提升与人交往中建立与维系良好关系的技能。在媒介德育的实施中，应该重视运用和设计各种生活化的情景，丰富大学生的实践内容和形式，并在有意识的分析比较和价值判断训练中提高道德认知水平，最终内化为道德意志和理想信念。

开放理念:全球化趋势中文化自信与开放兼收相结合。互联网的诞生改变了“一对多”的大众媒介传播模式，它的开放式技术架构为人们创造了一个新的交往空间，也因此孕育出深刻体现着“世界普遍联系”这一根本特征的网络文明。① 人类认识活动和交往活动的领域得到极大的拓展，个体能够突破长久以来被物理因素所制约的有限性，通过全球范围内互联互通的网络媒介，实现跨地域、跨民族、跨国家的共时性和海量化的信息传播与交流协作。毫无疑问，人的普遍交往成为当代人与社会的存在方式，②在交往中结成的各种社会关系影响着人的本质属性，并要求建立新的道德体系来调适这些依附于媒介而存在的关系。在一定程度上，媒介德育是全球化时代特别是信息全球化的一种结果，有着适用于全体人的普适性的价值基础和规范诉求。但在全维度开放的媒介环境中，各类文化和思想可以无障碍地自由传播，为了争夺话语权和意识形态的控制权，它们还直接进行着形形色色的交织和交锋。与之相关联的媒介德育，须切实维护本国、本民族的信息安全和文化安全，同时要在文化自信、政治自信的基础上做到开放包容和兼收并蓄。

自觉理念：多元化环境中系统灌输与主体自觉相结合。与中学时代相比，大学生所面临的学习生活环境和媒介使用条件发生了很大变化，整体上呈现开放、流动、多元、竞争等特点。比如，集体化生活要求较强的独立能力和自律精神，学习上自主性和选择性增大并更强调自我教育，交往关系增多并易受同伴的影响，思想上受到更多思潮和意识观念的冲击，但知识能力的提升并不意味着道德意识和社会责任的必然增强，迷茫、虚无、行为失范、不恰当的沉溺等现象在校园中时有发生。伴随这些变化而来的是媒介的强大力量赋予青年一代前所未有的权利，以长辈为权威的“前喻文化”正在受到以后辈知识反哺为标志的“后喻文化”的挑战。教育者需要尊重大学生在自我意识、民主意识等方面的要求，正视他们的主体性、能动性和主体间的“共振”效果，以理性、平等的态度共同建构交互性或复合性的主客体关系。从这一点可知，媒介德育的关键是激发大学生的道德自觉和道德智慧，使其既有明确的意志也有可信任的能力来指导和保障自己持续性地进行道德上的修炼。不过，思想观念的形成不是自然而然的结果，在全方位开放的、复杂的信息环境中，为保证德育目标的实现和效果的有效性，不但不能放弃系统的灌输式教育和教育者的主导性，反而要加强和深化这种方式，但必须克服简单的说教和强硬的管束，而代替以贴近人、吸引人、感染人的方式，这样才能将其融入到大学生的主体精神和自觉学习的过程中。

渗透理念：社区式生活中全面渗透与人文关怀相结合。大学生的现实生存是多重社区环境交叠的产物，包括课程学习的班级社区、生活起居的宿舍社区、课外活动的社团社区等。随着社交媒介对现实空间人际交往的替代和延伸，虚拟社区成为新的关系共同体，因为网络使“单子聚集起来，起到社会节点的作用，为那些变动不拘的单子培

① 张瑜、闫聚群：《“网络文明”的概念辨析》，《青海社会科学》2014 年第 6 期。

② 鲁洁：《网络社会·人·教育》，《江苏高教》2000 年第 1 期。

育起多重的可以随意选择的亲和关系"[①]。由于对自我发展的要求空前强烈,大学生渴望具备良好的社会生存能力、得到社会的身份承认、证明自身价值,而媒介正是他们开展社会化学习和体验的大舞台。可以看到,尽管有的社区存在时间短暂,或是存在互动频度低、关系强度弱、效能体验差等问题,大学生常以媒介为纽带和平台,积极建立或参与到众多不同类型、不同规模、满足不同需求的媒介社区中。媒介德育应以生活实践为源头,以大学生的群体化社区为切入点,将思想意识和教育活动循序渐进、潜移默化地全面渗透到社群化的话语互动、行动体验、环境营造中,并始终贯彻深厚的人文关怀,在激发出喜好、信赖的"动之以情"中融入"晓之以理"的引导,产生事半功倍、协调持续的实效。

发展理念:持续性变革中规范教育与终身发展相结合。大学阶段是人生中一个特殊的阶段——社会化进程是从未成年人向成年人过渡的转折期,大学生的心理和思想尚处于亚成熟状态。社会化的周期模型指出,一个人的价值养成大体呈现出"准备-萌芽-探索形成-成熟稳定"这一随年龄渐进的规律,并在青年期趋于成熟。[②] 大学时期是个人价值观念和人格形成的关键时期,而媒介此时扮演着愈发重要的角色,原因之一在于大学生可以在几乎不受任何约束的情况下自由而随意地使用电脑或手机等媒介。现代媒介已成为大学生不可或缺的信息通道、学习平台、交往领域、情感天地、娱乐工具、生活助手,并能全面地介入私人空间,影响大学生对世界的看法、价值的判断、行为的选择。从受教育者的身份出发,对大学生实施系统、规范的媒介德育是一种现实的可能,但媒介德育更应是着眼于终身教育和惠及所有人的全民教育:其一,现代社会中人的发展是永久性命题,贯穿于整个生命历程;其二,媒介技术和功能日新月异、媒介化成为人和社会的根本特征,随之产生的媒介伦理问题和对媒介德育的要求都是在不断衍生及深化的;其三,在媒介所支持的普遍性联系中,媒介道德的提升无疑是整体的、共享的,相应的德育活动也需要在空间、时间、对象上实现全覆盖。

针对网络思想政治教育,有研究者提出以大学生为主体的主体性原则、实践性原则、疏导性原则、前瞻性原则、渗透性原则。[③] 针对网络德育,基于 Web2.0 的模式设计可包括坚持环境育人而建构的立体化模式、坚持以人为本而建构的主体性模式、坚持互动共享的对话式模式。[④] 针对信息德育,基本原则涵盖全民性、尊重性、主体性、

---

① 〔美〕迈克尔·海姆:《从界面到网络空间——虚拟实在的形而上学》,金吾伦、刘钢译,上海科技教育出版社 2000 年版,第 102 页。

② 吴晓林、赵志鸿:《从"过渡阶层"到"积极公民"——高等教育对大学生的政治整合功能研究》,《高教探索》2010 年第 4 期。

③ 张瑜等:《高校网络思想政治教育发展与创新研究》,人民出版社 2014 年版,第 151—158 页。

④ 郑忠梅:《文化取向下的大学网络道德教育研究》,湖南师范大学出版社 2012 年版,第 182—184 页。

互惠性、自律性、系统性、体验性，而核心原则在于现实教育与虚拟教育的结合。[①] 另外，在各国早期的媒介素养教育中，通常的考量是对大众文化或外来文化的被动防御。但时至今日，无论是媒介对人的不可逆“占有”，还是大学生事实上与媒介的“无障碍”接触，单纯的保护性举措都已不再有效。以培养有道德、负责任的媒介社会公民为目标，大学生需要具备能促进媒介认知、媒介实践、媒介关系的一系列能力。为此，在继承和发扬各种传统的或其他新兴领域的德育思想、德育方法的基础上，媒介德育还需要特别整合、强化若干基本的策略或模式，具体包括以下几种类型：

信息辨析模式。在媒介化社会中，一方面主体间关系完全超越国家的地理范围和文化范畴，在全球各民族的各种思想文化的交融和碰撞中共生与融合。[②] 另一方面，大学生被包围在良莠不齐、观点混杂的媒介环境中，在面对数量和复杂程度都远超个人处理能力的信息冲击时，他们经常会不由自主地被动接受，因而难以作出正确、有效的辨别和分析。在这种境况下，培养一种整体的、深刻的、辩证的对信息进行识别和解读的能力成为媒介德育的核心和基础。

平等对话模式。当信息不对称在教育的主客体之间逐渐被消除之后，教育者不再拥有天然的权威性和道德审判者的地位，被主体意识唤醒的青年学生也会自觉或不自觉地要求平等对话的权利。德育是触及灵魂和人性的教育，更需要发自内心的认可与接受。客观上，媒介技术提供了更多的对话途径，也被赋予平等和自由交流的观念；主观上，对话意味着主体间的互相尊重、接纳，为教育的有效开展奠定基础。媒介德育要以各种符号和传播载体为中介，以真诚和有益的沟通交往为旨趣，在可共识的文化背景框架与思想的互动中达成意义和精神的契合、共鸣，以实现预期的启蒙和引导。

情景体验模式。美国教育家杜威指出：“有意识的教育就是特别选择的环境。这种选择所根据的材料和方法都特别能朝向令人满意的方向来促进生长。”[③]这种用于教育的专门选择的环境，就是可体验的、生活化的情景。媒介德育既来自于实践，也回归于实践。丰富而生动的媒介实践提供着蕴含深刻价值和集中典型特点的各种案例，将其综合优化与精心设计之后，可在教育活动中由直观感性的兴趣和讨论逐渐深入到理性的思考层面并形成长久的记忆，促使大学生实现有效的道德认知和道德养成。

价值澄清模式。起源于儿童在多元社会中必须面对多种选择的价值澄清方法，在充满微传播形态和碎片化信息的媒介化社会中更凸显其特色和作用。在相互冲突的价值观中，德育的重心落在受教育者的自身觉悟和评价分析上，也就是在教育者的方

---

① 霍福广等：《信息德育论——大学生信息素养与思想政治教育信息化研究》，人民出版社 2008 年版，第 247—251 页。

② 赵敏：《新媒体视阈中的大学生道德教育创新研究》，山东大学博士学位论文，2012 年。

③ 〔美〕约翰·杜威：《民主主义与教育》，王承绪译，人民教育出版社 2010 年版，第 45 页。

法论指导下，大学生依靠有计划的选择、推理、行动、反馈、调整的循环迭代，逐步减少价值观的混乱，努力保持思想观念的一致性，并在此过程中提高处理实际问题、进行自我指导的能力。

关系建构模式。各种人际交往中形成的社会关系，既是人的本质属性和意志的体现，也是社会结构和机制的基础。媒介模拟人在现实世界中的互动关系，也拓展新的交往空间和关系形式。大学生在积极的关系建构与参与中收获实践经验、验证道德内涵，也由此贯通外在观照与内心自省，推动社会化进程的有序发展。媒介已成为关系维系的重要手段，在大学生的社群生活中占有的地位不容忽视。相应的，媒介德育也需要重视设置和运作特定的关系，利用大学生易接触、易亲近的媒介化“圈子”传递知识、组织讨论、创立有影响力的“德育场”。

自我教育模式。大学生在媒介活动中所体现出来的主动性和较强的能力，与他们的独立意志和主体意识互相促进、互相提升。在媒介德育中，我们须打破单一的主客体关系，使大学生不再只是被动接受的客体，而应成为双向互动的共同主体，并努力倡导和支持一种自觉开展的、充分发挥能动性的自我教育。这一教育模式并不意味着放弃教育者的责任，而是从直接的教授和评价转向间接的指导、条件的保障和环境的营建等。自我教育不只是个体的行动，还包括同伴间的教育、集体化的自我教育和日渐广泛的社群文化中的自我教育。

个性发展模式。媒介信息的极大扩增和媒介功能的灵活便捷，为大学生选择信息资源、满足自身需求提供了即时性的响应和更多的可能性，也使得个性化的学习、交往、生活在校园中蔚然成风。德育须透过媒介的工具理性和符号学意象，指向人的存在和发展。换言之，媒介德育也是一种人本德育，应以人为本，以对人的深刻理解和道德滋养为出发点，在教育过程中贯彻人本理念和人性关怀，最终目的或主要价值是促进人的德性发展，培养具有现代道德智慧的人。① 因此，媒介德育应该回归人性化和个性化的本质，以每个人的全面发展和自我实现为终极目标。

整体涵养模式。媒介所创造的虚拟世界与现实世界之间从最初的分立、博弈到协作联动，再到多层次的融合，这一改变促使我们必须把德育放在“人－媒－社会”相融合的环境中去进行，也需要树立起整体育人的理念：一方面指虚拟空间与现实空间道德教育的有机结合，另一方面指以大学生个体为中心，将同伴、家庭、学校、媒体、社会的资源和力量加以整合优化，共同构建起一个立体化的、多层次的、统筹协调的德育体系。发挥好各方的德育合力，可以产生比单纯的学校教育更强大的动力和效果，也可能生成一种新的动力和模式。

---

① 袁本新、王丽荣：《人本德育论》，人民出版社 2007 年版，第 9 页。

第五节　立体化的大学生媒介德育[1]

一、构建文明、健康的宏观环境

人是社会的人，是在社会土壤上发芽、生长的个体，也是在社会环境里生存、发展并被各种社会关系所规定的社会人。作为尚未完成社会化的大学生，受环境的影响和制约是矛盾的主要方面，但也不能忽视他们的能动性和创造性，特别是在日新月异的媒介技术下，大学生更容易成为媒介社会的新生力量，他们在改造自身和影响社会中显示出不同于父辈的更具积极意义的能动作用。

有益的社会环境。要培养具备优良的媒介素养和媒介道德的大学生，从根本上讲，是要构建一个和谐进步、充满活力的社会大环境，让他们在社会化的过程中成为有意义的、有创造力的主体的人。社会是人生存和发展的基本环境，本身就应向着更加富强、更加民主、更加文明、更加和谐的方向前进，既直接为大学生的成长提供可信赖的、协调共生的环境，又可以鼓励他们树立远大的理想信念，并使他们有信心通过自己的努力实现梦想。

正确的思想导向。大学生媒介德育的关键是要树立正确的世界观、人生观、价值观，也就是要具备科学的认识观念和良好的思想品德，处理好个人与媒介、与社会的关系，科学地认识媒介、使用媒介，成为媒介的主人，而不是变成被控制和异化的“物”。社会主义核心价值体系既是德育的一元主导思想，也是指导各类媒介承担社会责任、科学有序发展的基本理念和原则。全社会应共同营造良好的社会舆论氛围和文化环境，为大学生提供有益的精神食粮。

深远的文化熏陶。个人总是浸润在特定的文化存在中的，并受到它的影响和制约。通过一定的社会机制向社会成员提供共同的文化框架，可帮助个体认识和适应周围的环境及社会，与其他人和谐相处、全面发展。大学要积极发挥文化育人的作用，努力培养青年学生具备良好的文化底蕴和心理素质、自觉抵御不良信息侵扰的重要途径和方法；同时要引导流行文化、发展高雅文化，使广大青年充满青春活力、探索激情和创新精神，也为他们提升媒介素养和媒介德育提供文化营养。

良好的道德风尚。作为环境因素的社会道德与大学生的媒介道德之间存在着双重的影响：一方面，媒介道德是社会道德的子集，社会道德制约着媒介道德，良好的社会道德有助于媒介道德的正向生成；另一方面，媒介信息的生产和传播是媒介道德指

---

① 覃川、李海霞、戚天雷：《媒介素养与媒介德育创新——大中学生如何应对色情与暴力信息》，清华大学出版社2014年版，第414—430、437—446页。

导下的产物，往往反映社会道德的基本要求，也在互动中影响着媒介道德的具体内涵和变迁。树立良好的道德风尚，在人与人、人与媒介、人与社会间构建和谐而富有弹性的关系，尊重人的自由和全面发展，可以使大学生体验和培养好的德性，并将其迁移到媒介空间中。

自律的媒介把关和主动的议程设置。随着互动媒介、社会化媒介的渗透式发展，媒介更加深刻地被“卷入”组织传播和人际传播之中，这使得“人一媒一社会”的格局正在发生颠覆和重构。媒介环境的道德作用十分强大，且更趋多元化、复杂化、易变化。媒介主体首先要当好“把关人”，将不良信息杜绝在媒介大门之外；还要充分发挥议程设置功能，引导人们将有限的注意力投放到有价值的话题和有意义的内容上去；更要坚持正确的舆论导向，用社会主义主流意识形态来整合多样化的思想观念，促进大学生媒介德育的养成。

二、开展丰富、深入的育人活动

学校是有计划、有组织地进行系统教育的组织机构。学校教育具有职能的专门性、组织的严密性、作用的全面性、内容的系统性、手段的有效性、形式的稳定性等其他教育形态所不具备的特点，因此在整个教育系统中占据了主导地位。[①] 在“人一媒一社会”融合得日益紧密的今天，大学作为系统化的育人环境和育人阵地，理应在青年学生媒介道德的培养中成为先行者和主力军。

多样化的课程体系。为适应媒介社会对未来劳动者和公民的要求，媒介德育要进入到课程体系之中可采取的模式有三种：第一，是在媒介素养教育中贯彻德育的内容；第二，是在德育课程中涉及有代表性的媒介现象；第三，则是开设专门的媒介德育课程。大学阶段是人的全面发展阶段，媒介德育的重点是在不同情境下的分析、批判、对话、反思的训练中帮助大学生树立正确的道德意识，并使大学生能够独立地指导自己的媒介行为和人生。

“第二课堂”的隐形教育。与正式的课程相配合，隐形课程也是开展媒介德育的重要途径。可以在其他课程中包含德育的内容，也可以在学校或班级层面开展有针对性的主题教育活动；利用班级管理以及学生会、团委、各种社团协会等学生组织，引导学生自我管理、遵守规则、养成集体主义与团结协作的意识；可利用丰富多彩的第二课堂，建设健康、向上、有序的校园文化来传递媒介知识、涵育媒介道德。

校园中的媒介实践。报纸、广播、电视、网站等校园媒体，以及可利用的微博、微信等专业化的新媒体形态，都是实施媒介德育重要的阵地和载体。大学生可以作为记

① 蒋海升等：《青少年网络道德建构研究》，山东大学出版社 2011 年版，第 176 页。

者、编辑甚至自媒体的运营者，在实践中促进德育认知、反思媒介伦理。校园中的各类媒体是开展媒介道德体验式教育的有效平台，既打通了课堂与生活、理论与行动的界限，又有助于学生更真切、更深入地认识媒介和相应的道德理念与规范。

有效的校园网管理。美国特拉华州立大学要求新生入学后必须接受计算机使用道德方面的教育，并为此专门制定了网络使用守则。我国也有许多学校对网络的使用采取各种教育和管理措施，并大力建设齐备的校园网络体系和良好的网络文化。在软环境方面，要加强对大学生上网的教育和引导，强化网络安全意识和网络道德规范，重视健康上网的养成教育。

新媒介的新办法。新媒介海量、快速、交互、生动等特点为大学生思想政治教育工作提供了新载体、新平台，其主要方式有：将新媒介的资源和功能引入德育课程，在课内外大力开展基于媒介平台的互动交流和社区化活动，扩大媒介化的宣传教育阵地，增强媒介内容和文化的吸引力、感染力。

塑造健全的媒介心理。媒介的空前发展也带来一系列心理问题，既有传统心理问题在媒介环境中的折现和放大，也有媒介时代特殊的心理问题。因此，加强媒介心理教育，将心理辅导扩大至媒介领域亦是学校德育的重要一环。

专门人才的培养和使用。媒介德育的有效实施需要建立一支以专为主、专兼结合、稳定而可持续的队伍，可包括：经过媒介素养培训的传统德育队伍（如思想政治课教师或辅导员）、在知识和能力培养中融合道德教育的新闻与传播领域的教师以及随着媒介发展而出现的新的德育工作者，如网络评议员、舆情调研员、专门的媒介心理辅导人员等。

三、人际交互中的道德内化

交互主体性德育以交互主体性道德人格的生成为目标，超越了个人本位主义和社会本位主义的局限，提倡个性发展与社会性发展的统一。交互主体性也是现代媒介的一大趋势。媒介的发展不仅是人类工具理性的体现，而且具有“人学”意义，它“充满了变化莫测的灵动”，是“人身上最富有人性的东西”。[①] 人与媒介的互动可以生成微妙而积极的关系，媒介的社交性应用也更彻底地将人与人、人与社会通过媒介联系在一起。

道德内化的主体性条件。大学生个体道德品质的养成，是自主学习、选择与认同社会道德规范的内化过程，这需要一系列的内在条件和自觉努力：明确的主体意识、合理的自我认知、自我实现的主动精神与能动性；在反复的循环中逐渐提升“自组织”的

① 〔加〕马歇尔·麦克卢汉：《麦克卢汉如是说：理解我》，何道宽译，中国人民大学出版社 2006 年版，第 118 页。

能力，通过吸取外界道德因素对已有的道德结构和道德认知作出甄别、评价和调整；道德移情的能力，在情感体验中反思和形成道德的自我评判和选择；道德外化的能力，在与其他主体的交互中完善和确认自我的道德规范。

媒介道德的生成机制。从提高道德认知看，应该加强对自我的认识与评价，掌握信息获取、辨析和批判的能力，形成一定的道德观念和理性体悟；从升华道德情感看，要能够对媒介信息及时产生合适的情感态度，强化或削弱对某种道德义务的认知和实践；从铸就道德意志看，起到一种指导道德行为、生成道德习惯、监督道德失范、调节道德偏差的作用，并努力保持自己行为的稳定性和一贯性；从规范道德行为看，表现为对他人或对社会所履行的具有道德意义的一系列具体行动，同时这也是螺旋式上升的道德培养过程的反馈环节。

积极开展媒介道德的自我教育。由五个前后衔接的阶段组成：自我认识，即以他人评价反观自身，积极地、全方位地认识自我；自我设计，指按照某种理想标准设计自己的道德形象；自我选择，指按照自我设计的目标在多种可能性中进行确认和实践；自我评价，指对道德选择正确与否进行价值判断，这有赖于教育者的引导和自我德育的完善；自我调控，指对道德行为偏离预定目标时实施的调节和控制，这需要提高大学生的自律意识。

教育者的责任。自我教育同样需要教育者的引导，而且还对教育者的理念、方法、能力提出了更高的要求。在交互性主体的框架下，教育者（教师、家长及媒介）与学生同为德育主体，平等互动、教学相长，共同发展并促进道德的育成和完善。具体策略体现为：激发大学生自我教育的动机、教会他们自己教育自己、为其创设自我教育的环境和氛围、引导大学生参与或组织道德教育活动等。

同伴间的教育作用。作为自我存在和自我教育的一种交互性主体，同伴是影响大学生成长和社会化的重要因素，同伴教育则是“让同伴告诉同伴”的教育。媒介道德的同伴教育要由专题性向长期性延伸，因为媒介德育要求教育活动向生活化、内生化、接受化、体验式、实践式的方向发展。同伴教育符合上述趋势，可作为学生自我教育的一种基本形态，融入到长期的道德养成之中。

后　记

今天是我国第31个教师节。一早起，我的手机就被各式各样感恩和祝福的话语刷屏了。特别是微信朋友圈和众多的群聊里，文字、图片、动画、视频、表情符号、语音、MV，还有可自行填写或互动生成的多媒体贺卡，从天南海北的各个角落飘来，连接着或近或远的每一位或现在或曾经的相知。人类自有懵懂的文明以来，有哪个时候像现在一样，可以体验到如此大规模的、超距离的共时性存在感？毫无疑问，这是全球化的时代，更是媒介化的时代。

此刻夜深人静，宿在颇具水乡情调的古城。正当手指在键盘上不停地舞蹈时，熟悉的铃声响起了，是北京家中的孩子准时来讨要每天都必不可少的睡前故事。借着看不见的电磁波，我把声音同步传到千里之外，让那个尚未丧失天真的年少心灵又得到了一次小小的满足。他找寻梦乡去了，我却走下楼，来到已不复白日里喧嚣的街道上。两旁一间间关上木板门打烊的店铺，在一片带着几分温暖的灯光中，安然伫立。不远处有歌声传来，那是酒吧里还在持续的快乐，但这让我听不见侧旁运河里缓缓的流水。一排红灯笼挂在岸边的墙上，倒影在水中自得地摇曳着，忽然觉得这不也是一种符号吗？只不过，这里的指示关系是自然而然的，其意义不言自明，并不需要人为的定义。但那些我们每日里时刻在接触的、千千万万被发明出的象征符号，正是因为对它们的解释来自于人的意念和想象，而不同的人又可有不同的知识框架、理解方式和动机，所以才使得文化、话语权、意识形态成为人类社会几千年来智慧游戏和政治游戏博弈的对象。身处庞大的媒介帝国里，我们认知和思想的新陈代谢过程就是在不停地吸进符号、呼出意义。形形色色的媒介不但成为当代人的千里眼和顺风耳，更常带来震撼的、无比清晰的超真实感，使人在惊诧和陶醉之余，因被吸引而产生信赖、因信赖而被控制。有时候，我们必须要靠内心一份强烈的自觉和毅力，才能从媒介的漩涡中挣扎逃逸出来，重新回到这真实、亲切的世界——这样雅致的屋檐、婀娜的树枝，这样光洁的青石板、柔情的晚风。这一切，抬手可以触摸，漫步间又怡然相融。

同行的都是青年教师，一路上免不了用手机打电话、发信息、看新闻、拍照片、读小说，还在临时建的微信聊天群里热热闹闹地发通知、聊天、分享段子或文章，尽管很多时候都在同一辆大巴车上，或是正在同一处展室里参观。某位才子偶尔来首自创的诗词，赢得别人纷纷点赞，比面对面时响应得更积极。几天下来，大家渐渐熟悉，也常常对对方的研究领域表示感兴趣。于是约好回头参加学校组织的网上交流平台，集众人的兴趣与智力，发起系列化的微讲座以彼此分享知识和见解。可见，媒介改变的不仅是个人的生活，还有社会的交往、群体的规则、经济和思想的生产方式。

无论大声叫好的高亢热情、乐享其成的顺水推舟，还是无可无不可的无为之道、冷淡忧惧的防范心态，媒介化大潮都不以人的意志为转移而迅速占领社会的各个领域，甚或创造出无数新的领域。大学生，作为今日的青年与未来的主人，既是媒介化的亲身经历者，也是媒介化得以扩散的先锋种子，更是媒介化与被媒介化相互作用中的关键群体。对于他们而言，媒介是工具，是环境，更是一种须臾难离的生存和思考方式。他们的成长，必然是“with”且“in”媒介化的成长，并因此呈现出独特的、对人类发展影响深远的底色和路径。探讨这一重大命题，是当前教育者不可回避的责任，同时很幸运，这也是一场充满不确定性的未知乐趣的好奇之旅。

由于笔者的才疏学浅和刻苦精神不足，也由于媒介变化实在是一日千里、难以捕捉和预测，所以这一课题尽管立意较早，但在很长时间里一直是时断时续、犹豫不决。直到前年起，随着大量阅读、借鉴国内外同仁的研究成果，我们开始有所感悟。在校内所开设的媒介素养课程逐渐成形并被列为文化素质教育核心课程，才促使我们下决心将零散积累的心得加以梳理整合。即便如此，也还是在经历了两年多的垒砌和打磨后，才终于有了今天这样谈不上满意的拙作。聊以自慰的是，古人曾教诲曰：“不积跬步，无以至千里。不积小流，无以成江海。”反言之，只要能向着目标迈出第一步，或许有一天真的能抵达彼岸吧！

我的同事、清华大学电视台副主编、研究生毕业于中国传媒大学的戚天雷老师，也长期工作在媒介教育和实践的第一线。他负责本书第 3 章、第 6 章、第 8 章的初稿以及参与了第 12 章部分内容的撰写。

写下此行，已过子夜，四周一片静谧。不免思绪翩跹，回忆起所经历的点滴，也满怀深深的感激之情——有给予诸多指导的师长和领导，也有始终理解和帮助我的同事；有在现实生活和精神上都大力支持的家人亲友，也有勤勉好学、共同研讨并提供不少素材案例的青年学生；还有出版社热心细致的编辑，为这些文字的诞生和传播花费心血、贡献才识。

回首间，曲曲折折；望前方，路还漫长，而风景正好。

覃 川

2015 年 9 月 11 日凌晨于台儿庄古城

图书在版编目(CIP)数据

媒介化生存与大学生成长/覃川,戚天雷著. —北京:中国传媒大学出版社,2016.9

ISBN 978—7—5657—1671—3

Ⅰ.①媒… Ⅱ.①覃… ②戚… Ⅲ.①传播媒介—研究 ②大学生—人才成长—研究

Ⅳ.①G206.2 ②G645.5

中国版本图书馆 CIP 数据核字(2016)第 063237 号

媒介化生存与大学生成长

MEIJIEHUA SHENGCUN YU DAXUESHENG CHENGZHANG

著　　者	覃　川　戚天雷
策划编辑	李水仙
责任编辑	李　明
责任印制	阳金洲
出版发行	中国传媒大学出版社
社　　址	北京市朝阳区定福庄东街 1 号　　邮编:100024
电　　话	86—10—65450532 或 65450528　　传真:010—65779405
网　　址	http://www.cucp.com.cn
经　　销	全国新华书店
印　　刷	北京易丰印捷科技股份有限公司
开　　本	787 mm×1092 mm　1/16
印　　张	17.5
版　　次	2016 年 9 月第 1 版　2016 年 9 月第 1 次印刷
书　　号	ISBN 978—7—5657—1671—3/G・1671　　**定　价**　69.00 元